Para

Liz

Con toda mi

simpatía

Rosa

1984

ACRÓPOLIS

ROSA CHACEL

ACRÓPOLIS

Seix Barral **Biblioteca Breve**

Primera edición: febrero 1984

© 1984: Rosa Chacel

Derechos exclusivos de edición en castellano
reservados para todo el mundo:
© 1984: Editorial Seix Barral, S. A.
Córcega, 270 - Barcelona-8

ISBN: 84 322 0491 9

Depósito legal: B. 3068 -1984

Impreso en España

...los recuerdo a todos en bloque, formando
conjunto, como un sistema que el amor presidía...

DÁMASO ALONSO,

Poetas españoles contemporáneos,
«Una generación poética (1920-1936)»

El párrafo de Dámaso Alonso que señalo, me pareció decisivo para
la proyectada trilogía que pensaba biografiar a los chicos de mi generación, «un sistema que el amor presidía» tenía relación directa con
lo que mis protagonistas, en el primer volumen, llamaban Escuela de
Platón —el fresco Escuela de Atenas— y me pareció bueno poner
aquel título en el segundo volumen: así lo anuncié varias veces. El
libro, mediado ya en el 77, quedó interrumpido durante cinco años
y luego, al rematarlo —atentado de impaciencia—, derivó por avatares
que no lo justificaban bastante. Se puso —por sí mismo— de relieve
el tema de los chopos del Canalillo, vaticinando lo que aquel altozano
llegaría a tener de colina sagrada, y quedó en ACRÓPOLIS.

LA PARADOJA sorprendente no es la más profunda ni la más laberíntica, no es la de nudo más inextricable. La paradoja entretejida con los hilos imperceptibles del vivir, la que no desentona apenas porque su íntima disonancia es muy leve y, no sólo no hiere, sino que sazona lo que en el ámbito gustativo pasa medio adormilado, y yacería en la mortífera costumbre si su contradicción sutil no lo hiciera arder en su pira, sahumándolo con su incienso o sándalo, salvándolo para el escondido apetito, vibrante despertador de la vigilia... Ésa, la ignorada, es la inmensurable. Ésa que parece revestirse con el manto de la que llamé mortífera, el polvoriento gris, que usa como abrigo o pantalla de su pudor —pudor que no oculta lo bochornoso, sino que resguarda lo indecible. ¡Ése es el quid! esto es lo paradójico porque esto, lo incomunicable de que hablamos —o tratamos de hablar—, es una secreta comunicación, es una reserva compartida. Los actos cotidianos se suceden —hay diferencias, grandes diferencias—, se suceden días y noches: taller u oficina, lecho conyugal o mercenario —las diferencias están en los grados del eros: calor o tensión vital de la obra o de la cópula— pero en todo caso, el sucederse de lo contrario, de lo que llena el día o lo destruye o lo vacía o lo enajena, pasa en sucesión plácida o detestable, pero manifiesta, inscrita en un área determinada de la ciudad... En esa área, exactamente en esa misma área queda inclusa la secreta guarida de la paradoja bien atada, bien apretada en su nudo de cien vueltas... ¿quién osaría desenredarlo?... Porque la cosa o el hecho es tan sencillo, tan común, tan vulgar... Vamos a partir el pelo en cuatro, vamos a intentar captar los matices más sutiles, las mínimas vislumbres que casi no pasan de suposiciones, sabiendo que esos matices, ese pelo partido en cuatromil no es ajeno al vulgo. Ese misterio que, como todo misterio —si a esta palabra le damos su verdadera dimensión, si la liberamos del parentesco con lo que no se explica por desconocimiento de su a veces estúpida causa o banal proceso—, como todo misterio, viene volando y fecunda a la mente más virgen de letra o lógica. El hecho es tan sencillo que se podría decir con diez palabras, por ejemplo, «el hombre trabaja y descansa, duerme o va al café» —al bar, a la taberna, al cabaret sofisticado, a la cantina del puerto... ¡Es inútil!... decir que puede quedar dicho en diez palabras e inmediatamente añadirle otras doce... Sin embargo, sabemos que hay quienes lo dirían en diez palabras y tal vez en menos. Hay quien diría, simplemente, «el hombre va al café»... Hay quien no haría más que mentar el café, entre otras cosas y, con eso, lo suscitaría en la mente del lector, dejaría que éste se adentrase en el ámbito aludido y viviese *su* café, retoñeciese —primaveral memoria— las huellas de su experiencia. Sí, tal vez sea eso lo más honesto: es, sin duda, lo más modesto. Pero modestia y honestidad se retraen a veces ante la presión de lo superabundante y, sobre todo, ante la pugna de un propósito de exactitud. Porque el que habla quiere que el que escucha viva *su* café —el del que habla—, quiere llevarle, a la fuerza: no hay nada más fuerte que lo exacto. El que habla quiere llevar, a la fuerza, al que escucha, al secreto lugar donde está escondido el cofre porque en el cofre está *su* tesoro —el del que habla—, que tal vez no sea más valioso que el del otro —el que escucha— pero es exactamente el que quiere darle porque le pertenece: por eso tiene derecho a dárselo, porque es suyo. Al llevarle —al que escucha, al que vive escuchando porque es, macho o hembra, expectante, recipiente, sediento a veces en el desierto de la ignorancia o, lo que es peor, en los callejones del lugar común— tal vez lo que quiere darle no sea lo más valioso, pero es indiscutible su singularidad. Aquello que es atesorado por *uno* es lo que *otro* necesita. Se ha acreditado mucho la falsa modestia del autor que no se impone, que, con pocas palabras, activa la mente de su lector o auditor por medio de la prestigiosa mayéutica —sublime astucia del divino raposo, ¿quién la tomaría en serio?—, pero el camino hacia el tesoro va por las más abruptas anfractuosidades y el que quiere mostrarlo, esto es entregarlo, necesita recorrer todo el sistema orográfico de los cerros de Úbeda porque sólo siguiendo ese camino se llega a lo escondido en lo más patente. Así, pues, si decimos, «el hombre va al café», una cosa tan simple —violando su simplicidad con la enumeración de los innumerables ámbitos que pueden, más o menos, denominarse así—, si decimos «el hombre va al café», tenemos que buscar la recóndita paradoja realizando, *in mente,* lo que deja para ir. Mejor dicho, lo que para dejarlo, esquivarlo, u olvidarlo, para borrarlo de su existencia real va al café, y también lo que acoge y saborea, en lo que se aduerme con olvido compensador. El parangón de esos dos mundos, si los ponemos uno frente a otro, muestra la diversidad de sus fisonomías y, realzada sobre ellas, una semejanza mística, como un numen bifronte... ¿Por qué no llamar al pan, pan y al vino, vino?... Lo que el hombre deja, esquiva, trata de olvidar es la monótona repetición, la visión cotidiana de utensilios, rostros, manos, palabras: el recuento diario de huellas, rozaduras en el barniz de los muebles, arrugas o tal vez adiposidades en frentes, senos, vientres... o estribillos, tics o cadencias vocales, regionales, residuales de antiguas dolencias... Zamarra usada, pelada, desgastada que el hombre cuelga en la percha y sale a cuerpo... Lo que el hombre encuentra en el café es un blando hábito confortable, una seguridad cotidiana —segura porque está ahí, en un determinado lugar y no hay más que ir y entrar—, no hay más que sentarse en el rincón acostumbrado, en el diván moldeado por cuerpos que se revolvieron en él hasta acoplarse a su comodidad: no hay más que pedir el café, servido por el predilecto, el paternal o el chistoso —Fígaro o sacamuelas, con algún tic o distorsión fonética regional—, el que sabe dosificar con justeza el blanco y negro, el que sirve el coñac o el anís sin desbordar ni escatimar. Beber los acostumbrados sorbos, acompasados con el mermar de la taza, el consumirse del cigarro o el puro, el apagarse de la pipa y volver a encenderla y brotar el humo tumultuoso, bello en sus volutas próximas, envolventes y luego huidizas hasta disiparse, difundiéndose en el ámbito neblinoso que se repite en los espejos y crea una espaciosa cerrazón, un

amplio refugio íntimo, personal y, al mismo tiempo, público...
no, la palabra público no cierra las puertas. Íntimo, personal,
propio y apropiador de lo ajeno. Porque lo ajeno, los ajenos
entran y son, inmediatamente, propios; se conocen sus arrugas, el avanzar de su calvicie, el volumen de sus vientres o el
consumirse del enteco pescuezo de aquel que tose entre bu-
fandas. Todo en el café se compone con el rigor de una sinfonía o de un ejército porque hay tiempos, cumplidos en sus
motivos melódicos —aromas, vahos de repostería o asador—
y también hay jerarquías de objetos en señaladas situaciones
—botellas, innumerables sus formas y el color de sus líquidos, ambarinos, verdes como macizos de yerbaluisa o rojos,
como si pudieran llorar sangre. Ésas son soberanas, encum-
bradas en anaqueles, aparadores, trincheros; resguardadas por
vidrios y corroboradas por el séquito de brillos metálicos —te-
teras, azucareros— y abajo, en el terreno de los infantes, las
colillas, los restos del serrín mal barrido, la hondonada, ligera
depresión que formaron los pies y que, como un valle, tiene
más o menos profundidad según la frecuencia, según la ero-
sión producida por los pasos. La sutil paradoja es la esencia
de la deidad bifronte, la que perteneciendo, en su alma, a los
lares, puede —en el lar— aterrorizar, hastiar hasta emascular
con la mueca de su rostro hostil, polvoriento, deslustrado,
borroso y violento, violentamente borroso: lima pertinaz, lija,
piedra pómez, aridez, costumbre... Y ella misma, la numérica,
es la que inspira y custodia sus inspiraciones como jardinera
que las siembra a un lado y a otro en el café, riega los tiernos pimpollos con la mirada de su rostro afable, con la placidez de sus suaves colores, con la cobijadora confianza de su
reiteración deleitosa: perfume, tibieza, costumbre... Es una
cosa tan simple, tan leve que no se nota entre la trama cotidiana. Es una de las tantas cosas accesibles siempre, a cualquier hora. Menos tibia y como apresurada en la mañana, más
confortable y a veces ruidosa al mediodía: perfecta, plena,
hospitalaria y magnánima por la noche. Llena, colmada a las
altas horas en sus poderes nocturnos que activan la mente,
que mantienen el fuego sagrado del diálogo... Sus poderes

son infinitos, indeciblemente nocturnos hasta la soledad, hasta el silencio que no rompe, sino que abrillanta de constelaciones un hombre, sobre el pequeño tablado, tocando el violín.

Llego con gran retraso, creerán que me ha atropellado un coche. No sé si contarles la realidad de mi atropello: hace ya unos cuantos días que sucedió. Llevo ocho... diez días en atropello progresivo: hoy ha sido la culminación, causa de mi retraso. La causa... no, no les explico todavía la causa: les explicaré las consecuencias. El retraso obedece —les diré— a que me he perdido. Así, simplemente, de mi casa al café me he perdido. No crean ustedes que me haya disipado en callejeos turísticos, no, he venido derecho —he creído venir derecho— y, de pronto, me he encontrado en una ciudad desconocida. No sé dónde tomé una dirección errónea. De ordinario, vengo guiándome sólo por la orientación: mi sentido de orientación es pésimo, pero ya me había acostumbrado, me había hecho a la idea de tender hacia la derecha y, cuando llegaba a la iglesia veía el puesto de flores, doblaba la esquina y ya estaba en la recta vía. Hoy me aventuré por no sé qué calle y, como no topaba con la iglesia, perdí el norte: es cosa que puede suceder. No crean ustedes que estoy gagá —estoy rondando a los cincuenta, la edad de los que andan por ahí con la cabeza más en forma. Eso que se llama estar gagá también se puede presentar a los diez años, como un residuo parvular, como si el organismo que ya tiene fuerzas para corretear por su cuenta, para hacer todo género de hombradas se sintiese, de pronto, hundir en su puerilidad remota, en la niebla de su cuna. Es lo mismo, ésa es la verdad, es completamente igual a la niebla senil: son dos abismos que, de cuando en cuando se presentan. Sería cosa de saber si puede uno distinguirlos, si puede notar las diferencias y decir, esto es del principio o esto es del fin... Recuerdo muy bien cómo fueron los iniciales: me perdí alguna vez yendo al colegio y siempre, como ahora —ésa es la cosa, completamente igual que ahora, a causa de algún atropello, de algo que me caía encima y me traumatizaba o me enajenaba. Pueden ustedes tomarme por un paleto, en parte —en gran parte— acertarían. Soy un paleto irremediable que ha pasado por muchos kilómetros y fronteras sin romperse ni mancharse. Sólo los que como tú, Jorge, me conocéis desde chico, sabéis... no sé si es que lo sabéis o si es que lo habéis decidido así: yo no he tratado de rectificar nada. Habéis decidido que la causa de todos mis defectos es mi carácter. Está bien, yo reconozco todos mis defectos, pero la causa no me molesta. El caso es que me he perdido porque llevo más de una semana perdido en un libro, en un libro que no he leído todavía. Ernesto, que está de lector en Princeton y me lo manda, ha subrayado algunos párrafos. He ido traduciéndolos sin decidirme a emprender la lectura por los cientos de páginas que tiene el mamotreto y en el segundo capítulo me encuentro una cosa... No quiero decir una idea: ahora ya voy leyéndolo y no puedo dejarlo, pero no se trata de eso. La cosa es algo que sobrenada, desprendido de lo literario. El libro, literariamente, va a hacer mucho ruido, pero la cosa... Ya sabemos que cada uno encuentra *su-cosa* en un determinado libro y en un determinado momento: esto ha venido a zanjar todos mis titubeos. Bueno, no mis titubeos porque no me ha dado ninguna solución sino, al contrario, me ha planteado una cuestión, me ha asestado una pregunta... Yo soy completamente incapaz de no coger el auricular si suena el teléfono: no sé si hago bien o mal, pero me es imposible quedarme como si no hubiera oído, mi carácter me lo impide: tal vez pueda dimanar alguna virtud de mi carácter... El carácter debe de ser algo tan mecánico, tan cerrado en su automatismo que carece de mérito. ¿Está, en consecuencia, libre de culpa? Eso dicen y es verdad: está libre de culpa el carácter, pero el hombre no es sólo carácter. ¿O es tan poderoso, tan decisivo el carácter que arrambla con todo lo demás? Así dicen —tengo que decir, decimos— cuando se trata de la culpa, pero cuando se trata del mérito... Porque, vamos a ver, yo llego ahora, les cuento el caso y, para que comprendan el peso que tiene en mi mente, les expongo el proyecto que llevo meses disimulando... ¿Para quién vengo haciendo esta comedia? No lo sé, ni sé si era comedia. Les sugería, les insinuaba, les dejaba olfatear que me traía algo entre manos. Más todavía, les arengaba, espoleaba su ánimo dándoles a entender que de un momento a otro iba a llamarles a filas y, automáticamente —ahí está el automatismo—, en cuanto percibía su animación, una ola de angustia, de desgana vital, de pereza, en el peor sentido que pueda tener esta palabra, me anonadaba... Pereza ¿quién no dice con toda naturalidad que tiene pereza? y, sin embargo, hay una pereza con rango de pecado mortal porque es la muerte, adosada como un parásito al espíritu. Si uno tiene algo más que carácter, puede imponer un freno al suyo, puede canalizarlo... a veces puede uno, a veces no. Pero cuando se trata de... esa pereza que ataca al propósito en su eje o potencia, en su intento esencial... Ahí la conducta del atacado por ese morbo juega su comedia. Ahí viene el chiste, el quiebro ágil que lleva las cosas por otro derrotero y deja a la atención pendiente, sin saber si el asunto fue mal entendido o si fue desechado o si se derrumbó por sí mismo... La comedia queda en eso, pero la angustia, la angustia absoluta, algo así como el vacío que hiciese una máquina neumática aplicada más arriba del diafragma queda fija, vampirescamente fija... No sé en qué consiste la diferencia de la manifestación actual. ¿Qué ha sido lo que me ha hecho rodar sin rumbo, dando vueltas a la manzana? La pereza morbosa, que se batía en retirada: y se batía porque presentía que iba a ser derrotada por el carácter, el automatismo que, si suena un timbre, no puede estarse quieto. El timbre, la pregunta magistralmente formulada, extensa, universal, intemporal... Formularla para los otros, exigir su atención, su interés, sabiendo de antemano cómo va a resonar en cada uno... Es para desfallecer y, sin embargo, la vibración de la pregunta me ha puesto en pie. Ahora llego, les digo que mi extravío ha sido una distracción sin importancia y no lo creen, porque no quiero que lo crean —me importa poco que lo crean o no, eso en el fondo, pero la inquietud, la actividad que me ha traído hasta aquí, que me ha traído y distraído, no quiero dejarles en esa creencia. Es una actividad que necesita expansión y no creo que la pereza se la impida. Claro que también hay una especie de miedo, por la incertidumbre... por la certeza de que no podré decir nada cierto, verdadero, exacto. ¿Es más exacto confesar la incertidumbre o exponer mi adhesión a la pregunta... o exponer la pregunta como si lo que hay en ella de optativo fuese una afirmación deslumbrante, como si la opción, así formulada, fuera, por sí misma, un axioma?... ¿Es más exacto no decir nada?

Perdón, llego muy tarde, por pura distracción.

A ver si va usted a llegar a la distracción de aquel sabio que se metía las espinacas en el bolsillo.

Pues tal vez llegue a la distracción sin ser sabio.

¿Qué sabio era ése?

No era ningún sabio: era *el sabio* de un chiste. Porque hay chistes sobre sabios, sobre avaros, sobre cornudos, sobre puñeteros: hay chistes sobre las pasiones invencibles. La de la sabiduría se caracteriza por la distracción: así la plebe se siente satisfecha cuando el sabio parece tonto.

Bueno, sin hacerte el tonto, en resumidas cuentas ¿qué es lo que venías maquinando?

Oh, nada de particular: una frase subrayada por Ernesto en un libro.

¿Qué libro y qué frase?

No acabaría nunca, el tema es infinito y es ya muy tarde para empezar.

Para lo infinito nunca es tarde: lo infinito no tiene empiece.

No, claro que no, pero uno, de pronto, un día empieza a ver que no tiene empiece ni remate y entonces ¿para qué hablar?

Y entonces... ¿por qué viniste hablando por los codos?

Necesitaba excusarme porque habitualmente soy puntual. Pero no es cosa de ponernos ahora —son las doce y media— a desarrollar...

No puede ser, no puede ser... No puedo dejarme resbalar en... Aparece, no como un olor —como un olor designó el poeta a lo que viene de lejos, del extremo lejos— sino como un sabor que delatase la putridez del morbo interno; la pereza. Aparece su influjo de ausencia y todo se precipita hacia ella, todo va a parar al sumidero... ¡Recuerdo horroroso!... la pata y los seis patitos nadando entre los nenúfares, nelumbios grandes como repollos, alzados medio metro sobre el agua. La pata y los patitos saliendo de entre el bosque de tallos carnosos y avanzando por el agua tranquila del lago, más bien enorme estanque de la Villa Pamphili... Van por el agua tranquila: el agua parece perfectamente quieta, se deslizan las siete formas blancas por el cristal: la pata delante, los seis patitos la siguen al mismo paso que ella, no se quedan atrás... solamente dos se desvían sin que la dirección de su proa cambie de rumbo. Se desvían ladeados, algo tira de ellos por debajo del agua; el agua misma, que fluye imperceptible hacia un determinado punto y allí se curva su superficie. De cristal se convierte en madeja y cae por el sumidero, que la sorbe en silencio... los dos patitos van con ella... ¿Existe o no existe la premonición? No sé, pero si existe, consiste en esto... Consiste en la rama o fibra o partícula del fenómeno que cada uno elige, escoge con esmero, con detalle, con detenimiento sobre todo... Eso es, el misterio está en el punto que nos fascina y nos quedamos pegados a él para siempre... La pata y cuatro patitos no son sorbidos por la corriente, se quedan... parece que se quedan detenidos, mirando... ¿Ven, entienden lo que ven? No es probable... Luchan tal vez con lo que deja de ser quietud en el agua, con lo que empieza a tener una fluencia que en un determinado punto... no está marcado el punto en ningún sitio. Todo no es más que un progreso de la fuerza que tira, a la que se le opone la fuerza que permanece, en la que se puede bracear o patalear... El detenimiento en ese instante de lucha... las membranas distendidas tratan de abarcar más agua, tratan de agarrarse a ella, a aquel agua que no corre, que ofrece una generosa resistencia, una confianza. La pata y los cuatro patitos se agarran a ella: irían, se dejarían ir detrás de los otros, si creyesen que en el fondo del agujero iban a encontrarlos, pero saben que no y no van... Es vergonzoso no ir, es degradante seguir pataleando en la casi gelatina de la seguridad...

vida real defendiéndose, pataleando en el tiempo, agarrando un minuto más, un día más, buscando el equilibrio, la estabilidad... estar, estar, corroboración del ser que ve y comprende el fluir y se queda parado... Las ideas, las mínimas ideas humanas, los pensamientos u ocurrencias que flotan o fluyen en el ámbito de la mente sin puntos fijos, como el agua: el ámbito ilimitadamente transitable donde las ideas nacen, incuban mínimos pensamientos... Si digo *nacen, incuban,* digo —pienso— engendran, y tengo que admitir que algo dentro de mí sigue encadenándose en conjunciones... cuando todo lazo, todo contacto me es ajeno, me es imposible. Dentro de mi cabeza se producen entes... sean o no sean entes, se comportan como si lo fueran, se defienden del no ser... y yo creo que no me defiendo, pero vivo, me avergüenza vivir, pero vivo... relativamente. Está escrito —debe de ser una estupidez eso de que está escrito, pero está— en las rayas de mi mano, una raya de la vida fuerte, pero corta y, saliendo de ella, como las venas de una hoja de la vena central, una raya muy fina y muy larga... una larga vida... que no es vida... También la raya del corazón es tan larga que sube hasta el dedo índice y se continúa por su cara interna hasta la uña, que la interrumpe y le impide llegar a la punta del dedo...

Bueno, haz el favor de aterrizar. No es cosa de que te pongas ahora a ver si tienes que cortarte las uñas.

Ah, sí, es verdad, tengo que cortármelas, pero no pensaba en eso, pensaba...

Supongo que estabas pensando en la pregunta de Ernesto.

La pregunta no es de Ernesto. Él la ha subrayado, entre otras cosas y yo la he destacado, la he separado del libro para darle otro uso. Hay frases en los libros esenciales, en la *Divina Comedia,* en el *Quijote,* que uno emplea sin...

¡Por los clavos de Cristo! la frase.

De eso se trata, precisamente, de formular, analizar y diagnosticar qué es lo que es por los clavos de Cristo.

Ponlo sobre la mesa y veremos.

Hace mucho tiempo que estoy queriendo ponerlo.

Y ¿quién te lo ha impedido?

No, no me dilato en explicar quién me lo ha impedido porque todavía está ahí, o más bien, entre la mesa y yo. Si quiero poner algo sobre la mesa, tengo que atravesarlo o sortearlo y no puedo, no me atrevo... Es como si al buscar la llave de la luz en un cuarto oscuro temiese que fuera a cogerme la mano un fantasma.

¡Carajo! no creí que fuera usted hombre de fantasmas: se ríe de la religión y no de la superstición.

La superstición es la fe en su madriguera: es el pasado del amor divino.

Y la pregunta ¿es el pasado o el porvenir?

El porvenir, tienes razón: haces bien en poner los puntos sobre las íes. Voy a exponer la pregunta sin decir nada del libro. Es posible que ya hayan oído hablar o hayan leído alguna crítica, pero es mejor considerarla libre de las opiniones ditirámbicas tanto como de los anatemas que el libro va a desencadenar. La pregunta tiene una independencia... Bueno... claro que tiene una total independencia, pero yo se la quito para darle un uso personal... No, tampoco es personal lo que pretendo: me estaría demasiado grande, no podría yo solo con el peso... Lo que estoy queriendo poner sobre la mesa desde hace tiempo es la conveniencia, la necesidad que todos tenemos de estudiar algo, a fondo. Algo no, todo. Ésa es la cosa: todo el mundo ha estudiado algo, pero nadie se ha puesto a estudiar todo, como si *todo* fuera una sola cosa. Creo que hace tiempo les dije que deberíamos hacer un seminario...

Sí, eso dijiste, pero no pasaste de ahí. Un seminario ¿de qué y para qué?

Acabo de decirlo: de todo y para todo. Pasa como con lo infinito, *todo* no sabe uno por dónde cogerlo. La pregunta me ha sugerido un sistema, no, ha dividido el total en dos mitades...

Bueno, el dualismo...

Nada de dualismo. Es, simplemente, «O lo uno o lo otro», título prestigioso, definitivo. La pregunta es, para decirlo en castizo, un *elijan*... Voy a leerla. Lo he apuntado aquí tal como lo he traducido —mi inglés deja mucho que desear—, sin extractarlo, dejándole el fondo de todo el párrafo... «La grandeza que fue Roma», un epígrafe, así, suelto y a renglón seguido un poco de ambiente académico. «—Espera un momento —dijo el profesor MacHug levantando dos garras tranquilas. No tenemos que dejarnos llevar por las palabras, por el ruido de las palabras. Pensamos en la Roma imperial, imperiosa, imperativa.

»Desde gastados puños de camisa manchados alargó sus brazos declamatorios, haciendo una pausa:

»—¿Cuál fue su civilización? Vasta, lo concedo, pero vil. Cloacas; alcantarillas. Los judíos en el desierto y sobre la cima de la montaña decían: Aquí se está bien. *Levantemos un altar a Jehová.* El romano, como el inglés, que sigue sus pasos, aportó a cada nueva playa donde posaba sus plantas (nunca las posó en nuestras playas), su única obsesión cloacal. Envuelto en su toga miraba alrededor de él, y exclamaba: *Aquí me parece bien. Construyamos una letrina.*» ¿Qué me dicen ustedes de esto?

Pues, francamente, no sé qué decir...

Hombre, a mí me parece muy ingenioso, pero ¿a dónde conduce?

Conduce a las dos cosas. Y ¿hay algo que quede fuera de las dos cosas?

Bueno, me parece que empiezo a comprender por dónde vas.

Ya, es lo que esperaba. Pero ¿es que nadie más lo entiende? ¿Ni usted, ni usted, ni usted?

Yo, ya lo digo, parece que tiene verdadero esprit y un humor que huele a británico.

Huele usted la vecindad, que no es muy buena vecindad.

A mí me parece, simplemente, una boutade, una salida.

¡Una salida! Una entrada es lo que es: una entrada. Uno entra en eso y no sale jamás.

Efectivamente: tú te has metido ahí y no sabes por dónde andas.

¿Quién te ha dicho que no sé?

Si lo supieras no hablarías del cuarto oscuro.

Pero si ya sabes que yo veo en la oscuridad.

Verás todo lo que quieras, pero ¿y el fantasma? Eso es, lo único que me inspira curiosidad. En tu asunto hay un fantasma, hay un misterio o un intríngulis que te ha metido en ese atolladero. Dime siquiera de cuándo data y te diré de dónde procede.

Ah, claro, si te digo de cuándo data... Una fecha tiene su intríngulis, su personalidad... Y no sé si vendrá en el Larousse, porque no se le da un nombre hasta que se la ve rematada en sí misma.

Es posible, yo todavía no la he visto, aunque suelo buscar con empeño nombres españoles... Y ése tiene que estar, tiene que estar, aunque es demasiado próximo. En fin, yo confieso que tengo esa ambición. La disputa entre algunos contemporáneos nuestros, bien ilustres, es harto conocida: a unos no les interesa lo de fuera ni les importa que lo de dentro —lo de nuestro dentro— salga afuera. A otros nos quita el sueño. Pero ambición... no sé por qué he dicho ambición: uno busca el fiel contraste de pesas y medidas para tener seguridad... es difícil juzgar lo propio —cuanto más propio, más difícil— y busca uno comprobaciones, demostraciones de la calidad por la cantidad... por el poder de la calidad para alcanzar a una gran cantidad... Ya sé que en esto puede haber un grave engaño. Lo hay si damos importancia a una cantidad ostensible, la cantidad de libros que se venden de las obras mediocres: no es ése el fiel contraste. Lo que convence a cualquiera es ver u oír un nombre proyectado hacia lo universal. Ver u oír un nombre convertido en el nombre por antonomasia. Entonces tiene uno la noción justa de los kilates... Es lo que pasó hace unos años: acertaste al preguntar la fecha. Culminó en el dieciocho, pero había empezado antes, dos o tres años antes... La Gripe Española.

Atiza, con ésta le ha echado usted la pata a la boutade del libro. Ésta es boutade y media.

¿Boutade? ¿Es que no está claro lo que digo?

Tanto como claro...

Pero ¿no me preguntaste la fecha en que me sumergí en este dilema? Entonces no se me planteaba como dilema: me agobiaba como enigma en acción. Es decir, el enigma era yo ante el hecho y la acción era lo inevitable.

Cuanto más lo explica menos claro resulta, y, sobre todo, no nos va usted a negar la sorna en ese orgullo que ha querido comunicarnos ante el nombre de España pasando las fronteras a lomos de un microbio.

Todos ustedes lo han conocido de cerca. Del catorce al dieciocho, decimos, como si hablásemos de la prehistoria. ¿Les parece posible hablar de aquello con sorna?

Bueno, admitamos que usted no ha querido poner sorna pero, entonces, hágame el favor de explicar qué concomitancias tiene todo eso con los judíos y los romanos.

Fundamentales. Claro que si pretendemos ver aquellos fundamentos —los altares levantados en el desierto y las montañas— apenas nos alcanza la vista, pero después pasó mucha agua bajo el puente y el cerebro más autorizado, según Augusto Comte, llegó a la conclusión de que «si no tenéis caridad» habéis perdido el tiempo...

¿Y?...

Pues...

¿Y los romanos?

Ah...

*

Se puede, naturalmente, relatar, rapporter lo vivido. Volver atrás no es posible —ni deseable—, ningún ser vivo vuelve atrás en su ser vivo. Sólo el hombre puede relatar, repetir la presencia espectral del pasado en su deleitoso, lato desarrollo que no queda consignado en el diccionario. Sólo la fecha y el nombre, el nombre que se ha dado a una cosa o un hecho digno, por su magnitud, de tener un nombre datable. Cuando el hecho transcurría era claramente perceptible su dimensión temporal, sin darle nombre, viviendo en ella el diálogo de la vida. Deleite imponderable de los diálogos, interrumpidos con frecuencia —con ansia, con voracidad individual que acapara el mayor espacio posible, insertando a cada paso la cuña propia, el «Yo dije», «Yo hice»...

Ellas, las más simples, iletradas, novelando sus vivencias, desarrollando la prosa de sus confidencias. Intimidad momentánea y a veces predatoria con imposición violenta del yo... «Yo hice», «Yo amé», «Yo fui amada»... Y también, «Yo oí», «Yo vi», «Yo sé porque vi»... violación del pasado ajeno que se proyecta en espejo deformante y queda como supuesta realidad que prolifera en relatos de relatos...

Ellas, las tricoteuses, comentando —durante años— en el cuarto de Eulalia... Eulalia imponiendo su «Yo creo», «Yo pienso», «Yo temo». Y sobre todo, el relato inagotable de los diálogos antiguos, siempre continuables, prolongables en su impulso premonitorio de aquel tiempo cuando ella ya pensaba, ya sabía... «Yo le decía a mi marido, te dejas embobar por unos versos bien medidos, te...» Es lo de siempre, el egoísmo de los hombres, su obra, su empresa o lo que sea, sin ver más allá de sus narices, sin pensar en el porvenir de su hija... Y lo que es más grave, su hija, que es mi hija, igual a su padre como una gota de agua a otra gota... En fin, todo esto... todo esto lo conoces tan bien como yo: lo de ahora es más peliagudo porque ahora yo ya no mando. No puedo mandar en mi nieta: sus padres la educan para anarquista, creo yo... ¡Cría cuervos! Lo pagarán caro, porque ¿quieres decirme qué puede salir de eso?... Una carrera artística, sí, muy bien. Tiene al fin y al cabo, aunque en segundo lugar, el nombre de su abuelo que le abrirá algunas puertas porque el de su padre... acabará cerrándole la puerta de la despensa... No te rías, yo también me reiría si no hubiera cosas peores. Yo no he sido nunca pazguata, yo no me asusto de que vaya a una escuela donde se copian modelos desnudos... Digo que no me asusto, pero mejor es decir no me asustaría si su ambiente fuera otro, si tuviera relaciones con chicas de su clase... Si pudiera tener más tarde una sociedad donde supieran quién es, y no que la vean a todas horas con...

El cuarto de Eulalia, último de los cinco balcones a San Andrés, entornado, echada la persiana verde, abierta la puerta... Mayo se saltó la página de la primavera y zambulló a

Madrid en su estío africano. La puerta de la cocina —en la otra pared del pasillo— abierta para lograr un mínimo de corriente, y el perejil difundiendo su aroma entre la nota del almirez: el bronce tañido por el badajo —mano, por lo activa y contundente— machacando, sosteniendo una apariencia de trabajo, de ocupación ajena al comadreo, simulando no escuchar, no haber oído nada... En el segundo piso, la cocina, fábrica o taller —sobre la tabla de picar aporreados los filetes— era el mundo donde proliferaban los relatos. Se mantenían o cobraban autoridad o permiso de circulación en el gabinete de la patrona. Allí eran admitidos como explicación de la ausencia de ideas, de modo de pensar, y los relatos llegaban a las sobremesas militares donde se hacían cábalas, vaticinios y hasta propósitos —tal vez, quién sabe, hay poca luz en la escalera— sobre los dos guayabitos... Los relatos pasaban sin detenerse en el primer piso porque allí la cocina no tenía ramificaciones por el resto de la casa, siendo el elemento femenino, el ama de casa, arcilla del espíritu... Más abajo, al ras de la calle, en la vivienda recatada tras el laboratorio, allí sí había una cocina en activo. Una cocina cuidadosamente vigilada por la que era señora y directora de la alimentación restringida, supeditada a las órdenes facultativas —todo alimento peligroso, todo exceso inconveniente, toda conducta reprobable—. Allí, lo que bajaba del tercero era la página escabrosa, la guindilla, la páprika o Kayena, cosas exóticas, ajenas, traídas por sabe Dios quién: apestando su intromisión en nuestras costumbres, mezcladas al olor del ajo —buena especia— que no trascendía hasta la farmacia, no pasaba de la rebotica, combatida allí por los aromas nobles y puros de la artemisa y la salvia, del caluroso benjuí, del intenso, preponderante de la trementina... Allí quedaba toda murmuración detenida, como si el plano de la calle no le permitiese turbar sus leyes de la libertad.

No proliferaba en la portería —el viejo despreciaba a las fregonas y quería a las chicas. Tampoco en la pollería —Ya no bajan por huevos, ya son señoritas y ¡tan guapas!—, mucho menos podía cruzar la calle, jamás romper la armonía en el gabinete de Felisa —ángel músico, cautivo entre libros—, jamás manchar el culto de Araceli a los recuerdos de un verano glorioso... Sobre ellas dos —las criticables, las extravagantes— la murmuración ni repercutía ni rebotaba: simplemente, no tenía acción ni realidad, se había pulverizado bajo la demolición del olvido... Hubo un tiempo en que zumbaba amenazadora, como una riada que fuese a invadir el valle, a cubrir con invencibles corrientes el camino que querían seguir: en el que hoy ya estaban. Toda su voluntad, todo su impulso en su proyecto, que no era nada como para empezar mañana, sino que había empezado desde el principio... Qué amor, qué despuntar del amor, cobijado por el sueño uterino de la inocencia. Qué regularidad embrionaria en su desarrollo —núcleo, latido, expansión, estructura—, leyes rigurosas, pulcras, impecables como trazadas y ordenadas con regla de cálculo... y completamente ignoradas, tan ajenas a la conciencia como el recorrido de la sangre por las venas... Ahí, lo difícil, lo abstruso, lo indecible en esa fase o estación parvular... Sólo amor, ninguna otra categoría o entidad o fenómeno se asemejaba, en índole, a aquello... Sólo amor porque sólo amor empieza con la vida. Sólo amor es deletreado por el tacto con las manos que palpan una carne a su misma temperatura, con los labios, que chupan una leche que inaugura el gusto, con los ojos, que se ven mirados y los oídos que se oyen cantados: con el olfato que se abre a un clima de senos y axilas, de faldas o refajos, de sutiles perfumes, de residuos cocineros en manos que pelaron cebollas, en toquillas que absorbieron el humo del aceite, el aliento del laurel y el apio... Sólo amor efectúa ese metabolismo que sigue, a lo largo de la vida, ampliando su radio y apropiándose, alcanzando con sus tentáculos a todo lo que pasa... Todavía en ese principio, próximo, palpable lo que pasa, por no saber mantener distancias ni acatar barreras ni temer límites, sino solamente succiona la belleza, su néctar, su alcohol como alimento exclusivo —no todo pájaro se nutre de eso. Ahora ya, bien nutridas, desarrollados sus miembros de independencia y decisión, vivían su traslado, habitaban en el mundo que habían conseguido. Habían llegado a él con sus bártulos de trabajo, con su poco de oficio adquirido, suficiente para ingresar en él y menor, más torpe y exiguo que el de otros... Su indumentaria más modesta que su cultura, más ostensible su modestia y, sobre todo, más actual. ¿Accidental?...

*

Llegaba el profesor, siempre acompañado por su discípula —se le daba ese título—, criatura indefinible, pequeña campesina —pequeñez apenas normal—, discretos rasgos de enanismo, frecuentes en nuestro pueblo —fuerte, valiente, con atrevimiento de enfermera o cantinera, capaz de sostener moribundos en sus pequeños, cortos, fuertes brazos. Y el profesor, el maestro, porque era él el que creaba en la Escuela un clima académico, no por normativo, sino por sugestivo. Él creaba su mundo de academia, en su jardín había pájaros, primates, modelos vivos, láminas y signos, rasgos faciales trazados con tiza en el encerado: su clima era una irregularidad fluyente en la cátedra —nunca sobre la tribuna—, siempre deambulando por entre los alumnos —los discípulos— parándose, situando el diálogo junto al caballete de algún dilecto...
Belleza, nobilísima belleza de la Escuela... Pórtico ante el sombrío vestíbulo, escaleras laterales de piedra oscura, mármoles en rincones, en hornacinas. Rellano de acceso a la Academia... Abajo, al fondo del vestíbulo, el patio y luego la Escuela. Los yesos viejos, perfectos, traídos de Italia y mantenidos, reproducidos por manos italianas en los sótanos —cavernas húmedas, habitadas por el olor de la arcilla, del yeso batido y vertido en los moldes. La Escuela pobre, sus aulas, más bien talleres, asistidas por viejos profesores llamados también maestros, poco prolíficos en su infecunda rutina, poco valorados por los jóvenes que ansiaban novedad —vagamente intuida—, criticándolos en las exposiciones donde obtenían medallas... Sólo el maestro que creaba su clima académico tenía un pequeño círculo receptivo. Sus palabras —nunca lecciones, ni tampoco charlas—, sus diálogos imprevisibles y siempre directos, siempre dedicados a la persona, al que le respondía —nunca obligatoria respuesta discipular—, y le correspondía captado por su dedicación, por su elogio, por su... imposible adjudicar un término ambiguo o impuro como *adula-*

ción a su captación sutil, exquisita, tierna, profunda, calurosa: envolvente red de triquiñuelas socráticas. Tenía un pequeño círculo en el que figuraban los que retenían en una buena memoria su libro de texto, ameno, claro, formulado con gracia correcta, su Anatomía Artística, extravagancia bien expuesta. Figuraban también los que le consideraban divertido, los que copiaban sus ocurrencias... Sólo Elena le adoraba. Elena le esperaba bien impuesta en la lectura de su libro, preparada para el intercambio diario y le veía llegar con emoción —siempre acompañado por su discípula, su guardiana. Venía, generalmente, de firmar atestados de óbito —médico forense, pasaba revista a sus muertos mañaneros—, siempre acompañado por su discípula, siempre comunicándole —aspecto camarada o colega— su diagnóstico, haciéndole considerar los heridos de bala o cuchillo, los suicidados desde azoteas, los que habían tomado dudosos venenos, dispuestos ya para ser autopsiados y observar los rasgos fisonómicos, los caracteres raciales. Así llegaban a la Escuela y la clase tenía siempre en su comienzo un comentario de los sucesos del día: la guerra —*era el invierno del quince al dieciséis*—, Alemania ganaba terreno: no se podía dejar de ayudar a Francia. España entraría, forzosamente, en el contubernio... «Guerras innobles las de ahora, comedia de los alegres combatientes en los andenes de la Gare Saint-Lazare, cargados de flores, asomados a las ventanillas... ¡Qué es eso de ir a la guerra en tren!... ir vestidos con telas pardas a morir bajo máquinas apisonadoras, masticadoras con ruedas dentadas, o despedazados por obuses mandados a distancia... nunca cara a cara el enemigo y, cuando cara a cara, la vil bayoneta... Caído en desuso el escudo y la espada del hoplita: poco práctico... Los Cruzados, los Templarios vestidos de hierro... Nada de eso, nada de eso: ahora los alegres muchachos cantando canciones picarescas... El cine nos trae sus adioses con pañuelos blancos, el gramófono sus couplets... ¡El cine, el gramófono, esas creaciones sagradas! Sí señor, sagradas, de la ciencia, al servicio del interés, del practicismo y de la estupidez, que es lo más grave... Es lo que achata el ánimo, lo que ha borrado toda línea de gallardía.» Homilías lanzadas contra el presente, no estatuidas con acento moralizante, sino cantadas con elegíaco fervor, con dolorosa añoranza de los tiempos heroicos que hubieran ofrecido un campo a su genio, a su línea o forma personal. Su línea …toda su estética estaba escrita en un perfil que Leonardo habría acariciado con su lápiz, habría detallado en su fuerte menudencia… La nariz aquilina casi enterrada por la adiposidad de las mejillas, la frente alta y de curva perfecta, consecuente con la nariz… «La belleza es conformidad a una ley», decía y señalaba la frente abombada y la nariz retroussé de su discípula. Afirmaba que una peluca blanca la enmarcaría con extrema justeza… Y su perfil leonardesco, su boca apretada y su barbilla enérgica sostenían sus afirmaciones con la altivez de su cabeza, que se engallaba sobre su cuello corto, sobre su torso y su abdomen, aumentando un centímetro su parca estatura… Y sus vaticinios y sus denuestos al tiempo presente marcaban un pesimismo sin resentimiento, eran malas palabras —interjectiva virilidad— que no anulaban el culto progresista a la ciencia diecinuevesca… Y la clase discurría sobre algún tema correspondiente al libro de texto y siempre alrededor del tema explicado, mostrado —una vértebra, un parietal—, dibujado en el encerado el apéndice que remata la columna dorsal, el coxis, residuo de una indiscutible etapa evolutiva o de una raza zoológica extinta… aunque no enteramente, ya que un antropólogo portugués había escrito un libro que llevaba por título *Os homems caudatos*…

Y salir de su clase era ir cargados con una cosecha, llevar lo vendimiado en el día y vivir con el tono, vibrar con la nota dada que se unía al clima, al frío de febrero —1915—. Nieve que no cuajaba, hielo pulverizado en el aire, ráfagas del norte oponiéndose al transeúnte…

*

Imposible hablar, cogidas del brazo, comunicándose calor y decisión para llegar a casa. Llegar, subir corriendo la escalera, esperando encontrar la sopa sobre la mesa y meter los pies entre sus faldas de camilla… Pero no estaba puesta la sopa porque otra actividad imprevista había retrasado el rito diario… Ariadna tenía fiebre, una fiebre alta que le había atacado repentinamente. Estaba hundida entre las almohadas, roja toda la cara: los ojos hinchados procuraban mantenerse abiertos. Elena pidió a su padre que volviese a comprobar la fiebre —el médico no acababa nunca de llegar— y sacó el termómetro, lo sacudió para bajar el mercurio, dio golpes con la mano en que lo tenía cogido sobre la otra mano, Ariadna se sentó en la cama con los ojos abiertos, gritando «No os peguéis» y se dejó caer hacia atrás sin salir del delirio, murmurando palabras inconexas... La fiebre podía originar aquel rapto: no anulaba la percepción de los sentidos, pero la mente respondía a ellos desde otro mundo... ¿Desde el otro mundo?... La criatura talmente enajenada ¿podría volver a sí misma? Aquel braceo de náufrago, aquella mirada ausente, fija, con los ojos descubiertos como si se les pudiera dejar desnudos —instrumento inservible, espejo empañado—, abiertos como las ventanas de una casa deshabitada. ¿Podrían volver a ver el mundo, a inspeccionar las cosas de la vida?... Gripe, dijo el médico, antes se le llamaba trancazo, ahora se le llama así a lo que no se sabe lo que es. Sólo se sabe que es algo muy malo: a veces leve, a veces fatal. Había que esperar que siguiese su proceso. Tres días duró la espera, el período estacionario que se podía calificar de grave. Subida y bajada de la fiebre, la gravedad comprobada por el médico según el estado y reacción de los bronquios... Elena no confiaba mucho en las comprobaciones, sólo estaba atenta a la posible repetición del delirio, sólo aquello podía indicar la fuga. Haberla detenido era como haber frustrado su escapada, su rapto, más bien, porque le había parecido arrebatada por el espíritu maligno que ahora llamaban gripe y que, con cualquier otra máscara, podría presentarse... Elena hacía la guardia por la noche y realizaba continuamente pequeñas comprobaciones: ligeros movimientos de afirmación o negación a cualquier pregunta y, sobre todo, los párpados cumpliendo su misión normalmente, entornados, dejando ver el movimiento leve de los ojos. No volvieron a levantarse dejándolos desasistidos en su fijeza. La inmovilidad había durado un instante, pero en el recuerdo era inmensurable, se extendía el horror por toda la noche, por todo el silencio. La espera negativa: esperar que algo no sea

—esperanza—, comprobar y mantener lo que está siendo que, por el momento, no está siendo malo. Escuchar, como si se pudiera sentirlo venir desde lejos y mantenerse en corroborador equilibrio al no oír nada. Y, de pronto, oír... Argentino o cristalino el sonido, leve, pero insistente, reiterado como una llamada. Desde muy lejos, casi imperceptible y creciendo al acercarse, definiéndose inconfundible, llegando y parándose a la puerta, la campanilla del Viático. No, imposible, nadie le ha llamado. ¿Puede presentarse así, espontáneo, seguro de la necesidad de su presencia, no como supremo remedio, sino como amonestación? «No me llamáis, no me esperáis, pero aquí estoy»... Desde el balcón, al fin, las dos velas encendidas entraron en la farmacia. No había sido la gripe, había sido la fuga del corazón que llevaba ya tiempo queriendo escapar, sin braceo de náufrago, sin delirio.

*

Pasó el peligro y fue posible volver a la Escuela. La helada se mantuvo durante semanas: entre el frío y la escarcha de las primeras horas una mujer pasó con ramas de almendro... El maestro, un disimulo coqueto por no demostrar demasiado lo muy notada que había sido la falta de Elena y un interés por la causa que, una vez comprobada, exigía la manifestación del sentimiento... «Hay que hacer frente a los peligros de nuestro tiempo, pero no hay que asustarse porque los microbios, los pobres microbios, son, para los médicos, pan comido... Hay otros malos en el siglo que ni Dios los arregla... Ni Dios, no repitan ustedes esto en sociedad: está mal visto. Les dirán ¿eso es lo que les enseña su maestro, ese viejo loco, anarquista, masón, caníbal?... ¿Por qué no? ¿Cómo van a saber lo que uno come en su casa los que no entienden lo que uno piensa en la calle, en voz alta?... Vivir para ver... El mes que viene —o el que viene después, no está fijada la fecha— van ustedes a ver algo extraordinario, algo que ha deslumbrado a los connaisseurs de París. Fíjense bien en lo que he dicho, a los connaisseurs —esto pueden repetirlo, siempre que lo pronuncien bien, si no quedan deshonrados—, los connaisseurs, unos señores que se dan este título y con sus

críticas le dan a cualquiera un porrazo que lo dejan sin connaissimiento... Van ustedes a ver el Palacio de Exposiciones
del Retiro entregado, puesto enteramente a disposición de un
pintor... de un pintor catalán, naturalmente... Están a la cabeza, por ahí nos viene el progreso... Bueno, no crean ustedes que tengo prejuicios regionalistas: lo que tengo es juicios.
Juicio, con mayúscula y no confundo... El progreso no podemos negárselo: no podemos negarles la superioridad de su
industria y yo considero la industria cosa muy respetable, pero
la pintura, el Arte, también con mayúsculas. Ese modernismo
que nos hace ver visiones por todas partes, casas-flores, mujeres-insectos... Nos sirven los platos más intragables porque
tienen permiso, han sido diplomados por el cordón bleu de
los connaisseurs y pueden envenenar a todos los tontos del
siglo... Bueno, hablemos ahora de una sínfisis craneana, dibujándola —a ver usted, Jiménez— como la frontera de un
Estado en un mapa. El occipital...»

*

¿Qué dirías, Isabel, si yo tuviera un secreto? —¿Un secreto?
No sé lo que diría, pero nada bueno. —Recapacita: después de
lo dicho, ya no sería más que medio secreto. El secreto,
de tenerlo, casi habría desaparecido, puesto que te lo he dicho.
Figúrate lo diferente que sería si un día, tú, descubrieras que
tenía un secreto. —Eso ni se piensa. ¿Por qué se te ocurre
decir una cosa así?... ¿Lo tienes o no lo tienes? —No, todavía. —Pero vas a tenerlo. ¡Vamos! Es como si...

Una divagación banal, demasiado pueril, pero lo serio, lo concienzudo hundido... no, arraigado en los surcos lejanos, nutrido por el humus de la infancia. En un cierto tiempo, en
un cierto día —o noche— una palabra grandiosa, sagrada: una
palabra que había que acatar, que tenía dimensiones para imponerse, para dirigir una vida —dos vidas— una palabra que
no se había vuelto a repetir... Claro que sí se había vuelto
a repetir al nivel de cualquier otro concepto, no sobre el ara
del momento aquel en que su poder no era alcanzado por
ningún otro concepto. Su dimensión en la mente de diez años

era resplandor de faro... Confianza, hermana o compañera o emisaria de fe... o hipóstasis o emanación suya, concedida a los humanos... Confianza, contacto ciego y seguro irrompible. Si amenaza ruptura, la vida se abalanza, se agarra a ella, se abraza a ella hasta hundirla y confundirla con el alma misma, hasta arrancarla del alma aquella que tal vez vaya a hurtársela, escarbando hasta más abajo de ese *tal vez,* porque lo horrible, lo mortífero, lo venenoso o corrosivo es el *tal vez sí, tal vez no.* Y el fulgor en la mente de diez años se atenúa, sin decrecer. Lo atenúa la vida para poder vivir, lo vela, lo entrega a Mnemosina que lo cubre con su manto, donde jamás se pierde... Si la mente, ya racional, lo descubre, lo toca al pasar con descuido, afronta el fulgor, no se deja deslumbrar, no, todo lo contrario, se detiene... Se zambulle en el *tal vez,* pretende encontrar en su abismo la prueba, la comprobación de qué será mejor, el *tal vez sí* o el *tal vez no.* La comprobación es un parangón de posibles medidas impalpable, porque ¿qué es lo que se mide? Se mide o se prueba, endosándolo, considerando bien lo que se puede aceptar, soportar... ¿Es mejor saber o es mejor ignorar?... Jamás ignorar, aunque saber sea morir. Afrontar el fulgor es, en la mente racional, correr el riesgo de saber más de lo que se temía saber. Es temer la pérdida de algo y, en un momento, ver que no se sabía todo lo que se podía perder. El descubrimiento, el tropezón por descuido no se borra jamás. La vida trata de borrarlo, la mente racional pierde el sueño de por vida.

No sé por qué lo tomas a la tremenda. Es un tema que vale la pena de meditarlo. —Cuando lo expones, supongo que ya lo has meditado. —No lo bastante... Si te parece que ya está expuesto, puedo añadirle un detalle que, corroborando su forzosidad, aminora (aunque parezca raro) su condición de secreto. —Ah, ¿lo dulcifica? —No, lo desenvuelve un poco, como uno de esos paquetes que tienen cien camisas ...Figúrate, si digo que voy a tener un secreto, ya he revelado su próxima existencia. Imagínate en qué quedará si llego a decirte lo que es, rotundamente lo que es, en qué consiste...

—Bueno, y si lo dices todo ¿por qué lo anuncias con campanillas? —Ah, es que con todo eso no pretendo más que recalcar su forzosidad secreta... Fíjate, en dos palabras, «Voy a tener un secreto», y ese secreto es que «voy a escribir un diario»... ¿está claro? —Demasiado claro: es un secreto a voces. Hemos hablado de ello cien veces. —¿De la posibilidad de escribirlo? Sí, por supuesto, pero no de lo secreto, de lo forzosamente secreto que tiene que ser un diario... —Y ¿por qué tiene que serlo? —Porque un diario debe ser una cosa tan cruel, tan desalmada como un diccionario donde va uno a buscar un héroe o un santo y tarda en encontrarlo entre tornillos o paisajes o legumbres. El día, cada día es así de imprevisible y de anárquico y su impronta tiene que ser así, tiene que conservar las huellas de todo lo que hicimos y pensamos. De todo lo que no debimos hacer ni debimos pensar... Por eso no lo he hecho, ni lo haré. Ahora, con el anuncio, no he tratado más que de hacerte pensar en esas cosas que son secretas porque no se permiten —ellas mismas no se permiten o no tienen sustancia para ser de otro modo— no se permiten más que pasar un momento por la cabeza, por la cara, consecuentemente... Tú y yo y todos las vemos pasar y, si no se quedasen en el secreto, no podríamos seguir hablando acordes con lo que no es secreto... No te aterres: no lo haré nunca... —¿Cómo, que no lo harás nunca? ...Todo lo contrario. Ahora lo tienes que hacer... Lo haces y lo dejas ahí encima de la mesa. Puedes estar segura de que no lo miraré. Bueno, no lo leeré, lo veré, sabré que está en un cuaderno azul o colorado, *sabré que está,* mientras que si no lo haces no podré saber que no lo haces.

*

La escapada de Montero no se había constituido en ausencia, al contrario, rebrotaba continuamente como una filtración inagotable en los muros más espesos. En los lugares sólidos, allí donde se buscaba lo presente, lo seguro —no lo seguro estable, sino lo verdadero, precisamente lo dudoso por delatar la posible, imprecisable, amenazante, ilusionante, prometedora verdad—, lo seguro por fatalidad tácita, por la sólida, antigua comparación de curso infalible... En la mente del maestro se traslucía como resultante de gloriosos teoremas que se hubiera querido —y no podido— desviar... En los demás, en los más jóvenes, los que le habían conocido ya como solución, como vencedor de las viejas dudas —sin ser, ni mucho menos, eso que se entiende por un triunfador: lo que se entiende por un luchador—, no deportivo, no ganador ni acumulador de ventajas sociales, económicas, gloriosas, inmortalizadoras... aunque ¿quién sabe?... Eso de ¿quién sabe? era lo que prevalecía en cualquier evocación de su persona... Ramón traspasaba a Luis su amistad. Habiéndole conocido era fácil rehacer su presencia, invocarle más que contar sus hechos o dichos. La ausencia —no admitida, transformada en presencia, en supuesta posibilidad de vuelta, con la patente certeza o conocimiento de la pérdida total en el tenebroso futuro—, la ausencia de Montero era un istmo o lugar de encuentro donde acudían los heterogéneos —por los años, por los sexos, por los oficios, rangos sociales, etc. —etcétera seguía siempre a cualquier calificación de Montero— aglutinaba a los que parecían distantes, no siéndolo: ése era el intríngulis. Ramón, por sus años, no frecuentaba a los amigos de su padre —catedráticos, periodistas— y poco armonizaba con sus compañeros de letras. Luis, pocos años más y profesión —de recluso entre sus químicos perfumes, inteligencia y cordialidad sombría—, naturalmente, sustancialmente apto para el diálogo que, naturalmente, sustancialmente necesitaba ejercitar Ramón. Yo era el único a quien permitía llamarle Máximo. Él detestaba su nombre pero en el fondo no le iba tan mal. Me lo toleraba por eso, porque sabía adónde apuntaba yo y no podía negarlo. Él detestaba, ésa es la verdad, lo desmedido, lo definitivo, lo jerárquico. Su ambición es universalismo, internacionalismo más bien, revolución permanente y ahí acababa por reconocer que en ambición era Máximo... Dentro de todo eso, ¿sabes?, hay un sentimiento religioso descoyuntado, estrangulado como un feto. Aunque estrangulado no, está bien vivo. No sé por qué he dicho lo del feto, yo creo que porque se nota que es una cosa que lleva dentro o que es él el que está dentro de esa cosa y no puede —ni nunca podrá— salir.

Entonces está aviado, porque el que es religioso desde cuando era feto —que es lo que debe pasarle a ése— no es cuestión de sentimiento: es que lo es. Nada más, es que *lo es* y nunca dejará de serlo.

Eso es, que *lo es*. Tú entiendes un rato de esas cosas.

Bueno, no te creas que está claro. Si entendiese —a ése debe pasarle lo mismo—, no debe estar seguro de que entiende. Cuando uno no entiende —porque no hay Dios que lo entienda— acaba blasfemando porque con eso encima no puede vivir... Y cuando uno se lo sacude, pues tampoco puede vivir. Eso explica lo del descoyuntamiento consecuente. Los que consiguen emanarlo, deformarlo, domesticarlo...

Sí, ya sabes lo que les pasa a los que domestican a un león. Lo llevan de paseo y hasta le sientan a la mesa, pero un día es el león el que se los merienda.

Claro, claro: eso entra en el programa. El trato con ese león siempre acaba en sacrificio... Sacrificio, ¿qué te parece?...

Pues que no, que yo no tengo disposición para el sacrificio o no sé si será que no alcanzo a verla en mi fondo, ¿quién sabe?... Montero la veía bien clara. Y, fíjate qué cosa tan rara, yo sé que soy de los que no pasan por ese aro y, sin embargo, a Máximo le tengo una admiración... que no es precisamente porque le crea un salvador de la humanidad, ni porque me pasme como el que anda por el alambre. No, es precisamente por eso que has dicho, por eso de que el sacrificio entre en su programa.

Su programa consistió en profesar, en hacer el voto.

Juramento de amor, dijo una vez, y le dio vergüenza, le dio rabia haberlo dicho. Empezó a caricaturizarse, «Yo iré a la muerte por mi dama, yo haré jurar a todos los follones que es la más hermosa de la tierra»... Pero no quería dejarlo en broma, añadía en seguida, «Yo daré una patada en la entrepierna a todos los follones: es más eficaz.» Lo de la dama no era broma, era la verdad, la verdadera verdad. Es un caso de amor contrariado, lleno de dificultades y peligros ideológicos. Ahí, con toda su disposición al sacrificio, no dejaba de aterrarse ante ciertos riesgos. Era un temor altruista, tan altruista como el sacrificio. Él se arriesga por un amor y se desvela por otro. Tratándole muy de cerca se ve todo eso en su fondo. Se lo dije a las chicas y estuvieron de acuerdo. Ya lo habían notado y ellas entienden de eso.

¿Tú crees que entienden?

De sobra, pero se hacen las tontas. En este caso, la cosa está tan clara que hasta mi padre, que detesta el asunto, que se ha llevado un disgusto fenomenal con su marcha, ha tenido que comprenderlo.

Ah, tu padre ¿es contrario?

Completamente, radicalmente contrario... Aunque bueno, lo radical habría que verlo. Cuando Montero empezó a exponerle sus tendencias, se subió por las paredes y yo le dije «Tú le has criado a tus pechos»... Se puso furioso... Menos mal que a ti no ha hecho falta criarte —me dijo—, tú naciste con casco y coraza como la diosa... Mi madre se reía... Bueno, ya sabes lo que pasó: la muerte de mi madre nos partió por el eje. Mi padre no reacciona, se refugiaba en el estudio, acompañado, creía, vitaliciamente, y ya ves. Yo, con lo de la coraza...

No lo tomes a broma. Tienes una buena coraza.

Hasta cierto punto. No creas que soy un alcornoque.

No, nada de alcornoque. Tienes una buena coraza, bien fundida que te da solidez. Es más serio de lo que parece eso de que sea acertada la mezcla que se echa en el mortero.

¡Uno de los temas de Máximo! ¡Los hijitos de sus papás!... ¡la familia!... Parece ser que todos los males vienen de ahí. Hay que destruirla, hay que eliminar toda idea de propiedad...

Sí, sí, de acuerdo. Quítales a los padres los hijos, pero ¿cómo les quitas a los hijos los padres?

Bueno...

No, no lo has entendido. Los hijos están fuera: los padres están dentro... ¿Te enteras?

Sí, claro...

No, sigues sin enterarte. A un hombre, en medio de la calle, cualquier tipo puede quitarle el reloj, pero nadie puede quitarle el hígado.

¡Fenomenal!... Me gustaría ver qué decía a eso Montero. Él está seguro de que hay soluciones para todo.

Sí, sería cosa de ver por dónde salía. Han fabricado teo...

¿Qué te pasa?... Ah, vuelves de clase, es la hora. Ya te lo estaba notando hace rato: se te iba el santo al cielo.

Al infierno.

Eres el tío más tonto que he conocido. Nada más que porque pasa... «La vi pasar ligera y echarme una mirada»... ¿Te la echó o no te la echó?

No, hoy no tocaba.

¿Cuántas por semana?

Cada vez va espaciando más la dosis.

Y tú, aguantando con paciencia.

Con paciencia no. Me dan unas ganas locas a veces de retorcerle el pescuezo, pero me las aguanto, como me aguanto las otras ganas, que cuesta mucho más trabajo aguantar.

Pues no te las aguantes, ¡hombre!, no te las aguantes.

Y ¿qué quieres que haga?

No sé, cualquier barbaridad. Algo así, a lo Julián Sorel...

¡Atiza! Qué imaginación. En primer lugar, yo no soy ni prójimo de Julián Sorel. En segundo, si lo fuera, ¿por qué ventana... quieres decirme?... Echa una mirada alrededor, ¿es que aquí, entre estas cuatro esquinas, se puede hacer alguna barbaridad?

Echar una mirada alrededor puede dar diversos resultados. Efecto inmediato, negativo. Cuatro esquinas cardinales: dos calles divididas en cuatro. San Vicente hacia arriba, la puerta churrigueresca del Hospicio. San Vicente hacia abajo, la Universidad... San Andrés, por un lado Plaza del Dos de Mayo y Bulevares, por el otro corte muy próximo en explanada —casi desmontes— adonde afluyen calles famosas, de míseros prostíbulos —Tesoro, Espíritu Santo... Corredera Alta—, comercio, ultramarinos, pescaderías, casquerías, puestos callejeros de verduras, mercado de San Ildefonso. Toda la calle un gran mercado —olor de olores, acorde o escala, derrotero de disonancias que al disgregarse se intensifican: una va ganando a otra—, lo cálido y graso sucede a lo fresco frutal y lo marino, trascendiendo a sal —gracia de los mares—, derivando a putridez que el agua dulce, que la insulta, arrastra hacia la cuesta... Sal nuevamente en los ultramarinos del café y el cacao: sal o salmuera en los bacalaos —de Escocia—, que escuece al herir la nariz, entre el bravío de las orzas de aceite... Gran mercado: culmina la realidad, el movimiento de lo que nutre —ya muerto, ya inmóvil— a lo que vive y come y anda. Olor de olores, heraldo del consolador de la carne, que grita porque quiere —rápidamente, inmediatamente, ahora mismo, hoy, antes de morir— reconfortarse, corroborarse con las substancias exquisitas... Placer y hasta sorpresa, y hasta regalo o fiesta, y hasta lujo en el recetario casero... y nada más. Nada más que lo que proviene del gran mercado: *el resto es silencio* en el barrio, es pasado... Un arco de ladrillo en el suelo hundido de la plaza... La plaza, plaza hoy día encuadrada por casas que, en sólo un siglo, crecieron y envejecieron. Crecieron sobre un campo de guerra, de triunfo... Cañones, arrastrados por donde hoy hay casas, rechazando, arrasando infantes y caballos que atacaban, viniendo por donde hay casas hoy. Y en seguida —siglo bendito, hoy ostentando en la gloria sus gloriosos pecados—, en seguida vino el albañil con su ladrillo y llana, vinieron los cristaleros y fumistas, los pintores y los que extendían por las paredes papeles floreados, los que colgaban quinqués sobre las camillas. En seguida acudieron los carboneros con el carbón de encina para los braseros y alrededor se formaron hogares: ¡modesto fuego para tal nombre!, fuego silencioso sin chisporroteo ni llama, doméstico, enjaulado pájaro de fuego, arropando su brillo con la capa de ceniza, resguardado por ella del frío que lo consume, concentrado en sí mismo y, sólo al oprimirle la badila, entreabriéndose jugoso como una granada. Se formaron hogares a su medida: no los fundaron descendientes de las grandes casas, sino tal vez ascendientes de modestos orígenes o vástagos de ramas estacionadas ya en varias generaciones y, en medio del bendito siglo, equilibradas, relajando sus músculos en el feliz bostezo de sus profesiones liberales... Vivieron, proliferaron. El flujo y reflujo de los valores monetarios no alteró el tráfago del gran mercado: la Corredera conservó su corriente. Los precios, que osaban llegar a alturas inauditas —sacrílegos, en el pan—, arrancaban gritos de plañideras a las madres. Todo quedaba en la corriente del mercado: fuera de aquella zona, sólo silencio, sólo la sombra de la gran derrota que coronaba el bendito siglo —siglo de triunfo, en sus albores— y la débil tiniebla sobre la infancia del siglo naciente... ¿La edad de un siglo?, semejante a la de un hombre, en proporción a sus medidas el siglo un poco aventajado: los diez años de un hombre... No es posible establecer el parangón, pero los que nacieron con el siglo lo encontraban muy viejo, y no porque ellos se sintieran niños, muy al contrario, se sentían adultos, capaces de llevarle a cuestas, como Eneas a Anquises. Sí, muy capaces, pero ¿adónde?... Ése era el único inconveniente, el único peso sobre sus vidas, la rémora que, en aquel cruce de calles, impedía elegir uno de los cuatro caminos. El no saber... porque el que sabe —o cree que sabe— rompe amarras... ¿Cómo romper la larga obra de un padre que puso su nombre sobre la puerta, que cubrió la esquina de azulejos, y retrató en cerámicas la efigie del oficio dilecto: puso bajo el emblema de Esculapio la balanza sutil que pesa los venenos, ordenó en anaqueles los frascos de vidrio o porcelana, con nombres florales?... ¿Cómo escapar dejando a la que tanto se sintió abandonada —siempre abandonada por padre e hijo—?: no la abandonaría, seguiría siendo el hijo que la abandonaba, prófugo y, ¿por qué no?, apóstata, renegado del ámbito materno... No la abandonaría porque ¿por qué iba a abandonarla?— ¿Por la personal expansión, realización, libertad? Libertad ¿para qué si es tan fácil perderla, si basta con que el orbe, el mando individual sea afectado por el morbo que se llama IMPOSIBLE para que libertad repugne, asquee por irrisoria, por impotente ante la cadena que estrangula la vida del QUERER, el imposible que mella lo que sólo puede ser íntegro, el amor? El imposible, que impide la largueza, ciega u obstruye la mente con la idea fija de PODER... poder llegar a la meta del QUERER, alcanzar lo que se anhela para no morir, y pasar —sin ver— por encima de los que mueren. No la abandonaría, por verla tan abandonada, reducida al mercado —de allí volvía con su moza, llena la cesta de las cosas buenas y útiles—, y a la iglesia —allí iba y volvía

sola, con la misma crátera de esperanza que llevase, sin lograr
henchirla —exhausto el manantial de maravillas— sin obtener
el milagro de volver al redil al que la había abandonado...
nunca la abandonaría. Y no estaba claro, no, el punto adonde
conducían las cuatro calles.

No es fácil apuntar con los ojos vendados —juego de viejo
tirador, virtuoso en el circo, imposible en el novel cazador,
ansioso de visiones—, no es fácil cuando se ha llegado a un
lugar fijo donde había una cama ya hecha para el que llegaba
solo, desgajado de un núcleo vital homogéneo —llegaba porque era mandado como un encargo o un depósito de fraternal
confianza. Llegaba... restos de una infancia congregados en
la casa hasta ayer ingorada. Casa de la ciudad —escalera, ámbito desconocido, insospechado por el que sólo conoció el
huerto o el jardín, la carretera y los trigales—, cuarto con un
balcón sobre el cruce de las dos calles. Caminos de la ciudad,
tranvías, aulas desconocidas, noches sobre los libros: oprimir
y exprimir para abarcar, apretando, el tiempo perdido... Un
tiempo en el que se estuvo viviendo la pérdida —el reloj o el
sol en el postigo izquierdo o el postigo sin sol—, o el langui-
decer del crepúsculo o el alba: su limpieza, su progresivo dejar
paso a la de los pies rosados y ésta, la luminosa, difundiendo la
luz de la pérdida hasta resbalar al negro absoluto.

Claro que podríamos decir, «Llegó Ramón a casa de su tía, en
donde encontró su cuarto preparado, los libros le esperaban
en la mesa, y había de estudiarlos, si quería que el tiempo
fuese pronto reparado»... Claro que podríamos decir,

> Llegó Ramón a casa de su tía
> donde encontró su cuarto preparado.
> Los libros le esperaban en la mesa
> y había de estudiarlos, si quería
> que el tiempo fuese pronto reparado.

Un hecho banal, que podríamos relatar en prosa o verso, y lo ridículo del verso sirve aquí para poner de manifiesto lo fácil que es relatar. Con esta afirmación no se pone de manifiesto que lo fácil sea peor que lo difícil, sino solamente que lo más difícil es lo que queremos. Lo más difícil es otra versión de lo más fácil: es la versión de lo que no se vierte hacia fuera, la que no tiene ritmo en su fluir y borbotea irregular porque no fluye como linfa serena en su materia, sino abrupta, bajo el atusado relato. Todo, hasta la irrupción de un tropel de caballos, todo se puede relatar, pero eso no explica nada. Lo difícil no explica, demuestra, evidencia lo que es un tropel de caballos... Es un ejército, una horda más bien, de insurrectos, anárquicos invasores, en la que unos atacan y otros huyen: y los que atacan se amontonan unos encima de otros, se sobrepasan, se empujan... Y los que huyen son perseguidos por los que no quieren dejarles escapar y van en su busca por matorrales o peñascos, y acaban olvidando lo que buscaban y nuevos fugitivos les salen al paso, y entre todos, unos y otros, forman la cascada que se precipita estruendosa. Se precipita con silencioso estruendo: cae en la gruta interior y ni el más próximo oye el tumulto.

La pérdida, el negro absoluto quedaba como un sedimento oscuro y pesado en el fondo de todo lo leve y transparente. Todo estaba afectado, en cierto modo: todo estaba avalorado, en cierto modo, afirmado, cimentado por una gravedad desusada en los primeros años. Un sedimento de tiempo —la divina ahorradora, conservadora, lo guarda y distribuye oportunamente. El tiempo acuñado por ella es el capital necesario para emprender el negocio del futuro, es lo que hay que llevar en la mochila para echar a andar por cualquiera de los cuatro caminos. Es necesario y es pesado, pero arrojar lastre, jamás... Acumular, reunir la carga que llevaron otros... ¿Para qué están los libros?... Tomando San Vicente arriba se puede llegar a las leyes, a la Ley, muy alta deidad, pero... Tomando San Vicente abajo se llega a la Sofía, mucho más confortable, adorable... Tomando San Andrés hacia arriba se llega a la Plaza. Guerra, milicia, ¡Vade retro! Luego, los bulevares: acomodo urbano, bienestar, no está mal. San Andrés hacia abajo es otra cosa: miseria, pueblo, necesidad... Deidad terrible por lo implacable, pero no sin encantos, no sin firmeza ni sin armonía. Sus decretos —durísimos, imposible negarlo— estructurados con rigor, ramificados sin límites, gravitando sobre un solo eje, vida-muerte... Fascinación de lo múltiple, de lo fatal... NECESIDAD, implacable devoradora, capaz de consumir todo el gran mercado... NECESIDAD expansiva o excéntrica, disipadora, exploradora de los tenebrosos burdeles: temibles paraísos, en los que alcanza la deidad sus cinco o seis segundos sublimes. Por los cuatro caminos llegaban los libros, periscopios con los que se alcanzaba a ver otros mundos.

*

Había coches parados en algunos paseos donde no les era permitido, de ordinario. El Paseo de Coches estaba cerca, pero los ocupantes de aquellos resguardados a la sombra no habían querido llegar a pie hasta el Palacio de Exposiciones. Más cerca, delante ya de la escalinata, estaban los coches oficiales. Ministros, o tal vez concejales, iban a abrir las puertas. Quiere decirse que, en cuanto ellos las traspasaran, ya podía el público —el numeroso público de estudiantes y artistas, de periodistas y de damas. Éstas, clasificables en varias categorías. Viejas damas —no muchas, dos o tres— magistralmente viejas, arrastrando la cola de su autoridad... No de sus vestidos, no: de su atuendo, que no consistía en viejas modas, sino en un soberano atrevimiento para cubrir hombros seniles con muselinas primaverales, ostentar cabelleras blancas bajo pamelas a lo Montijo, impertinentes de oro o carey reteniendo, avasallando a un breve cortejo de personajes, de gacetilleros y de marchands: las damas juzgaban y a veces compraban. Había otras damas jóvenes más numerosas —alrededor de la docena— ostentando su autoridad provocativa en la línea novísima de sus sombreros garrotín, de sus vestidos tubulares, simples, algo deportivos, algo desafiantes: vestidos que podrían ganar en el Hipódromo la carrera de la atención. Había también damas —en número

42

impreciso— aficionadas. Mujeres de artistas o artistas ellas mismas: artífices, ellas mismas, de sus toilettes llenas de ambición... no, de esperanza. Toilettes a las que tal vez habría sido sacrificado el sueño de varias noches... También había hombres. El grupo que se movía alrededor de algún chaqué y otro, más amplio, que se extendía alrededor de aquel grupo. Había gente joven de ambos sexos. El público no profesional vagaba por los alrededores de los dos palacios: el de Cristal vacío y cerrado, esperando que le tocase la vez: no era su hora aquel día. En la luz despiadada de sus salas sólo podían moverse las obras escultóricas —por entre ellas los que las miraban— y el día 16 de mayo de 1916 no se prodigaba sobre mármoles, derrochaba su luz sobre los muros del otro palacio, que la administraban, repartiéndola entre claraboyas y ventanales, discretamente, sabiamente. Modestamente se podía decir, porque lo que se exponía dentro era su retrato, su biografía espectral: algo así como la última consecuencia de sus hechos. En resumen, allí la luz tenía que dejar ver sus secretos, los que confía a muy pocos, los que muchos llegarían y afirmarían, «No es verdad: la luz nunca hizo eso»... Tranquila, ingenua o desnuda la luz se prodigaba en el jardín. Su integridad olvidaba el iris: sobre el verde alumbraba el verde, sobre el estanque el azul.

El paseo —partiendo de la escalinata hacia el estanque— era arena, grava de color de arena, apenas ocre en las cunetas por donde corría el agua, al borde de los céspedes, tréboles en flor, tupidos, jugosos —mirarlos, ¡pastarlos con suaves morros vacunos!—, altas sus flores blanquirrosas y su perfume verde —noticia o voz del verde— adornado, enjoyado por ráfagas de un más intenso, femenino, sugeridor de espejos y frascos exquisitos, perfume: árbol del Paraíso —olivo de Bohemia— plateado, breve, gentil, singular entre los chopos. La luz en la escalinata, deslumbrante, refractada por el mármol, custodiada por las dos quimeras, apostadas una a cada lado como para advertir a los ojos, «El que no deje caer los párpados cegará al pasar por esta prueba».

Es mejor esperar un poco. Cuando se vayan los señores ilustres se aclarará la multitud multitudinaria... Elena, Isabel, ¿por dónde andáis?

Estábamos tratando de coger una ramita de ese árbol que huele tan bien.

Pero no se puede pisar el césped, criaturas incivilizadas. Si os pesca un agente del orden...

No hay ninguno a la vista.

A la vista para nosotras, pero ellos son linces. Comprende que tienen que velar por las buenas costumbres. Si no fuera por ellos, ¿qué escenas de disipación no se desarrollarían en esas grutas?... Quedarían convertidas en templos de Venus.

Ah, tienes razón. Son encantadoras esas grutas. Cavernas de brujas me han parecido siempre, pero de brujas... guapas, no, es una palabra muy vulgar para brujas: bonitas es poco... ¿Hechiceras?, se emplea con demasiada frecuencia... Yo siento que ahí tiene que vivir un hada, una de esas ninfas del norte que viven entre piedras por donde chorrea el agua.

¡Fantástico! Tienes una imaginación calenturienta. Pero aquí no hay ninfas: hay jóvenes doncellas que sacrificarían en esas grutas su doncellez con mil amores. Bueno, con uno solo es suficiente, siempre que sea un hombre de acción. ¿Te ruborizas, Isabel?

No me ruborizo, pero me quedo tonta de ver que no se os quita eso de la cabeza.

De la cabeza. ¿Tú crees que *eso* se tiene en la cabeza?

Es inútil: llevo años queriendo sacarla de esa chifladura y no hay medio.

Es que tú, Elena, no eres la maestra indicada: tú eres... Acuérdate, teníamos un rincón estupendo en la clase, no veíamos por encima de los tableros más que las cabezas de las diosas y tú escogiste Minerva. ¡Insensata! ¿Crees que ella lo va a tomar a broma? ¡Estás fresca! Te perseguirá por el resto de tus días, te acaparará, porque los dioses, ya sabes, tienen esas costumbres: son dominantes, autoritarios... Tienen una mentalidad anticuada, ya puedes figurarte.

No me vuelvo atrás, no lo lamento.

No lo lamentas, todavía: en cuanto a volver atrás... El

sino fatal te cogerá como un conejo... Bueno, ya ha salido mucha gente: afrontemos el peligro. ¿Te atreverás a contarle a tu querido maestro que asististe a la entronización de lo que él execra?

Por supuesto: nunca se me ocurriría ocultárselo. Así, con conocimiento de causa, podré secundarle...

Eso se verá, eso se verá... pase misi, pase misi.

*

La luz madrileña se quedó a la puerta. La luz que venía desde Guadarrama, resbalando por las piedras grises de Manzanares y llegando con su agua hasta San Antonio de la Florida —agua escasa, luz potente, serrana, simple, elemental, sincera con rudezas de cabreros—, se quedó a la puerta como un rústico: con humildad no, con hosquedad, con suficiencia... Dentro estaba la luz de levante que volcaba la cornucopia de perlas y zafiros, desparramaba rosas y violetas, dejaba gotear fuentes de esmeraldas sobre huertanas en fiesta, con faldas de raso, sobre caballos con grupas de satín, con cuellos plateados como abedules, con colas y crines transparentes. Había también figuras —llamadas retratos— de personajes elegantes: señoras de sociedad —de la mejor sociedad— policromadas por cristales de vitrales o miradores, envueltas en morados fucsia o amatista. Caballeros, del gran mundo parecían por su negra etiqueta que los reflejos no respetaban, que manchaban o condecoraban con lirios... Cuadros, efectos delirantes que la visión hiperestésica de un pintor extraía destrenzando el iris, dejando a un lado la síntesis elemental que habitualmente alumbra y tocando la culminación de sus preferencias, elevando sus matices al rango de madreperla. Atentado a la normalidad, por lo tanto, para las mentes bienpensantes, extravagancia, disparate, modernismo...

Este hombre está loco como una cabra.

Bueno, no sé... Si una cabra pintase, ¿qué te parece, pintaría así?

Si estaba loca, así: si no, del otro modo.

Pues no sé, no sé... A ti, ¿qué te parece, Isabel?

A mí me parece una cosa extraña, impresionante. A una cabra no sé qué es lo que le parecería.

Le parecería mal, le parecería pésimo. ¿Crees que una cabra con sentido común podría hacer aquí lo del pájaro aquel que fue a picar las uvas de un fresco?

Bueno, aquel pájaro pasó a la historia por aprobar lo que todo el mundo había ya aprobado: quién sabe si hoy día puede haber una cabra sin prejuicios, una cabra con personalidad independiente.

No, no puede haberla: una cabra es una cabra y no puede ver las cosas más que como cabra.

¡Impepinable! Pero falta saber qué es ver como cabra... Ahí viene Martín, vamos a preguntárselo. Escucha, profesor, queremos que nos aclares una cosa.

Qué os voy a aclarar... estoy atolondrado. Esto me parece...

Espera un poco: no queremos saber lo que te parece a ti, queremos que nos digas lo que, según tú, le parecería a una cabra.

Eso sobrepasa mis conocimientos y, como cuestión, me parece una gansada.

Es que no se lo han planteado bien; Ágata, no le has dado seriedad.

Caramba, Elena, ¿usted también suscribe la cuestión? ¿Y usted, la pintora, Isabelita, también la suscribe?

Las dos, las tres la suscribimos, pero la gansada la he puesto yo sobre el tapete.

Eso es verdad, ha sido Elena la que ha apelado al juicio de la cabra y al del pájaro.

Ah, ¿también hay pájaro?

Claro, el de las uvas... Conoces el cuento, me figuro, el que picó las uvas de un fresco.

Pero Ágata, hija mía, tengo la impresión de que estáis en la higuera.

Claro, no acabas de explicárselo.

Pero si no hace falta explicación. Es decir, lo que hace

falta que me expliquéis es qué explicación previa traíais en el buche al venir.

Ahí le duele.

¿A quién? A mí no me duele nada. Lo que yo quiero saber es si una mirada normal, simple —como la de una cabra se me ocurrió decir—, entiende lo que hay pintado en estos cuadros.

Una cabra es buen ejemplo de simplicidad, pero para juzgar un cuadro no hay que ser simple: hay que estar libre de simplezas... Y me parece a mí que en esa vetusta Escuela les inyectan a ustedes una buena dosis diaria.

Yo no encuentro nada vetusta nuestra Escuela.

Martín, eres un crítico implacable, has herido su punto más sensible. ¿No es verdad, Isabel?

El más sensible no es la Escuela: es su querido maestro, que le ha prevenido contra las deformidades anatómicas...

Ah, ya caigo. ¿El viejecito que se anda por lo de la frenología? Que se anda por las ramas de su jurisdicción y de la ajena.

No creo que le esté vedada ninguna jurisdicción a una mentalidad compleja, múltiple...

Sí, ya, pintor entre los médicos, médico entre los pintores.

Hace tiempo que he oído esa cantinela aplicada a otros hombres brillantes...

Pero, Elenita, el brillo de este señor que abarca dos disciplinas... Si brillase en sus hazañas médicas como en sus cuadros, los deudos de sus víctimas ya habrían pedido su cabeza.

Iba a decir, menos mal que no se me ha ocurrido pintar, pero debe de ser que no se me ocurrió porque no tengo facultades para una cosa tan incierta. La escultura se coge con las manos: es lo que es y nada más. La pintura, desde un principio es una cosa convencional hacerle a uno ver en un papel, en un lienzo o en una pared todo lo que es redondo o picudo, todo lo que anda suelto por ahí y todo lo que no anda: los sitios por donde uno quisiera andar... Tengo que reconocer

que en media hora nos dio un repaso más convincente que
todo el curso de la clase de Historia. También con el señor
Salces se metió a rajatabla y ahí estuvo estupenda Isabel.
Claro que Isabel discute con tranquilidad, con delicadeza y
yo pierdo los estribos. A ella no le hacía impresión que revol-
case al señor Salces y a mí me sacaban de quicio las cuchufletas dedicadas a don José. Martín no le conoce, eso en primer lugar, no conoce el ambiente de su clase, la riqueza de
cosas que saca a relucir todos los días... No le gustan sus
cuadros, eso es todo. Yo no los he visto, pero no admito que
sean malos, no, no puede ser... Se le ocurrió decir que tenía
pretensiones rafaelescas en el cuadro de ese san Fulano, que
no sé dónde está: entonces fue cuando Isabel le puso los puntos... Se quedó estupefacto... «Y usted —le dice—, ¿dónde
ha visto ese Rafael?»... «Lo tengo en mi cuarto», le contesta... Quiso tomarlo a broma, pero Isabel accedió a explicarle.
«¿Sabe usted?, una amiga, Tina Smith, que va a París con
frecuencia y trae láminas magníficas, oleografías... me dio
una...», y le hizo una descripción que le atontó. «Con eso le
ha dejado usted seco al pájaro»... No, no fue eso lo que dijo:
alguien volvió a hablar del pájaro y Martín dijo que le había
dejado «como si le hubiera pasado por encima una apisona-
dora». Pero Isabel quiso defender al pájaro... No consigo recordar cómo fue desarrollándose todo... Isabel dijo que ella
se paseaba por allí a todas horas y que el pájaro había picado
las uvas porque estaba en un lugar a propósito para pájaros:
los pájaros no entran en los museos, por eso no han podido
comprobar si alguno quiso pasar por debajo del arco, posarse
en las cornisas... Eso es lo que dijo Isabel, «Un pájaro no
puede andar por allí dentro, pero yo sí»... y le describió
dónde se sentaba, en qué escalón hablaba con el viejo despatarrado en medio o se acercaba a ver lo que escribía el otro
en una pilastra. Martín quería estar irónico, pero Isabel le
apabullaba y él se defendía... «Esta chica promete, pero no
es Platón con Sócrates el que entra por el arco... Bueno, es
Platón transformado, rafaelizado...» Isabel, «¿En qué se nota
que no es Platón?...» «Pero, chicas, Platón era retaco, con el
pescuezo corto. Ustedes pensaron que el viejo era Sócrates

y el más gentil Platón, ¿no es eso?...» «Sí, eso es», siguió
Isabel, obstinada. «Pues no es, no es: el más bonito es Aris-
tóteles...» Y, a renglón seguido, empezó a decir cosas chara-
dísticas porque Isabel siguió: «Yo ya sé que el cuadro»...
y Martín, «El fresco»... Bueno, el fresco, se llama la Escuela
de Atenas, pero nosotras preferíamos decir la Escuela de Platón... «Demasiada piedra para Platón, demasiada arquitectura... una solidez vaticana, en la que se introduce... se entro-
niza su discípulo...» No sabíamos por dónde salir, ésa es la
verdad. Y eso es lo que él quería, llevarnos al atolladero. Se
dio cuenta de que estábamos hechas un lío y se regodeaba,
tratando de comprobarlo. Quería acorralar a Isabel, «¿No le
parece, no cree usted que ésta es la interpretación justa?»...
Pero Isabel no se amilanó, ¡qué ojos! Le echó una mirada
como si le apuntase con una pistola. No sé, ni me importa,
quiénes son los personajes, ni si están modificados de como
fueron en la realidad. Yo siempre he visto ahí la Escuela de
Platón y seguiré viéndola... Me eché a temblar: cuando dijo,
no sé ni me importa, pensé que le había desarmado, pero
soltó lo de Platón y, claro, se caía por su peso que Martín iba
a ponerse a examinarla de platonismo. Suerte que mi padre
me había puesto en guardia con anticipación... «Si vas a ingresar en Bellas Artes, tienes que leer antes algo bueno»...
No había pasado de veinte páginas, pero tuve lo suficiente
para echarle un capote. Claro que no sé si fue peor porque
arremetió con Menéndez Pelayo... «Pero no puede ser, no
puede ser que esas viejas gallinas vayan a seguir incubando
toda la vida»... Qué bárbaro, no respeta a nadie. Sólo respeta
lo que viene de fuera: le gusta Anglada porque viene de
París, es lo que dijo don José... Además, es que tiene ganas
de fastidiar, espíritu de contradicción... Se pone a decir que
aquí no hay rebeldía, y sólo porque no le llevamos la contra-
ria, se las arregla para rectificar... «Vengan por aquí: un poco
más allá está la cosa más infrecuente... ¿Dónde se ha visto
la glorificación de la rebeldía en mármoles y bronce?»... Claro
que era una tomadura de pelo. Ya estaba oscureciendo, casi
no se veía el monumento... o estatua... no sé cómo habrá
que llamarle al Ángel Caído... Se soltó el pelo a decir incon-

gruencias… «Éste es un pueblo sin rebeldía… o no: es un pueblo que se rebela contra la rebeldía. La siente, le recome las tripas y se la aguantan»… Nos hizo dar la vuelta todo alrededor hasta ver el punto donde se notase mejor lo retorcido que está… «Ahí lo tienen, bien jorobado: en bronce, pero hecho la pascua»… Se hartó de decir cosas arbitrarias. Tan pronto decía que lo natural es eso, verle castigado, patas arriba en los profundos, como argumentaba que lo habían perennizado —permanentizado, añadió— para que lo veamos todos los días porque es la única rebeldía de que son capaces… «Esto es superrebeldía. Tienen agallas como para guardarse la rebeldía en el bolsillo»… No se callaba. Yo tiraba hacia el Parterre, esperando que la discusión se serenase, pero fue lo contrario, encontró la ocasión de decirnos que teníamos que salir de nuestros Praxíteles y nuestros Rafaeles, que eran los vejestorios de la Escuela los que nos incapacitaban para comprender un fenómeno tan deslumbrante como la exposición que habíamos visto… Qué cosa tan rara, parece un chico tan inteligente… Debe de tener una culturaza. Ágata le llama continuamente profesor, pero yo creo que es en chunga: se conocen desde chicos y él es más joven de lo que parece. Tiene pocos años más que yo, le creí un señor respetable y él a nosotras nos encuentra avejentadas, compenetradas con «los fósiles de la Escuela»… No sé, la verdad es que no sé qué voy a decir de la exposición. Mi propósito es decir mi impresión sinceramente, de modo que llego mañana a la clase y ¿qué le digo a don José?… Le digo que mi impresión fue exactamente lo que él me había predicho. Eso es, ésa fue mi impresión, pero ¿qué hago, le cuento lo de la cabra? No puedo contárselo como una ocurrencia mía, muy original, muy inteligente —tengo que acordarme de que un día dijo que eso no se puede decir, «No se puede decir que una cosa, una frase es muy inteligente, sino que es muy inteligente el que la dijo»—. Y no sé si le parecería yo muy inteligente por haber dicho lo de la cabra, pero no puedo contárselo porque ahora, desde aquí, ya no lo encuentro muy inteligente… No, no se lo cuento: si se lo contase y me elogiara… qué sé yo, dudaría de su inteligencia o de su sinceridad. No sé qué sería peor…

Sí, sí lo sé: sería peor dudar de su sinceridad, pero eso no creo que pueda suceder. Y entonces, bueno, debe tratarse de algo que no es precisamente inteligente. Pero, de todos modos, ya el hecho de dudar... He oído cincuenta veces eso de «no se puede expresar con palabras»... pero hay algo peor; es peor no poder ni siquiera sin palabras: no poder inclinarse hacia un lado, como una balanza, no, más bien como aquello de *A los árboles altos les lleva el viento*... pero no, tampoco, porque no es cosa de inclinarse por algo que pesa o que empuja: es cosa de adoptar la inclinación de uno y mirar al otro desde allí, desde la acera de enfrente... y luego pasar a la otra acera y mirar lo que habíamos estado mirando... Me pongo en la acera de Martín y veo la de don José... No puedo verle como él le ve. No, no puedo. No sé cómo será el cuadro del santo ese, pero el cuadro es lo de menos, Martín lo desvaloriza todo, no le deja en pie ni como maestro ni como médico. Imposible, imposible, no le veré jamás desde ese punto de vista. Claro que, si me pongo a mirar desde la acera de don José, a Martín no puedo juzgarle porque apenas le conozco, pero a Anglada... Fui a ver los cuadros con un juicio formado, con un prejuicio, bueno, yo no me acordé del prejuicio al entrar allí: yo no me dije que tenía que parecerme mal: es que me lo pareció, es que no vi nada, unas manchas de colores, que aparentaban formas de seres deformes. Algo como para decir, ¡qué disparate, esto no tiene pies ni cabeza!... De modo que mi impresión resultó completamente igual a lo que don José me había profetizado... pero fue mi impresión... Y ahora ¿qué? ¿Puedo sostener mi impresión, decir que mi opinión es igual a mi impresión? No, no puedo decirlo, no puedo opinar nada desde ninguna de las dos aceras... Tengo que volver a verlo y no como ayer, creyendo que lo miraba sin prejuicios. Ahora tengo que verlo con los dos prejuicios: vamos a ver cuál es el que se sostiene... Y hasta sin ir, sólo con ponerme a reflexionar, sabiendo que es absurdo, sabiendo que las cosas que se ven en esos cuadros no son como son las cosas y hasta que no puede uno estar seguro de que sean cosas... Lo que más nos desorientaba era no poder compararlo con nada, no poder decir es mejor o es peor que

51

tal cosa. Lo único que se me ocurrió —ni siquiera puedo decir que se me ocurrió porque me pasó por la cabeza, pero me dio pereza hablar de ello. Qué raro, me dio miedo o tuve cierta aprensión, como si relacionarlo con una cosa que me gusta tanto fuera hacerle una concesión o fuese a desmerecer a la otra cosa. Y fue nada más salir de la exposición: todavía había un sol tremendo, que nos venía de cara, y Martín diciendo, «Es una orgía, es como para quedarse uno mudo de asombro...», y yo repitiendo por dentro «Mi alma amorosa estaba muda»... Y como si quisiera distraerme con otras ideas, así como si fuese rezando, fui repitiendo todo el poema:

> *En Ecbatana fue una vez...*
> *O más bien creo que en Bagdad...*
> *Era una rara ciudad,*
> *bien Samarcanda o quizá Fez.*

Y seguía callada, dejaba que Isabel se debatiese con Martín porque no quería decir lo que pensaba... Podía haber dicho que me estaba acordando de una cosa tan absurda como los cuadros que habíamos visto, «La hembra del pavo real», una ocurrencia sin sentido porque la hembra del pavo real es una gallineja sin pizca de gracia... Y sentía una especie de bochorno por el entusiasmo que había puesto otras veces en el poema, seguía repitiéndolo entero una vez y otra, y... qué barbaridad, lo veía más claro que nunca...

> *La hembra del pavo real*
> *estaba en el jardín desnuda;*
> *mi alma amorosa estaba muda*
> *y habló la fuente de cristal.*

¿Cómo es posible que, habiendo tenido siempre tanto entusiasmo por el poema, haya seguido en la idea de que es absurdo, de que la hembra del pavo real es un bicho feo? Y veo los cuadros y no pienso... no, no pienso nada. Fue al decir Martín que era como para quedarse mudo, cuando me dije, «Mi alma amorosa estaba muda»... y me quedo no pensando: me quedo muda, mirándola. Porque, si no me hubiera que-

dado muda, se me habría ocurrido algo, habría dicho lo que
pensaba, pero no pensaba nada: veía. Veía a la hembra-pavo
real... ¿Qué puede uno encontrar en el poema si no ve eso,
si, en vez de ver eso, ve el absurdo de la gallineja?... El
absurdo señalado, caricaturizado por mi padre... y yo defen-
diéndolo. ¿Qué es lo que yo defendía?... Idénticos los improperios de mi padre contra Rubén a los de don José contra
Anglada. Igualmente persuasivos, igualmente... ¿reacia o per-
suadida yo?... Cómo puedo saber... Ha sido la aparición de
Martín, el revolcón que les ha dado a todas las ideas de los
viejos. Me angustiaban sus sentencias, me defendía como un
gato arrinconado: no puede ser, no puede tener razón: tengo
que desconfiar de lo que está queriendo meterme en la cabeza... Yo agarrada a esta idea y, por dentro, la desconfianza
como un hueso atravesado en la garganta, pero no la desconfianza de él, sino de mí misma, de mis cosas más queridas:
las cosas que eran como yo misma porque eran las cosas en
que yo estaba. Esto es mucho peor... En esto yo he sido mucho más cobarde porque la discusión casera se armó una vez
y, claro, yo no me quedé en una actitud discreta, como tiene
uno que ponerse ante un profesor, sino con ese poco de alarde
de mala educación que hacemos todos los chicos con los padres, sólo por *hacerles rabiar*... Discutimos durante horas...
que yo me meto a juzgar, sin haber estudiado retórica y poética... que no se puede comparar a Rubén Darío con... Eso
es lo que le dolía a mi padre. Le dolía como me duele a mí
ahora desconfiar de su juicio, pero en él había algo más grave:
no era cosa sentimental, era algo así como miedo, terror, como
si yo me hubiera escapado, como si él hubiera llegado a casa
un día y no me hubiera encontrado... como si hubiera llegado
una noche... Ésa es la cosa, el terror que sentía era porque
me veía perdida, extraviada... Me veía desertar y su misma
cólera le daba miedo, como si no tuviera serenidad ante un
acontecimiento tan grave... Las novelas por entregas que echan
por debajo de la puerta están tan llenas de dramas que todo el
mundo entiende: las porteras y las cocineras lloran a mares
—una chica se queda embarazada, el padre la arroja del hogar,
la chica echa el niño a la inclusa y acaba en un burdel. No

es lo mismo y sí es lo mismo... No es lo mismo porque en ese drama que entra por debajo de la puerta hay varios desenlaces, a elegir. Cualquier portera dice, «El padre, un hombre cruel, la chica, una cabeza loca»... Pero si se pone uno a pensar en todo lo que le hizo al padre ser así de cruel y a la chica ser así de idiota... son cosas de un tamaño enorme: la religión, la educación... y las cosas que se le pueden oponer, que son todavía más enormes: el amor, la piedad, todo lo que puede llegar a ser cuestión de vida o muerte. En este otro drama no corre la sangre, no hay un peligro que se pudiera evitar con caridad, con condescendencia: no se puede evitar nada... ¿Comprensión?... Sí, claro, pero ¿cuando no se comprende?... ¿Se puede comprender algo sólo con comprensión? Yo he ido a la exposición con mis prejuicios, sin comprender y sin querer comprender, pero las cosas me han invadido, las he visto y están dentro de mí... Tengo que ponerme en la actitud de la chica embarazada y mi padre no va a tener piedad conmigo... o sí que la tendrá: una piedad enorme, un terror ante mi porvenir, es lo que tiene, porque él no piensa arrojarme del hogar, él llega —llega cada vez que se acerca a las cosas queridas, a las que él quiere y no concibe que pueda no quererlas yo—, él llega a esas cosas y ve que yo me he ido, que ya no estoy donde estaba... Mi madre también se disgusta, claro que se disgusta —y más por el disgusto de mi padre— pero ella reacciona, como reaccionaría si yo llegase a casa con un niño en la barriga. Eso nunca creyeron que pudiese suceder: se ríen de los vaticinios de mi abuela. Yo también me río... «No te rías tanto»... —dice Isabel, para meterme miedo, para inculcarme su aversión, su precaución. Ella se ha propuesto vivir como gato escaldado, evitar la novela por entregas... y yo asomarme «a la ventana oscura de la torre sombría...» sin esperar a los treinta años... El tiempo va tan despacio: es desesperante.

*

Marzo ventoso y abril lluvioso, se confabularon en un día de mayo asqueroso. La lluvia no es torrencial, pero uno está acostumbrado a que la lluvia caiga del cielo —llamémosle así— y no a que a la vuelta de una esquina le dé un sifonazo en la cara, se lleve los sombreros de los ciudadanos —eso a mí no puede pasarme porque lo abolí hace tiempo—, vuelva los paraguas —otra cosa contra la que estoy prevenido: el mío no lo vuelve ni el Aquilón. ¿Se han fijado ustedes? Es un paraguas del pueblo, familiar, digno de los de Calatorao. Alfonsa lo mantiene firme, como si llevase el pendón de Castilla y yo, cobijado por sus haldas, llego aquí tranquilamente, solemnemente, bajo palio. Hoy llego con veinte minutos de retraso —tuvimos el viento en contra—, cosa que no acostumbro. Deben ponerme una mala nota como yo se la pongo a los que llegan a clase al humo de las velas. Pero bueno, veo que no han estado perdiendo el tiempo. Felipe, por lo visto, también llegó puntual y han ido estudiando ese perfil céltico que le ha dado la Natura... A ver, Jiménez... No, no, no. Ha incurrido usted en un prognatismo que no le está permitido a un astur. ¡Vamos! esto es un perfil de carnero y no de pastor. ¿Usted fue pastor, no es verdad, Felipe? —Vaquero, don José. —Da lo mismo, en todo caso, no hay más que verle para oír la gaita, ver la niebla arrastrándose por los valles... A usted no le asusta un día de lluvia, me parece: hoy estará como el pez en el agua, respirando un noventa por ciento de humedad. No así los reumáticos madrileños, que en cuanto se nubla no salen de casa... Y después de un día radiante, como el de ayer..., porque fue un día de verdadero esplendor..., Febo no podía defraudar a los que asistían a la inauguración..., celebración, diría yo, y hasta consumación, porque debió ser algo así como lo de las lenguas de fuego sobre las cabezas de los elegidos... Todos llegarían a casa con la mollera chamuscada... ¿Es que no presenta el estigma ninguno de ustedes?

Sí, don José, Isabel, Ágata y yo asistimos, pero no se nos nota porque tenemos mucho pelo.

Ah, las ninfas de hermosos cabellos asistieron. Muy bien y, ¿con qué resultado?

Pues, resultado... Estamos reaccionando poco a poco. Ya ve usted que Ágata no ha venido: debe ser que no se ha repuesto todavía.

¿Tanto le afectó? Es una criatura frágil... Pero ustedes lo han resistido valientemente, aunque, quién sabe si hay lesión interna... A ver qué síntomas presentan. ¿Una cierta obnubilación?... ¿No?... ¿No se les manifiesta en esa forma?... ¿Qué significa ese cabeceo negativo, joven Alcántara? ¿Se ha sometido usted a la misma experiencia y ha obtenido alguna constatación digna de ser comunicada?

Tanto como comprobación...

No he dicho comprobación, sino constatación, cons-ta-ta-ción. No esperaba que trajese pruebas convincentes, sino tanteos. ¿Se da usted cuenta? ¿No percibe usted ese ta-ta-ta, que está muy cerca de *tâter*... palpar, palabra más basta?

Ah, perdón, creí que se trataba de comprobar porque constatar siempre entendí que se refería a lo que consta, pero si usted dice que ese ta-ta-ta significa *tâter* no lo dudo, pero *téter* sería más efectivo todavía.

Evidente, sólo que para eso todos hemos pasado de la edad. A usted le corresponde ahora rendir cuentas porque yo estaba acosando a nuestra esclarecida discípula y condiscípula —respectivamente— Elena Moreno, para obtener un relato o noticia de los hechos desarrollados ayer en el Retiro, y usted, atrincherado detrás del caballete, empezó a gesticular, dando a entender con su mímica que posee un acervo de datos extenso e incontestable.

Oh, no tanto, no tanto: yo tengo mi modesta opinión, que no pretendo imponer, pero en la que creo.

Ésta no es ocasión de imponerla, sino de exponerla, sin rodeos. Veamos, usted asistió a la apoteosis... Bueno, no se trató de apoteosis final, sino de eclosión auroral. Usted asistió al orto en la villa y corte del genio levantino Hermenegildo Anglada Camarasa... Quedamos en que asistió. Perfectamente. ¿Y qué, qué, qué, en resumidas cuentas?

Todo menos un resumen puedo aportarle. Yo no me enteré de la apoteosis ni del orto ni de si el señor gordo que andaba por allí de chaqué era Lerroux o La Cierva. Yo no fui a ver eso, sino los cuadros de Anglada, la pintura de Anglada y eso sí me pareció auroral: ésa es la palabra. Auroral por lo luminosa y además porque nos despierta, nos sacude a todos los que vivimos amodorrados, a los...

¡Perfecto!, quiere usted decir a los que necesitan sensaciones fuertes, estimulantes... ¡Adelante, muchachos!, el que no se arriesga, no pasa la mar...

Pues no, no es eso exactamente... no. Más bien nos deja parados, nos deja viendo cómo es la mar, la mar de cosas que no habíamos visto.

Ya, ya, la sorpresa. Por sorpresa se atrapa a los incautos. La sorpresa puede dejar a cualquiera atontado.

Pero no nos ha dejado atontados: nos ha dejado estupefactos.

Y ¿qué distancia hay de la estupefacción a la estupidez?

¡Una distancia enorme! Tan enorme que desde la estupidez no se distingue...

La hora, don José.

Nos salvamos. Estaba avergonzada por mantenerme en ese ten con ten, pero no me atrevía a decir algo que le enfureciese. En cambio, Alcántara estaba encantado por haber encontrado la ocasión de sublevarse.

Sí, ya otras veces, con lo de las etimologías, que son su flaco, le ha metido mano. Es que Alcántara es un chico que sabe.

Ahí está la diferencia, nosotras... Qué mala pata no haber estado en Madrid Albertina: habríamos ido con ella, habríamos estado en el grupo de las gentes importantes, habríamos oído lo que decían los críticos. Porque Martín estuvo tan desaforado como don José, aunque del otro lado.

Con los críticos nos habría pasado lo mismo: los habría allí de todos los colores. Lo malo es que nosotras, por nuestra cuenta, no sabemos qué decir.

No sabemos; con eso me consolaba mientras iba soltando camelos, es vergonzoso, es indecente, pero ¿puedo decirle, terminantemente, como Alcántara, lo que pienso? ¿Eh, qué me dices? ¿Tú piensas algo?

Ni pío: aunque me he pasado la noche pensando... Mira,

yo creo que es que no sabemos lo que deberíamos pensar
porque hay dos cosas: esto, ¿es bueno o es malo? Esto, ¿nos
gusta o no nos gusta?
    Eso es, ¿nos gusta?...

El dolor, el placer: suben y bajan, esas cosas que uno nota,
las siente subir y bajar como la fiebre. Y si uno no está
seguro de lo que siente, se pone un chismecito debajo del
brazo y lo mide, sin falla. El dolor lo registra uno fácilmente.
¿El placer? «En el comer y el rascar todo es empezar»... Sí,
eso también sube y baja. Comer cosas deliciosas hasta hartarse: el placer, el deseo de seguir comiendo indefinidamente...
y el beber, ni digamos: la gente bebe hasta caer redonda... El
rascar... Rascar el cuero cabelludo descansa, rascar, en invierno, los pies llenos de sabañones... Sube el placer hasta la
cabeza, casi llega a dar vértigo, llega a convertirse en dolor y,
sin embargo, sigue queriendo subir, seguir rascando. Y otros
placeres... el que se llama *El Placer*... Eso ya no está claro,
eso ya no es como el rascar... aunque me parece que a eso
es a lo que apunta el proverbio: debe de ser eso. Claro que
aunque sea eso, es un sinfín de cosas más. Y, sobre todo, el
empezar... ¿cómo empieza?... Porque en el comer está claro,
«Qué bien huele, mejor sabrá»... En lo otro, el ver equivale
al oler, pero ¿cómo comer?... Es tan difícil, es como si en el
comer todo estuviera lleno de venenos, de cosas dañinas o de
cosas tan caras... Ya, eso es lo tantálico... Para todo hay
proverbios o leyendas o mitos porque son cosas que le pasan
a todo bicho viviente. A unos más, a otros menos. A mí me
pasan a diario... bueno, no a diario, pero sí con frecuencia
—mi mala pata es infinita—, me pasa con frecuencia el empezar... no, el querer empezar, el oler... Y ¿qué?... el olor
no quiere seguir subiendo, quiere pasar a otra cosa, a todas
las cosas porque ese olor, que es el *coup de foudre,* empieza
por arriba, empieza por la borrachera y, si no llega a ningún
sitio... Es como los sueños violentos, como cuando uno sueña
que pega a una persona o que clava un clavo... que ni pega
ni clava, pero el esfuerzo es enorme... Y los sueños en que

se llega a clavar el clavo —¡Isabel aterrorizada por el sueño! Indignada de que surgiese de ella misma, se le impusiese el fantasma al que ha jurado enemistad—, los sueños en que parece que algo pasa, de verdad no sirven más que para hacerle a uno saber adónde puede llegar, no son más que una comprobación de lo que apenas es probable. Aquí sí que diría don José una cons-ta-ta-ción de lo que uno quisiera *tâter* y no *tâte*. Sólo el placer estético, que, generalmente, empieza por deslumbramiento, es, en sí mismo, cons-ta-ta-ción, es, por sí mismo, contacto. Y cuando no es desde el principio deslumbramiento, entonces hay que hacer uso del termómetro, de la reflexión y puede darse el caso de que uno compruebe que sube o baja... Concentrarse en la visión del caballo... La grupa retiembla como si piafase, le caen encima rayitos de sol, lunares verdes de hojas verdes... Y las faldas de las valencianas y de las gitanas... Y los ojos de la señora con boquilla quilométrica: dos ojos como dos pensamientos, que no le caben en la cara, y el pelo negro como charol, azul... Azul que es negro como charol, pelo negro, mujer morena... ¿Cómo sería... cómo es la hembra-pavo real, rubia o morena? Rubia, no cabe duda, anacarada

> *El trigo y albor de palomas*
> *y lirios y perlas y aromas.*

Rubén seguramente se perecía por las rubias y, sin embargo, empieza nombrando ciudades que son colorinescas... Fez sugiere inevitablemente una especie de pimiento morrón, pero ha habido primero Samarcanda, Bagdad, Ecbatana... nombres blancos, perlas orientales, perlas, cofres llenos de perlas y, saliendo de entre ellas, la hembra del pavo real... Rubén enamorado del pavo real. ¿Por qué no de los pájaros tropicales, que tienen fama de brillantes?... Porque tiene más brillo lo que no se tiene: lo que se quiere tener y con palabras, sólo con palabras, se hace la cosa y queda ahí para que la vea todo el mundo. El pavo real ¿es la más hermosa de todas las aves? Habrá mucha gente que lo niegue: hay quien dice que es cursi tener en casa plumas de pavo real... Pero

cuando se quiere el atracón, hasta hartarse, se quiere esa hartu-
ra de brillo que le resbala por la pechuga, el chorro de chispas
de la cola... y el nombre. El pavo real: es un rey, un Salomón... No, Salomón se perecía por la morenita... El pavo
real es un sultán...

    ¡Atiza! Nos hemos pasado de San Vicente...
    Ya lo veo. Cuando me di cuenta ya era tarde para tirar
de la correa.
    Yo estaba completamente idiotizada, pensando...
    Y yo pensando en lo mismo —tira, antes que lleguemos
a la otra parada—, una obsesión que no sé lo que nos va a
durar porque no es un problema que se pueda resolver.
    No, buscar la solución no conduce a nada. Verás, yo estaba
pensando que es algo como cuando le sube a uno la fiebre:
uno ni quiere ni deja de querer que suba, pero ella sube o
baja.
    Sí, sí, eso es, yo también la siento subir de cuando en
cuando. Yo también me quedo idiotizada pensando en ello,
pero lo espanto: no quiere dejarme enganchar. Yo me he propuesto estudiar bien las cosas del museo y esto no tiene nada
que ver con aquello. Tendré la tarjeta dentro de unos días y
me pondré a trabajar como una fiera... Eso no impide que
siga pensando, que vaya dándome cuenta de si sube o baja...
Es exacta esa comparación.
    ¿Verdad que sí? Te acuerdas de pronto y la cosa tiene un
calor... el color es calor: es cariñoso...
    ¡Ahí está! Ahora has dado en el clavo. ¿Cómo recuerdas
tú la tarde de ayer?... Ir por allí, de una sala en otra: Ágata,
como siempre, diciendo palabrejas disparatadas, *superlativoso,
futuresco, universalístico*... y Martín platicando para deslum-
brarnos y queriendo pescarnos en faltas y demostrarnos que
nos da cien vueltas. Y luego, el oscurecer en el Retiro que
es... Fíjate, los años que llevamos viendo oscurecer en el
Retiro y siempre es algo... ¿Te acuerdas de Montero?...
Cuánto le hemos querido y qué disparate haberse marchado...
Todo lo de ayer... ¿no ves que tenemos que quererlo, que

todas nuestras cosas tienen que pasar allí?... ¿Nos gusta? ¿No nos gusta?... Fíjate, en qué se queda la pregunta...

*

Albertina no está en Madrid. Si hubiera estado ¿habría sido un guía eficaz en el Retiro? Seguramente habría tratado de serlo, pero el conflicto no se habría escondido en tan profundo refugio, no se habría afincado en su rango de conflicto. Albertina habría ido a la exposición llevando consigo a las chicas: nueva fase de Albertina, amiga de las chicas. Antes era, para ellas, la señora Smith, protectora y cuñada de Piedita... Piedita, ahora, una señorona —ochenta kilos de belleza— y su aseñoramiento la hacía muy lejana. Allá lejos, con ella, quedaba la señora Smith. Albertina se las había sacudido a las dos, había esponjado las plumas de su libertad y había quedado en Albertina o Tina, amiga de las chicas. Esta fase, tan nueva, tenía la perfección de lo acostumbrado. Tina la ejecutaba como lo que se sabe al dedillo... Cambiar, despojarse de trabas... siendo tan fiel, al mismo tiempo. Cambiar, imponer sus cambios con autoridad inflexible... siendo tan generosa y complaciente, al mismo tiempo. Su historia... ¿Qué importancia puede tener la sucesión lógica de lo que continuamente cambia? Tiene enorme importancia —en la medida que tenga importancia la persona, el sujeto de que se trata— para quien o quienes gozan o usufructúan su amistad, gozada en su presente, que apareció abrupto y que ¿quién sabe cuánto durará?... Sin que esto sea desconfiar o desestimar su efusiva, amena, magnánima amistad... Elena la repasa como un texto difícil por lo múltiple... Por ejemplo, cuarenta y seis años son la edad de una persona, pero son cuarenta y seis... ¿qué?... ¿Momentos, hechos, situaciones, amores, desamores?... Preguntarle —*in mente,* claro está— ¿a quién amas o has amado?... Más vulgarmente, como puede preguntar cualquiera —cualquiera es alguien que no pregunta por afectuoso interés, sino por preguntar, por saber lo que no interesa—, como puede preguntar cualquiera, ¿por qué te casaste con el señor Smith?... Y aparece el señor Smith en Valencia y Albertina Beltrán pasa, con su pelo negro ondeado —pasa esbelta, del-

61

gada, juvenil: es joven, por supuesto, pero es juvenil como propiedad de su persona, no como cualquiera que es joven—, y Gérome Smith ve en su *chioma nera* la Italia divisada desde su Bellinzona natal. Y es él quien la llama por primera vez Tina y la adorna con el lujo de la distancia... y Tina recibe el presente y se mira al espejo, con las joyas... «Margherita non sei più tu»... Albertina Beltrán desaparece hechizo diabólico... «Ah! è la figlia d'un re»... es Tina Smith, la esposa de un industrial centroeuropeo. Y la distancia, lo que por distante es anhelado, se hace alcanzable, segura promesa que canta su epitalamio de posibilidades... Tina va y viene, trae de la deliciosa Suiza, de los lagos, de las nieblas, de las laderas verdes... trae, puntualmente, un chico espléndido. Primer cachorro, ya en la cuna pequeño atleta de pelazo negro... De Florencia, del Véneto, llegando hasta el Adriático —en justo un año— trae una fanciulla rubia —herencia paterna— y los dos rápidos, sanos, perfectos, independientes, creciendo como lo que se dice, visto y no visto. Albertina, o más bien Tina Smith, deja zanjado el negocio maternal en el tiempo y la medida propuestas de antemano: sus dos críos no necesitan cuidados especiales, crecen como flores de la huerta valenciana y la amplia libertad que les otorga su madre no les parece abandono, sino ejemplo, sistema familiar al que asienten y profesan, a más y mejor. Los padres prolongan por Europa interminables lunas de miel, sólo frenadas por los deberes inherentes a la industria, hasta que un día Gérome Smith encuentra un ayudante o sustituto excelente, ideal, inmejorable, al enviudar Braulio Beltrán. El pobre hermano, el querido hermano perdió a su mujercita, una linda joven, de buena familia por los cuatro costados, que no fraternizó jamás con los aficionados a trenes y automóviles, que no pudo oír hablar de barcos ni comer en restaurantes extravagantes. Una débil criatura, que tuvo el buen acierto de morirse en la flor de la edad. Tina... Albertina Beltrán recobró a su hermano como una herencia: era necesario administrar su ánimo abatido, alejarle de sus empresas, que ya habían rendido bastante. Era necesario encontrarle una jubilación jubilosa. Los chicos, además, necesitaban por sus estudios, por su iniciación en la vida social, vivir en Madrid, tener una casa desde donde pudieran proyectarse hacia su porvenir. Y la casa apareció pronto; retirada, pero afincada en el barrio de Salamanca. Casa que fue señorial, en decadencia y abandono, caída en manos de Albertina y en seguida vivificada por ella: modernizada en sus salones y respetada en el romántico abandono de su jardín... Allí pasaron mil cosas; juegos juveniles, noviazgos: elevado el primero a la potencia de seriedad matrimonial. Pero demasiada seriedad fue sazonada con invenciones carnavalescas porque los chicos necesitaban divertirse —se divertían por sí mismos, sin necesidad de ayuda—, pero el querido hermano no podía seguir en soltería, era necesario encontrarle una muchacha floreciente y ¿dónde se podría encontrar algo mejor que la maestrita de música, la niña que venía tres veces por semana desde tan lejos, a iniciar a Julieta —indiferente en la música y mal dotada: soportada su torpeza por la maestra, que simpatizaba o coincidía con ella en la falta de afición—, la profesorcita, mal vestida?... Albertina la estudiaba y justipreciaba su perfección física... Inventada la mascarada de la carroza, le probaba vestidos y peinados, ensalzaba el clasicismo de su tipo y decía, «Fíjate, con el pelo levantado en un moño griego, fíjate qué hombros...» Y era inútil que ella tratase de cubrirse —sin gazmoñería, sin hipocresía, entre risotadas, de gran simpleza—. «¡Pero hijita, no tanto pudor! Una túnica clásica no puede ser cerrada hasta el pescuezo»... Y brazos descubiertos o senos entrevistos convencían al dócil espectador. El convencimiento de Albertina era incontrovertible: una muchacha hermosa y modesta era la cuñada ideal. Ya, durante más de un año, hecha a la casa, familiarizada... Familiaridad precaria, si no subalterna, del pedagogo: relación o vínculo establecido entre el que recibe ciencia o arte y el que cobra dinero, entre dos riquezas o capitales que se intercambian porque se necesitan, y se valoran en tanto en cuanto es perentoria su necesidad: nunca, por lo tanto, mayor en el que recibe enseñanza, sino en el que recibe... el vil metal, frase estúpida y falsa: el metal o papel, abstracción certera y cómoda del poder, para poder vivir. Y así, adquirida aquel alma —paloma sin hiel o más bien cordera fácil de conducir con suave cayado—, el trío fraterno recorrió salones de otoño y lidos de verano. Nunca se rebeló la cordera, pero su peso —armonía conyugal: el cariño nace en la almohada— creó, poco a poco, un yugo bien llevado... «Tina, criatura, ¡eres incansable! ¿Hasta cuándo tendrás veinte años?»... Tina no concebía que el cansancio se supeditase a una fecha y *las chicas,* dos niñas a las que se agasajaba con golosinas, crecieron encaminándose a los veinte años imperecederos de Tina, todavía no alcanzados por ellas, así, considerándola una *chica mayor,* ya nunca jamás una señora. El *tú,* impuesto por Tina, la elevaba —rebajándola en años: elevación a tiempo inmarcesible— a Tina, amiga encantadora, algo así como más adelantada, como número uno en cualquier clase, por sus noticias, sus enseñanzas recibidas —atrapadas, al paso— por los lugares maravillosos... Ahora, Tina no estaba en Madrid. Europa en guerra le había sugerido la costa africana... Argelia, Dakar ¿quién sabe?... El caso era que no estaba en Madrid. Elena la estudiaba en su memoria, la reconstruía —confidencias y anécdotas o hechos conocidos— para especificar bien sus cualidades de guía... Si Albertina hubiera estado en Madrid habrían ido con ella, habrían visto cómo se ve aquello —aquel mundo pictórico, que no era sólo un mundo pictórico sino un mundo o vislumbre del mundo— con ojos más metropolitanos, más dueños de una visión ciudadana y no como la suya —y de Isabel—, suburbana, arrabalera del arrabal no periférico, sino umbilical o medular —encapsulado o entubado como el tuétano—, subsuelo de Madrid sobre el que se arraigaba un Madrid arborescente. Tenían, es cierto, noticias de otros barrios: no es que no tuviesen de ellos el conocimiento que se adquiere al recorrerlos, sino que eran ciudadanas de su viejo, castizo, decrépito barrio y, en verdad, de su esquina... Porque Ágata era de otro barrio, su amistad, nacida en la Escuela, no tenía el sello del vecindario. Ágata se había educado —formado intelectualmente, educado socialmente, constituido humanamente— en un colegio o escuela de gran modernidad. También los muebles de su casa eran otros, que no se concebían en la calle de San Vicente... Y Martín... no podían sospechar cómo sería su casa ni su escuela: venía ya curtido por la Universidad. Tina era como una extranjera: no es que era de otro barrio, sino de otro país: el país del dinero —no de una Jauja nebulosa, sino de regiones industriales pujantes—, don José les concedía la supremacía industrial y le parecía que era mucho conceder, pero resultaba que una supremacía vital desbordaba de ellos, como flores superfluas... ¡Claro, nada menos superfluo que las flores: matrices de árboles!... y la flor del suspiro, viajera... ¡Viajar!... era necesario viajar para saber, para saber como saben otros, siendo nosotros... sin dejar de ser nosotros. Tina tiene cierta pinta de extranjera, pero es cuestión de ropa... Vestidos magníficos, a la última, que su tipo adopta fácilmente en todos los cambios de la moda, pero es una chica como nosotras. Una intimidad, un confidencial intercambio de caprichos, golosinas del deseo, incitaciones: toda ella está llena de estas cosas. Tina debe saber cómo hay que ver las cosas. Si hubieran ido con ella no habrían tenido que preguntar: habrían visto en sus ojos afirmaciones o rechazos, sin razonamientos ni teorías. Habrían visto la sonrisa plácida, demorada en el deleite, a la que su propia sonrisa —la suya, la de Isabel— se acordaría como un instrumento a un diapasón. O habrían visto el ceño, el mohín respingón, despectivo y, sin cerrar los ojos, darían todo aquello por invisible, por incomible, como se tira un pastel... Pero no era cuestión de autoridad, no era que estuviesen acostumbrándose a seguir sus gustos, era que se prolongaban en ella, se enriquecían, se apropiaban su percepción. Y era delicioso aquel concordar, sin razonamientos ni teorías... sólo que, una vez que se han ingerido las teorías y los razonamientos... ¿se puede reposar en el cobijo de una sonrisa o un ceño?... ¿Se puede confiar?... ¡La palabra, el concepto o noción que encierra, el sentido sensible como una borrasca que puede sepultar navíos bajo las olas!... El sentido o concepto que encierra la palabra DESCONFIANZA... ¿Cómo puede ser que exista un vocablo para designar lo inestable absoluto... lo imprecisable, innumerable, amenazante en inconcebibles formas? ¿Cómo puede tener un nombre ese dragón que, nada más perfilarse en la mente, suspende el vivir, DESCONFIANZA?... El mayor monstruo, los celos... ¡El mayor, no cabe duda!... Bueno, por lo menos de esto no cabe duda y cuando ya no cabe duda de algo es cuando el monstruo ha devorado al dudador, lo ha disuelto en alguna verdad horrible... ¿Es mejor ser disuelto, ser devorado?... Me he hecho esta pregunta cien mil veces en la vida: padezco esta pregunta. Padecimiento congénito porque hay almas... creo es más exacto corazones —¿es más o es menos metafórico? ¡quién sabe!—, corazones, cosa orgánica, cosa mecánica, que va deprisa o despacio, según... Corazones, digamos, ámbitos centrales que tienen algo así como un espacio en el que pueden irrumpir cosas... Puede irrumpir el mayor monstruo... El mayor, porque irrumpe a veces dando un traspiés sobre algo mínimo, sobre una frase o una mirada por la calle o el traspiés demuestra que el monstruo está allí y, si uno se atreve a mirarle, si uno considera hasta dónde puede llegar, comprueba no que es el mayor, sino que es *lo mayor* porque ¡puede devorar *lo mejor,* puede... su estatura alcanza mucho más allá de las nubes! Y cuando aparece, en lo grande o en lo pequeño, sólo se puede desear, sedientamente, tocar con los ojos, dilatar tentáculos por dentro de otros ojos, recorrer el ámbito ajeno, palpando su suelo, como quien busca una aguja en la oscuridad... Desconfiar, no esta vez de un desamor o falsedad, sino de un norte: temer el extravío y... ¿Quién admitirá el desinterés de este interés frenético?... Porque si temo extraviarme, claro que temo extraviarme, pero el dolor, un determinado dolor, como un arañazo en lo que se ama, no es por mi perjuicio, sino porque mi juicio chafa la cosa amada, la deslustra... Y la cosa puede ser muy pequeña, y también puede ser pequeño el amor... esto —el monstruo de la desconfianza— es tan grande que puede parecer inmenso posado en una brizna de hierba, y no se puede vivir más que para destruirlo... Tina no está en Madrid... ¿Estará?... ¿Habrá vuelto?...

Luis, ¿me dejas pasar a hablar por teléfono?

Eso, ni se pregunta.

Gracias. Estoy inquieta por saber...

¡Tina! Oh, Tina ¿cuándo habéis llegado?

Hace tres días, pero no te enfades, Elena. No creas que se me haya olvidado llamarte, es que no he querido, es que no quiero que vengáis. Por favor, Elena, que no se os ocurra venir. Braulio está con una gripe atroz, con una fiebre de cuarenta grados. La pescó en Barcelona, yo creo que en el mismo puerto. Veníamos de Dakar y nada más llegar al hotel se dejó caer en la cama, delirando... No, no te asustes, ya le ha visto el médico y cree que no es grave... bueno, es grave, pero no demasiado. Es una peste que está en todas partes, cuando llegamos a Barcelona todo el mundo hablaba de lo mismo... Yo le habría metido en un sanatorio, pero no quiso: prefirió venirse a casa y tomamos un coche... No, ni Piedita ni yo la hemos pescado... Por eso es mejor que nos hayamos venido a casa, en un sanatorio no habrían podido estar... bueno, no habríamos podido cuidarle nosotras... Aquí tenemos una enfermera que nos ayuda: tendremos paciencia... Yo no estoy asustada, aunque soy propensa a asustarme... Por favor, no os acerquéis por aquí... Yo os mandaré a buscar cuando haya pasado... Tengo tantas ganas de contaros cosas... y de que me contéis... Pero ni hablar, ni hablar por el momento... Tengo miedo de que os llegue la peste por teléfono... No me atrevo ni a mandaros un beso...

*

Ah, sí, los romanos... eso fue, precisamente, lo que más eché de menos. Eso es, de eso es de lo que más hay menos. Quiero decir —aunque sea un poco idiota el modo de decirlo— que, cuando el menos es tan extenso, se le aparece a uno como un más. No es que yo no lo hubiera advertido antes, no: siempre eché de menos a los romanos, pero en fin, ¿qué es lo que echaba de menos? Las cuatro piedras que han quedado en pie; en Mérida, en Barcelona, en Sagunto y en tantos otros sitios que llevaban a uno a pensar en los tipos que hicieron aquello, y era la evocación de los tipos la que suscitaba una añoranza estética, un tanto frívola ...No, frívola no: no es frivolidad la levedad de la evocación, pero sí es aceptación, resignación ¡la cosa más estéril!... Claro que nadie puede decir que no se resigne a no ver por la calle a los romanos, «envueltos en sus togas», como dijo aquél, y en eso es en lo que uno piensa, en ver romanos y romanas, no envueltos, sino desenvueltos andando por la calle. Uno piensa en eso, en ver cabezas brutalmente reales —no como las divinas, griegas—, esas cabezas que en los museos casi no se atreve uno a acercarse a ellas demasiado porque son intimidantes... y por eso mismo quiere uno acercarse, porque es su intimidad lo que quisiera uno tocar. Su gesto, el rictus de sus bocas es tan... ¿cómo diría yo?... porque si digo real o natural o verdadero, no digo más que una cosa vaga y si digo matemático cualquiera creerá —es lo que siempre cree cualquiera— que hablo de algo rígido o predeterminado y no, no es eso lo que quiero decir. El rictus de sus labios es la ecuación, en mármol, de la vida, es la certeza de un momento infinitesimal... ¡eso es!... Tan es un momento que lo que da miedo es que parece que van a plegarse o a abrirse a otro momento: van a imponernos un momento suyo, a envolvernos en su aura... Sí, todas estas cosas, tan bonitas, son las que uno piensa cuando echa de menos a los romanos: no se le ocurre a nadie pensar en las letrinas. Ha sido ese bárbaro el que ha puesto el dedo en la llaga, por más que lo haya lanzado como vituperio. Ésa es la cosa, los romanos se fueron, rechazados por la numantina, invencible Edad Media y dejaron algunas huellas de piedras hermosísimas, pero de letrinas cero. Luego, la Edad Media llenó Europa de piedras también estupendas. Los templos respondieron a la ambición proyectística de los judíos en el desierto, «Levantemos un altar a Jehová», y ya lo creo que se levantaron, encastillados en templos y templos, de los que ellos mismos —los judíos— fueron tan numantinamente rechazados como los romanos, por más que la inspiración les perteneciese. El caso es que por entre esos templos admirables, la gente vivió con hábitos poco diferentes de los nómadas en el

desierto, pero con incomodidades mucho mayores... Eso es
lo que me hizo ver claro el asunto, porque en el desierto no
existe —en el campo casi no existe— la insoportable convi-
vencia. Y las ciudades la soportaron sin desfallecer: siguieron
diciendo —alrededor de muros señoriales, por callejones que
hoy nos parecen exquisitos: breve hornacina o farolillo, tenebroso encubridor de estocadas—, siguieron diciendo, «levantemos un altar», y se acostumbraron tanto a las incomodidades
porque la necesidad, la forzosidad de las funciones orgánicas
es insoslayable y, en vez de atenderla, prefirieron volver la
cabeza, dejar que la costumbre cubriese... pero nada se puede
cubrir. Al contrario, lo que se esconde deriva o rezuma o se
infiltra en las profundidades. Y ¿qué son las profundidades
si no es el lugar donde ocurren las metamorfosis? y las pequeñas, las feas, las bochornosas cosas trascienden a proverbio, se enseñorean en poesía, esto es, en forma... Adquiere
forma la connotación de un hecho vulgar y se hace paradig-
mática, como para que pueda emplearla quien nunca la vivió,
pero la oyó, la recibió como noticia del pueblo, que la trae
a la memoria para ejemplificar lo enojoso por incompatibili-
dades prácticas, lo molesto, lo ridículo, lo perentorio... «Es
más difícil que cagar con capa», dicen... Con toga también
debía serlo, pero esa evocación —que tampoco es frívola—
no surge, generalmente, ante las piedras evocadoras de grandeza, de vida soberana que, claro está, tenía en cuenta sus
servidumbres, sus tributos inesquivables a... llámenle ustedes
lo que quieran. Contaban con eso y los otros no: los otros
se congregaban en el templo y allí sentían su unidad de grey
sublimada por el incienso, en que se empapaban como esponjas. Como esponjas porque eran todo narices porosas, absor-
biendo sublimidad que llegaba hasta la última partícula de su
materia sensible, sintiente, aspirante... Luego salían a la calle
y respiraban el aire neutro, el aire que cada uno podía oler a
su manera y en el que cada uno difundía su olor personal...
Digo olor pero ya pueden figurarse que digo más de lo que
digo. Y ahí venía aquello de... aquello que se había dicho en
el templo, por el templo y para el templo: aquello de «Si no
tenéis caridad»... ¿Voy a pretender yo que los romanos rebo-

saban de caridad? Y los ingleses, «que siguen sus pasos», ¿tienen más que los latinos o mediterráneos o íbero-semíticos o esta miscelánea que bulle por nuestra península?... No, en absoluto, no tienen más. Lo que tienen es lo que nosotros quisiéramos tener en determinados momentos, en momentos en que la caridad no es sentimental. Momentos en que la caridad no hace el proverbial, el tierno y sublime movimiento de ponerse a la teta niños escuálidos, hace, más bien, virilmente, ex abrupto, un desplante o lanza una imprecación o suelta un ajo. El hombre atacado de caridad da con el puño en lo que tiene más cerca y con eso, generalmente, no da un paso: expresa, sólo, que se ha sentido sacudido en todos los cimientos de su increencia, de su materialismo, de su misantropía, inclusive, por la caridad. Éstas son cosas que pueden pasar a veces, en ocasiones especiales, cruciales o axiales: críticas, en una palabra. En esas ocasiones que quedan con su marchamo específico: esas ocasiones que pueden figurar en el Larousse... Vayamos atando cabos porque este agonismo de judíos y romanos lo traje al ring por un motivo datable, como tú, Jorge, bien presumiste. «Dime la fecha», dijiste y te dije la fecha y, en vez de aclararse el asunto, se entenebreció, provocó suposiciones, acusaciones diría, puesto que son lacras que mi moral rechaza: *sorna, ironía,* porquerías satánicas, detritus del averno... ¡Decirme a mí que ponía sorna cuando trataba de hablar de caridad! ¿Qué querían que les dijera: «es de caridad de lo que hablo, ¡coño! es de caridad»?... No les bastó con la fecha, del 15 al 18, los años de la gripe española que acabamos de atravesar... ¿Por qué española? Vaya usted a saber, pero cuando el río suena... Y, después de todo, suene o no suene, sea o no sea española la gripe, la nuestra, la que nosotros vivimos aquí, en nuestro barrio, en nuestra casa, era española, castiza. El microbio tiene un nombre extranjero, naturalmente, pero aquí, en nuestra casa madrileña... son ya muchos años que llevo aquí y, sin embargo, sigo notando esto de que la casa es madrileña, porque mi vida provinciana —con todos mis corretos y mi baño de europeización— afrontó, asumió esta vida madrileña, que para mí ni es vida, por supuesto, pero que la tomo como vida, la respeto, la obedezco, contribuyo a ella con lo que no siendo mi vida, es, sin embargo, mío y es vida y tiene que seguir... Y es aquí donde tiene que seguir viviendo, en esta vida madrileña, con todos sus microbios. Porque el de la gripe es llamativo y se le hace caso, se le atiende, pero la vida madrileña sobrevive a fuerza de ignorancia: a fuerza de juventud, ignorancia vital... Porque no es que estén atontados y no se enteren de lo que debían comprender. No, no es eso: es que no necesitan comprender para vivir... diría uno como las flores, pero sí, sí: las flores necesitan agua, sin agua se mueren: éstos no. Éstas, las chicas, frescas como rosas —es lo que se dice—, no creo que la toquen en todo el invierno más que para beber. Porque las letrinas —aquí habría que decir las termas— en el corazón, en el riñón de Madrid... eso es, en el riñón, en la oficina de lo excretorio en esta cosa atroz y adorable, hasta cuando no se la puede admirar porque es un hatajo —nuestro hato— de defectos y no la admiramos, pero la amamos —empleemos a destajo el verbo amar, relegado, con otros, por cobardía: desechemos, despreciemos todo eufemismo—, la amamos hasta en lo que no es: amándola hacemos por engendrarla. No es como esas ciudades que, al que quiere vivir, al que quiere amar se ofrecen como se ofrece el campo al corredor, el mar al nadador. No, la ciudad, esta ciudad, esta gran ciudad que queremos no ha nacido. Está apuntando por otros barrios, pero el tronco... No, tampoco es esto porque no hay un tronco central, de donde se puede creer que va a extenderse: no está estructurada en torno a un núcleo. No está trazada, está brotada o producida por hábitos... Algo así como si la vida se produjese por accidentes del terreno, por vertientes del agua —arroyuelos o filtraciones subterráneas— hacia... por aquí, Atocha, hacia el Mediodía, por allá no sé: tal vez resbala hacia Argüelles y baja a buscar el río... No sé, en todas partes falta de agua, que no es sólo ni precisamente de agua, sino de más que agua... Es una sed insaciada, que casi no sabe que la sed pide agua. No lo sabe porque ciertos conceptos celestiales, digamos, desarraigan... no, desconectan la sed de su raigambre terrenal. Por eso, no pide a gritos, como «El mendigo que

71

te implora»... es decir, como la flor pedigüeña, «Una gota, ¡Oh nubecilla! gritó, sedienta, una flor»... ¿Y qué?... ¿Y qué?... Desvarío.

Sí, tienen ustedes la paciencia de Job. Están esperando que yo acabe por soltar algo parecido a una conclusión. Deben haber esperado cinco minutos. Yo me he perdido... No, no me he perdido: recuerdo perfectamente dónde quedé.

Muy bien, sigue entonces.

Lo malo es que he seguido, sí, no se extrañen: todo este tiempo —los cinco minutos de ustedes y las décadas, los siglos míos— he estado tratando de explicarles.

Me parece que usted supone que la proporción de su tiempo con el nuestro es la misma que la de su inteligencia con la nuestra.

¡Hombre, no, no soy tan idiota!

No te amosques: confiesa que eres un pelmazo y explícate.

Me he dicho varias veces, en mi soliloquio, que había que atar cabos. Yo quise demostrarles que me sumió en el conflicto que plantea la pregunta el hecho de haber vivido muy intensamente la proximidad con nuestra famosa —universalmente famosa— gripe española.

Sin ironía, ¿eh?...

Pero, ¿dónde está la ironía? Señalo hechos, meramente hechos. Me tragaré los adjetivos porque no quieren ustedes ver lo sustantivo, lo sustanciales que son. Bueno, ya hemos dicho que lo gordo fue en el 18, total, hace dos días; supongo que alguno de ustedes lo recuerda. Mucho antes, desde el 15 o 16, había habido casos leves, en nuestra casa. En la que, por otra parte, ya habíamos visto irse en silencio a algunos viejos: les había llegado su hora y nada más. Pero en el 18 hubo dos casos graves que se hicieron notar. Se sentía que la cosa era importante. El primero, un viejo matemático, hombre de cierto valor, que vivía muy retirado y que, con aquélla, arregló su última cuenta. Duró bastante, se defendió mucho y antes que terminase, se declaró otro caso en el sotabanco.

Grave también, pero una asturiana que no le parte un rayo y que tenía mucho que hacer para dejarse morir. Llamó, por eso mismo, más la atención: se sentía que el drama era más cruento en el sotabanco... Bueno, el matemático se fue en unos diez o doce días y la asturiana siguió luchando. Como es natural, sus quehaceres fueron interrumpidos y nadie se preocupó porque todo el mundo sabía lo que eran sus quehaceres —costurera, vivía de la máquina Singer. Pero, además, pagaba su alojamiento asistiendo al portero —viejo zapatero, clásico, inefable, en su cuchitril—. De más está decir que dejó de asistirle y nadie se enteró. Nada más. Eso fue todo. Nadie se enteró.

Bueno, ¿de qué no se enteraron, de que también la había pescado el zapatero?

Eso es, también la había pescado. Cómo la combatió, si es que la combatió, más exactamente, cómo la aguantó, es cosa que nadie sabe porque la primera noticia fue el olor... En fin, tratamos de hacer que la cosa siguiese sus trámites. Casos de este género tienen un aspecto que podemos llamar oficial y que no consiste más que en dar parte: un hombre ha muerto, vengan a levantar el cadáver. Sí, pero hay una fase previa que consiste en comprobar, de visu, si el hombre está muerto de veras.

Bueno, si olía es que estaba muerto.

Pues no crea usted, eso no era suficiente porque llevaba ya unos cuantos días oliendo. Quiero decir que el olor había ido creciendo gradualmente. Es posible que alguien, yo mismo, inclusive, lo hubiera notado cuando era leve: ¡caramba, qué olor hay por aquí!... hasta que llegó a tener el tono típico de cadaverina... Entonces hubo que entrar y ver y entramos. Teníamos que ser hombres de la casa los que entrásemos —los huéspedes del segundo salían a sus oficinas o cuarteles y no se contaba con ellos para nada—, teníamos que arriesgarnos. En fin, me tocó a mí arriesgarme, sobre todo por evitar el espectáculo a los chicos; a las chicas más bien, porque mi hijo estaba, de vacaciones, con su abuela. Aunque el boticario era un chico —en el 18 tendría poco más de veinte—, pero era un chico con muchas agallas, entró conmigo, en calidad de técnico. El diagnóstico era fácil.

¿Era muy viejo el zapatero?

Sí, era muy viejo.

Entonces se moriría como un pajarito.

Bueno, relativamente, porque un pajarito no se defiende de la muerte y un hombre, por muy viejo que sea...

¿Cómo muere un pajarito?... ¿Igual que como muere un pájaro? Para él debe de ser igual, pero cuando decimos *pajarito,* hablamos de *pajarito* en jaula. Eso que ha dado motivo a cuadros sentimentales: la niña con la jaula en las manos y el *pajarito* patas arriba... Todos hemos visto de chicos un *pajarito* muerto, un insecto, un ratón. La muerte del *pajarito* es la que ha sido inmortalizada. Aunque, claro está, lo que inmortalizaron los sentimentales es el sentimiento, que es inmortal. Pero la muerte es la muerte. Todo bicho muerto es, en cierto modo, repugnante, y no por eso de la materia, no, por una especie de rechazo, de oposición... Es lo que nos separa de los pájaros, ratones y demás, la oposición: ya lo dijo Joseph Glanvill, «El hombre no cede...». Los pájaros, en cambio, no se oponen: solos, en el jardín o en el campo, la aceptan como cuarta dimensión de su soledad. Eso es, la enorme soledad que es su vida se consuma al consumirse, hasta que se acaba. No sé qué habría podido pintar un pintor sentimental —de aquellos que hubo— de esa soledad galopante. Claro que esto es tonto porque al no haber un sentimiento inmortal que lo contemple, no hay por qué hablar de ello, no hay por qué pintarlo... Por eso se ha hablado y pintado tanto de los hombres que mueren solos en el campo, en el campo de batalla. Se ha pintado y se ha escrito mucho, pero siempre es el sentimiento del que los describe, del que cree haberlos visto caer y trata de pintar el sentimiento de ellos, en su caída. Lo que nadie puede describir —por eso se dice que el que cae en una de ésas no lo cuenta— es, a partir del punto de su caída, hasta la llegada de la que galopa tan lentamente... ¿Cuánto tiempo puede un hombre oponerse, luchar con los

ángeles? Ya se ha dicho que hasta el alba, hasta poner las
cosas en claro. Pero ¿con la muerte?... Nadie ha podido contar su vencimiento. En los gestos que han pintado de los que
caen en la guerra está siempre el porqué ideal. La soledad
y la lucha no son ideales: son un cuerpo a cuerpo... No, un
menos cuerpo, mientras haya conciencia para sentir disminución. La lucha con la muerte será, para esa conciencia, algo
así como el tanteo del jugador hasta dar por perdido el juego...
Claro que hay quien no lo da por perdido. Es evidente que
hay quien cree que entonces empieza el juego sin pérdida.
Sí, hay quien lo cree, pero hay quien no. Y ¡ésta es la cosa!,
el que cree que hay un juego posterior ¿lucha más o lucha
menos?... El no luchar de los pájaros sólo es comparable al
no luchar de los santos. Pero el hombre —non sancto— lucha... ¿Por qué dice Glanvill que «el hombre no cede a los
ángeles ni enteramente a la muerte más que por la debilidad
de su pobre voluntad»? Es decir que el hombre dotado de una
gran voluntad, de una enorme voluntad, unido, entregado...
No, no, tiene que ser algo así como *enterado,* algo que impli-
que conocimiento, como el de los santos, ¿como el de los
pájaros?... El hombre enterado de la infinita voluntad, «Pues
Dios —según Glanvill— no es más que una gran voluntad
penetrando en todas las cosas por la intensidad que le es
propia». Penetrando en los pájaros... Me parece idiota la
afirmación de los que dicen «el lenguaje humano no acierta
a expresar». La dificultad no está nunca en el lenguaje. Si
empieza a hartarme lo de los pájaros, no tengo más que
evitar la imagen atacada de preciosura o sublimidad, buscar
la sublimidad absoluta, la que no ha sido tocada por el lenguaje especializado en sublimidades, y el lenguaje siempre puede darme el nombre de algo que entre como debutante, por
mi palabra, por la imagen de mi mente, en la sublimidad... Las
musarañas, los galápagos penetrados de la infinita voluntad, no
luchan con la muerte, aunque en vida, en medio de la vida,
se defienden feroces. Cuando no se defienden es cuando, en su
soledad, la sienten llegar... Es como si lo que no tolerasen
no fuese morir, sino ser matados. El hombre que es matado
en la guerra puede, en ciertos casos, asumir su muerte por

algo... Pero no es eso, no es eso lo que quiero penetrar: no es en eso en lo que quiero pensar... Pensar, de eso se trata... pensar «Aux matelots oubliés dans une île. Aux captifs, aux vaincus, ou bien d'autres encore». Sí, eso es, sólo con nombrarles ya están descritos en su abandono: los recordamos como olvidados. El olvido no se puede describir, no se puede pintar, pero se puede pensar... ¿Se puede pensar?... Todo pensar es recordar... ¿Se puede pensar y describir el cero?... Se puede describir el cuatro, el tres, el dos, el uno y callar. No hay por qué describir el callar: cualquier descripción lo anula: la nada se anula con algo... Por eso los románticos describieron lo vociferante, lo gesticulante. Sólo éste, el que dijo, «Je pense à vous... aux oubliés»... Ése habló de lo que más querríamos pensar, el olvido. El otro, pintando *Le radeau,* un múltiple alarido entre las olas, una múltiple soledad o desamparo, porque el ser muchos no es compañía... Como tampoco lo es en *Los apestados de Jaffa.* También ahí, para hablar de los muchos tuvo que poner a uno en primer término. Pasa el emperador y mira al apestado: el apestado está allí mostrando su peste en postura académica. Hay uno del séquito que se tapa las narices —ademán que ha sido pintado en resurrecciones de Lázaro. Claro que, en éstas, se trata del olor definitivo: En *Los apestados* no es sólo olor... Si Gros hubiera contado con Pasteur, tal vez el movimiento de la mano fuese otro... Yo propondría a cualquier crítico de arte un largo estudio —alguien podría hacer una tesis— sobre ese tema, ¿conoce o no conoce Gros la existencia, la obra, la aportación científica de Pasteur?... Largas investigaciones de fechas, de relación del uno con el otro, y todo ello expresado en el movimiento de la mano de un personaje secundario, inmortalizado. Porque de eso es de lo que se trata, de inmortalizar el sentimiento y el conocimiento. El pelícano... ¡siempre el pelícano alimentando a los hijuelos con sus entrañas!... Aquí está el perfecto viceversa. La postura de la mano, si el pintor sabe, no es igual que si el pintor no sabe... Pero el pelícano no puede cambiar de postura. Sabemos, ahora sabemos que no son sus entrañas lo que les da a comer, pero seguimos pintando —en nuestra mente— que son sus entrañas: ésta es mi tesis... Y, por supuesto, en el día fatal del olor definitivo, ya sabíamos todo lo que nos ha enseñado Pasteur y tomábamos ciertas precauciones, pero no recuerdo bien cómo poníamos la mano en las narices, si es que la poníamos... Tal vez no: teníamos que emplear las dos en abrirnos paso después de derribar la puerta, y no por el cerrojo, sino por todo lo que se había acumulado contra ella. Probablemente el viejo sabía que no iba a volver a abrirla. O tal vez no lo sabía en el principio de la lucha... en el principio de la molestia, más bien, cuando empezase a decir, «parece que la he pescado»... Eso es, quitaría de en medio sus trebejos, se pondría en la actitud del que va a pasarse unos días en la cama... en aquel montón de trapos en que se quedó... La barba y el abundante vello, blancos como un liquen adosado a las costillas, que más parecían ramaje, como si ya no quedase nada para la putrefacción, como si todo lo blando, lo húmedo... las mismas vísceras internas se hubiesen ido en vómitos y deyecciones, también resecadas por el suelo: volcados bacín y puchero, tartera y jarro o cazo de donde se habían escapado dudosos chorizos, pan ensopado o vomitado... Con todo esto habíamos vivido. Mientras esto iba muriendo en el tugurio, vivíamos en nuestros pisos, mejor, un poco mejor... Y pasábamos por allí sin enterarnos: bajaban las chicas, las frecuentadoras del sotabanco, que no era mucho mejor, allí el horror era mantenido a raya por la que se creía infinitamente resistente, pero que, al ser atacada, había interrumpido el combate diario con la miseria... arriba, en el sotabanco por donde tampoco habían pasado los romanos... Y no es que yo me enterase ahora de este orden de cosas, ¡orden que no se desordena fácilmente!... Orden que sigue así, que se le puede observar, estudiar en todas partes... Y ¿qué con estudiarlo, con observarlo?... Ahí está lo grave, *observarlo, estudiarlo*: yo nunca lo observé; me habría parecido innoble. Siempre creí estudiarlo y con eso me quedaba tranquilo. Aunque presentía —palpaba, olía, pero aquí el olor no era el olor que se desatiende, sino el olor que aterra, ya hubo quien dijo que lo sobrenatural, lo sobre o superhumano: lo que se escapa de lo que queremos y creemos tener cerrado y se hace sentir como una existencia sin presencia, como algo que se insinúa, como un *olor* que no queremos oír—, presentía que había una tercera actitud y, aun comprobándola, no la estudiaba, de lo que más miedo tenía era de comprenderla. La temía como una amenaza a algo mío, personal y temía abrirle la puerta porque era una amenaza. ¡Lo era, evidentemente lo era!... «Tú le criaste a tus pechos», sentencia irónica, que tuve que aceptar por ser todavía más mía, por ser yo mismo el que me la arrojaba, como el que se mira al espejo y se hace burla, se saca la lengua... Era mi propia lengua la que la pronunciaba, la que podía, ¡esto era lo peor!, podía ceder a la insinuación... Había que tacharla como una simple errata, como cuando se emplea un término inadecuado y de pronto lo ve uno y se ríe y lo borra y pone el justo en su lugar... Porque era evidentemente con esa papilla del estudio —no observación, no— con lo que había alimentado a mi discípulo: le había nutrido bien, como para que me acompañase y me secundase indefinidamente en el estudio. Pero había una tercera posición y el estudio, la intensidad, la pureza del estudio le condujo a ella... Yo no podía rechazar ni negar ni aminorar la pureza ni la intensidad del estudio. Nunca, en ningún caso, ni aunque nos llevase a perder... Porque, suponiendo que nos llevase al abismo, ¿cómo salir del abismo?... Con la intensidad y la pureza del estudio: no tiene vuelta de hoja... Pero lo que pasa es que los que no tomamos la tercera posición, habiéndola estudiado —más culpables por no tomarla, habiéndola estudiado—, andábamos de un lado para otro, subíamos y bajábamos por nuestra escalera o por cualquier otro sitio, porque en todos los sitios se notaba, de pronto, de vez en cuando, el olor, el principio del olor... Y ni siquiera nos llevábamos la mano a las narices... Ni siquiera eso: ¡estudiábamos el olor! ¿Cinismo? No, brutalidad, obtusidad que puede atacar a la inteligencia por miedo a esa tercera posición que, evidentemente, es una posición fija en medio del camino, fija como un agente del orden que manda parar, con un movimiento brusco y terminante. Algo así como una orden, «Por aquí no: por ese otro camino de la izquierda»... Y no querer ir, tal vez por carecer de facultades... No, más bien por no ver claro que ese camino tiene su cuesta ascendente, penosísima, pero tiene también sus atajos, sus escapes, su ilimitación.

Bueno, ¿en qué quedó lo de la asturiana?

¿Cómo?... Ah, sí... bien, terminó bien.

Vaya, menos mal, porque se quedó usted pensando en el viejo como si fuera lo único importante.

¿En el viejo?... No, no estaba pensando en el viejo. Es que precisamente a propósito del viejo, me puse a pensar en Géricault, en Gros, en Delacroix...

¿En qué? ¿En Delacroix?...

Sí, ¿por qué no? Me quedé fijo en el dieciocho, el año en que trajeron los franceses aquel cargamento de cosas estupendas... Pero no trajeron a Delacroix ni a Gros ni a Géricault... En eso me quedé pensando.

¡Ah! ¿No los trajeron? ¡Qué barbaridad!

Pues no, no los trajeron.

*

Argentina, la voz es realmente argentina.

La voz será argentina, pero ella es valenciana. Y ¿qué te ha dicho?

Que vendrá a las cinco en punto. Que tocará la bocina tres veces..., cua, cua, cua... Y que bajéis en seguida.

Se me ocurrió darle el número de tu teléfono, sin decirte nada. Debía haberte pedido permiso.

¡Elena!... si repites una cosa así, me enfado. ¿O es que querías que te diera las gracias?

Las gracias ¿por qué?

Por haber contado conmigo, por haberme puesto en relación con... bueno, con esa amiga tan encantadora que tenéis. ¿De dónde la habéis sacado?

Pero hombre, es la cuñada de Piedita. ¿No te acuerdas de Piedita?

Ah, sí, claro. Pues dile que me llame siempre que quiera daros algún recado. La oiré con mucho gusto, es muy simpática y parece que está al tanto de todas vuestras costumbres. Me dijo, «cuando baje alguna de las chicas por los litines»...

Está al tanto de todas nuestras costumbres y de todos nuestros secretos.

¡Ah!...

¿Cómo puede una voz delatar, confiar un secreto? ¿Cómo puede haber, en ese delatar, una proximidad de confidencia?... No, tampoco es esto porque ¿qué confidencia puede haber en lo que no se dice... En fin, en lo que no se dice y, sin embargo, se confía, se entrega mientras se dice otra cosa... por lo demás, otra cosa que no es nada? ¿Cómo se puede decir algo que no se dice? ¿Cómo puede uno creer que ha oído lo que no se le ha dicho, creer haberlo sentido, palpable... Más exacto sería decir haberlo palpado porque, como decir, no se ha dicho nada, pero se ha tocado, se ha sentido uno halagado por la .confidencia... lleno de confianza, como ante lo que sólo se puede llamar un buen agüero?... Sentir una especie de protección que hace que la juventud, la propia juventud, los pocos años se achiquen, no con el encogimiento del miedo o de la indecisión, no: con una desvergüenza infantil que permite decir, «¡Yo quiero... yo quiero!»... Y no decirlo, ni eso ni nada y saber que se ha dicho y que ha sido oído, acogido, concedido... Porque ha habido una sonrisa. ¿Se puede oír una sonrisa por teléfono? Claro que se puede oír una risa, pero ¿una sonrisa?... Y, sin embargo, se la puede oír, sentir su benigna concesión... Bueno, también, pero ¡no, no! esto ya pertenece al miedo cotidiano, a la desconfianza, a la experiencia... Porque la sonrisa, después de haberla oído... el haberla oído se puede convertir en temer haberla oído, se puede meditar en ella siglos y no querer creerla, no creer en sus promesas, creyendo en su realidad de hecho. Palpar la levedad de la sonrisa, velada por algo tenebroso... no enteramente una burla, pero sí una condescendencia. Eso es, no una concesión, sino una condescendencia, eso que se otorga a los niños... más cruel, a los chicos porque implica trivialización de sus deseos... «Bueno, ya veremos cuánto le dura»...

Sí, también puede decir eso la sonrisa porque, si dijera otra cosa, sería demasiado. No es conveniente creer que pueda decir otra cosa, la cosa positiva... no es verosímil... Ah, la receta de tu tía, ¿no es eso? La tengo hecha desde ayer. Benjuí, etc...

Sí, eso es. Creí que con el recado telefónico te habías quedado en Babia.

Pues sí, me quedé, pero ya estoy de vuelta.

*

Magnífico, delicioso el sabor de lo que *se realiza*. Para el que entiende de sabores, el sabor de la realidad —deseable o indeseable, corroboradora o destructiva— siempre es magnífico, pero delicioso es, sobre todas las cosas, el de lo que *se realiza,* porque lo que ha ido y ha llegado a realizarse tiene una densidad, un espesor de anhelo y de imaginación... Un momento —éste que estamos viviendo— no es igual a lo imaginado, siendo más que igual: siendo lo mismo. Es aquello mismo que mirábamos a distancia: lo veíamos en todos sus detalles y ahora los detalles son otros, siendo, sin embargo, los detalles propios de la cosa realizada, de la cosa que *se ha realizado.* La alegría de la realización se adorna con la melancolía de lo deseado, se refuerza con el fervor de la constancia que ardió en su espera y que sigue llameando, proyectando reflejos temblorosos sobre lo realizado para que el hecho real parezca a veces dudoso, para que prevalezca sobre él el temor de aquellas horas en las que, «Si pudiera ser»... «Si hubiera sido»... Si Tina hubiera estado en Madrid, ¿cómo habría sido la tarde de la exposición?... Habrían ido con ella, en su auto, las dos, una a cada lado viendo el cogote del chófer —este de ahora, allí presente, que no había sido ni imaginado ni deseado, que no tenía la menor importancia, pero que era una forma real... De modo que ¿estaban yendo con Tina a la exposición de los franceses? ¿Qué iba a pasar, oirían las discusiones de los críticos, habría cosas dudosas, incomprensibles?... Todo lo que hubiese allí era conocido por Tina: ella se lo había anunciado con descripciones vagas y entusiastas. Su conocimiento le daba —a Tina— una especie de propiedad que hacía más valiosa su invitación. Y también ella tenía en su fondo el recuerdo de lo que le habían narrado, aquel «Si Tina estuviese aquí», «Si hubiésemos ido con Tina»... Y ahora iban con Tina. La suposición de cómo habría sido acumulaba dos años de interrogación, que envolvían en misterio lo que ahora era la respuesta, todavía no terminante, todavía no «Así es», sino «Vais a ver cómo es, cómo está siendo»... Porque iba desarrollándose algo que pertenecía al proceso inicial de lo que llevó tanto tiempo queriendo ser y que, no constando de los puntos intensamente deseados, al ir realizándose, repetía... no lo sido, lo ni siquiera pensado. Iba siendo el principio de la tarde anhelada —ya lejos las tres de la tarde, ya superada la siesta—, la tarde hacía su entrada por el Paseo de coches, el auto tomaba el de la derecha, el hábil chófer lograba meterlo a la sombra de ciertos arbustos y ya habían llegado... Se acordaron de Ágata y Martín, creyeron verles aparecer, como habría sido tan natural porque «arrieros semos», pero no se detuvieron mucho en el recuerdo: estaban con Tina en la exposición... Transcurrido el jubileo alrededor de ministros y concejales, no acababa nunca de aclararse el gentío. Los críticos o periodistas o gentes que ejercían allí su profesión —intereses, vanidades— seguían al grupo oficial sin desprenderse, sin otorgar más que algún ligero, cortés, risueño, galante saludo, de pasada. «Ya os dije que el día de la inauguración no hay medio de ver los cuadros. No quise privaros del capricho, pero es inaguantable tanta gente»... Hasta que al fin logró Tina distinguir algún Maurice Denis, una ingenua *Anunciación*... Más grande el Puvis de Chavannes, la Santa Genoveva minúscula, ante elegantes eclesiásticos de enorme estatura, ladeados, como plasmados en actitud blanda y rígida al mismo tiempo —blandura de piedad, rigidez de estilo—, entonados en un gris de amanecer o de ocaso... Al fin algo de espacio para circular viendo otros cuadros menos conspicuos y, ya un poco atenuada la luz reverberante, entronizado en sus nubes de madreperla, la *Gare Saint-Lazare*. Consagración del humo, patentización de lo cambiante, instauración de un momento singular: breve, avasallador, con pujanza de locomotora, tan verdadero como si asumiese ya para siempre el empuje de toda locomotora. La permanencia —traspasada por el pito— de un momento en que la luz se posó amorosamente en las volutas del humo...

«Queréis una horchata, supongo. Nos sentaremos en ese aguaducho»... Se repitió también el perfume, siendo otro. Se repitió porque se hizo presente... La tarde aquella, la que había sido y, por supuesto, la soñada, la anhelada estaba inmersa en el perfume del paraíso: ahora eran las celindas. Allí mismo, al lado del aguaducho, estaba el macizo que, a medida que caía la tarde, intensificaba su aroma: sus flores exigían cierta nocturnidad para destacarse, como las estrellas, en lo oscuro... No hacían comentarios, sorbían la horchata granulada y sonreían a Tina, en acción de gracias. Esperaban que otro día cualquiera, libres ya de la conmoción reciente, evocarían las cosas más hondamente sentidas. Ahora se comentaba sólo el principio de la tarde: cómo se había organizado, cómo se había conseguido porque Tina tenía hace tiempo un compromiso adquirido para aquel día y había procurado disuadirlas, sabiendo la ilusión que tenían... «Hasta que me dije, ¡basta! que se vaya a paseo la boda de esa niña —siempre me pareció una gansa, una verdadera oca— con los millones de su padre —relación conveniente, muy conveniente, que hay que cultivar— ¡que se vaya al diablo!»... Pero ¿cómo avisaros de mi súbita decisión?... Hasta que me acordé de que me habías dejado un número, por si acaso. Temí que me pusiera algún pretexto vuestro vecinito, pero hay que ver cómo estuvo, ¡versallesco! Y qué voz, Isabel, si te resistes a esa voz, es que eres de piedra.

¿Qué tiene de particular su voz?

¿Que qué tiene de particular?... Il roucoule, ma petite, de un modo escandalosamente masculino. Es un niño de cuidado.

A mí no me asusta.

No, Tina, no: si se trata de algo masculino, ni un tigre le asusta. El que se asusta de esta gorgona es el tigre.

¿Hacemos una apuesta a ver quién se asusta de quién? Yo apuesto a que el tigre no se asusta.

Yo apuesto a que no se asusta Isabel.

*

La tarde radiante, que había repetido otras tardes radiantes —las ideas y las imaginadas—, repetía en su final una mañana de invierno: una salida de la clase donde había quedado la discusión acalorada y el frío de la calle les había hecho asaltar el tranvía —helado el hierro del asidero— y una vez dentro seguir en la discusión, hasta olvidar la parada y correr luego, otra vez, con la mente ocupada por el tema candente, esperando acogerse al calor de la casa y, en vez del calor del brasero, encontraron el calor hostil de la fiebre... ¡Día inolvidable! noche detenida, paralizada ante el terror del delirio... Ahora, desde aquí, todo aquel día, compuesto de sus diversas piezas, tan contrarias a las del día presente y como exentas de presente y pasado —presencia intemporal en la que el recuerdo, como una voz admonitoria, delata la identidad de lo subterráneo... Ahora, el principio de la tarde era ya como una belleza lejana y la emoción no era discusión, sino goce, plenitud y facilidad en la llegada... Crepuscular salida del baño —el pie en el borde de mármol y la sábana sostenida por una sierva risueña—, salida del baño de celindas, sentirse enjugada por la comodidad del auto, llegar sin sentir —sensación deliciosa ese no sentir—, besos de despedida, acometer la escalera pensando en lo mismo y olvidar la parada —no parar en el tercero—, dejar a Elena en su casa, sin hablar, sabiendo que sus mentes no quedan separadas por dos tramos de escalera.

Sus vidas, dada su convergencia, vistas desde arriba —un supremo arriba— en toda la extensión de su trayecto: distinto origen y unánime fuerza conductora; magnetismo de la verdad —de una verdad concreta y limitada, con jactancia de verdad absoluta: el Arte. Pero la jactancia no está más que en el plinto de la letra mayúscula al designarlo. En la vida no

se impone con ademán o énfasis imperioso sino en forma de
adhesión, de foco caluroso al que se arrima la adolescencia
aterida en la hora del desamparo, en esa hora en que hay que
optar, decidir la ruta y echar a andar hacia lo azaroso. Y no
sólo cuando faltan provisiones para el viaje, no, aunque se
vaya bien pertrechado surge la desconfianza —la más temible,
la de uno mismo, la de la propia verdad, es decir la de las
propias fuerzas o aptitudes y entonces, sin que se produzca
desunión se impone la concentración. El alma, la mente —la
persona en su mismidad— se detiene a contar sus haberes,
toma la actitud odiosa del que cuenta dinero lentamente,
meticulosamente, porque es necesario conocer bien lo que se
quiere y lo que se puede hacer... La Escuela es la tierra
firme. Haber llegado a ella desde la vieja madriguera —madriguera de Madrid, por su seca planicie alguna vez anduvo el
oso— y en el bosque urbano que fue brotando, apenas asistido
por el Manzanares se formaron núcleos, de cuando en cuando
alguna espesura o cerrazón lobera casi impenetrable y —por
ello— extracto de contrarios. Desde allí donde tanto había
sugestión de bosque como olor a hondón de marmita, habían
dado acceso a la Escuela de San Fernando y claro que estudiaban pero además vivían sus piedras nobles, misteriosas en
su silencio y tan pródigas en la teoría de su visión...

Escaleras de piedra, hornacinas habitadas por estatuas antiguas —mármoles verdaderos cuyo contacto es más grave,
más serio que el de los yesos al alcance de la mano—, copias
de los más grandes, de los más antiguos —los griegos siempre
sagrados, inalcanzables y en medio de la clase junto al callejón formado por los caballetes—, por allí iban y venían los
de las clases próximas —en el tablero giratorio, a poca altura,
el Giuliano de Médicis, su cuello —cortado el molde al comenzar los hombros— élancé (no tenemos una palabra que
sugiera el impulso y la levedad en que va sostenida su cabeza)
incita como una conclusión de forma irrebatible concitada en
su boca— a poca altura, se alcanza poniéndose de puntillas
—su forma explica lo que es un engranaje, explica detenida-
mente lo que se entrevé en el cine— breves arrebatos de
Francesca Bertini —dos formas que se adaptan por su ade-

cuación— y ejercitarlo apresuradalmente —omitiendo, olvidando la aspereza del yeso— es una especie de gimnasia corroboradora de la voluntad —corroboradora de la impotencia porque la voluntad se queda —como un insecto contra el vidrio— en el simulacro... Y ahí, en ese acto demostrativo surge la disidencia de intereses, de apetitos... ¿Cómo puedes incurrir en la misma gansada que las otras chicas? —Pues ya ves, porque en eso todas caemos como moscas—. Yo no, yo no caeré jamás. —Tal vez no, tal vez sí... Es en la Escuela donde el trabajo y la vida se aúnan realizándose o proyectándose. Su unión es como un altozano alcanzado en el que descansan con orgullo. Es su propiedad, pasan brillantemente los exámenes, es terreno conquistado. La solemnidad de su vecindario, la Academia es la riqueza de aquel terreno como un yacimiento aurífero, tan difícil de alcanzar en el área de Madrid un rasgo de belleza trazado por la mano del hombre. Belleza de los castaños en el otoño y de los lirios en la primavera, pero piedras —aparte la urbana presidenta recubierta de afectos, memorias, fechas... nada, nada digno de ser contemplado. Hay que ir hacia Cuatro Caminos para ver al joven río sentado en su hornacina. No le pusieron tendido —como siempre pusieron a los ríos— sino sentado y con un manto echado por las piernas —aire de convaleciente—, cuando habría sido tan hermoso todo entero en su desnudez. Deidades pragmáticas le hacen la guardia —agrarias, laborales, progresistas— y todo en torno a él limpio con atildamiento neoclásico tan reposante, aquiescente, siempre respondiendo al amor que se le ofrezca. No es posible ir a adorarle con frecuencia porque está lejos, no queda en el camino de los pequeños quehaceres cotidianos, pero hay que ir de cuando en cuando a contemplar su quietud que trata de sugerir la linfa purísima del Lozoya... ¿Cuántos serán los madrileños que le conozcan? Pocos, muy pocos. Barrio artesano y comerciante ya suburbano y sin embargo allí le pusieron y allí permanece —la parra virgen le enmarca y las calas le miran desde el agua—, los trajinantes pasan sin verle pero no las que vienen desde el rincón —riñón se dijo una vez— del Madrid pobre, no del misérrimo en el que la inteligencia y el esfuerzo no se desvían un ápice del negocio del vivir. No, del motivado en su pobreza, con el humus de sus ambiciones, con el guano de sus vanidades, «Tanto vestido blanco, tanta farola»... No, no, en San Vicente Alta 28. Allí, sin vanidades, las ambiciones se aguantan dramáticas y al mismo tiempo apacibles, seguras de ser veneradas por su alcurnia y por su valor práctico, de hecho —más bien por hacer— y ahí está la concentración autista, minuciosa y prolija como contar cien duros en calderilla.

*

Tardaré mucho, mamá. Tengo que ver al señor ese...

Bueno, pero no te pases la tarde rodando por ahí.

Tengo que ir a la Prosperidad. Ese señor vive en un hotelito, en las afueras. Y para remate, antes de ir a su casa tengo que hacerme una foto de carnet. Si lo dejo para la vuelta estará cerrado.

Bueno, bueno, pero no vengas demasiado tarde.

Bueno, bueno... Pero ¿qué te pasa? Tienes una voz rara.

No me pasa nada... Es que me quedo pensando cosas.

Si yo te contase las que pienso yo...

Cuéntamelas ¡qué más puedo querer!

Te las contaré cuando valgan la pena. Ahora no son más que cosas de negocios.

¡Negocios!

Sí, mamá, negocios. Ir de un lado para otro hasta conseguir el permiso. ¿Crees que es fácil poder copiar en el museo?

No, ya me figuro, ya lo comprendo...

Pero, vamos, algo te pasa en la garganta ¿por qué hablas así?

Hablo como siempre.

No, no es verdad. Hablas como si no pudieras hablar.

Pues ya ves que puedo.

No, casi no puedes.

Bueno, un poco sí que me duele...

Ah ¿la garganta, no es eso?

Sí, pero más bien es que no me llega el resuello. Tengo aquí encima una cosa como una piedra. Nada de particular. Me meteré en la cama por si acaso.

Tienes fiebre. No hay más que verte. Voy a pedir el termómetro a Elena.

No, no vayas a pedir nada abajo. Siempre estamos mo-
lestando.

38,5, opresión, dolores en aumento por todo el cuerpo y en
la cabeza como un casco de hierro... ¡Noche!, repetición o
más bien reiteración porque lo que se podía señalar como
«otra vez» no es más que la extensión ilimitada de aquella
vez. Ilimitada, dilatándose con la largueza de lo que no se
puede mermar, de lo que puede presentarse hoy y mañana,
este año y el otro, aquí y en cualquier sitio, y se instala en el
presente sin que sea posible imaginar su duración... El termómetro sube a cuarenta, se llama al médico de la Sociedad
y viene y diagnostica lo ya supuesto, una gripe de gran calibre. Congestión pulmonar que no llega a pulmonía, pero le
anda muy cerca. Hay que seguir el proceso normal: quietud,
temperatura igual en el cuarto, difícil ahora casi más que en
el invierno porque el calor llega a ser insoportable, hasta con
la tronera abierta, y medicinas, jarabes, sellos de oblea con
polvitos dentro: antipirina o algo así. Y nada más. Esperar,
seguir esperando y, en la interminable espera, ir viendo las
cosas que pasan en los otros pisos. Tener cuidado de que no
lleguen rumores de las muertes que no se pudieron evitar.
El señor del tercero: bajado del féretro por antiguos discípulos. Afluencia de gente a la casa del que vivió solitario.
Pasos por la escalera y «¿Qué pasa, por qué ha venido tanta
gente?»... Respuestas evasivas y la enferma, difícil de engañar, ahora abandonada a la indiferencia por lo que pueda
estar pasando... Y detrás del viejo profesor, el viejo zapatero... Llegada del furgón que viene a recogerle... campanilla
o timbre que grita su inexorable misión y otra vez, «¿Qué
pasa, qué campanilla es ésa?»... No sé, no sé qué habrá
pasado, pero no es aquí: no te preocupes por nada, sigue
tranquila y bien quietecita. Y no es difícil mentir porque la
atención, acaparada por los cuidados necesarios, queda indi-

ferente a toda otra cosa. Todo huye de la mente, se escapan
—ideas e impresiones— como algo líquido, inconsistente y
queda en el cedazo el denso peligro, al que sólo se puede
combatir ejecutando con rigor los menesteres prescritos: quietud, temperatura igual... Sí, pero hay que retenerla a la
fuerza porque quiere salir del cuarto. Tiene que salir, dice,
y no se le consiente. Hay que obligarla a utilizar el perico
—traído también de abajo— y la escena es tan violenta como
un rasgo de locura ante tal contrariedad... «No quiero, no
quiero que hagas eso, Isabel, hija mía, no quiero. Puedo ir yo
por mi pie»... Pero no va porque no se la deja. Isabel ejecuta
los deplorables menesteres, consigue al fin volverla a la cama
y lleva el recipiente al excusado. Agujero —no inodoro—,
simple agujero en una especie de poyo recubierto de tablas,
con una taza en forma de embudo, de hierro esmaltado, como
una cacerola. Lugar frecuentado por ella —Isabel— a diario,
inadvertido, borrado de la mente porque es una mera estación
de paso: no hay por qué pensar en ello, no hay por qué tenerlo
en cuenta aun reconociéndolo incómodo, abominable. Fregado
a diario el borde de la tabla con productos arenosos —la
aspereza en los muslos se hace sensible ahora, al mirarlo, se
hace sensible su conocimiento y su olvido—, productos de
olor cruento, con intensidad bastante para ocultar otros olores. Se había podido utilizarlo sin mirarlo, pero ahora había
que verlo bien, mantenerlo en el estado de limpieza que lo
hace soportable. El conocimiento de esa faena, la necesidad
de ejecutarla bien llena la imaginación sin dejar espacio libre
para otra cosa. La absoluta invasión de la mente por lo ine-
ludible no permite ni siquiera comentario. Elena la comparte,
en cierto modo, ayuda en lo que puede y mantiene la tensión
de la idea fija: ejecución de todo lo necesario hasta ser vencido
el mal, seguir sin reposo en guardia con la voluntad hasta
expulsar al mal espíritu que amenaza a una vida tan necesaria...
Y el médico sigue sin dar por terminada la lucha, sin indicar
siquiera cuántos días de calvario podrán quedar... «Va mejor, confórmate con que no vaya peor.»

Y aparece una visita, una comadre conocida. No viene precisamente a preguntar por la enferma, sino a recoger los trabajos que tenga terminados. Son pocos; los empaqueta y se sienta a conversar, a pedirle a la misma Antonia la descripción de sus molestias, y Antonia le prodiga información... un casco de hierro en la cabeza, latigazos por todo el cuerpo y, lo peor, una piedra encima del pecho que no la deja respirar... La comadre le asegura que eso se le quitaría en seguida con unas ventosas... Le explica el proceso... «Te las ponen en la espalda y ellas lo chupan todo, se llevan esa pesadez, te dejan libre de ese peso»... El efecto curativo de la esperanza se obra en el acto. Antonia realiza, in mente, esa liberación sugerida, piensa lo que será volver a respirar sin el peso de la piedra en el pecho... Eso es lo que hay que hacer en seguida, Isabel, hay que preguntarle al médico; y se le pregunta cuando viene, y dice que «ni fu ni fa», es una cosa muy vieja... bueno, por lo menos no mata a nadie... Es todo lo que se puede sacar de él... Hay que consultar a Elena; ella sabe siempre todo... Pero Elena dice que no tiene la menor idea... No había oído nunca en su casa hablar de ventosas: preguntaría a su abuela, pero si el médico ha dicho que no matan a nadie, el deseo de ponérselas, la confianza que le ha inspirado la comadre podía servir para calmarla. Podían quitarle la inquietud en que vivía, la inconformidad ante el espectáculo de su hija metida en quehaceres innobles que ella le había evitado siempre, hasta creer que pudieran serle ignoradas cosas que ella eliminaba a escobazos y dejaba el campo libre —limpio— para que su hija pasara sin mancharse... «Bueno, bueno, yo me enteraré de qué es la cosa y se las pondré yo misma: ya sabe usted que yo entiendo de eso. Le pondré las ventosas y, como se le quitará todo en seguida, dirá usted luego que soy bruja.»

No puedes, Elena, tú no puedes hacer eso.
Pero ¿por qué, si tú me lo explicas?
No basta con explicarlo: hay que tener práctica y es cosa muy difícil.

Pero vamos a ver: explícame cómo se hace y yo te diré si soy capaz de hacerlo.

Bueno, te lo explico. Mira, éstos son los vasitos. Tienes que hacer una mecha o hisopo, de algodón, mojarlo en alcohol, prenderlo y hacer el vacío en el vaso, sometiéndolo a la llama. Aplicarlos a la espalda rápidamente para que se produzca la succión, porque el espacio no puede seguir vacío y tira de la sangre, a través de la piel. ¿Comprendes?

Sí, sí, ya veo en qué consiste. Si no es más que eso, no es tan difícil.

No es tan difícil aprendértelo de memoria como una lección, pero hacerlo... Lo menos malo que te puede pasar es que no logres hacer el vacío y entonces no pierdes más que el tiempo. Pero pueden ocurrir otras cosas. Puedes calentar demasiado el borde del vaso y quemarla, al aplicárselo, puede causarse una succión tan fuerte que se produzcan escoriaciones. En fin, puedes prender fuego al cuarto, con el manejo de las mechas... No debes hacerlo, Elena, es muy difícil, es muy arriesgado y, por otra parte, yo creo que no sirve para nada.

Eso ya es otro asunto. Sirva o no sirva, hay que tranquilizarla de algún modo: su enfermedad la tiene desesperada. Yo creo que sabe que ha habido muertes en la casa. No sé cómo se habrá enterado, a ella nada se le escapa y a mí lo que no se me escapa es lo que ella piensa, que no son lamentaciones ni cosas agoreras. Al médico no le pregunta nada, como si no creyera que él pudiese saber lo que va a durar la cosa, en cambio, a mí... No sé cómo te diría las miradas que me echa cuando Isabel no la ve: me mira como si tuviéramos entre ella y yo un secreto, como si sólo yo supiese que ella está esperando que le llegue su vez... ¿Te das cuenta?

Sí, sí, lo entiendo y creo que tienes razón: hay que hacer algo, pero tú sola no puedes arriesgarte.

¿Yo sola? ¿Quién puede acompañarme? ¿Tú?...

Si quieres, si crees que ella pueda querer, si te parece...

¡Oh! No es momento de ponerse a no querer algo. ¿Tú me acompañas? ¿Tú lo has hecho alguna vez?

No, jamás.

No importa: tú sabes hacerlo. Lo haces tú: soy yo la que te acompaño, la que te ayudo. Yo te preparo las mechas, ¿quieres? Subo a prepararlas.

Son las diez y media, a las once se pondrá en práctica la difícil maniobra. Hay que empezar con los preparativos. Lo primero es bajarse el camisón hasta la cintura.

¡Hasta la cintura! ¿Con todo el tetamen al aire?

Al aire no, ¿tiene usted alguna chambra?

Sí, eso sí debo tener. Ave, hija, busca en el baúl.

Yo sé dónde está, pero es de franela, te va a dar mucho calor.

No importa, no importa: sácala. Tiene que ponérsela con la parte de detrás por delante y así, desabrochada, le deja toda la espalda descubierta.

¿Vas a poder soportarlo, mamá? Si la primera te hace mucho daño, no dejes que sigan. No te aguantes, aunque sea insoportable.

No va a dolerle nada, va a resistir perfectamente hasta doce o catorce.

Ya lo sé, Elena, tú me las pondrás tan bien como las inyecciones.

¡Doce o catorce! ¿Tantas son necesarias?

Tantas: dos filas de a seis. A ver, siéntese en la cama a la turca. Eso es... No, tal vez sea mejor tendida boca abajo: sí, así queda la espalda más horizontal. Bueno, no vaya usted a quedarse así todo el tiempo, mientras yo voy por las cosas. Luis me ayudará, hay que emplear muchos cachivaches.

Bueno, ¿está usted dispuesta?

Sí, hijo, sí. Pero qué molestias estás tomándote. ¡Te han hecho abandonar la farmacia!

Esto no es ninguna molestia, y la farmacia no está abandonada. ¿O no sabe usted que tengo un mancebo?

Ah, es verdad, ya le he visto al pasar. Pero ¡cuántas cosas!

Docena y media de vasitos, pero usted no tiene que beber nada: son ellos los que beben. Chupan como sanguijuelas.

¡Sanguijuelas! Qué asco, ésas sí que no me las dejaría poner.

Y haría bien... A ver... va el primero... ¿Quema?

No, está calentito.

¿Y éste?

Igual... No hace ningún daño: es como un pellizco, pero suave.

Sí, así es... Ya va tirando. Fíjate, Elena, la piel se abomba un poco.

Ah, sí, se le va a llenar la espalda de bollitos como recién amasados, para meterlos al horno...

Sigue con el hisopo, Elena, conviene que estén todos a un tiempo.

¿No te duele, mamá, es posible que no te duela?

Nada, hija, no me duele nada... Empiezo a notar que tiran. Van tirando más fuerte.

Bueno... doce, trece, catorce... No pasamos de aquí. Ahora diez minutos de paciencia...

¡Hemos hecho un silencio!...

Para no distraerles... Están trabajando, ¿ves? Hinchaditos y ligeramente colorados... Ahora, afuera con ellos... Clac, clac, clac... ¿Duele?

Nada, hijo, no duele nada. Es casi divertido...

Hay que taparles con una manta de algodón hidrófilo. Le va a dar mucho calor, pero aguante.

Yo aguanto todo, todo lo que sea necesario...

¡Eso es! Hasta mañana.

¡Qué bien! No sé, pero me parece que respiro mejor. Claro que así, boca abajo, no se puede respirar del todo. Para respirar bien siempre se dice que hay que hinchar el pecho. ¿Será igual hinchar la espalda? Sí, yo creo que puedo hacerlo, aunque me duele un poco, muy poco. Y, aunque me doliera, valdría la pena de aguantarlo. Además, consuela tanto ver lo que se esmeran. El montón de cosas que pusieron encima de la mesa... ¡Y qué bien lo manejaban! Con qué delicadeza me hacía poner en la mejor postura... como cuando se le cambian a un niño los pañales. Hasta me recogió los abuelos con una horquilla... Yo creí que era Elena la que lo hacía, pero era Luisito, Elena estaba haciendo mechas de algodón. Mañana subirá a ver si se me ha irritado mucho. Me pondrá pomada o polvos, no sé, ya veremos... Voy a dormir bien esta noche.

La fiebre le ha bajado: apenas llega a treinta y siete.

¿Ves? la tranquilidad. Puede que las ventosas no le hayan hecho ni bien ni mal, pero el capricho conseguido es la mejor medicina. A ver, ¿qué tal ha sido la noche?

Buena, muy buena: he dormido de un tirón.

¿Y la espalda? Vamos a ver cómo anda. Magnífica, apenas irritada. Me dijo Luis que cuando usted haya desayunado y hecho su toilette...

Pero ¿qué tualeta voy a hacerme en esta postura? Vais a tener que darme el café con leche en un plato sopero para tomarlo como los perros, sacando la lengua.

¡Curación milagrosa! Creo que habrá usted quedado convencida de que el peligro ha pasado. El buen humor dice más que el termómetro, pero no abandone el jarabe que le traje.

No soporto el olor a trementina.

¡Pero después de las ventosas es absolutamente indicado!

Echada sobre el lado derecho, no tiene por qué tocarle nada en la espalda. Ya puedo quitarle la manta de algodón porque el calor no es soportable.

Oh, no, no, todo menos calor. Esta chambra, en cuanto me muevo se me hace un rollo.

Quítesela. Cuando yo me vaya, que va a ser ahora mismo, quédese sólo con la sábana.

No tiene que esperar a que te vayas, yo se la quito, sin que se vea nada (dos grandes senos perfectos, rosados, de porcelana, diría, pero no lo digo). Voy a buscar el paipai...

Isabel, no te esfuerces en limpiar los vasos: hay que someterlos a la desinfección.

Sólo los limpio un poco: están como empañados.

Sí, el humo... Pero estás muy colorada: no te he visto nunca con ese color. ¿Tendrás fiebre?...

No tengo nada, estoy segura.

Yo no. Déjame ver el pulso... No, por suerte, no la tienes.

*

En fin, las circunstancias cambian con rapidez pasmosa y a los que vivimos para —no sé si por— el placer estético, encontramos poco amenas las que nos sirven en cuanto las cosas quedan tranquilas. Después de las grandes catástrofes...

Claro, sí, eso es lo que pasa: el muerto al hoyo...

No, no es eso exactamente, porque yo no aludo, ni de pasada, a los del bollo. Yo les he abrumado muchas veces con peroratas pictóricas, buscando contrastes. Siempre me fascinaron las apoteosis de los románticos: el horror elevado a categoría estética.

Bueno, no va usted a decir que falte el horror en la pintura española. También Goya pintó el horror y no se quedó corto.

Es verdad: estoy harto de saberlo, sólo que ahora se me plantea una cuestión que, si no fuera porque está clareando...

¡Señores, hay que cerrar!

Que cierren el café: la cuestión queda abierta.

La cuestión... no está bien planteada: no está urbanizada en mi cabeza. Tengo que ver claro qué camino hace falta tomar. Ésta es la gran dificultad en el funcionamiento de la mente: es la cuerda floja, el equilibrio inestable. Decidir un camino, en vez de andar a la ventura, que es lo delicioso y lo seguro... no seguro para llegar a ningún sitio, no; para recorrer sitios, recoger cosas... Casi se puede decir que es para que las cosas le cojan a uno como le puede coger un coche o un tranvía. Exponerse al atropello mental y al atontamiento, como consecuencia: eso es lo peor... ¡y lo mejor! Bueno, no creo que se pueda hacer sobre esto una teoría, no hay que dilatarse en saber por qué elige uno un camino, en vez de otro. Saber por qué no conduce a nada: sabe uno que ésa es su conducta particular y ¿qué?... sigue uno conduciéndose como si tal cosa... De ahí vienen los pequeños extravíos, los retrasos. Eso es, el que padece —o disfruta— una cosa así, siempre llega atrasado, ¿a las citas?... pasen las amistosas y hasta las amorosas: puede llegar atrasado a la cita con su destino... ¿profesional?... con su misión, más bien. Sí, eso puede suceder: es lo que se llama perder el tiempo. Por eso es tan límpida y fecunda esta hora —límpida y fecunda: esto tengo que dejarlo para luego—, esta hora que no es hora de ir a ningún sitio: es hora de volver uno hacia su casa, hacia sí mismo, y no hay prisa en volver porque está uno tan bien instalado en sí mismo... se deja uno ir, cargado con su sí mismo y sólo al llegar a ciertos puntos tiene que preguntarse, ¿hacia dónde tiro, hacia la derecha o hacia la izquierda?... Si ahora me dejo ir, llego, dando más o menos vueltas, a la Red de San Luis y allí siempre me acomete una duda, ¿cuál es Hortaleza y cuál es Fuencarral?... hasta que tomo la que me conviene... Lo que me atolondró fue el venirme a la cabeza los cuadros desmelenados. ¿Por qué me vinieron a la cabeza?... cada cabeza tiene su pararrayos con predilecciones particulares... no, no, no: un pararrayos atrae el rayo con la rapidez del rayo, y estos chispazos no son siempre rápidos y deslumbrantes. A veces son como perforaciones subterráneas, como barrenos que quedan estacionados hasta que la chispa les hace saltar... Eso es, saltó de Goya a Géricault —o viceversa— y la chispa me sumió en una gran oscuridad... perplejidad. Un no ver claro y, sin embargo, ver... ahí hay algo, existe alguna relación entre estas dos cosas. ¿En su fondo?... Nada está claro, pero en fin, son dos posiciones diferentes ante el horror. El horror de la miseria inherente a la materia... Por ahí debe andar la cosa; por lo de la inherencia, ¿es relativa o absoluta? Si llegamos a la conclusión de que es relativa, nos ponemos a echar cuentas: se trata meramente, de proporciones. Si decidimos que es absoluta, se nos quitan las fuerzas para rompernos los cascos: no hay nada que hacer. Las dos conclusiones están claras, en el uno y en los otros: los otros son varios, son muchos... Los otros, los románticos, suprimen, tachan del horror el elemento repugnancia: no lo experimentan. Contemplan el horror y lo transforman, mostrando la materia como exenta de la miseria... exenta, no libre. Amenazada, atacada, rota podría decir, en la armonía de su quietud, derribada de su estabilidad. Es como si la detuvieran en su caída. La detienen, la pintan y la dejan ahí para que la veamos caer: la pintan cayendo... La *Grecia vencida* de Delacroix, doblando una rodilla sobre el peñasco destacado entre el montón de muertos: ella todavía erguida, despechugada para que se vea bien que toda esa hermosura va a caer, va a descomponerse en la muerte... Claro que, en ésta, no es sólo la belleza de la forma humana lo que se muestra: en su erguimiento, en su femenina gallardía, está mostrada su incorruptibilidad, su inmortalidad. No así los otros, los de la peste, los de *La balsa de la Medusa.* Ésos son, nada más, los que van a morir. El pintor, con su instantánea —días y días en el estudio depurando la línea del adolescente ya a punto de escurrirse al agua, o del apestado en su laxitud de acabamiento... Días eligiendo los modelos, probándolos sobre la tarima, sujetando la mano que debe permanecer en alto durante horas, metiendo un almohadón o una alfombra bajo el vientre o los riñones del que tiene que sostenerse al borde de un cajón. Días y días trabajando hasta encontrar el movimiento que parece atrapado en su brevedad... Brevedad de movimiento, braceo o quejido, patente en su reiteración, su permanecer en movimiento hasta acabar. Ésa es la cosa, ese último movimiento es el que la piedad guarda, exalta como digno de piedad. En Goya es otra cosa. Ahí la miseria no es contemplada, sino sorprendida, captada en los dibujos rápidos, cazados realmente, nunca estudiados sobre un modelo de *atelier.* Luego, cuando Goya perpetúa la materia pimpante, rozagante —flores exquisitas, algunas—, mete la miseria como de contrabando —miseria que no es de la materia y más que ninguna otra inherente a ella. Goya la insinúa, no para inspirar piedad, sino repugnancia, para inspirar miedo y desconfianza de lo que se presenta entre sedas, bandas y oropeles... Pero también ha pescado el horror en movimiento, instantáneo y postrimero —imposible imaginar un modelo puesto en la tarima para *Los fusilamientos*—, allí todo va a consistir en un chispazo, un apretar el gatillo y nada más... ¿Nada más?... Si vemos en la *Grecia vencida* su inmortalidad por el ·simple, ultimísimo ademán, por la belleza —que aun cayendo parece estable—, en el descamisado de Goya es también el movimiento el que afirma la inmortalidad. No una inmortalidad de permanencia, sino de reproducción, un sucumbir de la materia como el del grano que muere. Cae allí el montón de cuerpos —se ve el montón, casi no se ven los cuerpos—, se va a deshacer, se va a sumir en la tierra, pero se va a reproducir en incalculables estaciones. Bueno, también hubo aquí, en nuestro pueblo, un contemplador, Madrazo sí que tuvo puestos sus modelos en la tarima, puestos están, sin la menor duda. ¿Van a parecer falsos por eso? No, también en la elegancia de la levita gris que va a mancharse entre sangre y tierra, pero va rebrotar limpia, como el grano que muere... El mismo grano: ese grano dolorosísimo que padece el hombre, ese prurito, la libertad, inherente a la vida. ¿A la materia? En la medida en que la materia y la vida sean inherentes... A esto se le llama *piétiner sur place,* hasta gastar las suelas de los zapatos... ¿Por qué habrá tanta zapatería en la calle de Fuencarral? Sobre todo en la acera de la izquierda. Y como me dejo llevar por el instinto perruno, siempre tomo esta acera. Muy natural: es la acera en que tendré que doblar para llegar a casa, pero al poco rato me paso a la de la derecha, porque sea la hora que sea, aunque no haya luz para ver nada, me canso de ver zapatos y cruzo automáticamente a los escaparates de «El Siglo XX»... Todavía está ahí el Boecklin: tritones gordos, redimidos por los cipreses exquisitos. Aquí compran sus oleografías los que van a poner casa: no creo que ésta la compren muchos. Hay otras mías más a propósito: la mamá, la joven mamá contemplando la cuna abrigada de la luz por suave cortina rosa. También la rubita esa, apenas núbil, saliendo del agua... Muy a propósito para señores maduros... Otro asunto, ¡otro lío fenomenal!... Ahí también puesto sobre la tarima algo inherente a la vida... Claro que, si alguien pinta, pinta cosas vivas. Se trata —o se trataría, si alguien investigase a fondo— de saber si hace falta que las pinten. Todavía hay otra cosa que haría falta saber, ¿es posible no pintarlas? ¿Va el hombre a dejar de pintarlas? ¿Va la mujer a dejar de mirarse al espejo? ¿Es que hay alguna diferencia entre estas dos cosas? Claro que hay una diferencia, pero muy relativa, y hay una identidad indudable. Lo demuestra el hecho de que la imagen que el hombre ve en la pintura como su imagen, necesita renovarse con frecuencia, ponerse a la moda. La imagen material o física y la otra igualmente: la del horror, sin ir más lejos. Los temas de horror, las formas en que se producen los hechos cruentos cambian: copiar sus novedades parece que sería bastante para satisfacer al más exigente, pero la renovación no se queda en eso, no está en eso: está en la actitud del hombre ante el horror. La repulsión ha sufrido una especie de cambio de lugar. Es extraño, en los vientos que corren —los que soplan desde Europa, porque aquí no se mueve una hoja—, vientos arrasadores, algunos, hay corrientes solapadas, arteras ráfagas de viejísima gazmoñería, puritanismo... «rechazamos la belleza, ¡bastante tiempo hemos gastado en gozar de sus encantos!»... y se van a buscar otro lugar para sus goces... ¿Qué lugar?... Veremos lo que traen, veremos lo que engendran. Si aportan el monstruo más extravagante, estoy dispuesto a considerarlo y hasta es posible que me guste. Lo único que me cuesta trabajo comprender es que a ellos no les guste lo que me gusta a mí... Lo que me gusta a mí, poniendo entre paréntesis mis gustos personales, teñidos de afectos, eso no cuenta en la cuestión. Lo que me gusta a mí es aquello donde tiene sus orígenes el gustar: si a mí me gusta es porque ello nació para gustar y yo nací para gustarlo. ¿Una afirmación personalista? Todo lo contrario. «Yo», «A mí»... no es hablar de mí: es hablar de la verdad irresistible que traspasa, que deja al hombre ensartado en la ristra desde sus orígenes. La verdad que le atraviesa a uno como una corriente de aire, que le deja tambaleando porque tiene un aliento sagrado... No se puede decir de otro modo... no se puede dejar de sentir lo sagrado: se puede huir, negar, detestar... pero ¿no sentir?... Ahí está, en la esquina de Augusto Figueroa... Siempre abierto el ventanillo, siempre ardiendo dentro una llamita, siempre pegada al ventanuco gente interrumpida en su faena porque al pasar se estremeció por el terror... Aquí es el terror, no el horror porque no hay aversión: hay adhesión, porque pasar y sacudirse ese terror es afrontar el terror de vivir y no lo afrontan... No voy a creerme que yo lo afronto... No voy a creerme que no lo siento, aunque lo niegue. Puedo negar lo sagrado en todas sus formas; en la racional, en la pasional, pero ello me larga un soplido al pasar por ahí. No me detengo, pero miro. Apretar el paso me daría tanta vergüenza como detenerme. Paso, atravieso el foco que se escapa de su centro fascinador, tentador como una casa de placer. Paso y contemplo el terror, evocando, haciendo de mi evocación mi oración, mi ofrenda... Evocación... ningún recuerdo, de hecho, evocación esencial del placer como palabra, como respuesta o pago... El contacto es el diálogo que —tal vez desde el útero— no se puede interrumpir, no se puede cortar... Un corte decisivo le pone a uno en situación privilegiada para considerarlo: siempre que la memoria ayude... no la memoria de ningún hecho: la memoria del hecho... ¿Qué tiene que ver esto con lo que estoy queriendo poner en claro hace rato?... El hecho, vivir, la primera palabra o sílaba del diálogo, el placer... El hecho —o el deshecho—, morir, silencio. La memoria mantiene el diálogo o clama en el desierto... Repite, saca a relucir, pone ante los ojos del pensamiento lo que estaba guardado... Se dialoga, entonces, con la visión, porque la visión responde, le arrancamos la respuesta sin esfuerzo, el placer de ver. El placer que no existía en el útero, en el Leteo prenatal: si lo nadásemos, si lográsemos cruzarlo, alcanzaríamos la reminiscencia. El placer de ver que nos da la memoria —no es un tormento el recordar, es una reflexión sobre el ver—, el ver de la memoria es una floración del pensamiento, no es el pensamiento metido en un diccionario... Ahora voy llegando...

«El Pensamiento», papelería, imprenta, objetos de escritorio.
¡Otra casa de citas!... Pequeños placeres, a elegir. Módicos,
baratos pero preciosos, variadísimos... Éste es el desfiladero...
Placer absoluto, sagrado, el aliento del ventanillo... placer
múltiple, frágil, pequeño, tierno y relativamente al alcance de
la mano —relativamente fácil y a veces dificilísimo porque
a todas estas bellezas, a todos estos tesoros que llenan las
vitrinas les incumbe responder a los placeres infantiles, virginidad, avidez, deseo fulminante... Sin duda alguna armas y
pelotas para ellos —fulminante de verdad bajo el gatillo. Para
ellas estas mínimas sílfides de porcelana... Desnuditas, ni
siquiera arropadas con sus melenas, de verdadero pelo tren-
zado. Blancas, exangüe su cuerpecito, sólo en las mejillas un
poco de color. Son de una impudicia racional, justificada...
La ridícula honestidad con que cubren el sexo de angelitos
y amorcillos con alguna gasa que no se sabe de dónde viene.
Nada de eso: estas ninfas —ninfas porque tienen algo de
crisálidas, dormidas en su quietud de china— están caídas
unas junto a otras, no agrupadas por tamaños —¿qué mi-
den? de cinco a diez centímetros—, inocentemente, delicadamente despatarradas... Esto es, esto es lo complejo, su
exquisito despatarramiento. Los bracitos movibles, sujetos por
el alambre que atraviesa el cuerpo, y lo mismo las piernas.
Por eso han caído en el montón descuidadas sin ocultar nada
porque nada tienen que ocultar... Y en ellas no es ridículo
no tener nada. No les hicieron un sexo: muy bien, no lo
necesitan. Están pensadas así, sin sexo, lo que no impide, lo
que no borra el eros de la belleza. Frías, duras y arrebatado-
ras... También las pitas presentan una dureza transparente,
intrigante... Cómo se curvan, se unen, se separan y se vuelven a unir sus hilos de colores... ¿A quién se le ocurrió hacer
esto, una bola hermética y dentro el iris?... Lo que más me
encanta, lo que me pide... ¿qué? ¿tener una máquina Kodak
y ponerme en la acera de enfrente?... No, aunque algo de ese
género le corresponde. Ni Goya ni Delacroix habrían pintado
su portada mediocre, su pobreza: es cuestión de énfasis, la
miseria es pictórica, la pobreza no. ¿No?... ¿No lo será
nunca? ¿Qué tiene que pasar para que la gente contemple

esa pequeñez… sin empequeñecerse, ¡ahí está!, para que contemple la grandeza de esa pequeñez?… Vaya usted a saber. Lo que me encanta es que no es una tienda de juguetes: los juguetes están al lado de los juguetes del pensamiento. Hiperbólico suponer a un lejano señor López poniendo ese título a su imprenta, «El Pensamiento», pensando en estas cosas, poner los leves ¡y tan violentos! placeres de la infancia junto a los juguetes del pensamiento. Los lápices y plumas, las resmas de cuartillas, los cuadernos, los frascos de tinta: las cosas que se consumen al pensar, cosas de las que hay que hacer la compra de cuando en cuando porque se comieron, como materia que son: se las comió el pensamiento. Placer de pensar… ¡Placer siempre!… ¡La cohesión de la materia no puede ser otra cosa!… La cohesión de la memoria… ¿Qué amor ata a lo que ya no es, por dónde lo agarra, qué es la imagen conservada, tan real que ni siquiera es fija —inerte— sino cambiante? ¿Es cambiante? ¿Puede ser renovada o modificada? ¿Podemos recordar una determinada cara haciendo un gesto que nunca hizo, una determinada mano en una actitud que nunca tuvo? Podemos… Ese poder enorme nos da la medida de nuestra impotencia. Podemos, hasta aquí, nada más que hasta aquí… Acólitos de la memoria los de los croquis rápidos como los de los estudios lentos… Sí, pero es diferente. La memoria de cada uno, casi siempre un callejón sin salida… y la posibilidad de ver desde el callejón a los que andan sueltos… ¿Quiénes son los que andan sueltos?… Todos están atados a la memoria, pero hay los que miran… ¿Qué imagen puede darles lo que todavía no es?… Y ¡hay que ver con qué furia, con qué pasión lo miran, los que lo miran!… Bueno, las visiones que ésos dejaron se proyectan o se disparan hacia la visión no vista, y luego van alejándose y ya vemos lo que ellos querían que se viese, lo vemos como ellos lo veían… ¡La cuestión!… La miseria de la materia, su fatal acabamiento copiado con rapidez verdadera… La miseria elevada, puesta en la tarima en postura académica… ¿Cuál de las dos imágenes apunta mejor a la imagen invisible, futura?… Todo esto no es más que *chinoiseries*… ¿Será que esos que no quieren ver lo que yo veo porque no les gusta lo que a mí

me gusta, ven otra cosa que yo no alcanzo a ver?... Íbamos
por el mismo camino —el camino por donde yo le llevé—,
llegamos al despeñadero y yo me detuve... él siguió, siguió por
el espacio... Esto es lo monstruoso, el mundo al revés... porque tiene que ser el Maestro el que camine sobre las aguas...
¿Por qué tiene que ser?... Porque, si es el Maestro el que
camina, es para que camine el discípulo —los discípulos— por
algo todavía menos sólido que el agua, el futuro, el espacio
al borde del despeñadero... Y los hombres de poca fe nos
sentamos con los pies colgando sobre el barranco y nos
ponemos a roernos las uñas... No vemos el futuro, no entendemos el presente, contemplamos el pasado, y del pasado lo
que... ¿Quién puede ver todo el espesor...?

Buenos días, don Manuel.

Buenos días, Mauricio.

Ya le dejé abierto el portal.

Gracias, hasta mañana... Bonito oficio. ¡Quién pudiera
ser sereno!, sereno, sin cargo de conciencia. Serenidad remunerada —modestamente remunerada— y, por lo tanto, exigi-
da. Cumple su obligación siendo sereno. En cambio, la serenidad objetiva que se nos exige y por la que se nos remunera
—también modestamente— ¿a dónde va? Va con nocturnidad, sin alevosía, por supuesto... Bueno, sin alevosía los que
guardamos, chuzo en mano, la serenidad objetiva, pero los
hay aleves y llenos de decisión. ¡Ésa es la cosa! Los serenos
consumimos la noche, nuestro universo, el ámbito del búho...
Pensamos, meditamos con ojos nictálopes, hasta que llega la
mañana y venimos paso a paso. Despertamos al llegar, con
asombro. «Ya estás frente a la casa, y ahora ¿qué vas a hacer?
No lo sé, señá Rita; se lo aseguro a usté.» No lo sé porque
la pugna entre el corazón y la cabeza es terrible cuando se
quiere «a una muchacha, que parece honrá»... Y ¿cómo saber
si es honrá la muchacha a quien quiere la serenidad objetiva,
la muchacha futuro, la juventud de la gran patria sin fronteras?... Hablamos de ella sin saber... fragmentamos sus hechos,
destacamos momentos culminantes, ignoramos su fluir íntimo
de un día tras otro. Vemos cambios, pero no sabemos... Tal
vez ellos mismos no saben... Que ellos no sepan tiene menos

importancia. Somos los serenos objetivos los que tendríamos que saber los secretos de su continuidad vital. Uno de ellos —o de ellas— cualquiera, el más pequeño, decide hoy su presente. Parece que eso de *hoy* queda encerrado en veinticuatro horas, pero si uno —cualquiera— fuese capaz de ver su ayer y su mañana... ¡Su mañana!... ¡Ahí es nada!...

*

Más de quince días luchando con la enfermedad. ¡Qué lento fue todo! Y ahora se dice *quince días* y da la impresión de que es muy poco, pero fue una eternidad. Es que no había medio de acostumbrarse a lo que estaba pasando porque todo lo de antes, todas las cosas en que uno pensaba o las que hacía, las cosas en que uno gastaba su tiempo se habían hundido. Se habían borrado porque lo que estaba pasando no era más que una cosa horrible, una completa negación. Era una sola cosa por la mañana, por la tarde y por la noche... ¡Qué lentitud!, qué enormidad de tiempo se necesita para ir venciendo el mal... La atención detenida, como al acecho, llevando la cuenta de los síntomas: la subida y bajada de la fiebre, el ronquido del pecho, como un gato estrangulado... ¡Quince días! se dice pronto, pero es como ir en una carreta, de la salud a la enfermedad, de la enfermedad a la salud: dos cosas separadas por leguas de distancia... No acabaré nunca de reflexionar en lo lento que fue todo. Y es bien seguro que no habría pensado en ello si no fuese por la estupefacción... la conmoción con que me sacudió la rapidez... Porque no fue un cambio, como en general los cambios que van pasando por el olvido, no, ¡al contrario!... Todo lo anterior se me puso delante, pero cabeza abajo... ¡Qué extraño!, qué asombroso ver claro lo que antes se veía... claro también, como para poder jurarlo y de pronto, en un instante, poder jurar lo contrario... Lo más abrumador era que no se me pidiese jurar nada, que tuviera que aceptar el cambio yo sola, sin decir pío... Por eso, al ponérseme delante lo anterior, me veía a mí misma con mis juramentos y mis desplantes, como el ser que me fuese más ajeno. La conmoción fue como si me hubiesen tirado a un pozo: encontrarme allí, en el fondo y ver que eso era la verdad... Más todavía, hay más cosas raras que querría comprender... cuando Elena me decía que procurase recordar la imagen de aquel sueño, hacía un esfuerzo enorme y no lo lograba: lo único que estaba claro para mí era aquella presión terrorífica, algo así como lo que sentirá un caballo cazado a lazo: un debatirse sin resultado. Lo recuerdo bien, la presión no habría podido explicar en qué consistía —la presión, en el sueño—, ahora tampoco. La diferencia está... bueno, está en todo: es una diferencia como de la noche al día. En el sueño, yo iba por una calle oscura: con eso ya basta para tener miedo. Cuando uno tiene miedo piensa en sí mismo como en una cosa de valor, una cosa que podrían quitarle: la vida, claro. Y precisamente cuando menos me ocupaba de mí misma, cuando... ¿Qué cara tendría yo? Debía de estar despeinada: estaba muy colorada, dijo, y yo estuve por decirle, ¿qué importancia tiene?, pero no dije nada. Le dejé ver el pulso... ¡Cómo fue!, lo recuerdo palabra por palabra porque por las palabras puedo medir el tiempo que duró, «Déjame ver el pulso»..., alargó la mano izquierda, yo alargué la derecha y la puse en su mano. Él, con la punta de mi mano su mano derecha. Dijo, ni lenta ni rápidamente, un poco hasta encontrar el pulso: lo encontró en seguida y dijo: «No, por suerte, no la tienes». Yo debía haber retirado la mano. ¿Debía o no debía?... no sé, el caso es que no la retiré inmediatamente. ¿Cuánto tiempo estuve sin retirarla? No sé, debió de ser muy poco. Pero el tiempo es poco, es pequeño según se le mire, es como mirar una pulga al microscopio que parece un hipopótamo, así puede pasar... Porque dijo, «No, por suerte»..., justo en ese tiempo, puso encima de mi mano su mano derecha. Dijo, ni lenta ni rápidamente, «no la tienes»... y dejó caer mi mano. Yo no sé lo que hice con ella, ¿la dejé colgando?... No sé, porque era como en el sueño: la presión oprimía, dejaba de oprimir... era igual... La había soltado, no hizo nada por retenerla: algo así como si la soltara porque *ya* no era necesario, porque *ya*... Pero ¿por qué, Señor, por qué?... El enredo de cosas contrarias que hay en todo esto es lo que me atonta. Me pongo a examinar lo que yo hice, me pongo a revivirlo, a decirme, ¿qué es lo que pasaba? ¿Qué sentía yo minutos antes? ¿Qué es lo que había de nuevo entre nosotros? Lo único que había era que no pensábamos en nosotros. No nos hablábamos como acostumbrábamos hablarnos, con reticencias, con intenciones que, tanto el uno como el otro, creíamos agudas, como estocadas, bueno, pinchazos, alfilerazos porque pinchar sí que pinchaban, hacían mella: cada uno se quedaba con la impresión... con la satisfacción de haber pinchado —yo, principalmente— y ahora en el momento del pulso, había una cosa, estaba pasando una cosa que nos sacaba a los dos de todo egoísmo: del orgullo a mí, de aquella actitud de perro hambriento a él. La atención al peligro, que todavía no sabíamos vencido, nos despojaba de todo lo que no tuviese importancia vital... de todos nuestros tiquismiquis, nos dejaba desnudos... Dios mío, ¿cómo se puede entender esto? Lo que más odié, lo que no admití nunca que fuese temible porque el pacto que había hecho conmigo misma era el de no temer, no sentir, ignorar... «yo no», «a mí no»... Si alguna vez pensé —como le dije a Elena— que tal vez alguno que viniese de la China, no imaginé que yo me encontrase de pronto metida en eso, de ese modo... Claro que no imaginé nunca ningún modo porque el pacto era no imaginar, ni siquiera imaginar: «yo no», «a mí no», eso era todo... Pero el peligro que atravesábamos, la enfermedad de mi madre, era de ella, yo tenía que defenderla a ella, no a mí: yo me abandoné, me dejé indefensa, desnuda... eso es lo único que veo claro y es precisamente lo que no entiendo. ¿Podrá entenderlo Elena? Tengo una necesidad enorme de preguntárslo y al mismo tiempo me da rabia. Claro que Elena no va a decir nunca, «Ya lo sabía yo: es lo que le pasa a todo el mundo»... No, Elena no puede decir eso porque no es lo que le pasa a todo el mundo. ¿Puedo yo explicarle cómo es... cómo fue?... ¿Cómo voy a hacerle comprender que, precisamente, en el momento en que no había nada que temer porque todo era puro?... No, no, no, si le digo esto a Elena, me fulmina o me manda a hacer gárgaras... Puro, ¿qué es algo puro?... Bueno, tal vez se pueda llamar puro a algo enteramente desinteresado. Sí, creo que eso es puro, estar desprendido, descubierto... Si le doy cien vueltas, encuentro cien explicaciones, pero ver, lo único que veo es eso; estar descubierta, estar desnuda... La diferencia está ahí porque todos los que andan en amoríos —hasta Elena, que no pasa de enamoramientos y en eso se pasa la vida—, todos, principalmente todas porque son las chicas las que no piensan en otra cosa, todas imaginan los preliminares de sus amoríos, casi siempre como en el cine, miradas, besos... Nunca se da el caso de que, sin preámbulo, de pronto, sin saber cómo ni por qué se encuentren desnudas, oprimidas por un hombre desnudo... y nada más, ni una palabra, no hay nada que añadir a esto... ¿Cómo puede ser que una cosa que no es real, lo que se dice real, sea tan evidente que no hay medio de verlo de otro modo? ¿Cómo se puede sentir una cosa y por el hecho de sentirla, nada más sentirla, trastocarse todo lo que tiene uno en la cabeza? La cosa odiada, temida, extrañada, rechazada como lo que ni apetece ni conviene ni concuerda con el resto de las cosas que uno quiere, que uno vive a diario... sólo por ese contacto comprender que es imposible echarse atrás, imposible borrarlo porque permanece, se reproduce... La imaginación, bueno, la memoria, lo repite, ampliándolo, dilatándolo sin cansarse jamás. Lo que fue un instante reaparece lento, como para revisarlo del principio al fin... Bueno, principio no tuvo: pasó, sucedió, no lo noté más que cuando ya era, y ahora, al estudiarlo, lo que más claro recuerdo es cómo fue terminando, cómo se deslizó mi mano de entre las suyas —mi mano, que no era mi mano: era yo entera. Yo me deslizaba—, así como dicen en las novelas cortas, «Se deslizó del lecho»... Yo no me sentí ni un momento en un lecho. Como en el sueño, no podría decir si me oprimía contra la pared o contra el aire... Me deslicé de entre sus manos, que no me habían oprimido: me habían retenido... no, me habían tenido, guardado, conservado algo así como medio minuto... La última mitad de aquel minuto yo estaba entera entre sus manos... que no eran sus manos... era como si todo él me oprimiese contra todo él... ¿Cómo, Dios mío, cómo?... Nunca logré recordar la imagen del sueño, pero en ese medio minuto —que recuerdo perfectamente: los dos junto a la mesa donde yo alineaba los vasos, el sol dando de lleno en la tronera, el cuarto inmenso, a cien leguas la cama de mi madre y Elena arreglándole las sábanas—, en ese medio minuto estábamos solos y lo que pasaba no era lo que pasaba, ni era que yo me figurase otra cosa: yo no me figuraba nada, es que sentía que yo entera —no mi mano— me deslizaba de entre sus manos —que no eran sus manos... y sigo sintiéndolo. Repito infinitamente lo que pasaba, lo que sentía: puesto que sentí que era yo entera la que me deslizaba, me vi, no puedo atribuir a la oscuridad el no ver; la luz era deslumbrante en el cuarto, las paredes no se distinguían, él y yo junto a la mesa con los vasos y mi mano deslizándose —me vi a mí misma, desnuda, del tamaño de un gorrión pelado deslizándome—. ¿Me vi o es que necesito verme, imaginarme para entenderme?... Me vi... sigo viéndome, repito la indecible opresión, el deslizamiento...

Las nueve, y tengo que estar a las diez en el museo. Elena sin dar señales de vida... Voy a ver.

¡En la cama!

Sí, pero no te asustes: he estornudado unas cuantas veces y, como el terror de la gripe tiene acobardada a la gente, me han metido aquí y no puedo rebelarme: sería ingratitud filial. ¡Me han hecho un drama cada uno!...

Pero ¿tú estás segura de que no es nada... nada de lo que ya conoces?

Nada, en absoluto. Estuve al balcón por la noche, hasta muy tarde, en chancletas; se me quedaron fríos los pies y estornudé diez veces. No es la primera que me sucede. Mañana les habré demostrado que no tengo más que un constipado vulgar.

¡Qué lata, tener que ir sola al museo! Pero no importa, iré. No debes moverte, por si acaso... Iré yo sola...

Pues ve, de una vez. Ya sabes lo chinches que son las gentes de las secretarías. Si llegas con diez minutos de retraso, te hacen perder un día más.

Sí, ya lo sé... Voy, aunque tenga que ir sola...

Vas, pero no te mueves. Te encuentro, desde ayer, completamente atontada. Has resistido días y días sin cansarte y ahora, de pronto, te quedas alicaída.

Bueno, es que la idea de ir sola... No sé... es una lata que no podamos...

Que no podamos ¿qué?

Nada.

Hombre, nada sí que podemos... Vamos, despierta. Echa a andar y vuelve volando. Entra a enseñarme la tarjeta.

Ya, claro... Bueno, ya voy.

Carrera desatalentada por las escaleras. Isabel, tenía tiempo de haber ido y vuelto diez veces al museo. Pero es seguro que no está en casa, cuando no se ha precipitado al oír que era cosa de teléfono. El mancebo, el perrito fiel de Luis, subiendo azorado, «La señora Albertina...». Correr desatalentada. Largar definitivamente la supuesta gripe —concesión filial de veinticuatro horas— y correr desatalentada por las escaleras: vestido de percal correspondiente al mes de agosto, alpargatas caseras, suaves, flexibles, bajando de dos en dos y saltando los tres últimos escalones sin ruido, como con guantes. ¿Y Luis?...

Salió un momento... Yo pensé que los del teléfono... Subí en un salto... para que no se quedase...

Oh, gracias. Hizo muy bien... Aló, Tina, tardé un poco en bajar porque estaba en la cama. Pero no, no es nada. Estoy perfectamente. Pero ¿tu llamada?... Ah, magnífico: le mandas a las siete, estaremos vestidas. ¿Vas a tener mucha gente? Ah, sólo dos son importantes. Entonces es que son muy importantes. Bueno, si te gustan a ti nos gustarán a nosotras.

Isabel perdida, secuestrada en la secretaría del museo. Imposible, cierran a la una. Pero no vale la pena de ir a ver si está en casa. Se nota su ausencia, es como si llenase la escalera, esa especie de atontamiento que le ha entrado. Seguramente anda por ahí. Debe de ser el cansancio, algo así como un cansancio atrasado que le sale ahora y la deja tambaleando... Porque, vamos, es que es demasiada novedad en ella, estar en las nubes. Y precisamente en un momento en que habría que hablar mucho. Hay una serie de cosas que puede que no sean más que una sola cosa, pero no sé cómo llamarle. Cuando lo sepa, cuando le encuentre un nombre, creo que sabré qué hacer con ello... con ella, porque el nombre que me ronda es femenino, aunque la cosa es de todo género. Bueno, es estúpido quedarme esperando en la escalera, ya llegará a la hora de comer. Y, después de todo, la cosa de que habría que hablar tanto no corre prisa. Aunque no sé si es que no quiero hablar. No sé si hablando habrá que tomarla más en serio, o si, todo lo contrario, hablando será menos horrendo, colosal, tremebundo. No sé, no sé si será que temo empequeñecerlo, porque ¿cómo se puede hablar de algo que atañe lo mismo a un perro que a un edificio, lo mismo a la nariz de un hombre que a un zapato o a un sistema de signos caligráficos?... No, es pronto para hablar de ello, dándole vueltas en la cabeza se atreve uno a todo, no se siente uno comprometido, pero si se dice que hay que cargar con la responsabilidad de haberlo pensado... Sobre todo cuando se piensan cosas que no pueden quedar en pensar: cosas que hay que hacer... o no hacer. Eso es lo tremebundo.

Isabel, pero ¿dónde has andado?

Ya hace rato que estoy de vuelta.

Y ¿no oíste subir al chico a decir que Tina nos llamaba?

No, no lo oí porque bajé a comprar unas cosas. Iba a llamarte ahora mismo... Quería hacer primero la comida de mi madre...

A ti te pasa algo: no me vengas con camelos, te pasa algo. ¿Qué te pasa?... Tienes la tarjeta, el caballete y todo lo necesario. Has tardado más de tres horas y vienes con esa cara... con esa cara de fantasma. No, de sonámbula, como si fueras con la vela en la mano por el alero del tejado. ¿A dónde vas?

No voy a ningún sitio, si acaso, vuelvo.

Vuelves ¿de dónde, si se puede saber?

No se puede saber.

Ah, ¿secreto? En ti es escandaloso.

¿Por qué secreto? Yo no he dicho que tú no puedas saberlo: he dicho que no se puede saber. Me gustaría ver si tú eres capaz de saberlo.

¿Saberlo yo, sin que me lo cuentes?

Pues eso es. Cuando te lo cuente, si es que te lo cuento, será para que tú me lo cuentes a mí, según como tú lo descifres.

¿Historia de misterio?

Pues sí, que es de misterio no puedo negártelo.

No, no lo puedes negar porque se te ve en la cara. Estás rara, rara como si... si...

Eso es: rara como si, sí. Que es muy diferente de como si no...

Ah, bueno, espera un poco. Mira quién sube... el veraneante...

¡El veraneante!... Os creéis que vengo por lo menos de San Sebastián... Me harté de casa de abuelita. No de la abuelita, sino de eso que es una casa de abuelita... Y en Zamora tanta gripe como aquí... Y llego y me encuentro a mi tía secuestrada por mi padre: la ha tenido en conserva dos meses. Una peste, en la casa, a trementina, a alcanfor... irrespirable... La pobre se ha puesto tan contenta con mi llegada... Vosotras, veo que no os ponéis ni un poco... ¡Vamos, es que ni una sonrisita!... ¡Qué asquerosas!...

No seas tonto: nos alegramos mucho. Figúrate, si tú no estuvieras aquí, ¿quién iba a insultarnos?

Es verdad, ¿quién iba a tomarse ese trabajo? Pero ya estoy yo aquí.

Ya, ya te vemos... Bueno, es que has llegado en un momento en que íbamos a despachar asuntos graves.

Supongo que secretos: es vuestro estilo. Cosas de chicas... ¿no es eso? Andad a despacharlos: yo subí porque me mandó mi tía. La pobre quiere festejar mi llegada y se le ocurrió convidaros a comer. Como ahora tiene una maritornes de lujo, que sabe guisar... es un jamelgo, pero sabe guisar, y creo que ha hecho algo que os gusta...

¡Oh, sí!, seguro que nos gusta. Nos encanta que se le haya ocurrido llamarnos. ¿Verdad, Isabel?

Claro que nos encanta. La hemos tenido abandonada tanto tiempo... Pero estábamos llenas de microbios y tu padre nos miraba con horror.

No me extraña: mi padre padece un horror a los microbios incurable. Pero en fin, si ya habéis pasado la cuarentena, podéis bajar a comer empanadillas, creo.

¡Vamos!, vamos en seguida... Pero todavía es muy pronto. Nos arreglaremos un poco.

¿Para qué, si así estáis monísimas?

Entonces, anda a arreglarte tú la mala... Aunque no creo que tenga arreglo.

Bueno, cuenta, en dos palabras.

Imposible, en dos palabras es imposible.

Pero ¿por qué? Cuenta lo que ha pasado, porque algo ha pasado ¿no?... Pues si ha pasado, cuéntalo de una vez. ¿Qué ha pasado, cuándo, dónde y cómo?

Pues no, no puede ser, porque si te digo dónde y cuándo. Si te digo que a dos pasos de donde tú estabas...

¡Ha pasado algo a dos pasos de donde yo estaba! ¿Y yo no me he enterado?

Pues no, no te has enterado... ni yo tampoco. No creas que yo me enteré, cuando estaba pasando... fue mucho después.

¿Mucho después?... Y ¿de qué te enteraste?

¿Cómo voy a decirte de qué me enteré? Si tú hubieras vuelto la cabeza y lo hubieras visto, no te habrías enterado.

Ah, pero ¿era una cosa que se podía ver?

Claro, no te creas que fue a escondidas.

Entonces, ¿qué es lo que podía yo haber visto?

Nada, nada de particular. Seguramente le oíste decir que le parecía que debía tener fiebre... y luego que no la tenía... ¿No lo oíste?

Sí, claro que lo oí. ¿Y después?...

Nada más. Me tomó el pulso... ¿Ves? ¡Ves como es imposible! Ya te he dicho que me tomó el pulso... Y ¿qué? Eso es todo lo que pasó, y ¿qué?...

Bueno, si te empeñas en no decirlo.

¡Pero si no pasó más! ¿Te das cuenta?... Si no comprendes que no pasó más que eso... y que eso no se puede contar... y que eso es como si... Figúrate que me vieras bajar la escalera de mi casa, así, tal como estoy ahora, con este vestido... ¿Te imaginas?... yo voy bajando y tú sales al descansillo y me hablas... y ves que no soy yo...

¡Caray!, es pavoroso...

Bueno, pues eso fue lo que pasó.

No sé, me parece que empiezo a entender... Pero ¿nada más que porque te tomó el pulso?

Nada más.

Verdad será, cuando tú lo dices, pero ¿quedó en eso?

No, no quedó en eso... Bueno, vamos a arreglarnos, vamos a bajar en seguida: no vaya a creer doña Laura que nos hacemos rogar.

Pero ¿por qué no cuentas el resto, ya que has empezado?

Porque el resto no se puede contar... Anda, vamos bajando. Déjalo para la tarde. ¿Ha dicho Tina que mandaba a recogernos?

Sí, a eso de las seis.

Entonces, te lo cuento en el coche porque quién sabe lo que durará la comida: será interminable. Y no sé qué hacer, me preocupa que mi madre tenga que comer sola.

Pero si está espléndida. No vas a tenerla ya toda la vida de convaleciente.

No, claro que no, pero... Anda, baja tú: yo le dejo todas las cosas preparadas y bajo en seguida.

*

La comida fue interminable, porque la casa estaba llena de novedades: todo era tan diferente de otros tiempos, que clamaba por aquellos tiempos. Se había ido transformando poco a poco, pero aquel día la novedad era ostentosa. Se veía que no estaban los pupitres ni el encerado, se notaba la ausencia del olor: el olor a infancia —típicas colonias o brillantinas de las niñas— mezclado al polvo del pataleo incontenible, a la tinta, al hule de los cabás... Se veía, se notaba que ya no había allí nada de eso. Se sentía que el piano vertical, pegado a la pared en el gabinete, no tenía nada que hacer —en silencio, se correspondía con el piano de Ariadna, que no había callado, que seguía a diario, su rito, en el gabinete intacto, dos pisos más arriba— y aquel día seguía en silencio, pero quedaban por allí los ejercicios —tontos, como un pío pío... mi mi sol, mi mi do... las escalas cromáticas, resbalando sobre colinas—. ¡Piedita!... ¡Qué intensamente, qué melancólicamente, qué indestructiblemente no estaba allí Piedita!... En el comedor —habitación de esquina— no se había desterrado la camilla. Esto no era novedad: ellas mismas habían ayudado, cuando llegó el tiempo de suprimir el brasero, a quitarle las faldas... Doña Laura les había propuesto hacer un homenaje a la primavera con un bote de esmalte verde Nilo, el color de moda. Y lo habían hecho pintando una mecedora... De esto hacía ya meses, pero ahora, en aquel mediodía, era la camilla la que quedaba entronizada. Cubierta, no, adornada por un mantel lagarterano y —esto ya tocaba a coronación, aunque asentada al pie— en el lugar del brasero una gran olla de barro con flores de cardo, ramas de encina, bellotas... ¡Cuidado, chicas, no vayáis a pincharos las pantorrillas!... La advertencia fue sobre todo para hacerlas advertir... No habían hecho, al entrar, un comentario suficientemente entusiasta y se apresuraron a hacerlo... ¡Pero es precioso!, es sorprendente... ¡Hay una luz en este comedor!... Parece que estamos en el campo... Nada más entrar notaron que aquella elegancia campestre les recordaba algo... la casa de Ágata... ¿Era una moda? ¿Se iba a imponer por todas partes un estilo así?... Más parecía que fuese la personalidad de alguien la que dictaba aquel color, aquella luz... Era alguien, sin duda... O, más bien, había sido, y lo que imperaba allí no era imitación, sino, en cierto modo, culto... Se conservaba allí un fuego sagrado, pero con discreción, con suma discreción porque evocar, aludir claramente habría provocado dolores... Habría despertado al dolor que dormía, que hibernaba en su sueño de lirón, algo así como un sistema vital, para poder vivir, y no había que despertarle. Pero había, al mismo tiempo... Esto era lo importante, y lo difícil: este tiempo tenía que conservar el aroma del tiempo aquel, el que no se podía nombrar. Había que lograr solamente, suavemente, que se conservase en la casa un poco de aquello: mucho sería profanación. Sería una pretensión vana. Todo, menos pretender imitar, menos suplantar... No, Laura, la maestrita Laura no podía imitar a Magdalena. ¿Envidiar a Magdalena?... Casi era imposible envidiar a un ser que había difundido una radiación de amor tan grande. Había dejado el complejo, el laberíntico zarzal, seto espinoso en torno al hecho que nadie había hecho, que se había hecho por azar, por desdicha, por... no se puede decir por suerte de alguien que tanto sufría por los dolores dormidos, que tan sensible era al enredo espinoso y que, sin embargo, la herencia había llevado a mejorar de posición... Suavemente, silenciosamente tenía que usufructuar lo que apenas era propiedad... Sólo el presente, con precaución —casi astucia— había que obtener la fruición del presente. Pero ¡la mayor dificultad! el obstáculo al paso de la veloz pasión, que no se queda en «un día es un día», la pasión que quiere fruición y continuación, que no quiere ser pasto del olvido... porque el presente tiene dos laderas... Una arrancaba de la lejanía fraternal, que llegaba al presente con aquella herida, con aquella disminución o coerción... Otra, tendía al porvenir. Y aquélla, precisamente, tenía del pasado lo inmortal. Tenía el recuerdo de la sangre, de la forma, del mandato que informa lo nuevo con la vieja ley, con la repetición, reiteración de una palabra de amor... Una palabra que se conocía desde siempre o que desde siempre se había deseado conocer y que ahora se veía tal como se había oído... Noticias traídas por forasteros... «Tu hermano Manuel... sí, tiene un chico guapísimo. Como su madre»... Y ahora estaba allí, era la evocación misma de aquella belleza, pero no se quedaba en repetición de una fórmula lejana: en aquella tersura de la piel, en la frente tan pálida que hacía más oscuros los mechones castaños, en las cejas perfectas, en la nariz clásica: todo ello tan concreto, tangible, material, carnal: en todo ello tan evidente como la repetición vegetal que no escapa a la ley de la semilla, por todos aquellos rasgos, como una corriente que pasa por el hilo de cobre, se iluminaba otra fisonomía. Era como si la imagen sugerida, revivida, acogiese o asumiese el movimiento de otro ser, fuese también otro ser, al mismo tiempo... Los rasgos que, por su hechura, debían aparecer serenos, despedían chispazos abruptos, miradas o sonrisas o fruncimiento de entrecejo o sacudida de cabeza en negaciones violentas, duras, que respondían a otras negaciones, frente a frente. Se negaban con gesto tan idéntico que era como si se afirmasen. Armaban peleas, discusiones detallistas, como si estuvieran empeñados en montar la máquina de un reloj minúsculo y las cuatro manos se atropellasen al querer agarrar la menudencia de una misma pieza y forcejeaban con empeño, con tenacidad irreductible porque, al no reducir el uno al otro, al no haber vencedor ni vencido, vencían los dos: vencía el uno que era los dos... Y todo esto había caído en manos de Laura, y ella mantenía el culto. La dedicación de todas sus fuerzas y todo su tiempo al elemento que había invadido su casa: espíritu o existencia masculina que la maternizaba. Maternidad de espíritu que implicaba, ciertamente, obediencia, pero que se escondía en un suave rubor —el rubor que la conciencia extiende sobre lo deseado locamente, sobre lo que podría ser acusado de codicia— que temía sugerir lo intocable, maternidad. Lo inolvidable que había que mantener lejos del recuerdo y siempre presente, siempre vivo, subsistiendo calladamente en la vida. Todo esto la había modificado, al menos en su conducta, le había hecho abandonar su relación con las discípulas. Con las dos más queridas y próximas: proximidad intelectual, a la que ella había sabido dar un carácter masculino. Su trato con las chicas la paternizaba, había pensado tanto en su porvenir, había tratado de mantenerlas libres de pequeñeces femeninas y ahora las miraba —antes las veía, sin mirarlas, las tenía en su mente, ideadas, sometidas o conformadas a sus ideas—, ahora las miraba y veía que eran mujeres, simplemente, mujeres. No daba por perdido su inocente sistema espartano, no, una concordancia tan íntimamente vivida tenía que dejar su poso bien sentado. Pero ahora eran mujeres: estaban allí delante de ella las dos mujeres que eran, como si en meses de distanciamiento hubieran crecido como la parra virgen, que se deja de verla un poco y crece varios metros. Ahí estaban, casi iguales a como siempre fueron pero ¿con qué problemas, con qué deseos o intenciones? Era necesario enfocar bien, asegurar las gafas en la nariz hasta encontrar el punto de mira. A poco más de un metro —diámetro de la camilla— estaba Isabel, siempre azul su vestido de verano, siempre pulcras sus trenzas sobre los hombros. Indumentaria infantil que, años antes, su madre encontraba inadecuada a su estatura y que ahora era ya independiente de cualquier época o situación. Ahora era el estilo de Isabel, inmodificable, como es inmodificable el garbo o inclinación de los rasgos personales en la escritura. Allí, a metro y medio estaba Isabel y los ojos escrutadores investigaban detalle por detalle de su persona, recorrían el vestido, las trenzas, el pelo tan bien asentado sobre la frente como una cinta dorada y, después de una detallada revisión, se detenían en la cara. Allí no recorrían nariz, ojos, boca... allí ahondaban. El recuento de detalles desechaba la superficie: con mirada persistente rebuscaba en el fondo de Isabel, como quien teme dejar algo inadvertido... y Elena miraba aquella mirada. Elena escudriñaba aquella revisión, se preguntaba, ¿qué busca, qué encuentra? La está viendo como siempre, con su vestido azul. ¿Está viendo que no es ella?... No, si lo viese se aterraría y sigue mirándola serena. Pero ¿qué busca? ¿Por qué escarba con tanto empeño?... Isabel lo nota y no cubre ni defiende nada; deja a la vista el azul —el de verano como de invierno— de sus ojos bien abiertos y no enrojece... Nada, absolutamente nada, ni el más leve matiz de rubor altera su frente o su cuello... Nada, por más que se empeñe en decir que no es ella, es ella, Isabel. Los ojos de la maestra la penetran y al fin se retiran sin ninguna cosecha patente. Se asienta nuevamente las gafas y... Ahora veréis la bavaroise... —La ¿qué? —La bavaroise, no la habéis comido nunca... Y llega, espumosa, empapada de ron, matizada de grosella, de limón y chocolate, monumental e infantil... La maestra hunde la pala de plata en la espuma y va poniendo en los platos grandes porciones que desaparecen en seguida, reverenciadas por el silencio... Todo termina en miradas, en sonrisas que se relamen del acorde final que remató la abundante y perfecta sinfonía.

Tenemos que irnos, doña Laura. Todo ha sido divino. ¿No es así como se dice? Parece ser que es una tontería decirlo así, pero yo lo digo.

Y yo también. ¡Divino!... Si dijéramos exquisito, sería como cuando dicen, «todo estaba muy rico», que no es más que un elogio de cocina, pero divino es más, es ¡divino! ¿Estamos?

Estamos. Pero perdóneme, doña Laura, que salga corriendo porque mi madre ha comido sola y quiero ver si ha sabido arreglárselas...

¡Qué comida, mamá! Empanadillas, pepitoria y un postre de las Mil y una noches... ¿Qué has hecho tú? ¿Estaba dura la carne?

Me parece que no, pero no te lo aseguro porque la comí con tanta hambre que no me anduve en miramientos. ¿Será la convalecencia lo que me ha dado estas ganas de comer? ¿Tú qué crees, Elena, le entra a uno esta hambre por haber pasado una enfermedad?

Pues, es posible, pero el caso es que usted tiene buen aspecto y, si además tiene hambre, eso quiere decir que está bien.

Sí, eso debe de ser, pero fíjate, no he dejado nada. Todas las zanahorias... no sé si me pesan un poco en el estómago. Estaba esperando a que llegases para que me bajaras del estante de arriba un paquetito con manzanilla.

¡Con manzanilla!

Sí, eso me asienta en seguida la digestión.

¿Quieres que te lo baje?

Claro, no me he atrevido a subirme yo en una silla.

Ha hecho usted muy bien: le haremos en seguida una taza. ¿Pongo agua a calentar mientras tú la bajas?

Mientras Isabel baja el paquete de manzanilla puede hervir el agua... Puede cambiar la luz, llover o salir el sol: se puede contar el tiempo por lunas, por décadas, por milenios porque el tiempo no es el que se emplea en poner una silla junto al estante, subirse en ella y coger el paquete: el tiempo es sólo el suficiente para que inunde el cuello y las mejillas de Isabel una oleada de sangre, una llamarada hasta la frente y, en poco tiempo —en un poco de aquel poco tiempo—, la oleada sumirse, retirarse y dejar el lugar a una palidez como de sobresalto, como de asombro o miedo y, rápidamente, en otra perspectiva de aquel mismo tiempo o en otra estancia o en otros dominios el clima se serena, la temperatura recobra la normalidad, el color vuelve en la medida justa para quedar como si nunca hubiera subido ni bajado... Pero Elena sabe que Isabel ha enrojecido y, sin embargo, sigue pensando, «Isabel no puede enrojecer... Sea lo que sea lo que haya pasado, Isabel no puede enrojecer»... Pero Isabel ha enrojecido. ¿De qué emoción o conmoción?

Vamos, dame eso de una vez. ¿Es de la amarga?

Sí, de la más fuerte.

Ya, ya lo veo. El olor se nota a distancia.

Isabel tal vez enrojece o palidece: no se deja ver. Busca cosas por el cuarto, abre el baúl y murmura... Estaba viendo a ver si... Y la tisana humea y llena el cuarto con su aroma delicadamente rudo...

Dentro de diez minutos está el coche de Tina llamando abajo.

Es verdad: voy a arreglarme un poco.

*

Soy Sol Martínez, ¿nunca les habló Tina de mí?

¡Ah, sí! seguramente. ¡Claro, Solita!

Eso es, Tina dice que Sol no puede ir sin doña y me llama Solita. A veces, por hacerme rabiar, me llama Solecito.

Ah, qué gracia. Habíamos pensado que Solita era Soledad.

Es que lo parece, pero no. ¿Les ha sorprendido encontrarme aquí? Claro, cuando Tina habló con ustedes pensaba que iría yo por mi cuenta, pero Julio está de Congreso y no podía llevarme. Entonces decidió Tina que se pasase el coche primero por mi casa y que hiciéramos nosotras mismas las presentaciones. Usted es Elena ¿no? y usted Isabel... ¿Me equivoco?

No, acertó plenamente. Tina sabe describir.

¿Qué es lo que no sabe Tina? Y no se para en descripciones de lo que está a la vista... ¡Cuando habla de ustedes!... Tina sostiene que el talento es importante, pero que el talento no es nada, si no está llevado por una gran vocación, por una *verdadera* vocación —dice ella, recalcando lo de verdadera. Porque dice que la vocación de ustedes ella la ha visto nacer, la ha visto mudar los dientes y que ya está en edad de ponerse de largo... Aunque, dice, si ya nadie se pone de largo ¿cómo le llamaremos a eso?... Porque...

Sol habla sin parar. Habla como Sol Martínez, aunque pretende hablar como Solita. Pretende establecer una confianza, comenzar una vieja amistad. Pero, sin llegar a Solecito, sin incurrir en demasiado ridículo, se la podría tomar a broma, si no fuera porque su gárrula palabrería ocupa el lugar que estaba destinado a la cómoda confidencia, al relato de lo que se calló por no querer entremezclarlo a contingencias familiares, por creer que se contaba con diez minutos que transcurrirían en el silencio, en el aislamiento confortable del coche, y la imaginación, fija en aquello que se esperaba, que se deseaba con algo mucho más grave, más denso que curiosidad, por parte de Elena; más acuciante, como una especie de plétora vital que ansía comunicarse, mirarse en el espejo de la perfecta concordia, de la consonancia o rima de la amistad, en Isabel... Y las dos hacían denodados esfuerzos por sujetar la mirada, en forma de atención, a la de Solita, pero sus ojos iban de un lado a otro: aleteaban, encerrados en aquel pequeño espacio y, si se encontraban, procuraban no mirarse porque mirarse y callar era casi imposible y cuando se encontraban, sus ojos intercambiaban la perplejidad, la inconformidad, como si hubieran sido frustradas, como si les hubieran hurtado la cosa deliciosa que esperaban... Y desviaban los ojos, los dejaban vagar móviles, interrogantes... Ahora ¿cuándo, dónde?... ¿Cuánto tiempo duraría la nueva interrupción? Este tropiezo iba a influir en su conducta: llegaban desajustadas, impresentables. Tina, capaz de penetrarlas a la primera, notaría que no llegaban... en una palabra, que no llegaban, que no estaban allí, aunque se presentasen. Tina encontraría dificultad para presentarlas porque se las había prometido a sus nuevos amigos. Debían haber llegado con su virginidad de prometidas. No importaba que su momento, su día, su hora en la que llegaban estuviese agitada por grandes conmociones: si las cosas se hubieran puesto en orden, si se hubieran repartido lo que les correspondía de aquella agitación, que en las dos tenía mucho de consulta, de confrontación... Porque había, ciertamente, un hecho que Isabel sabía y Elena deseaba saber. Pero Isabel, sabiéndolo como hecho, no sabía —sabiendo que nadie podía saberlo, pero lo quería saber—, no sabía si lo misterioso del hecho, el porqué del cataclismo, sería claro en otra mente, en la mente de Elena... Y Elena esperaba que en el misterio hubiese una vislumbre de razón... Si todo esto se hubiera serenado en el camino, llegarían dignas de las efusiones de Tina, llegarían tal como ella las esperaba.

*

Vaya, ya están aquí. ¿Por qué tan silenciosas? Se ve que habéis venido todo el tiempo con una persona tan silenciosa como Solita, ¿no es eso? ¡Solita, qué les has hecho! Parece que las has cazado con liga. Vamos despabilaos. Os están esperando Berth y Tob —hay otras gentes de menos peso, ya iréis viéndolas: ahora lo importante...

Elena, Isabel... Éstos son Berta y Tobías Kerman. Berth y Tob, nombres cortos para espíritus que se pierden de vista, para cabezas que... ya me diréis. Yo os dejo: entendeos con ellos... Bueno, bebed algo para que entréis en reacción... Ven, Solita.

¿Les gusta el Cup?

Sí, mucho. Gracias.

Tob, coge tu vaso y en ese platito... unas provisiones. Nos sentaremos en aquel rincón. Ya vamos hablando bastante comprensibles ¿no?

Oh, hablan estupendamente. ¿Cuándo llegaron?

Ya hace más de dos meses, pero estudiábamos desde mucho antes. Sólo hace ocho días que tocamos tierra firme, Tina... Estábamos como en alta mar. ¿Verdad, Tob?

Verdad... porque tú habías perdido, en tu bolso insondable, un papelito...

Sí, ya es sabido que yo pierdo los papelitos en mi bolso. Pero estaba segura, ¡segura!, de que la encontraría, y la encontré. Eso de sentirse en alta mar es angustioso... cuando no es en el mar, porque en el mar no lo es.

Hay quien también lo encuentra angustioso en el mar.

Ya lo sé, pero yo no. Éstos... ¿o ésos?... ésos, me parece. Esos que se angustian son los que no aman las cosas grandes. Se sienten pequeños, pequeñitos, y se angustian. Lo malo es cuando uno nota que es muy grande esa cosa que es una ciudad, toda hecha de pequeñitos, tan pequeñitos como uno mismo. Y da miedo ser tan pequeñito...

Sí, claro, pero Madrid no es muy grande.

No, cuando se la conoce. Cuando no se la conoce, se va uno derecho al Prado y luego sale de allí y ya no ve nada más. Se mira a un lado y a otro...

No digas eso porque parece que hablas de las calles, y las calles no son todas iguales.

No, no hablaba de las calles, sino de las gentes. Dos meses en el silencio de alta mar... Buscaba Smith en la guía de teléfonos y encontraba unos cuantos, pero ninguno era de ella.

Ah, es verdad: como Claudio y Piedita son los que están fijos en Madrid, lo pusieron a su nombre.

Pero por suerte hubo un Smith que recordó a una elegante señora Smith que compraba en su tienda no sé qué y sabía, si no la casa, por lo menos el barrio. La busqué como un policía, casa por casa... Y yo pensaba «es idiota creer que la gente va a saber dónde vive una señora Smith. Si les preguntase si conocen a Tina, si saben dónde vive Tina, me lo dirían». Y al fin, me lo dijeron.

Te lo dijeron, chérie, porque preguntaste por la señora Smith.

No es verdad, no es verdad. Yo *decía,* ¿comprendes, chérie?, yo *decía,* ¿Dónde vive la señora Smith?... pero *preguntaba,* fíjate, la pregunta que estaba en mi mente era, ¿Dónde vive Tina? ¿Conoce usted a Tina?...

Berth habló largo, el sofá era un confidente ligeramente curvo: una joya modernista, descubierta por Tina en una almoneda. El respaldo simulaba una concha: la talla dorada las recogía en un estrecho semicírculo confidencia. Cabían las tres, Berth en medio —un perfume muy leve, desconocido—, un vestido de tonos fuertes y oscuros, una combinación, una melodía brusca, que tenía algo de zambra... Eran los colores búlgaros que llenaban los escaparates de las buenas sederías. En el vestido flexible, suave, ya muy usado, llevado con la sencillez de lo que fue lujoso y ya es cosa casera, fatigada por viajes y trabajos diarios, los colores —un azul pavo real, un naranja terroso, tocando al caqui, un verde botella, un morado pensamiento—, los colores balkánicos, mezclados en manchas irregulares, eran como trozos de un puzzle compuesto por París, misteriosos, un tanto litúrgicos como vitrales de un culto lejano... ¡y tan próximo!... Tan próxima la criatura que se movía envuelta en ellos, la que creaba inmediatamente el clima de la confidencia, que se dejaron invadir por una comodidad, se sintieron instaladas en un aislamiento de trío perfecto. Pero el trío tenía a sus pies a Tob. Tob había puesto un almohadón a los pies de Berth y allí le sostenía, en íntimo homenaje, en chevalier servant, tanto como en marido —no esposo, regente social— marido de fraterno maridaje, de perennidad profesional, como si la vida fuese algo en lo que hubieran profesado... Tob sostenía un platito con golosinas y escuchaba a Berth. La escuchaba con la boca abierta: admiración, delicia y, al mismo tiempo, atención, una atención de guardián atento, alerta a sus pequeños descuidos, exageraciones, metáforas desaforadas a las que él decía, «Bueno, bueno, chérie!»... y ella frenaba o no frenaba. Hasta cuando frenaba y trataba de hablar muy razonablemente, siempre había en su tono algo apasionado, ferviente a veces y embellecedor —no idealizador ni halagador—, embellecedor como lo que se muestra exhaustivamente, de un lado y de otro, por dentro y por fuera, con su presente, su recuerdo y su esperanza... Todo, al ser mentado por ella, era amable o digno de amor o lleno de amor. Era difícil saber qué era lo que les había alejado de cosas que amaban tanto porque habían huido, era evidente que habían huido de Rusia, pero al ser nombrada Rusia por Berth, nunca un paisaje matizó el blanco invernal, las cúpulas bizantinas, las troicas... Las mujeres elegantes, con actitudes, movimientos de manos, de cabeza, de miradas por las que se las podía reconocer en todo el mundo: la inconfundible actitud de la *mujer rusa*... Y, por supuesto, los jóvenes, estudiantes, escritores, poetas, revolucionarios... el pueblo embutido en sus pieles de borrego, con gorras y bigotes a lo Gorki... Nombres tiernamente reverenciados... De todo eso era de lo que habían huido y no se comprendía por qué: tan no se comprendía que parecía que hubieran tenido que huir por no poder soportar tanto amor... Luego era París y allí, nada más llegar, Tina. Encuentro arrebatador que sólo duró unos cuantos días, en los que las promesas y proyectos fueron interminables. La venida a España era inminente. Las señas apuntadas en un papelito a toda prisa, eran entregadas como una cita deliciosa para dentro de pocos días, sin sospechar que por perderse el papelito en el mare magnum del bolso, ellos se quedarían dos meses perdidos en la alta mar.

Tina, desde lejos, hacía un mohín de contrariedad... Iba viniendo con un señor a quien traía del brazo, como capturado para Berth y Tob. Era, por el aspecto, un señor importante, un crítico... Y el trío se deshizo y Tob dejó el platito y atendió al caballero.

*

Sin necesidad de ponerse de acuerdo, calladas y unánimes se escabulleron. Repitieron una actitud o un acto que les era habitual en los primeros tiempos, cuando la casa de Tina era la casa de la señora Smith, cuando entraban cohibidas y, en cierto modo, avergonzadas, pesarosas por dejarse seducir por el lujo y las cosas exquisitas, y encontraban un subterfugio en el rincón libre de intereses, al fondo del jardín, al estanque de la grulla. Fueron corriendo hasta el banco de piedra donde siempre se sentaban, separaron las hiedras que antes tenían domeñadas y ahora lo habían invadido. Se sentaron, callaron un rato.

Ahora sí que no sé... No es posible contar las cosas por orden porque las primeras ya tienen otro color por culpa de las segundas.

¿Por culpa?... Bueno, a consecuencia, dirás.

No, por culpa. Precisamente era eso lo que estaba queriendo decirte y no sabía cómo. Lo que me tiene atolondrada es un sentimiento de culpa, de pecado...

¡Atiza! ¿Qué te pasa, de dónde te sacas eso? ¿Es ése el intríngulis de la historia de misterio?

¡No, ni lo pienses! La historia es la historia y el pecado es este tobogán. ¿No te das cuenta?... Nos asomamos a esto y nos dejamos resbalar... Para ti no es grave, pero para mí...

Bueno, no entiendo una palabra. Haz el favor de ir por orden. ¿Qué es lo primero y qué es lo segundo?

¿Tú crees que puedo contarte lo primero como iba a contártelo si hubiéramos venido solas? ¡Era algo tan enorme!

¿Y ya no lo es?

Sí, es igual o tal vez más enorme porque me doy más cuenta. Como tenemos el prejuicio de no usar la palabra pecado —igual que los que la usan a troche y moche—, de pronto no puede uno decirlo de otro modo. Y ahora esto de que una impresión... Piensa... Todo lo que estos seres le hacen a uno pensar. Lo que supone para mí ver estas vidas lanzadas al trabajo, al estudio. Porque bien sabes que eso era todo para mí, en la vida. Y de pronto, el desbarajuste que me dejó atontada... Y esto que me hace recordar la reserva en que yo vivía... ¡Yo no sirvo! Yo no sé contra cuál de las dos cosas voy a pecar...

Sí, sí, ya voy entendiendo. Pero empieza por lo primero. No, no tengo fuerzas. Imagínatelo tú.

Pero ¿cómo quieres que me lo imagine, si empezaste por decirme que si lo hubiera visto no lo habría entendido?

Pues sin embargo te lo puedes imaginar porque dijiste algo que estaba en lo cierto. Dijiste que tenía cara de sonámbula. Bueno, pues eso... Ya te conté cómo había sido lo de la fiebre y te dije que no había pasado nada más. No pasó nada más, pero me parece que te expliqué el terremoto, el haberse puesto todo cabeza abajo. Nada más levantarme fui a verte porque creía que ibas a venir conmigo al museo y resultó que estabas mala o lo parecía. Empezaste a meterme prisa para que fuese al museo... Me decidí a ir sola y bajé, pero ya no sabía adónde iba. Estaba en la puerta y me vio. Yo también le vi, pero no nos miramos, ¿comprendes?... Ésa es la cosa: nos vimos, pero no nos miramos... Pero espera un poco: no te creas que no nos atreviésemos a mirarnos por cualquiera de esas cosas... rubor o algo así. No, no nos miramos. Yo, maquinalmente, me acerqué, entré, sí, simplemente, entré sin decir nada. Me cogió por el brazo con fuerza. No sé si es que hacía mucha fuerza o si es que yo me dejaba llevar. Me dejé pasar el mostrador: la trampa del sótano estaba abierta y me dejé llevar abajo... Qué te puedo decir... creí que me mataba.

¡Qué burrada!

No, no era burrada porque también creí que él se moría... Ésa es la cosa...

Ya, ya lo veo. Por suerte has tenido una serenidad fenomenal. Creo que doña Laura te notó algo extraño, pero no parpadeaste. En cambio luego, arriba, te pasó algo raro por la cabeza. Tu madre no se dio cuenta, en absoluto, pero yo sí.

Ah, sí, fue la manzanilla, el olor... El sótano es sombrío, ya puedes figurarte, está lleno de cosas feas, pero no le di importancia. Sólo que mi cabeza cayó sobre un saco de manzanilla y el olor se levantaba y era como estar en el campo, se olvidaba la idea de que arriba había una casa, andaba la gente: era como estar a cien leguas... No sé cómo salí de allí.

Cómo, es lo que importa. El caso es que no hubo accidente. Figúrate, si alguien te hubiera visto entrar.

En eso no pensé ni un momento. No pensé en eso ni en nada: ahora es cuando pienso. Dime, ¿cómo consigo llegar a recordar, a revivir aquella obsesión de trabajar que yo tenía? ¿Qué hago para dar con ella? Y si no la recuerdo, ¿qué hago con el mundo cabeza abajo?

*

La cuestión había quedado abierta, pero cuanto más abierta, más asfixiante. Si la cerrásemos o la encerrásemos en un planteamiento bien definido, estaríamos cómodos, podríamos respirar, ¡pero es tan difícil!

De acuerdo, de acuerdo. Pero ¿quién abrió la cuestión? Ya se sabe que cuando le dicen a uno, «te has dejado la puerta abierta», eso quiere decir, «anda a cerrarla». Me parece a mí.

Claro, ya sé que me incumbe esa tarea. Pero vamos a ver, abierta o cerrada, ¿quién recuerda lo que era la cuestión? ¿Ha habido alguien que se haya pasado la noche devanándose los sesos por ella?

Hombre, no creo que ninguno de nosotros se desvele por temas artísticos. En primer lugar, la mayor parte de los cuadros que usted citó los recordamos muy vagamente. Eso, si es que los hemos visto alguna vez en nuestra vida.

Ya, ya comprendo: yo mismo no recuerdo ahora qué cuadros fueron los que cité. Lo que recuerdo es que no era ésa la cuestión. No, no, lo que podía —y debía— quitar el sueño no era un tema artístico.

Ah, ¿no?

No.

La cuestión, abierta de par en par, es para volverse mico. Porque empiezan las pequeñas contradicciones que hay que —¿hay que resolverlas o hay que quitarlas de en medio de un capirotazo? Pequeñas, triviales, cotidianas, no se las puede desechar, no se las puede resolver. Hay que *ponerlas* a la vista y sortearlas de cualquier modo. Hay que *poner* en consideración el dilema primero y elemental: la gente tiene que atenerse a su cometido: tiene que cometer o acometer una cosa —su oficio, su empleo, su anhelo o su pasión— y hacerlo bien, plenamente: eso es lo importante y, claro, no se puede pedir —o no se puede esperar— que cada uno tenga una opinión clara de lo que es el cometido de su vecino: perdería parte de su tiempo. Éste es el dilema, no se puede pedir ni esperar. Hay casos o situaciones, creo que se puede decir casos históricos, cuando lo que va a ser un hecho histórico está en el caso de serlo o no serlo: ésta es la cuestión. Hay casos en los que un movimiento unánime, sin explicación, produce el entendimiento: defensa ante el enemigo común, cuando éste es uno que ataca desde fuera... Yo suscité el recuerdo de aquellos años de la gripe porque representaron el ataque de un mal imprevisto, que no se sabía cómo combatir. Se vivía sabiendo que era posible pescarla, tanto como no pescarla y se obraba sin contar con ella, dándole la espalda, pero ella originaba situaciones, actos decisivos que determinaban ciertos momentos... Momentos cruciales, memorables, por supuesto, pero bien administrados por el régimen económico de la memoria, que los abisma, para que no se amontonen, en compartimientos de olvido —momentos que son destellos bajo el almud que no se apagan, que se conservan rutilantes y que la infinita conservadora destapa un día porque sí, porque le da la gana... Eso es lo seguro, las ganas, las ganas, que siempre están al acecho de la rendija por donde puedan colarse y personarse ante la vida. Aquel hecho histórico quedó en el diccionario, sin laureles. Cuando se quiere realzar su gloria, recurrir a la explicación parece pretencioso o profesoral o aburrido, y opta uno por la sugestión de algo más ameno. Aventura uno su copla, como el payador, esperando que alguien le conteste acorde, y no, generalmente no... Porque hablábamos del horror, de la miseria, de la muerte en la abyección de la inmundicia o en la sublimación de... ¿qué? Del sacrificio, de la libertad, de la inmortalidad, y se me ocurrió establecer el parangón —un parangón que no era pictórico: un parangón de consecuencias prácticas. Ésta es la cosa, se me ocurrió citar unos cuadros que, para mí, en ese momento, no eran cuadros: eran intenciones, posiciones ante la vida —exactamente ante la vida, aunque los ejemplos fueran de muerte—, intenciones que quedan retratadas mucho mejor que explicadas. Los cuadros ahí están, haciendo gestos porque eso es lo que son, ademanes ¿anímicos, espirituales, mentales, racionales? Todo junto. Son eso, lo evidente por directo, por inmediato... ¿Qué importa que hayan tardado media hora o medio año en pintarlos? Se nos disparan como un insulto o como un clamor. Lo que hace falta es ver desde aquí, cómodamente, desde el café o desde la cátedra o desde el libro o el periódico, cómodamente, sin prisa y con buena luz, qué resultados prácticos dieron —no como tales cuadros, sino como tales intenciones. Y, si uno explicase o sermonease más, le dirían ¿pero por qué suponer que los cuadros fueron pintados con tan buenas intenciones?... Y, claro, no es eso lo que uno quiso decir, sino que los cuadros son intenciones retratadas. ¿Objetivadas? ¿Como un puchero de Zurbarán, no?... pues tal vez sí. Depende del crédito que les demos. Esas intenciones son reales, son momentos de realidad, que no están quietos como pucheros, sino que están realizando... Por eso me empeño —con poco éxito— en comprobar sus resultados prácticos, que serían algo así como la demostración de que no eran fantasmas, flatulencias de la mente, del genio artístico, sino palabras verdaderas, verdades. Y, si son verdad, ¿qué más podemos pedirles?... Que sigan siéndolo... Superfluo: la verdad no puede dejar de ser verdad... ¿Cuestión de perspectiva? No, tampoco es eso. La cuestión es saber la verdad de esas intenciones —saberlas como ellas mismas se saben. Pintamos el horror, la miseria, la muerte y cargamos bien las tintas, mojamos el pincel en sus heces... o, por el contrario, tomamos esa materia miserable, en su dolor, en su podredumbre, en su naufragio y evitamos el hedor, lo envolvemos, lo cubrimos: lo tapamos herméticamente con formas. Ahí está representado el ser material que muere o se corrompe, pero la forma —la que le damos al pintarlo— cubre su sucumbir. La forma se posa, inmortal, sobre la muerte porque la forma es una criatura de lo inmortal... Y bueno, ¿adónde vamos a parar con todo esto?... Yo pretendía que me hubieran secundado en la búsqueda de la conclusión: ¿cuál de los dos sistemas ha ido mostrándose mejor luchador?... Porque no vamos a pensar que los que lo pintan bonito es porque les gusta mucho. No, lo pintan así porque creen. Creen, sin racionalizarlo: creen porque la cosa así les llama y van —creen que elevándolo irán acorralándolo, acabarán reduciéndole... Porque de eso es de lo que se trata, teniendo en cuenta la limitación de nuestro poder —conocer su limitación es un cierto poder—, conocer, darse cuenta, saber que «siempre habrá poderes»... Sí, ya lo sabemos, siempre habrá dolor, siempre habrá muerte... Saberlo es el único poder que tenemos contra ello, es el que nos ayuda a obrar, a cavar, a escribir o a cortar piedras... A pintar, en una palabra, porque con una cosa o con otra no hacemos más que el retrato de nuestras intenciones. Y nuestras intenciones ¿qué resultados van dando?...

En fin, no crean ustedes que les estoy diciendo que lo que importa en los cuadros es el argumento. Un cuadro no puede hacer subir el precio de las sardinas.

Bueno, ¿alguien lo intentó?

Sí, hace poco.

Y no lo consiguió.

Naturalmente ¿qué habría que hacer para conseguirlo?

*

Un grito de socorro en medio del agua, en medio, es decir sumergido, porque en medio, si se trata del océano, es difícil saber si se está en medio, es imposible imaginar a qué distancia quedarán las imprecisables orillas. En el océano la cosa es así y ya se sabe: con una módica distancia basta para sucumbir, aunque siempre quedará un presentimiento de cercanía, que curará mientras dure el aliento. En cambio, cuando no se trata del líquido elemento y, sin embargo, el hundimiento es evidente, entonces se tiene la sensación —la seguridad— de que se está en medio, en el medio de que no hay una orilla más cerca que otra, de que nadie puede llegar a socorrer al que está en medio y se calcula proporción de las posibilidades con las fuerzas de todos los que vendrían si pudiesen... Se piensa en los que darían la vida en el intento, en las probabilidades que tendría de llegar el ciego, desesperado braceo materno... la solicitud camarada siempre dispuesta y, al mismo tiempo, detenida por la indignación, ante la ineptitud del náufrago, que no sabe salir por su propio esfuerzo —incomprensión del más comprensivo y adicto— creyendo que con minimizar las dimensiones del piélago se puede reducir su vastedad cósmica con la reflexión consiguiente, «No es un efectivo caso de inmersión, sino una *situación* en un elemento universal vivible, en el que hay quienes viven, hay quienes saben vivir en medio de eso»... La incomprensión en forma de instrumento para borrar el caso, para olvidarlo, recordando sólo que en otros tiempos se vivió sin miedo, se vivió con una seguridad soberana, con una hostilidad virginal, negativa: considerando la negación como un positivo reducto en el que no había enclaustramiento ni soledad, ni esterilidad... Al contrario, había un impulso generador, un anhelo de penetración en lo inexistente para llegar calurosamente a barruntadas existencias... Calurosamente, con un calor parecido a la ilusión —esperanza de fuente propia—, reposo decantado desde el comienzo, nunca deseado como final, nunca como liberación del empuje opresor —reposo en el empuje, comprobación de la potencia que duerme actuando—, todo eso era el piélago donde se fluctuaba con delicia. La delicia insensible entonces, ahora patente en la desolación de su pérdida... Y ya no fuerzas para clamar socorro, por el conocimiento exacto de la distancia, de las indivisibles orillas... Tal vez una vaga suposición opacamente deductiva, «Si esto no es porque no puede ser, ni esto, ni esto, ni nada de lo conocido, ¿qué misterio estará emboscado y podrá, de pronto, saltar como una liebre o un gato o lince de pelaje extraño, ajeno a los recursos habituales: deductiva y tácitamente anunciado como un Mesías, por la sencilla razón de que las cosas cambian o terminan?»... Y el hundimiento permanece y llega a ser tan horroroso como la constatación del hundimiento universal, como el hundimiento de todo lo otro, lo ajeno... Como si lo horrible fuera seguir de pie y sentir que todo escurre, resbala y se pierde, se disipa dejando el desgarrón en el sentido del tacto... La inadecuación a la realidad —¿a la verdad?— es lo que no se dejaba entender. Se seguía ejecutando con rigor los planes trazados, con fidelidad matemática a la pasión que los había henchido, se estudiaba la quintaesencia de lo vivido con devoción, sin fallar en una coma, se repetía la lección en un continuo examen. Ésa era la ladera sin brumas; todo en ella era diferenciado e inalterable y en la cúspide, ¿qué es la cúspide, si no es el presente arrollador, el que se impone sobre la otra vertiente sin darle ningún género de permiso para dejar de ser presente allá, en la inalcanzable lejanía? El presente, culminando imperativo sin reflexión, sin especulación posible, sin más que el poder de su imperio, sin hacer sentir que se cede a su poderío, viviéndolo como lo que es, lo que ahora es así, simplemente porque cambió, impuso su cambio y no hay posibilidad —ni intención, ni deseo— de huir de la realidad en que el ser está inmerso... No admite especulación el presente, pero sí una especie de contemplación de su potencia y una total incomprensión de la antigua ignorancia, al mismo tiempo que una perplejidad económica ante la comparación de medidas, de ajustes entre lo posible, lo temible, lo insospechable y lo real... Lo real imperante, cobijando a la vida con su tejado de dos aguas.

*

Oí que alguien decía detrás de mí, Gut, gut... Me volví y vi que era un señorcito más bien regordete, de cierta edad. Yo le sonreí y él repitió, Sher gut... Me pareció esa cosa tonta que dicen en el teatro cuando habla un personaje extranjero, «Yo ser Fulano»... Estuve a punto de decirle tanto gusto, pero vi que no era eso y opté por preguntarle, ¿Le gusta?... Entonces él dijo, Ah, sí, mucho, está muy bien. El ah quería decir que tenía que hablar en español y lo hablaba perfectamente. Por mis trenzas rubias había creído que era una turista y me habló en su lengua, pero se tradujo en seguida y empezó a hacerme elogios casi exagerados. Me alarmé y me dije, ¿será un conquistador este señor?... Pero le miré bien y vi que no lo era, no, no lo era. ¿Sabes?... unos ojitos azules muy intensos y al mismo tiempo muy inocentes, un pelito colorado alrededor de una buena calva, también colorada y la cara del mismo color, así como de persona de muy buena salud. Vi que su amabilidad era nada más galantería, cortesía más bien, que seguramente él creía que era lo indicado con una española. Y nada más: se fue, haciéndome una verdadera reverencia... No puedes figurarte lo que me animó. Al día siguiente trabajé como una fiera, qué sé yo cuántas horas trabajé. No te lo conté, creo que por no hacerme ilusiones, por no dejarme engañar por las apariencias encantadoras.

Pero ¿por qué iba a querer engañarte ese señor? Cuando te dijo que le gustaba es porque le gustaba lo que hacías.

Ya, eso es lo que pensé luego. A los dos o tres días volví a oír detrás de mí, Gut, gut... y me dije, ya está aquí. Le saludé como si le conociera de siempre. Yo creo que se dio cuenta de que me alegraba de verle, yo lo disimulé un poco, siguiendo en mi trabajo como si él no estuviese allí y él me dijo, Eso es, siga usted pintando, me gusta verla y además no quiero robar su tiempo. Yo le hice un gesto amable como diciéndole que no me molestaba y él siguió. Es que yo soy muy hablador, charlatán, así como suena: ya lo irá usted viendo. Se agachó a coger mi bloque de dibujos, que estaba apoyado en el caballete y, cuando ya los estaba viendo, me pregunta, ¿Me permite? Le digo que sí con la cabeza y sigue enfrascado en ellos, cosa que no me gustaba mucho porque los había muy incorrectos. Estaban allí todos los intentos que había hecho al disponerme a empezar las tablas y tenían desproporciones garrafales. Quise decirle algo que disculpase un poco tanto error, pero él me miró como si no necesitase explicaciones y me dijo, —Usted ha empezado así, como echándose al agua, sin flotadores. No se ha buscado ningún subterfugio para salir del callejón... Le miré con convicción y no dije nada; esperé que él siguiese hablando y siguió, —Usted sabe lo que es una cuadrícula, supongo... Claro, dije. —Bueno, pues ése es el sistema para no errar en una copia... Ya, naturalmente, pero ¿cómo voy a cuadricular el modelo? —Muy fácil, hijita, muy fácil... ¿Me perdona usted que le haya llamado hijita?... ¡Oh! no tengo nada que perdonarle: me pareció... qué sé yo, una gentileza suya... —¡Ah! eso sí que es gentil como respuesta de una niña encantadora... Y otra vez ¡Oh! y otra vez ¡Ah! y otro tiroteo de gentilezas, hasta que de pronto me dice, —Es que yo soy un pintor... un mal pintor, puede usted creerlo. Ya ve, ésta es mi presentación (aquí dijo un nombre alemán del que no entendí ni gorda), X, mal pintor... Me eché a reír para que viese que no le creía, pero insistió con un empeño impresionante. No sé cómo decirte, yo quise seguir riéndome, pero él lo repitió cincuenta veces, de un modo tan caricaturesco que ya no pude volver a reírme. Fíjate, cuanto más seria me ponía, más acentuaba él lo cómico como un clown de circo: hacía gestos que eran verdaderas piruetas para provocar mi risa y a mí me resultaba una cosa horrible... Y al mismo tiempo yo sentía que no reírme era como darle la razón, como quedar convencida de que era muy malo, y yo quería volver a reírme para contradecirle porque me parecía que si yo me riese, se sentiría consolado, pero no hubo medio: ni yo me reí, ni él se calló, hasta que por fin la disputa fue agotándose y pensé, debe de ser que no entiendo la gracia de esa caricatura, debe de ser un estilo chistoso de otro país, que no puede hacerme reír porque se me escapa. Usarán esa ironía en su tierra y todos la entenderán y sabrán si deben o no deben reírse, pero me parecía imposible que alguien no viera lo triste que era aquello, en el fondo. Y acabó por notar que él se daba cuenta de que me había entristecido, y entonces fue él quien quiso consolarme. Recurrió a algo así como, —No crea usted... las peores cosas tienen a veces sus ventajas: un mal pintor puede ser, por ejemplo, un buen maestro...

¡Ah! qué terrible recuerdo.

Eso es exactamente lo que pensé, lo que yo sentí, lo que recordé. ¿Te imaginas a tu querido maestro diciendo una cosa así?

¡Jamás! Si algún otro se lo dijera, querría matarle.

Pues este señor no. Toleraría que cualquiera se lo dijese,

y contestaría, Tiene usted razón, tiene usted mucha razón. ¿Por qué, puedes entenderlo?

No, no lo entiendo. Tal vez viéndole la cara me diese cuenta de lo que él piensa, de verdad.

Sí, es posible que tú lo entendieses mejor. Tienes que conocerle.

Pero ¿es que va a seguir haciéndote esas visitas?

Claro que va a seguir. Espérate: no te he contado ni la mitad. Dejó la cantinela de que es un mal pintor y tomó la de que es un buen maestro. Se sacó de la cartera una postal, que estaba escrita por detrás, con sello y todo, la puso sobre el cuaderno y me dijo, No tiene usted más que tomar una buena reproducción fotográfica de lo que quiere copiar, una postal, por ejemplo; ponerla sobre un cartón, pasarle el lápiz alrededor y ya tiene usted el rectángulo, con la proporción debida. ¿Comprende? el rectángulo ése es el que tiene usted que cuadricular... Bueno, le dije, ¿y luego?... —Luego pone usted la tarjeta sobre el cartón, bien ajustada en el rectángulo: en la línea de lápiz que le rodea se ven los puntos de intersección de las líneas transversales y entonces, con una agujita y un hilo negro, va usted pinchando en los puntos, siempre que el cartón sea perforable, eso hay que tenerlo en cuenta... y por este procedimiento, ¿comprende usted?, va encerrando la tarjeta en una red, más bien en una reja, la deja usted en la cárcel de unos hilitos negros... Luego cuadricula usted su tabla y ya no es más que coser y cantar... La verdad es, le dije, que su explicación es la de un verdadero maestro. ¿Tiene usted muchos discípulos? —Oh, no, no tengo ninguno: son muy otras mis actividades... ¿Qué actividades?, le pregunté. —Pues una actividad sedentaria. Tengo allá por una callejuela del viejo Madrid, una casa de antigüedades... Ay, qué bonito. A mí me gustan mucho. —Pues vaya a verla cuando quiera... Hubo un pequeño silencio y añadió, Lleve a sus amigas o amigos... Y otra vez, como reflexionando, —Es verdad, a los chicos de ahora empiezan a gustarles esas cosas.

¡Qué bien! ¿Cuándo vamos?

Vamos mañana, ¿para qué esperar más?

Pero ¿sabes dónde es?

Sí, por la Calle del Sacramento. Lo tengo apuntado en un papel... aquí está.

*

Son feas las casas del viejo Madrid, es indiscutible. ¿Qué sacaríamos con negarlo? Se ve que son feas porque están demasiado cerca de las indiscutiblemente bellas, digamos, hermosas, antiguas... bellamente, hermosamente, verdaderamente antiguas y no hay gradación: hay solución de continuidad... un hiato, un síncope. Las antiguas, las nobles quedan en pie, unas pocas: a su alrededor todavía se mantienen ciertos rincones... trajineros, digamos, patios de mesones, reposo del guerrero trashumante, remansos para los que cruzaron carreteras, vertientes de la sierra, siguieron meandros del serpenteo por la llanura. Mesones... ¡mesas de los mesones!... Chorizo, imperio del manjar colorado, estímulo de los ojos. Comer con los ojos se dice de ese caer en la tentación por el aspecto, condición, virtud o estigma humano porque «Qué bien huele, mejor sabrá», sí, diríamos que es deducción racional, pero no, no lo digamos porque con la mayor convicción lo dice cualquier perro: lo hace, en fin, come la cosa olida, agarra o barrunta a cien leguas a la hembra olorosa, pero mirar... El hombre, a la hembra le mira las ancas o el pelo o cualquier otro rasgo más o menos significativo. En todo caso la mira a ella: mira a la hembra y mira el plato, el guiso colorado que despierta, que enciende el apetito hasta que se lo obtiene, hasta que se le gusta, pidiéndolo a cualquier precio, «Déjame comer de ese guiso tan rojo, pues estoy desfallecido»... Viene cansado el cazador, del monte o de la villa, da lo mismo. Viene cansado el trajinante y el guiso colorado le dice que todas sus potencias se reharán tomando con los labios la cucharada —del cazo, cacillo o cuenco—, paladeando, deglutiendo la cosa ardiente, punzando en la garganta, que se difunde dentro del pecho como en una bóveda una nota musical o el vibrar de un gong o un perfume o la luz que reluce o grita en la ristra de guindillas, apenas vislumbrada al fondo del oscuro Mesón del Segoviano... La roja guindilla que, molida, vivifica el chorizo, y el chorizo traspasa, envuelve en su furia a las lentejas de Esaú... a las patatas ¡a las blancas patatas!... cuando frescas, duras, albergadas bajo terrones húmedos y luego vencidas por el hervidero de la olla, atacadas en su estructura harinosa, a punto de deshacerse, conservando aún algo de su consistencia que la vecindad del chorizo traspasa, y embeben su jugo, se empapan en él mezclándose, suaves, a su raspante colorado, exhalando su vaho feculento: base o cañamazo para el rojo estambre puntilloso, puntiagudo en el olfato, insidioso en la vista, que se deja tentar por su promesa de fiero picor... ¡Patios de los mesones!... Galerías, balaustradas de madera, camisolas y elásticos goteando en las piedras, huellas seculares de carretas en el barro donde los caballos hundían sus anchos cascos y dejaban correr sus largas meadas... Mesones, broncos como torrentes rugiendo abajo, en el foso del castillo. Eso es, el castillo arriba y el torrente abajo. El torrente rugiendo en su encierro y su rugido arrullador como un murmullo y su prisión, al fondo, entre peñascos negros, bella, salpicada de flores, el amarillo jaramago, el culantro que cuelga de las grietas... Eso es, el castillo arriba, el torrente abajo y en medio ¿qué?... Nada que mitigue lo abrupto, nada florecido como planta de vida en lo anfractuoso del vivir, nada como cortinas o corolas de intimidad, nada de coquetas ambiciones de hogar, nada de portadas como mandiles, tejados como cofias o cascos de los pueblos del norte —del nuestro o del ajeno—, nada en esta villa castellana, cubierta por el añil más puro o por la más brillante joyería nocturna... Nada, porque la proximidad de cosas tan dispares es un inmensurable vacío... Y se pasa de la Cava Baja y se olvidan los mesones y se salta a las casas ¿buenas, burguesas?... No, miserables de rostro —huérfanas o castradas de rostro—, casas que son cosas, no para vivir, sino para guarecerse mientras pasa el tiempo... Y hay que volver a las calles —Sacramento, Cordón— que quedaron abandonadas, emanando silencio... —emanando silencio... ¡puro disparate! pero sirve— y hay algún olor a alhelíes, a esos alhelíes del color de la herrumbre, los que no se dan en los climas cálidos: olor exquisito que puede extenderse por fachadas amarillas, por calzadas de cantos picudos, intransitables... Y descienden las calles que van hacia las Vistillas y hay cacharrerías con manojos de esparto, ollas, huchas... y tabernas en las que el vino también llama con su hechizo rojo, pero rojo sombrío, terciopelo rojo, sangre roja de espíritu... Y luego, en una rinconada recoleta, una puerta de vidrio, un escaparate de honda perspectiva hacia una estancia poblada por increíbles, inmóviles fantasmas... ¿Entrar?... Preguntar ¿por quién?... En el papel demasiadas consonantes que ¿cómo se pronunciarán? y, en el caso de pronunciarlas, ¿a quién dirigirse?... La tienda parece vacía: allí el silencio no es emanado, sino concentrado, custodiado por el guerrero japonés junto a la puerta... ¿Cómo atreverse a pasar por su sonrisa, más temible que su espada? Porque la espada cuelga junto a la coraza y no hay manos que salgan de entre las charreteras u hombreras de palillos multicolores, pero las manos pueden aparecer, pueden brotar de detrás del conjunto indumentario porque la sonrisa está viva en la máscara, impresa o plasmada en ella, pero ésa sí que emana terror: el rictus cruel bajo bigotes ralos, largos, caídos, que chorrean a cada lado cuatro pelos... La sonrisa es un muro de misterio penetrable... ¡eso es lo medroso!... porque un muro de piedra defiende a quien quiere guardar y también al que intenta asaltarlo: es piedra dura y su dureza dice, «no pasas»... pero el muro de misterio dice, «pasa, si te atreves», pon la mano en el pestillo, empuja la puerta... y la puerta cede... suena un timbre, una sola nota, una gota de sonido, ¡Plin!... como si cayese en una lámina de plata y ya están dentro... Al timbre nadie responde, pero algo se mueve al fondo. Junto a una ventana que da a un patio hay una mesa y un sillón. Del sillón se levanta una figura que viene hacia las osadas. Viene, saliendo de la penumbra, en la que sólo podía estar dormitando en su sillón y ahora avanza hacia la luz de la calle, parpadeando, ajustándose el batín de terciopelo y levantando los brazos, con asombro. —¡Oh, mis queridas niñas! ¡Qué hombre afortunado, dos niñas preciosas viniendo a visitar a un viejo!... Pasen, pasen... No es calculable la extensión de lo que se prolonga hacia el fondo, pero la opresión parece poder continuar en innumerables revueltas: el laberinto serpentea por

entre muros que son armarios, vitrinas, facistoles que cortan
el paso, biombos que ocultan callejones poblados por estatuas,
por tibores... Las estatuas, fragmentos, cabezas o torsos muti-
lados, ostentando en las roturas el mármol de Carrara, el grano
de sus partículas cristalinas como el azúcar y en sus curvas
carnales, pulidas, la suavidad más tersa que la piel de un
seno o de una mejilla... Las estatuas destacándose en los
rincones como flores de la sombra. La cabeza del Hermes, en
suavísima inclinación de la frente, casi taurina, cargada de
discreta fuerza, de meditación, gratuita por inmanente... Con-
templarla es un diálogo o una súplica en actitud orante, esperando la dádiva de su belleza que colma todas las ansias...
Y más abajo, sobre una consola de piedra basáltica, La Desconocida... Sonreírla con familiaridad tierna, sin la veneración de la testa olímpica y decir, ¡Encantadora!... decirlo entre
la sonrisa, entre la femenina proximidad... y el viejo anticuario... ¡Oh, no! ¡Oh, no!... no hay que sonreír: ya veo que
la escultora vive enajenada por lo clásico... Venga, venga, aquí
tiene el Giovannino y también el Séneca... Pero si no me
sonreía: era que la encontraba deliciosa... Ya, ya... pero el
drama del Donatello es el que tiene porvenir, el que quedará
en los años futuros... ¡años de dolor!... Oh, no se asusten
mis ninfas, no soy un viejo agorero, no soy un profeta de
lamentaciones... No, no lo soy ¿o no quiero serlo?... En fin,
pasemos a otra cosa: el tiempo dirá... El tiempo es invocado
por su seguro avanzar: temerle es inútil: llegará para quien
lo quiera y para quien no lo quiera... Casi es mejor salirle al
encuentro, premonición o desafío. Buscarle o buscar armas
contra él o palmas o guirnaldas de homenaje, ofrendas de amor,
que sean la dedicación de la propia vida, mantenida, expuesta
o elevada como constancia, como adhesión... imantación... Ir
hacia él buscando por los vericuetos algo que pueda llegar
a ser respuesta a una pregunta no formulada, no sospechada...
Y en un rincón, un depósito de lienzos, amontonados de cara
a la pared, que van siendo vueltos a la luz para mostrarlos...
No valen nada, pero aunque son malos, no son míos ¡que
conste! Son poca cosa, pero es todo lo que tengo, cuando yo
hubiera querido tanto formar una gran galería... Pero eso

pide actividad social. ¡Ésa es la cosa!, lo sé porque me crié en ello y, en fin, ¿qué más da?... Aquí tengo eso amontonado y a veces vendo... Yo pienso, Isabelita, que unas tablas bien pintadas, copiadas por usted... justas, exactas... No para darlas por auténticas, no para que nos expulsen del Prado, ¡oh, no, es el refugio de mi alma!... De distinto tamaño, pero de proporción y tonos justos de colorido, con luego una pátina de ese ámbar que dan los años. Caen por aquí ingleses en cuadrillas, inglesas sobre todo, damas refinadas que pagan bien sus hallazgos... Piénselo bien, m'hijita: una muchacha necesita tener sus ingresos para sus trapos, sus caprichos... Surge una idea tan problemática, tan inaudita —no sólo no oída, sino no pensada, no sospechada jamás—, se produce un silencio reflexivo y la reflexión se disimula: el silencio afecta frivolidad, toma el aspecto de lo que no se comenta ni contesta... ni se niega ni se afirma. No hay por qué hablar de eso, pero tampoco es posible romper ese silencio que ha provocado una reflexión tan profunda... Y en el silencio se destaca, viniendo del fondo o trasfondo de la tienda, de un interior que ya no es accesible al cliente, que se supone vivienda, hogar poblado por inimaginables seres... se destaca, pero sin avanzar, quedando distante como una llamada o una protesta, un lamento o un rugido... Es como la voz de un ser apenas humano, pero no aspirando a lo humano, sino como algo humano que ya apenas lo fuese... Y en el silencio no es posible disimular la atención prestada a aquel rugido: ni las visitantes ni el huésped pueden impedir que las miradas se escapen hacia el fondo, en espera de algo que acaso aparezca... Y aparece prontamente una figura que, en su aspecto neutro y doméstico, deja ver que no es ella quien emitió el rugido, gemido, alarido... —Perdón, un momento... El señor Gut Gut —no es posible darle otro nombre todavía— va hacia la intrusa y hablan bajo, en su lengua... Ademanes aplacadores, prometedores de próxima atención o asistencia, por parte del dueño de casa... Manos extendidas, palmas mostradas en actitud de «no es posible», en la camarera, enfermera, gouvernante, recia campesina, forzuda, que desaparece hacia el fondo... Apresuradamente gestos de despedida, disculpas temerosas por haber tal vez molestado... Pero no es admitida la despedida ni menos las disculpas. Hay una necesidad de explicar el misterio; sobre todo, de quitarle el aspecto tenebroso, de mostrar que es, por el contrario, una causa entrañable y, más que noble, tiernamente sagrada... —Bueno, ésta es la cadena de mi vida, ¿saben?... ¡no me pesa!... Tengo una viejita... —¿Cómo? Ah, sí, ya, claro... Tengo una viejita que es mi tesoro, pero los años, el tiempo asesino... Bueno, yo hablo a veces como se habla allá porque yo estuve de chico en la Argentina y las lenguas que uno habla de chico no se las puede abandonar: a ustedes les resulta raro lo de viejita... —¡Oh, no! es mucho más tierno: no deje usted de decirlo... Volveremos otro día: todo esto nos parece precioso. —Pero si no han visto nada... Bueno, no me olviden... —¡No, no, no!...

Y a la vuelta, un buen rato de silencio, un rato dedicado al recuerdo del rugido o lamento que pobló tan hondamente el silencio, como si ya no fuese posible concebir un silencio sin aquel fondo de rugido, como si el silencio tuviese su fondo de sombra en el que se destacasen, escuchando, bustos blancos, cascos, lanzas, estofados fragmentos de retablos... Todo lo que querría brillar o hablar con su forma, con su blancura, su oro o su plata, todo callado, atendiendo a la sombra del fondo, al refugio, asilo del clamor intermitente, agónico... Y el fondo y todo lo que se destacaba sobre el fondo, todo lo visto y lo entrevisto, la oscura emoción, recolección de bellezas, aura antigua como una quietud inalterable, exenta, ajena a toda contingencia, segura... Todo ello callado bajo un temblequeo, bajo la insinuación temerosa de lo que quiere ser contado, expuesto, discutido aunque cueste trabajo darle paso por entre la valiosa cosecha... y al fin... Lo de las tablas, ¿será posible?... En eso venía pensando, pero ¿cómo afrontar, cómo aceptar?... Esto es lo difícil de admitir, dinero... ¿Puede una chica frecuentar, mantener una relación así, llovida del cielo, que da como resultado...? Siguen calladas, se cogen del brazo, se apoyan una en otra, se aúnan como los que bailan o los que reman. Bogan rítmicamente, al compás de su corazón, por todo lo inmediato, lo recién pasado y lo posible, lo que podría o tendría que pasar... Comprueban, en su mente, las caras, las miradas queridas —temidas en la confrontación con el hecho desusado—, las miradas serían un clamor también al fondo del silencio, porque lo temible no sería el reproche sino el silencio, con su fondo aullante. Y no aullante por el dolor del que aúlla, sino por el dolor que causaría su comportamiento... No sería un dolor como el del ser custodiado, asistido por el que le llama su tesoro y vive en su cadena, abandonando ambiciones y proyectos... No, sería un aullido de frustración, de derrumbe... Tantos años dedicados al cultivo de la planta impecable, pulcra, siempre pulcra —impoluta en el prado de la manzanilla—, siempre pura la que no enrojece ante la opinión y sí ante la emoción la que se siente esclavizada, ¿por una viejita? No, por una luchadora, llena de amor, capaz, por amor, de todos los desmanes: ignorados y al mismo tiempo sabidos sagradamente por la que es efecto del gran desmán, Isabel, aterrada por el temor de lastimar, de plantear un conflicto insoluble a la luchadora que siempre fue benévola para todo capricho, para todo riesgo... el riesgo de una profesión improductiva, pero noble, y ahora ¿aceptaría el riesgo del innoble dinero, del vil...? salido ¿de dónde?... del trato con un viejo extranjero... ¿Cómo explicar a la que es sólo emoción, a la que no tiene más letras que las necesarias para poner su nombre al pie de un recibo, ni más medios de obtener la elemental subsistencia que los cotidianos percales, pespunteados sin fin?... ¿Cómo explicar? La idea de explicar se debate en la mente de la que nunca dio explicaciones, segura en la brújula de su conciencia. Y el brazo se apoya fuertemente en el brazo de la que todo lo explicó siempre, de la que se nutrió de letras, a dos carrillos, por puro regusto racional porque razonar, explicar, entenderlo todo es deleite, es juego, rompecabezas que exige la habilidad, el equilibrio, la continuidad de lo difícil que siempre puede admitir nuevas piezas... ¿Siempre?... Ahora aparecía una nueva, difícil de adaptar. El sistema para adaptarla no contaba en el pequeño depósito de experiencias y Elena veía la escasez de su depósito, veía que no tenía ahorros, fondos suficientes para prestar o atender a las necesidades recién planteadas a su fidelísima, a su incondicional, a la que se sentía atada por el vínculo temporal, por el aprendizaje, por el estudio, el oficio de una escalera, de cuatro esquinas en las que sus raíces sorbieron su savia, su médula indestructible, imborrable por las más largas excursiones... Ahora ¿cómo explicar?... ¿Cómo narrar el proceso de la aventura?, eso significaría contar la graciosa —un poco cómica— aparición del personaje, explicar el mote adjudicado por ellas, que delata la imposibilidad de filiación inteligible entre los Pérez y Garcías... Significaría describir la tarde, la excursión por los barrios bajos, la entrada en la tienda tenebrosa y, al revivirla, al pensar que habría que rendir cuentas, el terror de la entrada reaparece, se agiganta, no es posible relatarlo atenuado porque el peligro se siente ahora de modo más incontestable, se experimenta —con la evidencia de un hecho vivido— el posible ataque, la violación o la ofensa o la sórdida escena grosera o la insinuación vergonzosa... Todo lo vivido —más vivido que los hechos reales— en los momentos en que era afrontada la situación —momentos, instantes de duración incalculable como puede ser el paso por detrás de un armario o por el rincón que tal vez disimula una puerta—, la situación que se desarrollaba tan normal, tan benigna, piadosa, cordial, pero salpicada —mechada, habría que decir— de oscuros temores, del horror percibido a través del lamento o rugido... como la presencia de lo tenebroso que está en el fondo de la situación y no se sabe hasta dónde puede llegar a extenderse... ¿Cómo relatar la tarde en que se planteó la proposición, callando el terror que la marcó al iniciarse, tan indeleble que, ahora, en el recuerdo, borra los hechos reales y prevalece como lo único?... Y quedan abolidos los barrios bajos y el centro de Madrid, feo, neutro, tranquilizador en su prosaísmo, en su practicable seguridad de tranvías, que no pueden extraviarse porque las vías de hierro están fijas y llevan, sin peligro, a donde prometen llevar... Y una vez allí, en su ritmo, en el carraqueo del freno a cada paso, en el vaivén de las correas que cuelgan ofreciéndose al que busca equilibrio, en su doméstica cotidianeidad aparece una perspectiva transitable, una posibilidad de relato, de justificación

—sólidamente lógica, hábilmente, graciosamente amenizada que apunta a un porvenir corroborado por lo que nunca se sospechó—, destrucción, por tanto, de los vaticinios malignos, «profesión impráctica, vanidad de una aspiración artística, ambiciones locas de quien parte de cero», y lo insospechable aparece como una benigna lotería que puede servir para conllevar la mínima existencia de *arriba* y tal vez más tarde para orientar con seguridad de connaisseur —acreditar, formalizar la frase del maestro—. Tal vez con un pequeño refuerzo en la estrechez de la vida pueda ser más fructífero el estudio y más a tono con el nuevo carácter de las cosas. ¿De qué cosas?, de todas las cosas, las conocidas y las ignoradas que van cambiando el clima de la ciudad... Saltar ante la puerta churrigueresca y tomar la acera de la izquierda en San Vicente, camino acostumbrado por ser el que ofrece la visión de la derecha, que es como mirarse al espejo —visión invertida de la de mirarse al salir, la de mirarse al volver— y formular, al fin, ¿Quién podría darnos una idea de lo que conviene hacer? Consultar ¿a quién?... Tina en Barcelona, larga va a ser la espera. La exposición de Berth y Tob ¿quién puede saber cuánto durará? ¿A quién podríamos complicar en esta nueva relación? ¿Ágata, Martín?... Tal vez. Les llamaremos. ¿Qué dirá Luis de semejante asunto?... ¡Nada!, nada porque nunca sabrá nada. ¿Nunca se lo dirás?... ¡Nunca! nunca jamás... Me parece difícil... A mí me parece imposible... Pero ¿qué opinión podrías encontrar más segura en cuanto a desinterés e incluso a inteligencia? ¿O es que no os entendéis bien? Yo creía que estabais en el mejor de los mundos... Cuando estamos en el mundo no se puede saber si es el mejor o el peor. Sólo estamos verdaderamente bien cuando no estamos en el mundo... Pero ¿es que...?

¿Qué tal el paseíto?
Bien, muy bien.
Sin embargo, algo os habéis perdido.
¿Perdido?... ¿Ha habido acontecimientos extraordinarios?
Ha telefoneado Madama Albertina.

¡Cielos! qué felicidad. ¿Me dejas?

¿Qué ocurriría si no te dejara? Pasarías sobre mi cadáver.

Oh, Tina, ¿estás ahí?

Sí, bueno, estoy, pero como si no estuviera porque me voy mañana y por no haber podido dar con vosotras se va a estropear todo el plan.

¿Qué plan?

No es telefoneable. Dime, Elena, ¿estará en su casa mi bendita, mi sacrosanta concuñada Laura?

Creo que sí.

Espérame en su casa. No tardo más de diez minutos.

¡Colgó!... Tiene un plan, Isabel, y viene a contárnoslo. ¿No te lo ha contado a ti? A juzgar por tu sonrisita ambigua. ¿Te lo ha contado?

No contesto. Ya lo sabréis.

Pero ¿es que no es encantador? ¿Es que no te ha parecido su voz tan argentina?

Su voz, sí, como siempre... Pero la voz más deliciosa puede atusar a contrapelo.

Cuéntamelo, sea lo que sea.

He dicho que no lo cuento.

Le diré a Tina que no eras tan versallesco como pareces.

¡A Tina!... Tina sabe muy bien lo que es ser versallesco.

*

Consejo de familia: de tres familias reunidas para zanjar o conceder o planear un proyecto o capricho —conveniencia o inconveniencia de dos chicas. Cónclave femenino, Tina convoca a las madres porque se trata de un capricho, se trata de un regalo, esto es una tentación, seducción irresistible para las mujeres. Tina se dispone a seducirlas: expone su plan. Laura lo admite, lo comprende, lo aprueba. Antonia no lo comprende, lo considera como un fenómeno inesperado, una especie de temblor de tierra, que tal vez no llegue a cataclismo, que tal vez traiga o signifique... Eso es lo único claro, lo que significa, una distinción de la suerte, una elevación o premio, una adjudicación del lugar debido a su hija... Pero también un peligro. Y la duda es grande. Busca con la mirada la corroboración de las personas tan estimadas, tan comprobadas como afectas, como intachables, respetables, en fin, superiores en todo. Personas que no podrían aconsejar, si no fuera... Y además el deseo, la ilusión, la ansiedad con que Isabel espera su consentimiento: lo que jamás le negó, lo que es inconcebible que ella pueda prohibirle, privarle... Ariadna duda que vaya a ser posible. Duda como si temiese ser ella la privada, la frustrada... como si la realización del proyecto fuese tan difícil que se pusiera en pie ante sus ojos todo lo perdido: su juventud, su porvenir, que no llegó a venir. Teme que, aunque consienta, no va a bastar con su consentimiento... Teme —se pone por primera vez ante ella de un modo claro la diferencia, no de opiniones, no de ideas ni menos de sentimientos: la diferencia de aceptación—, ella no ha aceptado nunca: ha vivido siempre sintiendo el hachazo que jamás se cicatrizó. No comprendió el vivir abdicando: abdicó sin comprender... Teme ahora que el hacha caiga sobre lo que en Elena es un capricho, pero ¿qué es un capricho?... Es un capricho de Elena: ella sólo ve que es un capricho tan de Elena que es más que un capricho... ¿Destino? ¿Porvenir?... Si es destino, no habrá nada que lo trunque, pero porvenir... ¿y si no le dejan venir?... Tina expone sus bases. Mañana, a las siete en punto, a la puerta. No necesitan llevar nada: el camisón y el cepillo de dientes... bueno, un vestidito coqueto... Estarán conmigo todo el tiempo. No las llevé antes porque no habría podido ocuparme de ellas, pero ahora ya estoy libre de la exposición. Ha sido un éxito redondo: tienen que verla antes que termine... Y les conviene: tienen que empezar a dejarse ver por su profesión, al fin y al cabo... Ariadna, no sé, no sé... yo, por mí... Es la última palabra que pronuncia Ariadna.

Arriba, Ariadna no habla, llora. Algo ha dicho al entrar, algo ha insinuado, en dos palabras tímidas, pero claras, suficientes para exponer el proyecto y la respuesta ha sido «Ni hablar»... Ariadna ha sollozado obstinadamente. A aquel «ni hablar», ha respondido, «ni hablar», no se admiten razones, no se

pierde el tiempo en persuasiones... No hablar, llorar, únicamente llorar y no querer oír... Elena se esconde en su cuarto:
demasiado orgullo para discutir una negación arbitraria. Apaga
la luz, se tira en la cama y oye sollozar a su madre... Está
a punto de ir, pero no quiere afrontar cara a cara la prohibición de su padre... No ha discutido nunca con él, nunca más
que por cosas literarias: nunca le negó un capricho. Esta negación es cosa nueva: marca una época... No puede llorar como
Ariadna: la oye llorar y se asombra de no llorar ella... El
llanto de su madre es un espectáculo, una audición. Es como
tantas veces que la ha oído cantar o tocar el piano y ha admirado su perfección, su maestría... La oye llorar y siente que
nadie puede llorar mejor, pero no porque haya en su llanto
nada teatral, sino porque es tan verdadero que es inigualable.
Elena la oye y se duerme oyéndola: se deja vencer por el
cansancio que sucede a la excitación del proyecto y de la
negación después: se abandona al arrullo del llanto... Se abre
la puerta, se enciende la luz.

¡Buena la habéis armado!

¿Yo?

Sí, tú, porque el capricho es tuyo. Se te debió ocurrir...

¿Por qué se me iba a ocurrir que no me dejasen? Siempre
me han dejado todo.

Ahora has dicho la verdad. Siempre te dejaron todo y ahí
tienen las consecuencias.

¡Las consecuencias! ¿Qué consecuencias?

No te hagas la tonta. Sabes de sobra... conociendo a tu
padre...

Porque le conozco, no sé cómo no comprende...

¡Como si se tratase de comprender!... Bueno, por si acaso,
recoge tus cosas porque tu madre no va a callar hasta que le
convenza.

Es inútil: no va a convencerle.

Yo ya te lo advierto... Recoge tus cosas. Toma, llévate
mi maletín. Es muy viejo: ha recorrido ambos mundos... Tu
tía ha tenido la idea...

¿Quién puede entenderla? ¡Las consecuencias!... Ha encontrado la ocasión de venir a señalar las consecuencias. Un hecho completamente casual, del que yo no he tenido la culpa, se convierte en la consecuencia de mi educación, de la educación que me dieron mis padres, la que ella censuró siempre y ahora, ahora, cuando se tocan las consecuencias, cuando mis padres, mi padre cambia el tono de mi educación, se pone en otra clave, en otra escala, adopta el sistema que ella trató, inútilmente, de inculcarle, ahora me ayuda a escabullirse, escondiéndose en la opinión de la tía... ¡Me trae su maletín!, lo deja ahí tirado en la butaca, entreabierto con su sonrisa de cocodrilo... Debe de haberlo revisado bien, ¿no quedará en algún bolsillito alguna nota de mi abuelo, algún papel con un esbozo de Ariadna?... No, no queda nada, no quedan papeles ni notas ni alguna entrada de algún teatro americano, alguna invitación a un concierto... No queda nada. No quedan las notas escritas, los pequeños testimonios que busca Elena: quedan las notas del llanto de Ariadna, el espíritu o el extracto de lo que inspiró al maestro: el llanto, el canto del dolor, lo que sobrepasa a la palabra, lo que recorre y agota las razones, las defensas, lo que pasa por todos los grados de la esperanza —creciendo y decreciendo— y llega al abandono. El maestro conjuró —con esa llamada que es la creación, con esa adsorción, succión de lo excelso, hasta el éxtasis—, conjuró el dolor del abandono sobre la Ariadna viva, naciente en el ascenso de la esperanza, ahora abandonada de lo que fue vocación, proyecto, ahora descenso de la esperanza, abandono de la juventud, de lo que pudo —durante un cierto tiempo— haber sido. Y el abandono de lo posible —lo posible, hermosísimo de frente, cuando está frente a frente, y, al volverse, horrible. Espalda horrorosa alejándose: a medida que se aleja, cada vez más claro su horrible dorso de impiedad—, el abandono aparecía, ante Ariadna, pertinaz, demostrándole que podía arrojarse con sus garras de buitre sobre la juventud de su hija y no había palabras, no había razones para espantar al fantasma: no había más que llanto, canto sollozante, como un espasmo, como una culminación de lo que ya no puede llegar a más... Y Elena tampoco puede soportar más la luz. No tiene valor para ir a ver porque no va a ser sólo ver: va a tener que entrar en la lucha y le faltan fuerzas para ingresar en un tono distinto del habitual. Necesita pensar, meter la cabeza bajo la almohada, apagar la luz, pero no llega a alcanzar la pera que cuelga sobre... Se abre la puerta...

Anda a ver si se calla tu madre, que ha encontrado un modo original de suicidarse.

¡Un modo! ¿Qué modo?

No sé si le dará resultado, pero llorar durante seis horas es como para reventar a cualquiera.

¡Qué original!... Por lo menos le reconoces que es original. No te falta más que aplaudir...

Te he dicho que vayas a hacerla callar. Ya arreglaremos cuentas a la vuelta.

¿A la vuelta de quién?

A tu vuelta: no quiero ser yo el criminal. No quiero ser responsable de las consecuencias.

¡Las consecuencias! ¡Tú me sales ahora con las consecuencias! Yo creí que eso era sólo frase de mi abuela. ¡Las consecuencias! ¿Qué consecuencias? ¿Quieres decirme qué consecuencias?...

No, no quiero decirte nada...

Pues esto sí que es novedad y no sé a qué consecuencia se deberá. Esto sí que es original porque siempre te has hartado de decir, de decir todo, hasta el colmo de la explicación y un poco más...

Pero ahora no, porque no es posible explicar las consecuencias, no es posible explicar lo que se sabe con un saber esencial, inexplicable: lo que saben los dos contendientes. Lo que trae a la mente o la memoria de Elena... aquello de Rubén y de Luis de Val, aquello de las porteras y de los niños que se pueden traer en la barriga... Aquello es el intríngulis, pasar una noche fuera de casa, como si eso fuera efecto de la noche... La noche, los gatos por los tejados... Un anhelo casi de infancia, cuando se creía en eso de la noche, se temía, se deseaba, se entendía como poder mágico que hacían los niños de los gatos: los gatitos, que no eran nada grave, y, en cambio, las chicas no pueden andar por los tejados, no pueden pasar una noche fuera de casa sin venir con un niño en la barriga… Todo esto, tan pueril, tan superado… todo se pone de pie en la mente de Elena y no la deja mantener una discusión clara, serena, como siempre tuvo con su padre. Ahora las razones se atropellan… siente que es su multitud lo que le impide hablar, pero su índole, su profundidad, su totalidad. Y también es la percepción de otro tanto en la mente que no podrá —tampoco— rebatirla… Por el oscuro sentimiento comunicante de lo que, aunque sólo anhelado por ella, ve que se está agolpando en la mente de su padre. El armiño… la imagen del armiño esgrimida contra la petulancia suegril, suegresca, vaticinadora de desastres por la insuficiencia de una educación que no es bastante racional, bastante señorial, que es demasiado *anarquista*… Y el armiño venía ahora a la memoria, ofendido por la desconfianza. Se mostraba, se exhibía resplandeciente, inmaculado, pisando el cieno de la noche, sin mancharse y, lo que en otros tiempos apareció como orgullo, ahora provocaba indignación, ahora aparecía con una fuerza desafiante reclamando sus fueros, los que le había dado su orgullo mismo, gritando, exigiendo, increpando… Si de ese orgullo me creaste…

Anda a hacer que se calle tu madre, te he dicho. No puedo aguantarla…

Elena embute cosas en el maletín, con la cara llena de lágrimas de su madre… Ariadna calló en seguida y ayuda a embutir cosas… Ya hace mucho que amaneció… Las siete… El coche de Tina a la puerta.

CUANDO PASA ALGO, lo normal es que se note y cuando algo no pasa como pasaba habitualmente y se le veía pasar, cuando *algo* no pasa, se puede decir que la ausencia de ese *algo* es lo que pasa. Si ese algo es alguien, pasa —acontece— su ausencia, que es registrada por la tensión de los vínculos muy íntimos, muy legítimos, patentes de hecho y de derecho. Esos vínculos son afectados por una especie de dolor: el temor se hace doloroso porque la cuerda finísima que es el istmo cordial se adelgaza a punto de romperse por la ausencia tirante... Esto acontece de persona a persona: el temor doloroso se adueña de uno de los extremos del hilo —también, a veces, de los dos— y duele; más que por la evidente carencia de presencia y contacto —remedio único para los males de amor—, la presencia y la figura duele por el temor de lo ignorado, por la privación de la noticia, por la imposibilidad de ejercer vigilancia, de parar cualquier golpe o curar todo leve arañazo, en fin, por esa cura o cuidado, tan desasido de egoísmo que olvida el dolor de la tirantez en su propio miembro —su deseo, su deleite— y sólo tiembla por la existencia real de lo ausente. Son millones de páginas las que se han escrito sobre este tema y millones de hombres los que lo han vivido sin escribirlo. Hablar de ello ahora no tiene más sentido que el de entrar, mediante un preámbulo, en el clima de un hecho de esa especie, pero no, como el ya citado, hilo comunicante entre persona y persona, sino red complicada, sutilísima —tan sutil que casi nadie la nota, es decir, que lo que ahora toca señalar no es lo que se nota, sino lo que se impone sin ser notado, lo que, si se formula, resulta poco verosímil, pero su acontecer modifica o determina o tiñe de su color esencial la realidad de un mundo, en fin, de una parcela o rincón del mundo que, por su coherencia, se puede vivir como mundo. Ese mundo se conmueve... no, se resiente, porque se trata de las correspondencias o engranajes que podríamos llamar internos, profundos, esenciales, y que bastaría con decir habituales, elementales... Pero no, no bastaría porque, en efecto, son elementales y habituales los que señalamos, pero si no estuvieran sustentados, repletos de vasos sanguíneos, es decir, de riego vital, no habría por qué hablar de ello y, aunque esto es ya hablar hartamente, no llega a ser más que un leve signo de atención hacia el mundo que se resiente cuando algo —o alguien— se escapa de la red. No se trata ahora del desgarramiento de las despedidas, de las separaciones sin esperanza, ya queda dicho que es lo habitual, lo elemental, lo que basta para causar un desequilibrio en el orden, una pérdida del compás. Esto es lo más justo respecto al hecho de que tratamos, una compresión o dilatación del tiempo, un modo de sucederse las cosas atendiendo a lo que no sucede como presencia, atendiendo a lo que no está aquí, pero va a estar y se vive lo presente reservando una porción —la ración que les corresponde— a los que se fueron, pero volverán, y la impaciencia hace interminables las etapas. Hay un primer período de desconcierto: el radar de un bicho, las antenas de un insecto se desconciertan si ocurre un cambio en su medio y anda de un lado para otro, sin saber por dónde escapar o dónde esconderse... El bicho humano... cuando sufre una modificación en su mundo vital, en su conjunto, acorde o escala de humanidad, se queda desamparado como un bicho, tantea, palpa su desamparo y no sabe qué hacer, ¿escaparse? —desinteresarse—, ¿esconderse?, hundirse, sumirse en el desconsuelo... Ésta es la primera etapa que hay que atravesar cuando se produce la ausencia. Luego viene la etapa de aceptación o, por lo menos, de racionalización del hecho, etapa larga, árida, en la que el hecho se abisma, se deja recubrir por lo contingente, pero se conserva, emitiendo su tono desde abajo... Luego viene la etapa de la esperanza, la etapa que va hacia el final radiante y puede hacerse larga, desesperadamente larga: la impaciencia en ella se atraganta y no ve el momento de acabar de engullirla... Estas etapas son de dimensiones muy variables: pueden ser definitivas, esto es, constituir las etapas de una vida. Pueden ser muy breves y aparentemente superficiales

—aparentemente porque todo lo que de verdad *es,* no es nunca *de verdad* superficial— y tanto las grandes o graves o importantes como las pasajeras, sin consecuencias notables, todas tienen ese peculiar transcurso, todas pasan por tres estados, en el positivo acontecer de la ausencia... La ausencia de Elena e Isabel en la escalera, en el ámbito materno de dos casas, en el diálogo didáctico, magistral, futurista... En la calle, en la esquina, allí donde la ausencia de Isabel es una insoportable ansiedad... y la de Elena una especie de pausa o compás de espera... Las tres etapas transcurren durante el largo viaje... Las siete de la mañana de un sábado, la primera. El domingo, todo un domingo, la segunda. El lunes, todo el lunes, hasta la caída de la tarde, la tercera y última... Indecibles cosas en las tres etapas del largo viaje... Claro que esas etapas —porciones de tiempo, medidas por el reloj, el más íntimo, el que más próximo al corazón lleva colgado el hombre, el más confidencial de sus instrumentos, asesor administrativo de esas porciones medidas con esmero, con avaricia con temor o terror—, porciones de tiempo, útiles del alma humana, con los que actúa o en los que se sumerge. Y también el ámbito donde todo ello ocurre, el hábitat urbano tan realmente natural como cualquier madriguera, topinera o cubil, que es expresión, semblanza, impronta del bicho que lo habita, que lo hace con sus uñas... La huella de esas uñas es lo que lee el grafólogo en los vericuetos de la ciudad. Los barrios están apersonados en un estilo, color, olor, temperatura, se distinguen, incanjeables... Igualmente las casas, cada una de ellas. Empezando en sus ladrillos como miembros del barrio y luego entregando sus órganos, vísceras —rincones donde se duerme, ventanas ante las que se come, hornillas generadoras de humos olorosos, grifos de agua fresca, adorable en verano, cruel en invierno—, entregándole todo al habitante, identificándose con él y cuando él las deja —*él* es el que se adueña de todo o, más bien, el que lo constituye en ámbito, lo une, lo personifica—, una especie de soledad delata esa unión, señalando, por partes, lo que era uno, lo que había sido siendo uno a través de sus transformaciones —infancia, pubertad— tan determinadas como el paso del juguete —muñeca o peon-

153

za— al lienzo y caballete, al libro y pantalla meditativa, nocturna representante del desvelo... De arriba abajo, el cuchitril que fue estudio, hábilmente acaparado por Elena, y luego, paulatinamente traspasado a Isabel, por haberlo —Isabel— conquistado por el único —más noble, puro, legítimo— derecho que fructifica biológicamente, la constancia... Por todo esto se extendía una soledad, una mudez que demostraba la imposibilidad de diagnosticar el subitáneo, imprevisto, largo viaje... Uno por uno, los que permanecieron fueron leyendo la soledad de la casa que quedaba en simple soledad, sobre ella había que vivir los tres estados y, cada uno, los vivía a su modo.

*

Ah, buenos días. ¿Qué tal? ¿Cómo usted por aquí?

Buenos días. Muy bien, gracias. Se me ocurrió bajar porque llegué y vi que Ariadna no estaba en casa... Y ahora llega usted, claro, porque ya es hora de comer. Voy a ver si me la llevo.

¿Por qué se la va a llevar? Es muy pronto todavía. Bueno, pase, no vamos a quedarnos en la escalera porque no es ni pronto ni tarde. Yo llegaba ahora, pero quién sabe cómo andarán las cosas.

Ya, es lo que yo pensé, Ariadna ahí toda la mañana, charla que charla, sin darse cuenta...

Eso, vaya usted a saber... Mírelas, ahí están las dos. Lo probable es que estén haciendo por darse cuenta...

¡Ah! ¿Qué haces tú aquí?

Ya ve usted que no está haciendo nada. Pesqué en la puerta a su marido, con la mano en el timbre, dispuesto a llevársela a usted porque ya es hora... Claro que alguna hora será, pero ¿por qué ha de ser la hora de llevársela?

Sí que es hora, sí: ya estaba disponiéndome, pero...

No hay pero... Véngase usted a mi despacho y déjelas tranquilas. Tomaremos algo hasta que llegue la hora en cuestión. ¿Quiere usted un poco de jerez?

Muchas gracias, yo no bebo nunca. Pero no es que tenga el prejuicio: es que no tengo la costumbre.

Muy bien, eso es poner las cosas en claro. Si no tiene la costumbre, pero no le disgusta, está usted capacitado para que le guste más. Sobre todo para saber si le gusta, porque con la costumbre nadie sabe enteramente. Siéntese ahí, ésa es la butaca de las meditaciones.

¡Magnífica! Muy confortable está esto para trabajar.

Sí, pero no crea que trabajo mucho. Doy mis clases, callejeo, voy al café... Un modo como otro cualquiera de perder el tiempo... Esta frase, que emplea uno con tanta frecuencia, ¿no le parece un poco estúpida?

La verdad, no lo había pensado, pero puede que tenga usted razón, porque si pierde uno un duro nota que no lo tiene en el bolsillo, pero el duro está en algún sitio y alguien lo coge y lo gasta...

Caramba, tiene usted un sentido deductivo poco frecuente en un poeta... Bueno, no me haga caso: éste es otro lugar común de los que uno repite como un loro. No hay ninguna razón para que no tenga sentido deductivo un poeta. ¿No le parece?... Supongo que lo sabe mejor que yo porque usted es o ha sido poeta, ¿no?... Otra cosa que no se sabe si se puede o no se puede perder.

Ah, sí, ésa sí se pierde.

No lo creo: es pura aprensión. Es como si cree usted que ha perdido un duro, o cien duros, porque no sabe dónde los ha puesto.

No, no es lo mismo: es que no los he puesto en ningún sitio. Si los hubiera puesto, ahí estarían.

Bueno, verdad será, pero entonces, ¿por qué no los puso cuando los tenía?

¿Cree usted que los tenía?

Hombre, eso se dice y, por lo poco que he podido ver, diría que sí.

Pues no lo diga, porque lo que se dice, lo que dice todo el mundo es que «el que tiene una peseta, la cambia».

No sirve el parangón monetario porque una peseta, un duro, no son para cambiarlos, son para adquirir algo. Compra usted una cosa y se queda con la cosa y sin el duro... El que hace un poema no se queda sin cinco pesetas de poesía.

No, ¡todo lo contrario! El que lo hace es el que no se queda. El que no lo hace es el que ya se había quedado.

Una relación económica, adquisitiva, como la del tiempo: a no emplearlo le llamamos perderlo.

¡Claro que es perderlo! Se le cae un duro del bolsillo y ve usted que va rodando y se mete por la alcantarilla... Lo mismo es el tiempo, mira usted atrás y ve que ya ha pasado el tiempo de las alcachofas.

Eso, es verdad: la condición germinal del tiempo, ¿no?...

Eso es, eso es, eso es... Ya ve, cada día es como un huevo del que no sabemos si va a salir un pollo o un avendajo, ¿por qué no?... ¿Sabíamos ayer lo que iba a salir del de hoy?... ¿Sabemos lo que va a salir del de mañana?

Claro que lo sabemos, con un noventa y nueve por ciento de probabilidades... con un total, si sabemos quién puso el huevo... .

Bueno, bueno, es un decir... Pero ¿no ve usted lo diferente que es hoy, el día de hoy por la mañana, de otros días?

Es que todos los días ponía el huevo la costumbre y hoy... ¿Quiere usted otra copita?

Usted manda. ¡Es estupendo!

No está mal, no está mal. ¡Ahí llega Ramón! Éste sí que tendrá una idea clara de la hora que es.

Las tres y media. No, exactamente, las cuatro menos veintitrés minutos... Pero no veo actividad. ¿Están ustedes echando de menos a las niñas emancipadas? No las creí tan barbianas... Y el escándalo por las escaleras ¿no se han enterado?

¿Qué escándalo? No hemos oído nada. ¿Qué ha ocurrido?

Qué sé yo, no me he puesto a averiguarlo. Oí gritos femeninos, improperios, femeninos también y malsonantes. Demasiado malsonantes para femeninos, pero a juzgar por las voces...

Bueno, me parece que es cosa de ir subiendo. Ariadna, tu madre estará dada a todos los demonios...

«Son las tres de la tarde»... No es julio, sino mayo, pero sí Castilla: la llanura se extiende por la escalera como un espacio abierto al resol. El bochorno, el resistero no se aduerme en la modorra de la siesta: hay huellas de huracán, hay residuos de chubascos verbales que ya no arrecian manifiestamente, pero persisten emboscados en cuartos o cocinas, en retretes, por entre fregaderos y artesas, por entre carboneras o debajo de camas o roperos... En lugares muy interiores de todos los pisos quedan, repercuten denuestos, relatos que transmiten, comentan, mantienen la imagen o situación o hecho denostado... Breves murmullos, cuchicheos momentáneos que parece que van a crecer, pero se apagan pronto sofocados por discreta contención o por suficiente y más bien colmada medida de injurias, de acusaciones... Todas las voces, los vocablos del oprobio marcando a fuego el anca de la res derribada allí mismo, en la escalera: tramos hacia arriba, tramos hacia abajo —allí había caído perseguida por los sabuesos de la culpa, mordida en los calcañares... En la mitad del día —horas hacia arriba, horas hacia abajo... ¿puede ser?—, las primeras horas ascendían hacia la aceptación del día extraordinario, la mañana prometía transcurrir después de ocurrido lo ocurrido —la partida—, ahora sólo quedaba ver cómo iba a ser el día después de la partida, y parecía que todo pasaría sin pena ni gloria, que no habría más pensamiento que el de imaginar las vicisitudes de las que partieron... Imaginar, temer, dudar de si fue acierto o desacierto... ¡Qué suerte, Dios mío! ¡Qué suerte este viaje, caído del cielo! Y haber dudado yo entre consentirlo y no consentirlo, temiendo que pudiera pasar cualquier cosa... ¡Siempre temiendo que pueda pasar cualquier cosa! y aquí, donde una no sospecha que pueda pasar nada, armarse este alboroto que, después de todo, a una ni le va ni le viene... ¡Y meterme a mí en el ajo!... ¡Vamos, no quiero ni pensarlo! ¿Qué es lo que podría yo haberle explicado, cuando no había nada que explicar?... Todo estaba a la vista... ¡Vamos, vamos, es que podía haberlo visto con sus propios ojos! ¿En qué se quedaban las explicaciones?... ¡Verlo!... Los ojos de Isabel, al volver a casa, podían haberse encontrado con aquello: allí tirada en la escalera, derrumbada por el espanto, inmo-

vilizada por el hecho consumado... Los ojos de Isaben fijos
en aquello, en aquel pedazo de carne, de pelos negros, de
muslos y pantorrillas gordas, corriéndole la sangre hasta las
alpargatas... Corriendo, bajando la sangre a toda prisa los
escalones, hasta tres escalones, con esa prisa que se dan los
líquidos —cuando se cae el aceite y hay que atajarlo para que
no se extienda—, y la sangre corriendo y ella, el pedazo de
carne, las piernas gordas, mirándola correr con horror... y las
manos gordas queriendo contener inútilmente, y los ojos de
Isabel fijos... ¡para siempre!... Los ojos que nunca lo vieron,
que, ¡gracias a Dios!, no subieron aquel día la escalera, pero
que serán siempre para Antonia los ojos de Isabel fijos en la
sangre que bajaba los escalones... Y los gritos de la otra, la
Sinfo, llamándola a ella como se llama al médico... como se
llama al electricista cuando se corta la luz porque el electricista sabe, entiende de eso y ella... Eso es lo que quería decir,
llamándola a gritos, «baja, tú que entiendes de estas cosas»...
y bajó... ¿Qué remedio?... Dos años sin portero la casa, dos
años disimulando, evitando que se note la falta porque un
portero nuevo era perder el cuarto, el alojamiento mantenido
tan trabajosamente, tan dichosamente, tan insustituible, tan
querido por lo perfecto, como hecho a la medida... ¿Quién
podía sospechar que ocurriese una cosa como aquélla, que
alguien se creyese con derecho a gritarle, «Baje usted —ella
no le dio nunca confianzas—, baje usted, Antonia, que aquí
ha ocurrido algo»... Y luego, nada más señalando a la burra
aquella, allí tirada, muerta de miedo, «A ver si va a irse en
sangre»... ¡A ver!, esperando a ver, así, desde la barrera porque no quiere meterse en compromisos. Quién sabe si habrá
que dar parte. Y la señora... ¡la señora!... la patrona, que es
lo que no quiere que le llamen, la patrona temblando por la
reputación de su casa y sin saber qué hacer con el pedazo de
carne: queriendo echarla a patadas allí mismo y no atreverse
porque echarla sería dejarla ir en aquel estado y la cosa acabaría por saberse. Pero meterla en la casa es como admitir...
y hay una insinuación de subirla... y ¡eso!... ¡Eso, ni por
todo el oro del mundo! Y se asoman las viejas del tercero y,
¡gracias a Dios!, se oponen... y no, no hay que tener tan poca

caridad. No se puede hacerle subir dos pisos de escaleras y no hay quién cargue con ella... ¡y aunque lo hubiera!... No hay que subir aquello, aquel ser que parece que se va a morir, pero que de pronto algo hace ¡plaf!... y se recobra, siente que es asunto concluido... Sólo falta recoger, esconder... y los ojos recobran una chispa de inteligencia o de astucia o de sentido común —ya que alguien dijo que cualquier pedazo de carne humana contiene su poco de sentido común— y guiña el ojo a la que supone que entiende de eso y ella, Antonia, entiende el guiño y entra —porque está abierta la puerta—, entra por detrás de la patrona adonde nunca entró y va derecha al cuarto y tira de la sábana. Mira la cama, echa un vistazo en redondo al cuarto donde seguramente ocurrió aquello, porque aquello tuvo que ser ejecutado por alguno de los moradores, huéspedes de la patrona, viejos militares, viejos empleados ¡no tan viejos!... Y viene con la sábana y ayuda a cubrir, a envolver lo que no es más que un ¡plaf!... Y el pedazo de carne echa a andar y sube los dos escalones que le faltaban para entrar en el piso, los que no había podido subir por el terror, porque le era preferible morir en la escalera. Aunque, en aquel momento, el pedazo de carne no era todavía dueño del sentido común y sí era presa del terror animal... aunque tal vez no tan animal como para no poder preferir... Había preferido morirse en la escalera, pero en cuanto vio que no iba a morirse, que era asunto concluido, vislumbró que se podía disimular, que se podía tapar: percibió que era ayudada por la que entendía y se agarró a ella, y entró. Se apoyó en su hombro cireneo que la condujo, con todo su peso... Las dos pasaron junto a la patrona que se echó un poco atrás —marcó su repugnancia, su ofensa, su rencor— y Antonia la llevó hasta dejarla caer sobre el colchón descubierto y fue a buscar las cosas de la limpieza. Las cosas, en la cocina donde jamás había entrado, donde jamás se habría creído con derecho a rebuscar por los rincones, pero rebuscó y encontró, y fue corriendo a limpiar la escalera, a echar lejía sobre las manchas, una vez raspados los rastros de los regueros que se habían detenido absorbidos por la madera. No más de dos milímetros de espesor asentados, fijos en los sinuosos meandros que trazaron en el segundo escalón y en las gotas redondas en el tercero... Todo quedaba decolorado por la lejía y la arena gredosa lo blanqueaba luego, dejaba los tres escalones empolvados como una cara que disimulase el llanto con los polvos de arroz... Y aquí no ha pasado nada. Eran las dos y media cuando empezó y todo ello no duró más de quince o veinte minutos. Todo ello había acontecido cuando el pedazo de carne, la maritornes rechoncha, abotijada, subía de la panificación con la bolsa del pan francés caliente, el que gustaba a los huéspedes, y había echado a correr porque era muy tarde y, con la carrera, las hierbas, las sales y potingues facilitados por viejas celestinas, habían hecho efecto: se había activado lo que sólo su rústica fortaleza contenía, porque las pócimas eran eficaces y sólo esperaba el resultado a fuerza de subir y bajar... Y al subir se había encontrado en el descansillo con el señor del tercero y se había pegado a la pared para dejarle pasar. Y allí pegada a la pared, acongojada por aquella detención que le pareció que retrasaba su llegada al cuarto, una cierta vergüenza de que un hombre, un señor, la viese en aquel momento, una vergüenza en forma violenta como una emoción o simplemente un susto, la agitó, la precipitó en el caso, la situó en el momento temido y deseado o provocado: el golpe de su corazón la puso en el momento culminante en que ¡ya está!... ya no hay nada que hacer, ya no es posible subir un escalón más, ya no hay más que dejarse caer y, a lo mejor, morirse... No había más que derrumbarse aceptando el fin como lo acepta el toro en la plaza, con el borbotón de sangre por las narices... Se había dejado caer sentada, creyendo que su peso contendría lo que no convenía contener, pero sentía que le había llegado la hora y que estaba sola... Pero no estaba sola, la otra venía detrás. La otra, la que se dio cuenta en seguida y llamó a la otra... a la que debía entender, y así había sido. Todo había quedado despachado en un momento: quince o veinte minutos había durado la representación, la tragedia: la muerte se había enseñoreado de la escalera por quince o veinte minutos y no había habido público, todo había quedado entre los personajes. Las viejas, en el tercero, asomadas, imponiéndose como ménades, mientras la patrona aniquilaba con denuestos a la inerte, tirada, agonizante —parecía—, eso era lo grave, que pudiera agonizar de veras y la muerte del pedazo de carne no se pudiera echar a la basura. Pero no había habido muerte, visible. Nadie había visto nada, sólo en el último momento el chico, Ramón, subía y veía que Antonia andaba por allí con un cubo, pero a él ¿qué le importaba?... Cuando Ariadna y su marido subían al tercero, ya no quedaba nada: quedaban las huellas del huracán. La hora de la siesta no tenía transparencia, el polvo no se asentaba y se metían de prisa en su cuarto, donde pronto les contarían lo ocurrido. Para ellos no sería, lo ocurrido, más que un relato: no conservarían la imagen de la muerte cerniéndose sobre la derrumbada... Sólo Antonia se quedaría fija, arrodillada ante ella, dando gracias a Dios por el viaje, por la ausencia salvadora, roedora como la lejía de toda mancha... Su detención, su pasmo, no eran más que un modo de realizar en su mente lo ocurrido para medirlo y pesarlo, para saber las dimensiones que debía alcanzar su gratitud... Arrodillada —su alma— ante el suceso, miraba como si ella fuese el público que no había habido y como si viese los sucesos que no habían sucedido. Miraba los ojos de Isabel, oía las preguntas de Isabel o su silencio, su orgullo sin preguntas y buscaba respuestas para lo que ella misma se preguntaba. Porque ella era la única que podía preguntar: su pregunta era consecuencia de su saber. A ella la habían llamado porque sabía lo que es eso... ¿Qué es eso? ¿Sabía ella lo que es eso?... vamos a suponer que, puesto que daba gracias a Dios, sabía la importancia de lo que quedaba encubierto, el hecho sucedido, pero ¿por qué suponer? —¿quién lo supuso, quiénes, cuántas, todas... todas las hembras de la casa?— ¿por qué suponer que ella sabía lo que es eso?... El parangón lo había establecido la Sinfo, su semejante de clase, de situación, pero ventajosa por no estar en la situación crítica, ventajosa hasta darle derecho a igualarla a ella... Una angustia colérica le subía a la garganta, pero no le llegaba a la cabeza, no la ofuscaba: la impulsaba a comprender qué era aquello que decían que ella sabía... En la mente de Antonia, la pregunta era infinitamente compleja y matizada —infinitamente, se puede

decir, porque es cuestión de combinaciones—, compleja porque la faceta real, social, podríamos decir —podríamos decirlo,
pero no Antonia: ella podía respirarlo, pero no decirlo—, la
faceta real de su clase, su condición de sierva, mujer de servicio, su orfandad ¿era algo excepcional? No, otras habría
igualmente desamparadas —el parangón era lo que quería, lo
que necesitaba entender para vivir: necesitaba comparar y
entender lo que los otros veían claro... los otros, las otras
de su misma clase, las que la llevaban a desenredar la diferencia de aquella igualdad de chicas de servicio preñadas, descuidadas de sus deberes, descuidadas de ellas mismas: arriesgadas al desastre, a la perdición —no del alma, cosa que no
cuenta en el asunto: el alma es la que lo sufre, es la mente la
que se rompe la cabeza. Todo esto se debatía en la mente de
Antonia, con una precisión, con una justeza esencial, más
certera, inamovible, infalible, fija en el quid de la pregunta con
certeza tan axial como en cualquier mente lógica, analítica,
pertrechada con todos los saberes... Porque, ciertamente, valdría la pena «saber lo que pasa en la mente de un tonto», pero
es fácil suponer que su laberinto es pobre en revueltas, en
encrucijadas y rodeos porque sus informaciones no pueden ser
gran cosa —si lo fueran, no sería tonto—, en cambio, en la
mente de un simple, mente bien provista por ojos y oídos,
tacto, sexo... Tacto inicial, desde la testa materna fraguando
el calor que se llama ternura, urdiendo el posesivo anhelo
que se llama amor... Todo esto en la mente que no cuenta con
palabras, pero que ¡también! posee el anhelo de la palabra,
sabe que sólo la palabra puede darle el reposo corroborador...
todo esto queda disminuido si lo definimos o describimos tratando de aclararlo... No se puede simplificar porque en la
fórmula críptica del helecho está todo el guipur de la hoja,
con sus relieves, con el desarrollo de su voluta —su estar
envuelto y desenvolverse— y su color y su olor... Y si no
es así de complicado, no es helecho... y si no se debatiesen
en la mente de Antonia las percepciones táctiles de todo lo
concebible... de todo lo que, sin duda alguna, entraba en el
asunto: el amargo rechazo del comadreo sin piedad, la espesa,
idiota, obtusa desgracia de la *sirvienta* —la fregona, maritor-

nes que sirve a los huéspedes— ha visto la cama que frecuentó alguno de aquellos jubilados, ha olido sus colillas, ha entrevisto sus gargajos, ha supuesto las propinas, las proposiciones o tratos —el olor terrorífico de lo que puede alcanzar categoría de delito—, todo esto y cien mil veces más, se acumulaba en su alma —porque aquí es donde cuenta el alma... El alma era su sí misma, padeciendo en cada uno de sus órganos una especie de presión dolorosa como el presentimiento de una amputación o un arrancamiento... Terror en el corazón del alma por todo lo que se puede perder... angustia, desvelo en las manos del alma como si tuviesen que escoger lentejas o enhebrar agujas en lo oscuro, deslindar, entender lo que llamaban igualdad... En el vientre del alma, en lo más ciego, pesado y carnal, un asco, un rechazo o náusea cruel: su alma vomitaba la piedad porque había estado demasiado cerca, ¿de la sangre?, no, de la criatura que perdía su sangre... Y ya, sobrecargadas sus fuerzas, su alma buscaba refugio en la memoria, pero la memoria no la dejaba detenerse en estancias accesibles de su pasado. Podía, como cualquier memoria elemental, concluir, «yo hice tal cosa», pero un fondo de memoria casi inalcanzable la llevaba a recuerdos primarios, que no consistían en lo que hizo o no hizo, sino en sucesos... no, en procesos... Ésta es la cuestión, procesos. Si no se tratase de procesos, más que lógicos forzosos, no podríamos decir —y nos arrogamos ese poder que sólo el Omnipotente... ¡claro está!... pero que, puesto que tratamos de ver el proceso que siguió un alma humana, un alma que quiere respirar, es decir que quiere alentar y no darse por muerta, no dejarse matar por una palabra, basta con que nos atengamos a un proceso de amor... No al proceso de un amor, hay que tomarlo desde raíces, desde semillas porque se trata del proceso en que se desarrolla un ser para el amor. Sin magnificación, ni mucho menos idealización: es una investigación que sigue —o persigue— una lógica irracional, esto es lógica hermética, místicamente velada y perceptible sólo al buen oído. En fin, un ser para el amor se desarrolla desde su semilla con un olor especial hasta que hace eclosión, se corola y se mantiene a través de todas sus vicisitudes —hechos, realizaciones, frustraciones— y queda en la memoria que, en cualquier momento, puede actualizar su nota... El recuerdo primario no es un hecho, es la causa de todos los hechos y la mente simple lo encara con una conciencia también primaria hasta divisar algo que no puede decir, *esto es la causa,* ni siquiera lo que le enseñaron, *esto es la culpa*: dice, más simplemente, *esto es lo que tiene la culpa.* Y alcanza a ver no hechos ni actos, sino estados que, para presentarse, arrastran imágenes... ¿Por qué esas imágenes, en el momento de la suprema angustia, brotan en torrente? ¿Consoladoras o turbadoras?... brotan incontenibles, con su color y su olor como cuando hundía la cabeza en el trébol, alto como una alfombra, como una cama: el olor de las vacas, el corral, el celo pertinaz del gallinero... El recuerdo de un primer movimiento inaugural de la pubertad se imponía a su memoria con el misterio de su ansiedad intacto, una ansiedad que era como un «prepárate porque más tarde esta ansiedad tendrá un nombre». Una ansiedad que hacía trastrabillar, que sorprendía como un encontronazo contra ninguna cosa, contra el propio fondo... Un choque que no se sabe qué, una especie de convulsión interior, una afluencia casi dolorosa de sangre que hinche los entresijos... Y así había sido más tarde, aunque no mucho más tarde: la ansiedad dejaba de ser vaga, se condensaba en un latido que parecía provenir del corazón, de eso que se llama el sentimiento, de eso que para atreverse a nombrarlo se le llama amor, pero que no queda en mera ternura ni en mera adoración de la imagen que lo provoca, sino que dilata y hace insoportable el propio cuerpo y, en el insomnio, agudiza los sentidos en la espera de lo que puede llegar y hacer real lo increíble, lo aterrador y deseable como la costa lejana de lo que deberá ser el vivir... un vivir por el que se daría la vida. Y el recuerdo de lo realizado... ¿Realizado por ella?... ¿Era ella la que lo había realizado desde su insomnio, desde la oscuridad de su cuarto, al que nadie había de llegar, sino del que ella tenía que salir ahogada por el calor insoportable y saltando al oír el rumor ligero, y arrojándose a lo esperado con terror, sabiendo que va a ser atropellada por lo que será su propio triunfo?... El recuerdo difunde en ella cierto consuelo o más

bien cierta placidez como cuando se mira una obra terminada... tranquilidad de ver lo que se ha hecho... Pero ¿por
qué saben —todos, cualquiera— que también se hizo lo que
no se ve, lo que no quedó ahí delante?... Porque, si desde lo
alto de la escalera de mano, fregando cristales..., si allí enca-
ramada, acogotando a su alma, descoyuntándola para obligarla
a hacer lo que debía hacer..., si desde lo alto de la escalera
hubiera caído —se hubiera dejado caer; porque cayó, hizo
todo lo necesario para caer, pero sin dejarse, sin entregarse
a la postura debida, adecuada al costalazo... Si no hubiese
efectuado en el aire, en los tres segundos en que su cuerpo
ya iba bajando —una mitad del espacio antes del choque, el
segundo de en medio de los tres que había de consumir la
caída—, si no hubiera efectuado un movimiento supremamente
hábil, racional, medido con la precisión de un gimnasta..., de
un gato: con el talento de un gato dueño de su infalible elas-
ticidad..., si no hubiera opuesto al suelo cuatro patas, dos
manos y dos rodillas..., movimiento justo, matemáticamente
justo el que *debía hacer*... Allí, en aquel momento en que se
realizaban sus dos deberes, triunfando el máś gatuno, el más
irracional... Si en cambio hubiera triunfado el otro se habría
estrellado en el suelo y la sangre habría corrido hasta sus
alpargatas... Pero no corrió la sangre, sólo una gota de la piel
magullada en la rodilla donde la rótula sufrió detrimento en
su ajuste con la tibia... Si hubiera triunfado el deber consciente, el deber de la conveniencia, de la propia salvación, todo
habría quedado en un *plaf*... como aquél, que se podía recoger
con la bayeta... La memoria pinta —ésta es la forma que
vulgarmente se llama sentido figurado y que, como tanto se
usa, ya está desgastada, pero *pinta,* la estricta realidad es que
pinta porque, sin reflexión, o al contrario como lo reflejado
en imágenes de tres —o innúmeras— dimensiones pone ante
los ojos lo que fue, lo que pudo haber sido, lo que en el fondo
—en el último fondo— era... Y lo que era, era la creación
más gloriosa... Gloriosa en su origen, gloriosa en su resultado,
y claro está —tan claro como el agua clara— que había una
causa real idéntica en todo ser vivo... aquel remoto aroma
del trébol que agolpaba la sangre en los entresijos... Por eso,

porque es idéntico, es por lo que saben que cuando hay algo que se ve, hubo algo que no se llegó a ver... Y todo ello en el recuerdo, en la imagen pintada por la memoria y, más que vista, contemplada con una especie de veneración, más allá de la comprensión... Contemplación de lo persistente, de lo no desgastado, no empañado por las transformaciones de los años, la madurez, la disciplina... disciplina en las hojas de las plantas, que parecen adorno... Contención fácil de mantener por no haber sido nunca atropellada por el propio cuerpo, que seguía absorto en lo sido, que no tenía distancia de pasado, sino presencia de árbol con su médula de constancia difundida en ramaje de todo tiempo, de verde perenne que nunca se podía llamar pasado porque nada pasaba en un ser que era, desde sus raíces, un ser para el amor... Lo que la consuela o la aplaca no es la consideración de estas verdades, sino su aparición como presencias que llenaban su cuarto, su refugio —amenazado por los abdominales sucesos—, lo henchían bajo la luz de la tronera, por la que se precipitaba el azul del cielo y el resplandor de los cúmulos blancos... El día había culminado en las primeras horas de la mañana: ahora no quedaba más que esperar.

*

¡Una vergüenza, una asquerosidad!... ¡Que tenga uno que presenciar una cosa así, en su propia casa!...

Ha sido un accidente, mamá. Cualquier día un vecino prende fuego a su cuarto.

El fuego no es una indecencia: es una cosa que a todo el mundo puede pasarle, no es un espectáculo como éste, que le hace a uno ver con qué género de vecindad vive... vive y trata...

Ya, ya... ¡Tenías que venir a parar a ese tema!

Es el tema que a nosotros nos atañe... Aunque os empeñéis en cerrar los ojos.

¡Si no los cerramos! Usted se empeña en que los cerramos y lo que pasa es que los abrimos... No es retruécano, es que los abrimos más de lo que quisiéramos, por eso se nos meten en la cabeza muchas cosas... Ya lo vio usted ayer.

¡Que yo lo vi! No sé qué es lo que yo vi ayer, como no sea vuestra debilidad de carácter. Eso es, porque armasteis una trapatiesta fenomenal para nada, para cubrir las apariencias.

¡Cubrir las apariencias! ¡Yo, cubrir las apariencias! ¿Ante quién tengo yo que cubrir las apariencias?

Lo que quieres decir es que no tenías por qué cubrirlas ante mí. Claro, pero lo que pasa es que, aunque las hubieras cubierto, yo, desde un principio, sabía que iba a terminar todo en lo que terminó, en dejar que la niña siga su camino, viva con su independencia, con sus inclinaciones... ¿cómo les llamaremos?... anarquistas, ya lo he dicho mil veces. Porque si fuera modesta, si se inclinase a... por caridad, vamos... pero sí, sí... Se presenta en casas decentes donde la reciben bien, acompañada por...

Por una criatura superior, mamá, por una chica que va a ser una artista. Quién sabe si más que nuestra hija, porque tenemos que reconocer que Elena está siempre en las nubes, mientras que ella trabaja.

Claro, naturalmente: si no trabajase ¿qué salida tendría? Lo de la superioridad se lo habéis puesto vosotros, el trabajo lo ha heredado de su madre. Si no hubiera venido a parar aquí, a ese tugurio de arriba, viviría entre los trabajadores.

¡Los trabajadores! Mamá, yo no sé qué te ha entrado: cuanto más vivimos a la cuarta pregunta, más delirio de grandeza se te sube a los cascos. Cuando vivía mi padre no habrías dicho en ese tono, *los trabajadores.*

¡Ah, no! ¿Cómo iba yo a exponerme a sus anatemas? Tu padre era un genio, de acuerdo, podía permitirse el lujo del mandilito y la escuadra, la llana, el martillo... pero si había que colgar un cuadro no era capaz de clavar un clavo. Así anduvieron las cosas... Menos mal que reconoces que tu hija está en las nubes. Cuestión de herencia, la ha recibido por partida doble... o triple.

¡Triple! Eso es, triple. No podemos decir que la tenga por los cuatro costados: usted está libre de culpa... se le llena la boca diciendo que su marido era un genio, pero nunca pudo entender lo del mandilito.

¡Entenderlo!... Yo me avenía a entender todas sus chifladuras, pero no tenía ganas de ponerme a bordar soles y lunas, columnas, ramas de acacia... Me tenía harta relatándome los primores de Madame de Lafayette... ¿Qué resultado dieron todas esas tonterías en España?

¿Qué resultado... en España?... ¿A usted le enseñaron la aritmética en el colegio?

En el colegio sí, las cuatro reglas, pero en la vida no hice más que restar...

Algo más le enseñarían... ¿No le dijeron que no se puede sumar números heterogéneos?... ¿Qué resultado dieron esas sumas en España?...

*

Qué resultado, qué compendio de sumandos que no se amalgaman ni aúnan, que no son susceptibles de inmixtión, ni siquiera de emulsión, sino que solamente son capaces de producir híbridos embolismos... ¿Qué resultado?... perplejidad, ¡en guardia!, porque el escepticismo ataca... el desprecio, la apatía... ¡Si se tratase de clavar clavos, poner cosas bonitas por las paredes, cortinones, lámparas... Disipar la juventud en los salones poniendo una cosa más —la música— bajo las arañas... Ejecutar la cosa que se escapa del piano abierto como de un pebetero... La cosa que es algo propio, algo íntimo: dejar correr los dedos por la calzada de marfil... El piano está allí con la tapa levantada como una caja de Pandora, soltando sus secretos, sus bienes, que no son males hasta que caen —según dónde caen... Se escapan las notas como vilanos, llenan el aire del salón y no van llevadas por la corriente: ellas forman ráfagas de su armonía, pero caen... Los surcos, los pechos o mentes están húmedos de vida, labrados y abonados para recibirlas y allí también es íntimo y propio lo que se arma: allí germinan con las sustancias del terreno. No resbalan por las pecheras almidonadas, por las levitas: se afincan o se extienden como en un cañamazo tenso en el bastidor y quedan recamando el bulto de las pasiones, ambiciones, propósitos: quedan de muy diversos colores, quedan acompañando o sustentando el proyecto que se trama en el instante, marcando el punto preciso en que se encuentran a una determinada distancia del poder, del triunfo, de la venganza, del crimen... Germinan también en las corbeilles de senos que, igualmente, las engarzan a su perfume, al reclamo o arrullo de tórtola que estaban emitiendo... se las apropian y calculan, miran en el espejo del sentimiento hasta lograr el rictus de boca o la curva de cuello o la languidez de mirada que queda enriquecida al emularlas... Se apropian la flor del tiempo que es la música o se muestran tendidas sobre ella, mecidas como por una barca y ni siquiera le dejan una ensenada de silencio donde pueda ir borrándose su estela... Los aplausos son tan gárrulos como las felicitaciones, los elogios dejan transparentar la ignorancia y se prodigan en forma de remuneración... «Quede bien pagado este arte impagable»... Y el ejecutante, que ha cumplido, que ha entregado la cantidad debida de su mercancía, vuelve a cruzar el charco... La soledad de la alta mar ¿puede ser tan conocida como una calle? Puede ser, más bien, como un cuarto, como una celda pequeñísima, inextensa: tan opresora, tan atiborrada como la conciencia, como la memoria. En ella irrumpe y se decanta el espejismo de lo vivido, aparece como conclusión la breve historia inmediata, reciente, pero con su prehistoria, con su parentela de historias personales: las íntimas, propias del navegante, del que fue a ejecutar un capítulo —apenas un párrafo— de su historia profesional, unas cuantas palabras del diálogo con su vocación encarnada. Encarnada en unas cuantas notas —vibraciones mensurables, modificables, dosificables por la mano que las administra su *cuanto* elemental, infundiéndoles su *más* o su *menos* de pasión, levedad, violencia... Irrumpe también la vida íntima de los pueblos recorridos, sus trazos culminantes que son, a veces, rostros humanos de los que obraron o de los que padecieron... Lugares, edificios que miran, que confiesan. Figuras con sus rasgos personales —señoriales, reales— que una descarga de fusileros derriba, en un soplo... Palacios revestidos de volutas, lujosos de claridad como damas que arrastrasen sus colas —azul, crema y rosa— a la orilla del río Negro, al brazo de los rudos aventureros del caucho... Por todo esto su ejecución prodigada, entregada... ¿prostituida?... ¡Su ejecución! verla así, como lo que se ejecuta en la corte... cortesana.

Encarnada en placer, descubierta, desnuda la secretísima armonía... Era necesario profesar en otra orden, endosar otro hábito, austero hasta el cilicio. Pero no sólo por la dulce lucha de la creación. Prostituirse no, pero sí enajenarse, desangrar el yo en transfusión exhaustiva. Buscar el contraveneno que se destila en los reductos secretos de la alquimia social, encontrar la panacea que con la pureza de lo exquisito, con la virginal, ética utopía pueda alcanzar ¡sin descender!... pueda llegar por sus pasos contados, sin mancharse los pies. Descender hasta el barro, sin manchárselos... Hay que hacer intentos incalculables, hay que buscar imágenes que ayuden, que, con los jugosos frutos de sus formas, corroboren a los heridos de amor. Porque es una fiebre árida el amor de la acción, una sed de agua increada, un prurito de hacer, hacer... pero hacer ¿qué?... y al fin una imagen se ofrece como esclava, como libre, libérrima cautiva, cautivada por el deseo, por el tanteo del anhelo que no sabe, pero va, imantada... Una imagen, tal vez sólo un nombre, un pensamiento o idea hipostasiada en muchas formas y siempre potente para pedir albergue en un nuevo cuerpo, en una teoría de acordes, en una catarata cromática... en una voz... Y la alta mar —majestuosa estancia hermética— va quedando lejos y las costas patrias ofrecen unas veces la gaditana blancura, otras los verdes castañares, las plateadas rías que vieron llegar al caballero de la Vía Láctea... Ahí empieza la dura disciplina. La corte de España no es un lugar palaciego que recibe al huésped anunciado por su heraldo de prestigio, la corte calla. Lo que habla es el terruño, el acceso a la Meseta y luego la villa, refugio casero —confortables restos maternales, renovadas pantallas, visillos, cojines conyugales—, y la ciudad, tugurios, cenáculos, falansterios, logias... rincones o sótanos de cafés modestos, cancha o reñidero de la amistad y la enemistad, gaceta viva de noticias, profecías y calumnias... Sólo nocturnas horas de amor —risueños juegos de la carne en la alcoba... Largos encuentros en el teclado con la inasible, con la que no es más que un nombre... Y nadie lo sabe...

Yo no aseguraría nada si todo ello no fuese para mí mucho más que confidencias —no me atrevo a llamarle a aquello colaboración—, ¿qué era yo más que un oído que oye?... ¿Qué era yo más que una hoja pautada donde la tinta que no se borra iba dejando..., ¡ésa es la cuestión!..., iba dejando lo que no había? No, no lo había, pero existía... El germen estaba allí y se resolvía como un embrión sobre sí mismo... Lo único claro era que estaba allí, pero ¿adónde podía llegar?... No era confidencia ni colaboración, ni tampoco es, lo que me queda, sólo la devoción de la memoria: tengo los apuntes, montones de hojitas garabateadas. Nadie lo sabe —sólo Ariadna, pero a Ariadna no le sirven más que para llorar— y ahí está el quid... ¿Quién, entre estos lechuguinos, entre estos gacetilleros, estos divos y divas extintos, podría comprender lo que era, lo que iba a ser el llanto de Ariadna?... Tengo los apuntes, ilegibles casi, para mí suficientes: esquemas de ideas musicales que dibujaban... Claro que las leyes que los regían eran técnica estricta, yo, profano, aficionado —nunca pasé de ahí—, veía que ellos pasaban... Aquellos trozos, retazos de una trama espesa, teñían un hilo conductor que los llevaba hacia... es muy fácil verlo, siempre que no trate uno de decirlo. Es muy fácil, aunque eso es lo seguro, ver el hilo rojo entre los tonos graves de la melodía. El hilo estridente que iba a culminar en el alarido... Tengo montones de apuntes y además recuerdo... no es que tenga muchos recuerdos, no, es un recuerdo en total. Lo recuerdo todo entero y crece en mi memoria, cada día recuerdo más, pero no más cosas, sino la cosa aquella que empezó y no terminó. Yo creía conocer el comienzo, pero era una ilusión, producto de una frecuentación obsesiva. Estar tan dentro del total, haber llegado, paso a paso, hasta lo que fue final, como final reconocido oficialmente, sabiendo que no, que allí no terminaba... Lo que se dio como final póstumo, organizado y rematado por los que habían recibido el empujón y se dejaban ir por el plano inclinado... Se organizó aquello que parecía una eclosión, una presencia que surgía, que iba a difundir su personalísima escuela... eso sobre todo, iba a ser una escuela, iba a proliferar como un vegetal —algo tan raro, tan inaudito como sería un nuevo tomillo o cantueso, ¡nuevo!, nunca aspirado por labriego o pastor o borrego alguno, brotado en los mismos riscos donde todo borrego o pastor ramonea las hierbas ancestrales —iba a ser una escuela que absorbería el ímpetu de las mentes jóvenes, que proyectaría ese resplandor que fascina, que acapara la voluntad y se impone como *lo único*... Eso es lo que habría sido, si al darla por terminada no hubiera quedado todo ello disipado entre lo que vino después... Ahí están los papeles con cosas entrecomilladas, no cosas suyas, sino cosas que encontraba por ahí y las adoptaba... porque las temía. No se adormía jamás en el optimismo, presentía el fracaso. ¡Jamás fracaso suyo!, eso jamás, pero veía el fracaso puesto ahí delante como una piedra que no se puede negar... como la peseta que brillaba en la acera de Alcalá. Y yo diciendo, «Nos traerá suerte», y él, «Fíjate, han puesto aquí a la Cibeles»... La deidad, en una de aquellas pesetas del Gobierno Provisional no pretendía ser Rea ni Deméter, pero sí la Tierra, coronada de almenas, el trozo exiguo que nos pertenece... Ahí estaba el intríngulis, para él la tierra temblaba alrededor. Él iba hacia el triunfo, pero él no pensaba en eso: pensaba en lo que se hundía. «¿Ves —parados en una esquina—, ves cómo se viene abajo?» Y yo lo veía. Sabía perfectamente que era una de aquellas parábolas suyas, pero lo veía... «¿Ves cómo ya no está aplomada?... ¿Ves cómo todos salen corriendo?... los chupatintas, los mequetrefes... todos la dejan sola?»... No le entendí, es la cosa más difícil saber cuándo uno entiende y cuándo no... No le entendí, pero luego me ha dado vergüenza ver que le había entendido tanto... Y yo ponía una cara como si le entendiese, aunque siempre con un ansia de más explicación... Y yo siempre, «¿y bueno, entonces... hay que apuntalar?... ¿dónde hay que apuntalar?»... y él, «Aquí»... y ponía la mano en una resma de papel... Y nunca explicó más porque creía que le quedaba tiempo para explicar... Derrochaba explicaciones tontas: la peseta perdida en la acera, pisoteada... «Allí sola, tan triste»... Se veía que estaba triste. Él, por lo menos, lo veía, allí en la esquina, apoyado en la verja del Ministerio de la Guerra... Frotaba la peseta contra su manga, para sacarle brillo y miraba a la Cibeles como si comparase un retrato con el modelo, con un modelo que no estaba allí presente... Eso es, yo veía con qué la comparaba... la veía tan desolada... Veía en ella la desolación que había querido —y creído— poner en el llanto de Ariadna... Eso había sido su obra —y la mía, unos versos, *un verso* que me redime... Yo he escrito en mi vida un verso, que era el clamor puesto por el maestro en el mar, confiado a su inmensidad.

«¡Despierta! abandonada...»

*

No hay sábado sin sol ni niña sin amor... aquí falla el proverbio porque yo soy una vieja sin dolor, una excepción de la regla. Claro que el dicho se refiere a los dolores que suelen tener las viejas: *dolor* es otra cosa. Y, la verdad es que *dolor* no sé si puedo decir que lo tenga o no lo tenga. Lo tuve, hace tiempo, como todos, jóvenes y viejos, ¿quién no lo ha tenido?... Pero el de mi uso personal fue casi siempre por la manía de meterme en el dolor de los otros, que suele ser completamente inútil: raras veces puede uno llevarles el remedio y entonces el dolor propio se convierte en una especie de incomodidad, de descontento, de indignación contra el dolor, contra el hecho de que exista el dolor... Una enemistad abstracta, si no es uno tan santo como para... No he sido nunca ni pizca de santa: si lo pienso bien, éste es el dolor que me queda, una especie de resquemor como si no hubiera hecho bien mi tarea, como si no me hubiera esforzado bastante en saber dónde está el dolor... Dónde está el amor, que es la madre del cordero, porque si no hubiera amor... Lo indignante es el hecho de que exista el amor... Y el descontento, la indignación contra el amor es un efecto del amor... Un miedo por los otros— no se siente este miedo por los otros más que cuando no se tiene miedo al amor, no se tiene miedo a endosarlo, de cargar con él para toda la vida— y ahí está lo de la tarea, lo de la empresa: mirarlo todo bien —todo lo que se ama... casi todo, con algunos más y algunos menos—, mirarlo de arriba abajo... Luego dicen que es cuestión de temperamento, cerebral, racional, intelectual..., porque casi nadie sabe lo que es el amor de lo racional, el regusto, el saboreo, la voluptuosidad de medir y pesar, oír, oler y, si es posible, catar... Luego, comparar, medirse y pesarse y catarse... tener sangre fría para ver adónde se llega... Y eso, allá lejos, cuando no había sábado sin sol: una metáfora menos tonta de lo que parece porque hay sábados en que llueve a cántaros, pero el sábado, víspera de algo, anuncio de la «Luz de domingo»... Esto, hay que reconocer que está bien: puede darse el caso de que un autor generalmente prosaico dé un golpe definitivamente poético... Claro que mediante una antítesis brutal, porque la tragedia es una demostración incontestable... Otros sábados o domingos en que la luz... ¡Vuelta atrás! es el único recurso. Acuden todos los que quedaron abismados: andan todos por aquí, tropiezo con ellos, se me enredan en los pies... «Voyage autour de ma chambre»... en un rincón está aquel sábado, aquella espera —no siempre esperanza— que pudo durar un año o dos, y luego otro y otro de otro color, de otra materia, de otra duración tal vez mayor... Todo se encuentra en una vuelta por el desván, todo está ahí guardado... años, pueblos: toda la Península con sus escuelas, sus trenes, sus gentes... Todo cabe aquí, inmensidades se puede comprimir dando una vuelta, dando cien vueltas a la carrera... No, nada de vueltas: ni una ni cien mil, porque no es cuestión de rodear, de abarcar todo lo que hay en un espacio en redondo... Todo brota donde menos se espera y todo brota junto, sin sucederse ni confundirse ni comprimirse... Todo tiene su tamaño real: toda una vida aparece como... ¿como qué?... Como nada porque no es comparable con nada y, precisamente, lo que uno quiere —lo que uno pretende: la pretensión que a uno le asalta— es compararla con otra u otras... Lo que uno quiere es saber cómo fue el sol de este sábado, qué anunciaba, qué prometía para ellas, para las que se fueron a su domingo... Sería estúpido si se tratase de lo que vulgarmente se llama preocupación: no es que me inquiete lo que pueda pasar ni que tema ignorar el resultado, ¡al contrario!, tendré un relato bastante fiel. Lo que me intriga es otra cosa, es la diferencia de, no sé qué... si noto la diferencia es porque existe alguna posible semejanza, ¿Dónde está —o podría estar— la semejanza?...

La diferencia está en la edad, la semejanza es el sexo. En la diferencia de la edad no tiene importancia la de ahora, lo que yo quisiera confrontar es la que ellas tienen con la que yo tuve... porque estaba condimentada con las mismas sustancias... casi las mismas, las cosas han cambiado poco y, sin embargo, la juventud... la idea de la juventud —la que ellas tienen de la suya— es muy otra. No sé si es estúpido tener una idea de la juventud, como si fuera un atributo... No es un atributo, es una fase... bueno, lo que sea. Lo que sea lo es de la persona y eso es lo que cambia y lo que permanece... Eso es lo que no se puede confrontar unas con otras porque las semejanzas y las diferencias se esconden, se acumulan en el último rincón donde no llega el humo de las especias, de lo cambiante, de lo permanentemente cambiante en cada olla, en cada hornada... Y uno se empeña en modificar las especias: cultura —en dosis homeopáticas—, religión —o irreligión—, patria... Antes se hablaba de la patria con naturalidad. No, con naturalidad no se habló nunca porque patria es un concepto que tiene su énfasis... Para quitarle el énfasis y dejarle el concepto, ahora se emplean otras palabras, pero no se da un paso porque la persona —las personalidades— ¡hay que ver las personalidades!... el uno por el otro, la casa sin barrer... Pero ¿es que son las grandes personalidades las que tienen que barrer la casa? Claro que tienen, pero ¿pueden?... Tienen el poder, tienen la sartén por el mango, pero ¿qué es lo que echan en la sartén? Los que tienen el poder no son los que manufacturan los productos cocinables, son otros... somos nosotros, los de las dosis homeopáticas, los del granum salis... ¡Ahí está!, con un poco de más o un poco de menos ya lo hemos estropeado... ¡y nadie se entera!... Puede uno llegar a sentir un cierto orgullo de que nadie se entere —cosa que no es deseo de impunidad—, es un orgullo muy singular porque ¿quién, en estos días —en estas tierras— está contento con el estipendio que recibe? Nadie. Nadie está contento porque a nadie le llega ni para empezar... En cambio, el que recibe lo que pide, ni más ni menos... el que recibe sin pedir... Yo no pido nada y recibo lo que me dan. No, lo que *se da*: me pagan con ser, y yo les doy eso mismo, mi ser la maestra del barrio... Esto puede sentirlo algún gran maestro respecto a un plantel de médicos o de filósofos, pero yo soy la maestra del barrio también para los que no aprendieron nada de mí... Dos o tres docenas de chicas aprendieron análisis gramatical y geografía de Europa... pero todos, los que hace veinticinco años despachan —por cualquier azar— delante de mí el aceite, las lentejas... por estar delante de mí, les enseño, hacen lo que deben hacer porque estoy yo delante, está delante la maestra... Esos quedan en esa forma cocinados por mí: mi presencia es mi enseñanza.

*

El despertador aprisionado bajo un almohadón agita los élitros sordamente, Ramón le hace callar. Sordamente vienen por el pasillo las pantuflas de Laura ordenando silencio, ¡Chist!... —Pero ¿por qué te...? —No despiertes a tu padre... —Pero no hacía falta que... —No puedes irte en ayunas... —¿Por qué no? En la estación podemos... —Sabe Dios qué porquerías. ¿Tienes dinero? —Sí, de sobra... No puedo beberme esto hirviendo —Sopla... Y no hagáis tonterías ¡eh! —¿Qué tonterías podríamos hacer? —Qué sé yo... Siempre se puede hacer tonterías. —No está en el programa hacer tonterías. —Más vale así. —Adiós. —Adiós.

Breve golpe en el cierre metálico de la farmacia que se levanta en seguida poco más de un metro y sale Luis encorvado —¡Esto es idiota! —Y lo otro también, ya sabes mi opinión. —Lo otro no admite opiniones. —Vamos, cierra y echa a andar. —Si cierro no puede entrar el chico. —Díselo al sereno. —Baja el cierre, apriétalo con el pie. —¿Qué, de viaje? —Sí, de viaje... Con un pequeño forcejeo la cosa ya está puesta en marcha. Ahora ya no hay más que hablar. Se produce el silencio porque hablar del por qué del viaje lo anularía, sería continuar en la prisión que se trataba de romper, sería llevar la prisión a cuestas.

Las seis y cinco. Si esos gansos no están en la estación perdemos el de las siete.

¿Por qué no van a estar?

Por lo mismo que nunca están en clase a la hora debida. Niños mimados. Hijitos de papá.

Hijitos de papases que tampoco están nunca a la hora justa en sus deberes.

Y las cuatro palabras banales maculaban el silencio. La sorpresa de la hora desusada se apoderaba de él. El misterio de la mañana se imponía con reproches, con achares... Estoy aquí todos los días con este traje siempre nuevo, con esta perla, este tul, este perfume: que yo emano aquí, en esta esquina, el que os espera aquí todos los días mientras dormís y ahora lo navegáis... Vais por la acera de la derecha y atravesáis todas sus corrientes aurorales, el despertar de su inmortal vigor... El día de ayer se exhaló en la ración de horas estatuidas, cumplió su tarea, consumó lo que tenía que consumar, pero no todo se consumió en él, quedó... Lo que quedó no es una huella, una impronta hueca de cosas idas. Lo que quedó es lo que va a llenar el hoy, lo que está arraigado como se arraigan los perfumes que impregnaron los ayeres, que prevalecerán en los mañanas. Y avanzáis por entre sus frondas: sus pámpanos os rozan la frente y entornáis los ojos silenciosos... Os decidís a habitar el silencio porque lo que está en el programa no admite comentario, desde ayer ya está decidido. Pero la sorpresa esperaba a la puerta, fluyendo el chorro infinito. «Fuente de la constancia.» Todos los días sorprendiendo a nadie, con el brillo de su diamante que nadie ve.

*

Tranvías de domingo, trabajadores de domingo, escasos, cinco o seis nada más, irredentos, encadenados a pequeños servicios sin domingo. No son los del traje azul, son los sin traje, apenas cubiertos con vestigios de indumentarias no adecuadas a ninguna faena... Sentado enfrente, con pantalones grises finos, demasiado finos, ojos claros, piel fina, demasiado fina... Postura natural negligente como el que va sin prisa... Se siente mirado —no observado, mirado porque está enfrente—, es la acera de enfrente, la orilla de enfrente para los que van mirando el paisaje, para los que van en la corriente del tranvía, sin prisa, verdaderamente sin prisa aunque vayan a coger el tren... Ya van en el tren, ya van mirando el paisaje y el que va enfrente, negligentemente se siente paisaje y no puede resistir su quietud de paisaje... Cruza una pierna sobre la otra negligentemente, se ladea un poco, su torso que iba derecho, apoyado en el respaldo del asiento, se inclina hacia la izquierda... Los pantalones grises, demasiado finos, se ajustan, la tirantez de la rodilla los desgarra y tal vez sólo aumenta el desgarrón ya existente en los fondillos por el que asoma un testículo y queda oprimido contra la tabla del banco... La quietud del paisaje se altera como cuando la tierra, en verano, lanza una exhalación... Los ojos se desvían de un salto: quieren no haber visto, la pierna se descruza de su compañera, la actitud recta se recobra, el torso queda derecho... El color sube por el cuello hasta la frente, enrojece hasta la raíz de los pelos como enrojecen los hombres rubios... Enrojecen todos, enrojece el que era paisaje y los que miraban el paisaje, enrojecen por ser ellos los hijos de papá, los que van de excursión a pasar un día toledano... Enrojecen tres hombres por haber visto algo que no es para enrojecer: un cojoncito rosado aplastado contra la tabla del banco —el frío de la tabla avisó de su desamparo—, enrojecieron los tres de cólera porque aquello podía pasar... y siguieron la corriente. Tenían que transbordar de tranvías, Atocha abajo...

¿Viste? —Claro que lo vi. Lo peor es que él vio que lo habíamos visto. —Sí, claro, pero ¿cómo se puede disimular? —No hicimos ningún gesto, no volvimos la cabeza. —No, sólo los párpados se estremecieron como... como negando, como diciendo... ¿quién será ese tipo? —¿Quién será el tipo al que puede pasarle eso? —Nunca lo sabremos, pero sabemos que hay uno al que eso le puede pasar.

Si esos gansos no están será una lata perder el de las siete porque querrán primero ver Grecos y toda la pesca y en casa del profesor Lago nos esperan a comer. —¿Celebración de algo? —No, nada más que charlar luego toda la tarde. Ira, su mujer, va a hacer bortsch. ¿Te gusta? —Seguramente.

*

No están en la parada del tranvía, donde habían quedado en estar, pero todavía faltan quince minutos. Habría sido mejor esperar en el andén... o no, en el andén se siente más impaciencia: llegan o salen los trenes y dan ganas de irse en cualquiera de ellos. Arrancan, con su pecho brioso y su penacho o melena o aliento que se desborda en humo perlado: sus volutas se dilatan más de lo que la nave puede contener... La espera en el andén es agitada, la impaciencia de todos los que esperan oprime: hay, además, gritos, timbrazos, campanillazos y voces, sobre todo voces de los que mandan subir ya mismo, inmediatamente ¡Al tren!... Es mejor la espera a pocos metros de la entrada, sentados en el parapeto de piedra, atisbando el lugar donde deben llegar los que todavía no llegan: allí no hay agitación, no puede la impaciencia romper la calma de la mañana. El sol atraviesa el frontispicio de vidrios, el sol viene por detrás de la nave y la llena toda: la estación es como una farola de sol, refulgente en medio de la claridad. El cielo henchido de sol y los caballos galopando en el aire: brazadas desmedidas, crispadas, no dispuestas a pisar tierra y, sin embargo, no nadadoras, trotadoras, galopadoras de espacios infinitos... Ésa es la cuestión, galopadoras de lo que no necesitan galopar puesto que tienen alas: criaturas de una raza inmortal, que bracean y galopan sobre el frontón del Ministerio, guiadas por... ¿la Fama, la Fe?... Con una palma los dirige, los excita, siendo ellos el impulso mismo... Galopan desde el frontón hacia lo eterno... llaman a lo eterno como el que, en el andén, ordena subir rápidamente, inmediatamente... ¡Al tren! Llegan al fin los esperados; faltan dos minutos... Corren, alcanzan el último vagón cuando ya suenan las últimas sílabas... ¡Al tren!

¿Tú eres boticario?

Sí, hace tiempo.

¿Ya terminaste?

Empecé muy chico.

No es feo eso, pero más bien aburrido, ¿no es cierto?

Depende: yo no me aburro nunca.

Pues tienes suerte, porque yo me aburro como una ostra.

Se cambian unas tarjetas de presentación embrolladas porque todos creen que ya son cosas sabidas y se habla como de lo que se hablaba ayer. Ayer habían hablado con Ramón al salir de clase y creían que Ramón contaba, pero no contaba porque había otros temas... Con Luis, Ramón tenía otros temas que no eran los universitarios ni tampoco sólo los íntimos o amorosos o engorrosos —conflictos, pasiones—, eran temas concluyentes, resultados de todo... de todo lo que puede llevar a la vida a su resultado o conclusión. Luis y Ramón tenían conversaciones de compañeros de celda: sentían su prisión, sabiendo que nada les aprisionaba en ella: la veían como prisión, con la puerta abierta... sabían que podían dejarla, que la dejarían quién sabe cuándo y que ella, la prisión, ¿de quién?..., se quedaría allí, emanando su aura de prisión... Y precisamente los otros, los universitarios, hablaban de prisiones reales, oficiales, y todos estaban dispuestos a afrontarlas porque sus temas iban en el sentido de lo que se llama la acción. Se llama y es: los otros temas son sólo la acción en potencia —o en impotencia. La puerta abierta consistía en eso, ¿se puede o no se puede volar?... y, si se puede, ¿a dónde?... porque el comedero está dentro de la jaula, pero no se trata de buscar otro comedero, se trata de saber por qué la jaula es jaula... toda su libertad estaba en el hecho de preguntárselo. Entre la charla abarullada, la charla reproducía charlas anteriores, continuaba o mantenía propósitos, como si fuera necesario hablar de lo que se habían propuesto para demostrar que el propósito no decaía... El vagón, *tercerola,* sucio insuperablemente, los rústicos trashumantes trasegando el husmo de la matanza sin estarse quietos, de un lado para otro del pasillo y también el husmo de alguna hembra, de las que se dice —o se decía— mozas, de las que huelen a refajos

—ya no—, ya han visto que eso no se lleva y van con la falda
estrecha como las tobilleras, ostentando así más la corpulencia
de sus grupas... Pasan y derriban todo como el que mete un
colchón entre las maletas y aplasta los cestos, rompe los
huevos y ahoga a las gallinas... expulsa de un empujón todo
el bagaje de militares y paisanos, se enseñorea del espacio sin
dejar siquiera los cascos rotos: todo es eliminado por el olvido,
de un soplo... Allá van los planes, lo que se va a exponer por
la tarde, lo que se va a aprender —información de otros más
sabidos, más en la brecha—, y todo lo de la mañana —Grecos,
piedras, callejones, zocos—, todo queda en nada, no queda,
simplemente: desaparecen hasta las huellas en el lugar que
ocupan las o los de las... sólo ellas, sólo las o más bien los...
los grandes culos que atropellan, pasan de un lado a otro y,
por el peso de paquetes, de líos sujetos por portamantas que
hay que embutir en la red de equipajes, se meten entre las
piernas de los pasajeros, se curvan y quedan a la altura de
manos y narices que aspiran el tufo, pero no tocan porque
ellas no dejan, y las manos, los ojos, las narices que vieron
y olieron se retraen, se vuelven o debaten sin intentar nada
y los fantasmas cotidianos sustituyen a todo intento... es su
costumbre, son los íncubos de la sustitución, estrangulados
por la condena de no ser y, sin embargo, persistentes, conatos
inacallables que esperan su ocasión a cualquier hora... la noche, el calor de las mantas, el recuerdo de cualquier visión, el
sueño imprevisto y tan real como la realidad, que se ignora...
el sueño finge la experiencia desconocida y la finge tan cruda-
mente, tan eficientemente como si fuera la realidad misma
que llega a cumplir su etapa... es, primero, la imagen que se
presenta con suavidad, que se aproxima realizando lo que el
anhelo pide, proximidad, contacto... y el contacto se produce
en la inaudita ficción, el contacto ignorado, sublime en la
mente y eficaz en la realidad del cuerpo, en la presión que
rompe las compuertas y se desborda... decepcionante despertar o, sin despertar, o mejor —o peor— sin dormir, en cualquier soledad de la vigilia, incluso... como un trabajo empe-
ñoso, como algo que hay que hacer, a ver si resulta... y resulta
mediocremente... Menos es nada, menos da una piedra... Los

chicos de la jaula frailuna, colegiales desde pequeños, sorprendidos, delatados por sus poluciones... porque los pájaros pequeños sacan el culito del nido y hacen sus necesidades fuera, pero la imperiosa necesidad no espera, no respeta nada porque parece que aquello hacia lo que se va es el paraíso y no importan los pormenores inmediatos, que no son más que asperezas del camino, y se agita la caminata, se apresura la fricción, el vaivén, se avanza como el que pisa piedras o rompe zarzas o breñas para pasar, llegar cuanto antes a la gloria de la culminación... y esto es todo lo que se puede obtener... en plena primavera... la primavera está queriendo romper sus brotes; la presión de sus capullos está sofocada por mantas, por ojos vigilantes, por pecados que se hacen presentes adjudicándose categoría de precio, tasa, valuación de lo que no se puede tasar ni evaluar ni... porque su precio no es...

¿Qué ha ocurrido? Se ha parado el tren y acabamos de pasar Algodor.

¡Ah! fijaos: agua por todas partes. El tren no puede seguir.

¡El Tajo! Se ha desbordado el Tajo: es una crecida fenomenal, y aquí se le une el Algodor. Agua... hay para rato.

*

¡El Tajo! el padre Tajo hundido en su tajo, amurallado y de pronto tan henchido que se extiende por la llanura. ¿Cómo puede ser que se extienda?, no es él de esos que sestean llenos de hijitos —idea absurda porque ellos no son padres, sólo el Nilo, en su delta—, ellos se salen de madre porque en su madre viven engolfados: amurallado éste en matriz berroqueña... comedor, deglutidor de sus hijitos, incorporación saturnal que los absorbe y de ellos se hace... Ellos, los pequeños, han bajado de la sierra de Albarracín para llenarle, uniéndoseles al paso todos los pequeñitos para crearle, para ayudarlo a cruzar la Península de Este a Oeste y él se los traga, se hace de ellos: sólo cuando ya le sobrepasan se dilata y se echa a dormir por la llanura... pero no duerme, como esos paternales estatuarios, prolíficos: pasa y arrastra, arrambla con todo lo que encuentra: árboles de las riberas que no se agarraron bastante y van desconociendo la postura horizontal, no bracean, van arrastrados, tan mansos como las ovejas que cedieron llenas de terror, y cestos, y mesas que tampoco comprenden la postura que llevan porque, sobre el agua, son tablas y sus patas en alto navegan sobre ellas mismas... Y hay que cruzar la avalancha, que no es muy violenta porque ya se ha posesionado del llano: cruzarla es acatarla y surgen balsas, barcazas que estaban allí esperando como si se supiera que la cosa podía pasar y la gente las acepta, las asalta con apresuramiento: con miedo algunos, con choteo los más, y unos bogan como pueden y otros hacen deslizar la barcaza tirando del cable que va hasta el altozano de enfrente y al fin bajan a tierra firme y la carretera...

¡Qué juerga! Nos ha partido, nos ha amolado el viaje.

De qué sirve quejarse: hay que echar a andar.

¡Ocho kilómetros!

Así parece, ocho kilómetros.

No hay razón ninguna para que el campo resulte feo: el campo es el campo y no está conformado al gusto de los que van de Madrid. No hay razón ninguna para que —por el hecho de ir por otro camino no habitual, por un camino que parece improvisado pero que no lo es: es un camino que siempre va por allí— los vecinos de varios pueblos lo transitan a diario, pero ese día, por tener que recibir una afluencia de gentes que no son sus vecinos, toma el aspecto de atajo, de sendero o camino de herradura, aunque todos van a pie. Se van diseminando, se separan los grupos: parece, al principio, que se agrupan para conducirse, para no perderse, pero no es necesario porque el sol cae a plomo y todo se ve claro, no hay desviación posible: no hay breñas, no hay árboles ni setos boscosos que puedan incitar a salirse de la ruta que todos siguen. Sólo la diferencia del paso que lleva cada uno por la resistencia al cansancio, a los pesos que cargan, a los chicos pequeños que arrastran... Lo que en un principio es una multitud aglomerada, se va disgregando: unos van a paso ligero, llevan la delantera y se pierden de vista en un momento, otros quedan rezagados desde un principio como si no esperasen a cansarse para desistir, remoloneando, decidiendo, antes de probarlo, que no lo soportarán: se quedan, sin siquiera decidirse a quedarse, sin pararse, caminando cargados con el desánimo, con la resignación... El viaje ha sido cortado, el plan que llevaban, si llevaban algún plan, ha quedado deshecho como se deshace una trama, una trenza, algo que estaba hecho y al deshacerse ya no está en ningún sitio... Y en medio, a igual distancia de los adelantados que de los rezagados, los cuatro paseantes, los estudiantes que iban de excursión... y que reflexionan, ¡Qué feo es el campo, por aquí!... qué indefinido, ni alto ni bajo, ni árido ni frondoso... Hay algo de verde porque es mayo y brota el verde sin estilo, no aparece por ningún sitio nada nemoroso, no se siente que estén acercándose a la vega del Tajo, no hay sotos ni sotillos, no hay ramilletes de fresnos ni procesiones de chopos: no hay más que un caminejo de ocho kilómetros... y hay que andarlo, hay... Hablan, al principio, lamentan el plan de la mañana: los Grecos, la Sinagoga, poco a poco ya no hablan más que de lo que falta, de lo que falta alrededor para soportar la caminata y aparece un poblacho minúsculo y allí hay pan y chorizos... eso ya es algo, eso cambia el paisaje: el sol ya no es una mole sobre los hombros, es un estímulo, a tono con el bocadillo que se deja morder: pan reciente encerrando un chorizo entero, tierno, picante, convertido ya en compañía... El bocadillo hace soportable el momento: ahora están comiendo pan con chorizo y ya es soportable el ahora, se agrupan comunicativamente... ¿Dónde encontraremos más vino?... Siguen hasta encontrarlo, lo beben y siguen, una compañía más... Hablan del vino y no de los Grecos que no verán, ¿podrán verlos por la tarde?, no, no podrán: por la tarde hay que hablar de otras cosas. Ahora hay que seguir —tres o cuatro kilómetros todavía—, pero el recuerdo de lo comido y lo bebido queda en la mente de los que en ese momento sienten como artistas, porque el señorío de los sentidos es, «en las almas bien nacidas», emoción estética, recuerdan o contemplan el sabor del chorizo: no se puede decir de él lo que de la morcilla, «Gran señora...», es intenso, estimulante, como para ir andando, y el vino blanco, seco, como un reflejo o espejismo del jerez, menos oloroso, matizado —no maculado— su ligero aroma por el bravío del pellejo... Contemplación que deja, como la de la obra de arte, un

residuo de gratitud por el goce obtenido: el placer ha sido
real, sin remordimiento ni hastío... La cantidad más bien pequeña: sobraban fuerzas para otro tanto, pero no había que
lamentar porque a la llegada —los kilómetros iban mermando-
do— habría otros placeres prometidos y esto también ayudaba
a marchar...

    ¿Qué te pasa a ti, peque? ¿No aguantas más?

    No es que no aguante: yo no me canso nunca, es que se
me ha hecho una ampolla en un talón.

    ¡Atiza!

*

Al fin, Calle del Pozo Amargo... Primero han sido los puen-
tes, las puertas, grandiosas o atroces, porque su grandiosidad
es idea pura, es pensamiento que primero estuvo en un papel
—¿había papel entonces?... lo hubiera o no, eran líneas que
habían surgido en una mente —más claramente, en una retina
mental, porque el ojo es el que ve su propio pensamiento,
el ojo es el que lo piensa, lo posee, sin esperar a más: visto
y no visto o dicho y hecho, porque el ojo que lo ve en la
mente es el que lo dice: luego los números... las líneas se
corrigen con compás y escuadra, pero el ojo es el que ve, el
que lo ve a su tamaño, en su ligar, de su piedra o argamasa
de los cimientos, y las líneas de piedra se levantan, se depuran
con obediencia total al ojo: si el ojo no queda contento es que
los números estaban errados... Y salen de la tierra, de la
piedra, los arcos, las pilastras, las aristas pensadas, como si no
hubieran sido tocadas por manos... Atroces por eso, porque
manos las tocaron, brazos, lomos las trajeron, las arrancaron
de la pedrera, las pulieron, les dieron la forma debida..., ¡pensar en esto!, *dar forma* a la piedra como si la forma se pudiera
dar como se da una flor, como se da fuego con la yesca ¡chas!
y ya está... Dar forma con brazos y manos que empuñan el
mazo o el martillo y rompen sabiamente, rompen poco a poco
hasta lograr lo entero, la forma, en la que no puede faltar ni
sobrar nada, y luego, una encima de otra, las diversas formas
componiendo la forma total, la forma pura, tal como fue pensada..., ¡pensar en esto!, pura, intacta, así la dejaron, sin

romperla ni mancharla los que se rompieron brazos, lomos, pechos, bofes vomitados sobre ella para lograr su pureza y la lograron... intacta sigue denominada, eso sí, porque un nombre no mancha —cuando no es espurio—, un nombre la escala, más suavemente que la hiedra, se fija, sólo comparable a la luz que al alba la empalidece y al atardecer la sonroja, se fija en ella para que se pueda pensarla en su alcurnia arquitectónica, y recibe el bautizo de mudéjar, gótico o morisco... Inmensamente venerable, deja pasar por debajo o escalar o rodear su mole, hasta llegar al fin... Calle del Pozo Amargo, y allí ya se olvida la monumentalidad, allí se entra en una vivienda: allí viven... vivieron quién sabe qué judíos o cristianos, quién sabe qué mercaderes o leguleyos, esbirros o corchetes, y ahora el vivir se remansa en un hogar... la bella palabra calurosa, olorosa bajo las haldas de la chimenea ante el rescoldo que mantiene hirviendo la olla sobre las trébedes... la bella palabra abriga también en una sala del casularión, apenas amueblado, las paredes sustentadas por estantes con libros, vidrios antiguos, azulejos... y el suelo de ladrillo, cera sobre el almazarrón y las sillas del anea sin pintar, blancas: blanca la camilla sin faldas delante de la ventana —ya puesta la mesa con platos rústicos.

¡Oh! al fin. Ya íbamos perdiendo la esperanza. Ya creíamos que habíais desistido.

Ha sido la crecida. ¿No se ha sabido por aquí?

Sí, lo hemos oído, pero desde aquí no se ve... Se ve el río muy lleno, pero no nos parecía tanto como para no dejaros pasar...

Lo pasamos en barca, pero luego no pudimos venir muy de prisa porque el peque tuvo un percance... El peque, éste, Octavio, ya le conoce usted. Este otro, el más grande es Luis, no es de Letras...

Ah, ya decía yo que no te había visto por la facultad.

No, claro: yo soy de algo de ciencia y otras yerbas... Farmacia.

Ah, no está mal. ¿Y qué le pasó al peque?

Nada, nada: no ha sido accidente, es que se me hizo una ampolla en un pie.

¡Caray, con lo que eso duele! A ver, Ira, aquí tienes un enfermo.

¿Dónde, dónde está la herida?

¡Pero si no es nada, si no hay herida: no es más que una ampolla!

No importa: una ampolla puede infectarse. Y además duele. ¿No te está doliendo?

Ya no: me dolía al andar, pero si me estoy quieto no me duele.

Vamos a ver. Ven conmigo: eso hay que curarlo.

Que no, que no... que no hace falta...

Eso tengo que verlo yo: yo diré si hace falta...

¡Que no, vamos, que no quiero!

Pero ¿por qué no quieres? ¿No sabes que yo soy buena enfermera? ¡Si no tienes que quitarte los pantalones!...

¡Que no, vamos, que no!...

Que sí, digo yo... ¡Pues no faltaba más! Eso hay que verlo y operarlo. Yo no voy a consentir que salgas de mi casa con un pie que mañana se te hincha y pasado se te gangrena y al otro... ¡Vamos, andando!, ven al cuarto de baño...

Y no hay más que obedecer y hay que quitarse, si no los pantalones, el zapato... y el calcetín está agujereado, se sale por el agujero el dedo gordo, con una impresentable... y hay que quitar el calcetín... Ella, Ira, con sus propias manos tira de él y lo saca. El pie aparece obscenamente sucio: es un pie perfecto. Por su blancura, el arco de su planta y el orden dimensional de sus dedos podría ser el pie de un efebo, de un Adonis, de un Narciso, podría correr al borde del lago, entre las ninfeas y junquillos, pero las negruras, las roñas difuminadas lo adelgazan, lo descarnan y es un pie de santo, de joven mártir, la suciedad lo macula de espíritu —no, de alma—, de dolor tal vez, de hambre inconfesable. Ira le da vueltas, lo mira por detrás y por delante: reconoce la ampolla...

¿Pero te das cuenta?... Una ampolla de tres centímetros... Te rodea el calcañar, fíjate, con todo lo negro alrededor y ya reventándose, ya se había pegado un poco al calcetín... ¿Tú sabes lo que es una infección?... Meses en la cama, en el mejor de los casos... Hay que operarla ahora mismo... Ven, siéntate aquí encima de la cómoda... No mancha, ya está seca: yo la ripoliné hace ocho días... Estate ahí quieto, que traigo la cafetera con agua... ¿Quieres darte un baño? Mira, ahí está el tub... Te dejo solo... si te gusta...

No, no... Bueno, no es que no me guste: es que no...

Y allí encima de la cómoda, como a dos mil metros de altura, como ante valles y laderas desconocidas, como ante lo que casi no se divisa, un mundo nuevo: bajo el pie descalzo una banqueta y un lebrillo con agua fría que espera el chorro caliente —Ira ha ido a buscarlo y ha ordenado quietud allá arriba, en la cumbre de la cómoda: no meter el pie en el agua: un signo de la mano extendida ordena estar quieto y esperar—, y en la espera se divisa el mundo nuevo y el viejo, se siente la vieja roña con la que se convive, la que se lleva a la facultad y al cine, a la iglesia —los que van a la iglesia—, a las visitas —cuando no hay más remedio que ir a las visitas—, y no se ve nada, nadie lo nota: se vive con lo que no es más que un efecto del vivir que hay que combatir de tarde en tarde, como cuando la madre y las sirvientas ponen los muebles patas arriba, cuando se desestera —ya adoptada la frase como caricatura, se caricaturiza a los conocidos—, cuando cambia la estación: son cosas del año como las cosechas, vendimias, podas de los árboles... nadie piensa en ello, es algo que se da así... sucede, las cosas se suceden unas a otras y el hombre no interviene en algunas porque así es la vida... No se puede poner patas arriba a siete chicos todos los días, llenar tinas de agua caliente, y los armarios y el tresillo... ¿quién los mueve?... Peor en el colegio, más fría el agua, más apresurada la faena vigilada y entapujada... ver, sólo el maula, mojigato tenía que ver, pero la faena había que ejecutarla sin mirar... y ahora, desde la altura se veía todo con una vergüenza tristísima, que no cabía en el «Yo pecador», sino en una informulable exculpación... Yo no quería dejarme, yo no quería que esto hubiera pasado... Ha pasado todo tan diferente del proyecto: la riada, primero, y la caminata que se llevó toda la mañana: las paradas en los ventorros y luego la ampolla, ir como pisando huevos, apoyando sólo la punta del pie, y más ahora con la operación... El chorro de la cafetera suelta una nube de vapor, ¡no metas el pie!, hay que lavarlo sin mojar la ampolla... así, con la lavette alrededor y ahora cortar toda la piel. Si no te va a doler, ¡cobarde!... No, si no... Fíjate, tres centímetros de pellejo. Ahora pomada, gasa, esparadrapo y ya está: cicatriza con esto en seguida. Calcetín, no, no puedes volver a ponerte ese calcetín y si te diera uno de Félix te llegaría a la rodilla. Te daré unos míos, los del tenis: espera un poco, no te bajes de ahí.

El agua, la caminata, la ampolla, se llevaron los Grecos, la Sinagoga. Aquí, Ira eclipsó al profesor Félix Lago. Era a él a quien veníamos a ver, a oírle hablar con más libertad que en la clase. Claro que acabará hablando, como prometió. La presencia de Ira es una novedad, una visión que se impone sin explicaciones y su autoritaria solicitud es confortable, es también intimidante. Su oferta de baño es... si fuera otra, si ella no fuera ella, tal como es Ira, sería ofensiva y no lo es: es turbadora, halagadora, prometedora... «te dejaré solo», pero no le deja, en el baño ofrecido, prometido y no realizado, está ella con la lavette en la mano, ella acaricia la espalda, pasa su palma fuerte y carnosa por el rosario de vértebras, levanta en el cuenco de su mano el agua y la deja caer por los hombros. Le bautiza en un Jordán pagano y ¡tan piadoso!... Ese baño le limpia para toda la vida.

Los calcetines, a ver, yo te pongo el del pie enfermo, tu... tú, ahora, en un pie —ya puedes bajar de ahí—, te lavas el otro mientras yo voy llevando las cosas a la mesa. El bortsch ya está hecho.

Y hay que lavar el pie y poner los calcetines azules y tener los pies limpios, como una patena —se dice... En la baranda están todos mirando el paredón. Abajo va el río, como quien no ha roto un plato. Porque el Tajo es inmenso, inmensamente hondo y sólo algunos terrenos bajos descienden hasta su orilla. Allí, las casas del Pozo Amargo asoman sus traseras y ven los huertos y jardines que van bajando, la iglesia de San Lucas y el jardín contiguo. Por entre los cipreses sale una muchacha: traje claro, sencillo, melena ala de cuervo que el viento hace aletear. Corre hacia su casa, levanta la cabeza y dice adiós con la mano...

Ira, tu tocaya. nos manda un saludo.

¡Cómo! ¿hay en Toledo una chica que se llama Ira?

No: esa chica se llama Paz... ¿Qué creíais, que Ira era un nombre iracundo?... Ira es Irena... Dije lo de tocaya para intrigaros.

¡Ah, qué bonito! Y qué bien le va.

¡A la mesa! el bortsch se enfría.

Caen las cucharadas de crema espesa en el caldo rojo: diferentes modos de tratarlas cada uno en su plato. Caen pesadas pero, más grasas que el caldo, suben a la superficie y quedan como manchas blancas de formas sinuosas, de formas lacrimales: la gota desprendida cae al fondo y sube arrastrando la resistencia de su viscosidad elástica como un rabito blanco que sobrenada en filigranas... Joaquín, el más silencioso, lo revuelve y queda todo ella en un tono lechoso, más bien fresa chafada... Lo prueba y lo apruebe: sigue comiendo. Octavio lo come sin mirarlo, sin mirar más que a Ira... Luis mira a ver cómo lo come Ramón, que ya lo comió otras veces y Ramón lo come alternando las cucharadas líquidas del caldo con las cremosas, pellizcando con la punta de la cuchara los núcleos blancos, de cuando en cuando... Luis encuentra que es el modo más ameno, más sabio para alternar, sin confundir, las diferentes delicias... Imita el sistema, prueba la gota apenas teñida de rosa y luego el caldo rojo intenso, transparente: el rojo que evoca el morado litúrgico, un rojo rubí, carmináceo, con vaga tristeza como si escondiese algo de azul... El caldo así, no enturbiado por el blanco, carmín sobrio concentrado en la cúpula de la remolacha... —grupo de cupulitas en algo de Moscú... ¿basílica?... como un manojo de rabanitos... fraternales, eclesiásticas caperuzas de la santa Rusia... Varias cosas se trajo Félix Lago de aquel viaje oficial... Ira, cristiana por naturaleza, arrancada a la tierra, desterrada o desenterrada como las plantas de raíz fusiforme, bien abrigadas por terrones que hay que remover para sacarlas a la luz... Ira ya había sido excavada por la revolución, de entre todas las vagas rebeldías vividas en la infancia... ¿Sacada de la tierra por Félix Lago o Félix Lago arraigado por ella entre los gérmenes de la revolución? Ira pone sobre la mesa el cabrito asado en fuente de barro, que viene ardiendo del horno: lo pone en medio de la mesa sin quemarse: el fuego, el horno, es cosa suya: ella es horno, ella es hogar allí donde esté: aquí, ahora... Allá quedó tal vez otro... allá quedó tal vez otra espalda juvenil que ella lavaba con la lavette... Después del cabrito, tarta de manzana.

Y la sobremesa inaugura la charla que se proyectaba y que no encontraba ocasión de empezar. Pero era forzoso que empezase y empezaba con una netitud o transparencia sin fondo. Las diversas ideas, pensamientos, impresiones quedaban rezagadas como a la espera de un momento oportuno, y no llegaba el momento. La sobremesa se imponía con vulgar concreción de sobremesa. Hablaban unos y otros, uno hablaba y otro contestaba... Todos atendían a lo que decía cada uno...

Yo os propondría —dice Ira— dar un largo paseo. Subir hacia la ermita de la Virgen hasta ver ponerse el sol.

Pero, Ira —dice Lago—, los chicos no han venido a eso. El plan era hablar de ciertas *cosas,* de las cosas que no se puede hablar en clase. Ni casi en ningún otro sitio: tienen que aprovechar este fin de semana...

Sí, ya —dice Ira—, pero a veces es mejor pasear: se aprovecha más el tiempo.

«El corazón femenino, aún hoy, es un misterio para nosotros.» ¡He dicho! —dice Lago.

No, no lo has dicho tú —dice Ira— y mejor es que no lo repitan porque es una tontería.

Una tontería —dice Lago—. ¿Desautorizas a su autor?

Desautorizo la frase —dice Ira—, sea de quien sea. Lo de *nosotros* me apesta. A mí me avergonzaría decir *nosotras.*

Orgullo —dice Lago— o complejo de inferioridad.

¡Oh! qué mala… pasa, por decirlo de algún modo —dice Ira—. Quieres disminuirme ante los chicos, para que no coquetee.

Claro, claro —dice Lago— porque eres muy capaz de coquetear con *nosotros*.

Porque no hay *otros* —dice Ira—, porque sois *vosotros* los que estáis ahí, viendo a ver lo misterioso que es mi corazón. ¿No es eso? Vamos, ¿qué os parece a *vosotros*?

Es una papeleta difícil —dice Lago—, dad vuestra opinión sin ambages.

Yo —dice Joaquín—, la verdad es que nunca pensé en eso.

Yo —dice Octavio— no lo encuentro nada misterioso.

¿Tú no? —dice Lago— ¿tú que apenas has salido del cascarón?

Pues no —dice Octavio—, no le encuentro. Y, si voy a tener que encontrarlo cuando salga…, pues no salgo.

¡Caray! —dice Lago— eso es una respuesta. Te pongo un diez. Sigan los de la segunda fila.

Yo —dice Ramón— encuentro que cualquier corazón es misterioso.

Y tú que conoces las triacas —dice Lago— ¿qué piensas?

Yo —dice Luis— de todos los corazones que me he echado a la cara el que me parece más misterioso es el mío.

¡Bravo, bravo! —dice Ira— éste es el que entiende de corazones. Éste es el que está verdaderamente sabio.

El que *es,* querrás decir —dice Lago—. En cuanto te alteras hablas mal el español.

Pero si lo habla perfectamente —dice Ramón—. Claro, con tan buen maestro.

No confundas causas con efectos —dice Ira—, los cuatro años de español que había estudiado fueron los que me condujeron al maestro… Allí apareció entre otras vedettes demasiado maduras… Maduros, digamos…

Ya veis si es frívola —dice Lago—, los vedettes maduros no le gustaron. Y no lo parece: eso demuestra lo misterioso de su corazón.

Pero yo tengo un corazón —dice Ira— que es o no es

misterioso, si me da la gana. Lo que me apesta es que tenga que ser dogmáticamente misterioso para *vosotros*.

El autor de la frase —dice Lago— era lo menos dogmático que se puede ser.

¿Quién era el autor de la frase? —dice Ramón.

El padrecito Dostoiewski —dice Lago.

¡El padrecito! —dice Ira— todavía en español lo tolero, pero en francés es grotesco.

Aquí —dice Lago— casi todos lo hemos leído en francés, desentendiéndonos del *petit père*: sin darnos cuenta del idioma en que lo leíamos. No hay otro autor en el que eso ocurra tan palmariamente. Debe de ser por eso por lo que un crítico nuestro ha dicho hace poco que su dominio o señorío del diálogo le emparenta con Platón.

¡Qué extraño! —dice Ramón—, ¿cómo puede ser, entre gentes de aspecto tan distinto?

Bueno —dice Lago—, el aspecto no es lo decisivo.

Para mí sí —dice Ramón—. Los de Platón, tan bien afeitados, ¿cómo pueden hablar lo mismo que los barbudos, cargados con pieles de borregos?

El misterio, chicos —dice Ira—, el misterio de *vuestros* y *nuestros* corazones, que se visten según la estación y según la moda del país.

Lo probable —dice Luis— es que la diferencia en la forma de los diálogos sea tan grande como la de las indumentarias. Diálogos. Diálogos de diferentes tonos, pero siempre dialogando sobre los mismos misterios.

Y también —dice Lago— diálogos como éste, que es hablar por hablar, sin hablar de lo que nos habíamos propuesto.

Éstos son los buenos —dice Ira—. En los de Platón, aunque lo digan a veces, no se nota que se hubieran propuesto hablar de algo. Siempre parece que hablan como si no pudieran hablar de otra cosa... El caso es hablar y lo grave, lo horrible, lo malo es no hablar... no atreverse a hablar.

Bueno —dice Lago—, pero hace falta, además de hablar, obrar.

Si se obra —dice Ira— sin haber hablado bastante, no se obra nada que valga la pena.

¿Y si se pierde el tiempo en hablar? —dice Lago.

Nunca se pierde el tiempo —dice Ira— si se habla bien, de verdad.

Eso es lo que tenían los diálogos —dice Luis—, los que se pueden leer en cualquier lengua, que hablan de verdad.

De acuerdo, de acuerdo —dice Lago—, pero si pasa el tiempo sin haber llegado a la verdad... ¿A qué hora tenéis que iros?

A las ocho o las diez —dice Ramón—. Bueno, eso pensábamos, pero es probable que el tren no funcione todavía. Las vías quedaron cubiertas por la riada. Quién sabe lo que tardarán en desembarrarlas.

Qué conflicto —dice Joaquín—. En nuestras casas creerán que ha habido un accidente.

No os apuréis —dice Luis—, yo puedo telefonear para que den el recado a tu casa, Ramón, y tu tía se lo transmitirá a las de estos dos.

Pero —dice Ira— no tenemos teléfono.

En algún sitio lo habrá —dice Luis.

Sí —dice Ira—, en la farmacia.

Ah —dice Luis—, yo iré en un salto.

*

El teléfono de la farmacia —conseguido por el timbre de urgencia— sonando en la farmacia solitaria, imponiéndose, en la soledad, tan importante, tan vital, tan complejo y tan completo... capaz de transmitir todos los diálogos. Los mensajes más risueños como los más tristes, como los tranquilizadores, los anuladores de la angustia, los que borran la incertidumbre cuando el accidente se columbra y no hay valor para afrontarlo... y suena el teléfono y el terror culmina en los dos segundos en que se tarda en descolgar el auricular y adaptarle a la oreja y todo se borra... o se clava, se hinca en la realidad brutalmente, como un cuchillo... Y cuando sigue sonando solo, persistiendo, dilatándose su retiñir por todo el ámbito, desde la pared —entrada de la rebotica— junto al perchero, a cierta altura no accesible a cualquiera —a la altura de su dueño— y las dilectas, las insaciables de mensajes, hablando en puntillas y el retintín —más bien espasmo de los élitros de un escarabajo cautivo, telaraña del silencio irrompible— vibrando sobre la mudez de todo objeto, sobre los botes florales —porcelana blanca con el lila de las malvas, con el rosa de la digital, con el azul de la genciana, con el oro de las letras góticas en los nombres latinos, rótulos al pie de una estatua, siempre sonando a mármol el silencio— y nadie, nadie acudiendo... Domingo —no estuvo cerrada la farmacia, pero ya es tarde, ya se fue el mancebo— sonando, sonando y sin acudir nadie... hasta que al fin acude la maritornes, la hostil, la esclava que no regala de su servicio ni un movimiento de la mano... y llega y pregunta «¿Quién es»?... y hay que decir «Soy yo», y el que está diciendo soy yo es el que está ejecutando ese acto desusado, una excursión —es como se le llama— y todavía exige que se tome un recado y se transmita al piso de arriba a la maestra, con la que no se coincide ni en el mercado ni en la iglesia... Y hay un forcejeo y la voz del que ha dicho soy yo se hace más recia, como de amo que es de la casa, y la voz que preguntó trata de hacerse voz de la tata, y la voz del amo la rechaza y la domina, la obliga a transmitir el mensaje, sin añadir ningún otro —noticia tranquilizadora— para el ama de la casa... El recado es para que corra por la vecindad, para que la maritornes tenga que comunicarlo a las otras sirvientas y establecer una relación que es, de ordinario, hostil o al menos mohína... Y el retintín del insecto prisionero propaga las voces, que acaban llenando el ámbito de la farmacia —la voz de la tata simulando una falsa autoridad, la voz —un carraspeo o borboteo de sumidero, que no absorbe sino que proyecta un rasposo imperativo del que ya no hablará más —nunca más— como el chico de la casa, el que se conoció pequeño y ahora no se le llega al hombro... Y queda otra vez el ámbito de la farmacia en silencio... Las pisadas se extinguen, pero no el sonido de las pisadas porque el auricular se colgó en el acto, las pisadas de la sierva —pisadas de sierva— se alejan en imagen, abandonan todo el campo al silencio, en el que las imágenes —otras imágenes— se agolpan, lo hinchan en su multitud de tiempos, en su infinitud de pasiones, de negaciones, de tal vez... ¿Se puede vivir para un tal vez?... ¿porque, si no se viviera colgando de un tal vez, si se tratase de algo que es de una vez, ¿por qué estar aquí, colgando de ese hilo del teléfono: aquí, comiendo una sopa colorada, hablando de una dinamo que movió medio mundo —un mundo tan ignorado como querido—, aquí, habiendo pasado en barca lo que se iba a caminar... Y, si no es por ese tal vez ¿por qué disponerse a volver?... ¿Para comprobarlo?... ¿Se puede desear comprobarlo?... No, rotundamente no, pero es inevitable... No es posible entregarse a la cobardía de ignorar, y no es posible aunque sobre la cobardía tanto como el valor... Simplemente no es posible... y sin embargo, no se puede seguir colgando de este hilo, es necesario exponerse a volver a comer la misma sopa, a reanudar los mismos diálogos, volver a oír lo que dice el uno y lo que dice el otro... Hay que seguir dialogando un cierto tiempo —no un tiempo indefinido—, hay que medir el tiempo que pueda resultar razonable... y el esfuerzo de medirlo rompe el cómodo abandono —hay que volver poco a poco al Pozo Amargo porque arrojarse en aquel pozo fue la solución de lo que no se puede resolver. Fue sumergir un domingo en la inmensurable Toledo —inmersión aplacadora—, historia, pintura, piedras grandiosas y tierra color de Castilla... Muy razonable esperar un gran reposo, una gran distracción de lo agobiante... Y el programa de distracciones enriquecido por el percance, dilatándose en una especie de encierro forzoso —sabían en la estación que no funcionaría el tren hasta la medianoche— y había que volver y, después de afirmar que se había transmitido el mensaje, oír todo lo que se hubiese hablado en aquel tiempo escamoteado mágicamente... Y se había hablado mucho, el profesor Lago había desplegado su arte mayéutica, trayendo al mundo, del seno de sus oyentes —del seno vital, emocional, del seno en que la propia vida de cada uno está autogestándose—, una adhesión atenta, una atención adhesiva... Conversión se puede decir... Todos estaban ya pendientes, asidos, prendidos con las grapas de su nuevo yo recién despierto a la vena sustanciosa que va a nutrirlos, de ahora en adelante... Y sí, en efecto, ese seno subte-

rráneo en la vida tiene una resonancia —habita en él un eco
que responde ¿tiernamente, se puede decir?... cordial, calurosamente, apasionadamente y ¡ésta es la cosa!... El eco, voz
enamorada, que tiene hecho el oído a llamadas muy distintas,
si trata de responder a estas nuevas voces... Responde, claro
que responde, pero su lamento, su sollozo, su grito desgarrador
sólo es el que va en la voz del deseo —del íntimo, individual,
personal deseo, el deseo que tiene una nota única —la palabra
de un *único* a un *único* —el sollozo o el grito por lo *único*.
Las nuevas voces retumban en el subterráneo, lo invaden...
Escucharlas, darse a su griterío —pasional, sin duda— tal vez
sea más positivo, más eficazmente destructivo de la vieja
angustia —de la breve creencia en un triunfo— del ofuscador
placer —de la entrega... Tal vez la entrega a las nuevas voces
sea menos temible porque estas voces ¿qué piden?... La vida,
está bien claro... La piden, con todo el attrezzo de sacrificio,
de sangre: no hay nada que temer —si se acepta, no hay nada
que temer— porque lo único que hay que temer es que lo que
se espera, lo que se anhela, sea otra cosa, que no se anhela
—entregarse, adoptar el sacrificio... amar el sacrificio tal vez
sea posible para quien no haya amado otro rostro —un rostro
con todo un cuerpo, como una palabra, como un color, una
cosa concreta a la que se le pide una palabra concreta —una
única— y un total silencio alrededor... El estruendo pasional
de las voces, no cabe duda, toda pasión despierta, enciende
pasión —pasión de un rostro desconocido que se puede idea-
lizar... «El feliz caballero que te adora sin verte»... No, no
es eso, el caballero no puede ser feliz... Tal vez sea más sensa-
to imaginar un rostro de Mater Dolorosa... ¡No, jamás!...
¡No acercar jamás la mecha al fondo de los gases telúricos!...
De oír, de escuchar y aceptar las voces nuevas, desnudar el
alma de sus íntimas camisas, dejarla en cueros, expuesta a los
roces, a los alambres espinosos, a los contactos viscosos también, porque no es sólo el dolor lo que hay —¿habrá?— que
afrontar, también lo inmundo, lo nauseabundo... La pasión...
¿qué hace la pasión ante el desprecio? ¿Qué hace la piedad?...
El desprecio se abre como un agujero en el camino hacia el

aprecio —el camino meticuloso del que escarda el plantío—. No, no se puede suprimir el desprecio: hay que encontrar el rostro apasionante del sacrificio.

¡Hasta la medianoche! —dice Ira—. Bueno, cenaréis cosas improvisadas. Recurriremos a los huevos fritos.

Oh, no importa —dice Ramón—, hemos comido tanto esta mañana.

Sí —dice Ira—, pero ya hace seis horas ¡y no habéis parado de hablar!

La lástima —dice Ramón— es que no podamos pasar toda la noche hablando.

Bueno —dice el profesor Lago—, aceptemos lo que Ira improvise y todavía nos quedará algo para los postres.

Ah, sí —dice Ramón—, nos dijo usted que nos daría un libro.

En eso estaba pensando —dice Luis.

Os lo daré —dice Lago— y por lo visto, a pesar de tu ciencia, me parece, Luis, que te acercas a la literatura.

Sí —dice Luis—, tengo la manía de acercarme a todo lo más difícil.

Peligrosa —dice Lago— y plausible manía...

A la mesa —dice Ira.

Literatura, ¿está entre las cosas más difíciles?... No exactamente. La más difícil, la buena, es la que facilita la entrada a todo lo demás... No es que facilite, es que empuja, es que arrastra, que agarra por los pelos —como el ángel bueno—. Más que estrecha, rendija apenas penetrable. La literatura, la buena, es la llave maestra y, donde ella se lo propone, hay que entrar... Entramos como corderos o como leones. Como corderos a los pastos verdes de la pradera, como leones —de los que fueron enjaulados y pasaron largas hambres—, como feroces carnívoros capaces de comer piedras... Bueno, es un decir, porque los leones no admiten una falsa nutrición. Los hombres, carnívoros, son capaces de comer paja... Todo por culpa de la literatura. Pero ¿de la buena?... También de la buena... ¡puede darse el caso!... Pero el caso es que sin ella no hay nutrición posible, no hay más que anemia, esclerosis, emasculación... El libro era bueno, muy bueno.

Necesitaba saber su nombre. ¿Por qué?, ¡vamos!, ¿por qué?... No lo comprendo, pero el caso es que iba metiéndome en el agua... Y es cosa que siempre me ha reventado ver en el cine, los tipos que se meten con botas y pantalones, como sin darse cuenta. Lo encuentro falso, falso: es una simulación del arrebato, es algo así como decir «estaba ciego de»... Yo me daba perfectamente cuenta de que me metía en el agua: para eso me había quitado los zapatos y seguía metiéndome aunque ya no podía levantar más las faldas. Me daba un poco de vergüenza... no, de lo que me daba un poco era de miedo: de eso es de lo que me daba vergüenza, pero quería saber su nombre. Ahora ya no me da miedo y sigue dándome vergüenza. Bueno, yo creo que también sigue dándome miedo. ¿No es idiota seguir pensando en ello? No se me borra de la cabeza, es como un rasguño o un cardenal, una lesión, como cuando dice uno, «debo haberme dado un golpe aquí, porque me duele»... Pero no fue un golpe inadvertido, fue todo lo contrario, un propósito del que no podía apearme, necesitaba saber su nombre. Y la obsesión prevalece, sobrenada —ya que la situación era acuática— por encima de todas las otras cosas, novedades, noticias, de todas las discusiones, de todos los encuentros... ¡Martín en Barcelona! cumpliendo con su obligación, su profesión... A ver, profesor, ¿qué piensa usted de estos cuadros?... Y podría decir, mañana lo leerá usted en la prensa, pero no, no deja a nadie esperando hasta mañana: prodiga, derrocha, desencadena opiniones en varias lenguas. No sé cómo rebuznará un burro en alemán, él lo imitaba en español aunque luego recitase párrafos en prosa genuinos del «dulce poeta» —Heine, decía— y los párrafos traducidos eran más bien cochinos. Por cochinos se esmeraba en glosarlos, porque Martín será todo lo profesional que se quiera pero no tiene pelos en la lengua... ¿Todo lo que se quiera?... Que es inteligente, superinteligente, no se puede dudar, pero tiene la condición especialísima de desequilibrar las opiniones que los otros ponen en bandeja, en vitrina más bien, porque le encanta sacar su tirador y ¡cataplum! todos los vidrios al suelo... Los burritos voladores de Chagall, en consecuencia, los de Berth y, trayéndolo por los pelos —bueno, él no, los oyentes— el nuestro, el plateado... Y Martín gritando, ¡No, no, ése no es más que una marca de fábrica, ése es el marchamo de algo... Todavía no hay nadie que sepa el producto que anuncia... Ni siquiera muchos de los que lo consumen... Y aquí una mirada misteriosa, más bien indicadora pero no reveladora de un misterio: algo así como una incitación ante la puerta de Barba Azul. No sé, francamente no sé qué pensar de Martín: es como si ocultase algo que al mismo tiempo quisiera mostrar. Siempre con un gesto de superioridad amenazante, siempre con el gesto de ir a decir, ¡Si te cojo...! Y con las pretensiones de que uno anhele ser atrapado por él, introducido en un cenáculo donde él platica ante los elegidos, que son pocos, pero tan descomunales, que es como si fueran todos, todos los mortales, puestos a ser inmortales... Después de un espacioso silencio sobre lo del marchamo vinieron, para amenizar, las citas del «dulce poeta», demostrando que un dulce poeta puede ver las cosas de otro modo, puede vomitar ante las dulzuras franciscanas y meterle pimienta en el culo a los burros, para que hagan, ¡oh... oh! Las cosas que sacó a relucir, las pintadas, las vividas. En éstas, las que quedan por vivir, vaticinios principalmente, suscitando bandadas de brujas, de ángeles malignos, de charcos donde se va a caer, de ciclones que pueden arrastrar... Y, como los vaticinios no son más que vaticinos, en torno a ellos desencadenándose procesiones de súplicas, de recomendaciones... ¡Es necesario que la crítica comprenda, conduzca al público, al pueblo convendría decir!... Temerosamente, a las masas... insidiosamente a los que deben penetrar en las cosas difíciles porque para ellos fueron hechas... Y aquello no tenía fin porque se incorporaban al grupo tipos de todos géneros, atraídos por los gritos, convencidos de que cuando tanto se grita se debe de tener razón y sí, se tenía razón. Martín tenía razón, pero no había Dios que le entendiese, por sus circunloquios. Yo le entendía tanto que no le podía aguantar. Yo me separaba del grupo y me decía ¡tiene razón!, tiene razón, como antaño... me ha convencido, me ha impuesto su opinión: ya no podré pensar de otro modo. Pero ¿dónde queda ese antro —o paraíso— que él frecuenta? ¿Dónde, en qué barrio?... Ya no podré pensar de otro modo. Y me quedo pensando, y he pensado toda la noche cosas definitivas, cosas sumamente importantes, como para adoptarlas, para sentirse uno lleno... Bueno, y ¿qué? Por encima de todo lo aceptado sobrenada la otra impresión sin razones, la seducción de aquello que me atraía luego, con los pies hundidos en la arena, avanzando para poder leer su nombre, que estaba medio borrado, medio raspado por choques, por choques del tiempo nada más. Hundida allí, encallada, arrastrada a la orilla: no estaba anclada, está confiada a su peso, a su vejez. El agua seguía lamiéndola, lavándole la proa y haciendo más claras las letras del nombre, MARTONA O MARIONA... No conseguiría verlo entero porque me daba miedo acercarme. Su vejez, su acabamiento, su muerte era tan viva y toda ella era tan grande... El mar, nos han traído a ver el mar y lo hemos visto. Bueno, ¿se puede ver el mar desde algún sitio, por buena que sea la vista, eso que se llama la vista sobre el mar? ¿Qué es lo que se ve, un color, una extensión? Un trocito de la extensión. En cambio allí, junto a ella, una cosa... ¿una criatura podría decir?... Un madero, más bien, pero era una forma tan grande junto a mí, tan pequeño yo junto a ella y tan pequeña ella en el mar. Viéndola tan pequeña, veía clara la extensión. La extensión no es clara ni oscura, es extensa, y se veía a su lado la inmensidad que había recorrido ella sola, ella solita, tan pequeña, tan inmensa a mi lado, que me daba un miedo atroz la presencia —la latencia tendría que decir— de su silencio... Con todo lo que tenía que haber pasado, navegando, luchando... Ésa es la cosa, me acercaba a ella para ver el mar. Me decía —claro que sin decirlo— estoy viendo el mar... La ciudad es estupenda, las piedras antiguas y las otras no tan antiguas, pero no suficientemente viejas y las que quisieron ser modernas, modernísimas, desesperadamente modernas... No, deses-

peradas sin desesperación, furiosamente modernas, absurda-
mente seguras... ¡Aquella sala de música!, bueno, para la
música, y claro está que la música no se está quieta, eso es lo
que pasa: no se está quieta, pero tiene formas y allí las formas se salen por las paredes. Es una sala de música, las musas
brotan de los muros con sus formas y sus colores, que no cambian, que están allí clavados... no, plasmados, brotados porque sus formas tienen la ligereza, el movimiento de lo inspirado: son tan ágiles que la música se posa en ellas en todos
los momentos, en todos los tiempos musicales... Ellas se mueven, suspiran, palidecen, se ponen entre sus melenas las melodías como flores... Qué éxito, qué éxito el de Tina. La
exposición de Berth fue magnífica y ella encantó a todo el
mundo. Creo que le será fácil hacerse un nombre aquí, en
España. En cuanto al triunfo de su acierto al llevarnos a ver
todo aquello, para nosotros es incalculable. Para mí, puro
placer, terrible placer, dramático placer, Isabel hundida en
el pecado. Al fin lo veo claro, clarísimo, hundida en el pecado.
¿Qué le vamos a hacer?, éste es el balance de nuestro viaje.
Y resulta que llegamos aquí y nos encontramos un panorama
desconcertante: los chicos hechos un par de imbéciles, sumer-
gidos en la política y radiantes, orgullosos de su *plongeon*:
tratando de enseñarnos a zambullir, como si fuera una cosa
muy enriquecedora. Nos critican con verdadera ferocidad.
Ramón sacó en seguida a relucir el viejo estilete. Más que
cruel, arrollador, endosándose o incorporándose la fuerza, la
presencia infalible, arraigada en lo que ahora vemos como el
clima de nuestra niñez —Montero, tan lejos— sacando a la
luz nuestro pasado, haciéndonos inmensamente viejas, al demostrarnos que no hemos crecido. Lo que podría parecer un
recuerdo encantador, arrojado como un epíteto aniquilador...
«Ya están de vuelta las estetas, las estetitas»... Es doloroso
como un flemón, como algo que está pidiendo reventar y queda
oprimido, contenido... ¿Para qué nos fuimos? ¿Para qué nos
hartamos de ver cosas, nos atiborramos de ideas, de ocurrencias —ideas apasionadas sobre todo lo que ocurría, lo que se
nos ocurría para qué si no podemos ahora seguir haciéndolo
vivir entre los que siempre vivieron con nosotras?... Nos

reprochan, no en nuestras casas, no... aunque también nos miran como si hubiéramos hecho algo excesivo. Bueno, los padres, las madres más bien, porque padres no hay más que el mío y el de Ramón, que es un maestro que nunca dejaría de comprender, pero que está a una distancia adonde no llega la voz de los vivos. Contar a doña Laura todo lo que hicimos, las gentes y las cosas que vimos, sí, sí, incansablemente. No sé por qué no nos basta con eso. Su generosidad es infinita, su inteligencia más de lo necesario... Ese par de cretinos nos han producido una especie de desconfianza de nosotras mismas, como si nos hicieran oler algo que queda fuera de nuestro alcance, algo que ellos huelen y nosotras no. Algo que se avecina... Pero ya lo sabemos, hay algo que se avecina y precisamente eso es lo que más nos gusta, es lo que mejor conocemos, comprendemos ...Los que no comprenden nada son ellos... No quieren comprender porque son un par de cretinos superdotados y convencidos. No quieren comprender, como si tuvieran miedo o como si temiesen que les quitásemos el tiempo que quieren invertir en otra cosa... ¿En qué cosa?...

*

Transcurre el siglo veinte. Transcurre y discurre —lo que importa es el discurrir de su inventiva, de sus arbitrios en su discurrir lo que consideramos, contemplamos y enjuiciamos, queriendo ajustarle las cuentas a todas horas; acusándole, francamente, como si fuera alguien a quien pudiéramos sentenciar, ¡Culpable!... Como si fuera alguien... ¿Quién es el siglo? ¿Quién? ¿Quién?... Hace falta saber *quién* es tanto como saber *qué* es. Entre esas dos cuestiones está el asunto. ¿Qué es?, vamos a ver... es un montón de cosas que no salen del montón mientras no haya *quien* las escoja con cuidado, mientras no haya *quien* las distinga y las adopte —las confiese como sus propios pecados—, su pecado de existir —identidad existencial reconocida, aceptada, adorada tal vez—. Y ése, sólo ése, el que es *quien* las distingue es, con ellas y en ellas, el siglo. Porque los otros, los que no dan la cara, ésos no *son*, ésos van en él —van llevados, sin saber adónde—, ésos figuran entre las cosas que van: van como cosas, nunca como *quién* ni *quiénes,* son intercambiables para el siglo... Pero, una vez más, *¿quién* es el siglo que los quita y pone en cambiantes anaqueles? El siglo no debe —no puede— ignorar que esas cosas, ésos que van como cosas, van en él. No puede ignorarlo aquél —aquellos *quienes* son el siglo... Lo grande es que muchos de aquellos *quienes* son el siglo, lo ignoran con gran atención, y no por eso dejan de ser el siglo. Ésos —los cuidadosamente ignorantes— ¿son cosas que van en el siglo? No, ésos son el siglo, tanto como los que no ignoran nada porque todo lo que es, como lo que va, lo asumen, lo adaptan, a veces sañudamente, antagónicamente, pero en propiedad. No hay fuerzas —ni paciencia— para enumerar todo lo que se apropian los que son el siglo... ¿Apropiarse? ¿abrir los brazos, abarcar el orbe y estrecharlo contra el propio corazón... Sí, sí, sí, por supuesto, pero también agarrar —simplemente con la vista, de una ojeada— al *quién* o al *qué* hijo de perra y, apropiándolo, tenerlo a raya —aniquilarlo, si es posible, en la pura lucha que le deje en cueros, le destroce hasta la última camisa— por considerar su verdadero ser, por comprender, aprehender lo que su ¿intríngulis, consistencia?, que es lo que le emparenta con la nuestra y es, por lo tanto, nuestra propiedad temporal, nuestro compatriota, súbdito de la majestad indiscutible que nos asigna el título de *ser* hoy, ahora... Y, claro está, con esta retahíla de seres y no seres, parece que se tratase de entelequias superferolíticas, cuando no es eso, no, no es eso... Bien está —es fácil de entender— que los detritus hayan alcanzado categoría de valor estético —la materia en sus leyes invisibles—, leyes de la materia que fluctúa creyéndose libre, el humo, las olas del mar —que se dejan ver invisiblemente— no las vemos, pero las conocemos, sabemos su existencia y las percibimos como libertad, sabiendo que son leyes —y claro, como son leyes, no se quedan en las cosas bonitas, en las cosas que nos parecen contemplables, secularmente contempladas, cantadas por los poetas, siguen —en su libertad de leyes— fuerzas omnipotentes —mandando en la materia mortal, mostrándose en su mortalidad, en la putrefacción de la belleza —belleza, por tanto, de la putrefacción—. Y nada, no hay nada que hacer porque claro está que deberíamos —anhelaríamos— hacer algo, pero ¿cómo conseguir hacer, sin deshacer?... Pregunta sumamente tonta y contestada por los hechos hace tiempo, contestada por todos los tiempos: revolución previa, construcción o reconstrucción inmediata. Ya, eso es lo que se acostumbra, pero no, ahora no se trata de eso, eso no sirve ahora porque no se trata de derrumbar, de sustituir bellezas por otras bellezas —o antibellezas—, es cosa de elevar templos increados, es cosa de edificarlos con esos —éstos y aquéllos— materiales en que van las secretas leyes —posadas como libertades— en las pútridas bellezas de lo mortal... Bueno, todo esto así ensartado es un edificio de palabras, en el que la palabra se arroga un decir omnividente —omnipotente es la pretensión— como resultante de todo lo visto y lo entrevisto: lo entrevisto es la esencia del poder —del poder ser—, y el poder decir —esencia del saber— puede también callar, puede también medir su poder y quedarse sin chistar hasta que las voces que no saben nada empiecen a dar gritos. Es lo que buscan las voces de la sabiduría, que nunca se satisfacen en su saber y esperan que nazca algo de la tierra, algo que la enriquezca —sabiduría hortelana, regando profusamente, sabiendo que el saber penetra y que por todo el plantío van a apuntar pronto los gérmenes que fueron regados y también aquellos que la sólida lluvia —tardía, escasa, excesiva, destructora— y el sol, siempre puntual en los países que frecuenta por costumbre, sacan lo que está encerrado en la tierra, con su verde inocencia.

Ésta es la cosa, hay zonas donde da más el sol, donde abunda —se dilata o penetra— más el riego. Esas zonas, barrios del espíritu... más bien el espíritu de esos barrios que, en tanto que espíritu, tiene raíces de aliento, de aromas, de esencias absorbidas en el suelo que le fue dado: en tanto que espíritu, sale andando con sus raíces y va de un sitio a otro —de un barrio a otro.

Hay noticias que circulan, hay llamadas, invitaciones sorprendentes que deslumbran por su adecuación a lo deseado, a lo conveniente —lo conveniente, convertido en lujo, porque se dice, *lo conveniente,* y se presiente un remiendo, un echar medias suelas a la necesidad. Pero lo conveniente también puede ser la vestidura de corte inigualable, la prenda ajustada a la propia forma con justeza corroboradora, reveladora, incitante, apremiante, conducente hacia lo deseado, hacia lo tímidamente presentido. La invitación era:

LO ANTIGUO
Inauguración, día 15 de octubre, a las 20 horas.
Calle del Prado, 35

Desde la calle del Prado, una tarjeta salta hasta la calle de San Vicente. Salta... parecería, por el contrario, que fuese por túneles o callejones, llevada en los sacos secretos de los mensajeros. Va por donde puede, pero el caso es que salta... Aparece ante los ojos y el corazón repite su salto, retiembla el impacto como una rama en la que se posa un pájaro tras un largo vuelo. La tarjeta lleva además, en sus alas, unas palabras escritas a mano con tinta bien negra, algo pictórico —pincel y tinta china, acaso— que saludan y ofrecen tiernamente, calurosamente, y una firma casi ilegible... ¡El señor Gut Gut! ¡El adorable señor Gut Gut!

*

¡Oh qué alegría, señor Waksman! Es maravilloso tenerle a usted tan cerca ahora, aquí, en pleno centro...

Sí, mis lindas... Ah, señora Smith. Encantado, muy honrado, señora, por su visita. Una cosa más que debo a mis ángeles buenos.

Tiene usted cosas preciosas por aquí. Voy a ir viéndolas poco a poco.

Esta vez somos nosotras las introductoras. Hay media docena de señoras tan elegantes como Tina... Bueno, ¿tan elegantes?... tan bien vestidas, pero tan guapas, tan únicas como Tina no las hay. Tan adineradas sí, probablemente, y empezarán a llevarse cosas caras. Todas vienen a ver quién se lleva la más cara porque no tienen pinta de entender mucho. En cambio, Tina... Déjala, déjala aquilatar cosa por cosa. Si sigue llegando gente, dentro de poco no se puede uno mover, y seguramente llegarán porque está empezando... Esto parece que tiene cara de éxito y, sin embargo, ¿no encuentras que el señor Gut Gut está más bien triste?

Tristísimo. Yo diría que está desolado.

Exactamente, ¿qué te parece, le preguntamos?...

¿Cómo se puede preguntar?... No sé si hablando de otras cosas...

¡Qué magnífica esta talla, señor Waksman!

Ah, sí, muy Berruguete, en tono menor, pero realmente muy buena dejándola en su lugar.

No creo que se pueda encontrar un comerciante que ponga sus cosas en su lugar, en vez de subirlas cien metros o kilómetros.

Pero mi hijita, yo pongo mi personalidad de crítico cien kilómetros más allá de mi profesión de comerciante.

Oh, ya se ve, ya se ve. Eso es lo que se veía allá en su gruta de los barrios viejos. Se me ocurrió decirlo porque su traslado nos había dado la impresión de que quería usted lanzarse al mundo moderno, industrializado.

No, ángel mío, no, yo no quería nada... nada de lo que pasó. Ustedes ya saben, ya recordarán mi confidencia. Yo les expliqué bien claramente mi encierro en aquella, que ustedes acaban de llamar ¡con qué acierto!, gruta... Bueno, ya pueden comprender. Lo inexorable tenía que llegar.

¡Ah! sí, claro... ¡Cuánto, cuánto lo sentimos!...

Está infinitamente triste por su liberación. ¿Será porque ha llegado demasiado tarde?... Quién puede saber cuándo empezó su esclavitud —cuándo empezó a ser esclavitud algo que había empezado con su propio ser—, algo que, si hubiera terminado antes, no habría tenido tal grandeza; le habría puesto —le habría dejado abandonado a sí mismo—, le habría dejado en el hospicio de *la prueba,* la inclusa en que todo mortal queda incluido... *La prueba,* el peligro inclemente que, una vez pasado, saltado o sobrepasado en el resbaladero del tiempo, ya no amenaza —en el tiempo mismo se borra y se confunde con él. Ya no hay tiempo, ya no hay prueba—; el caso es que la esclavitud había terminado para él, que habría querido una vida de artista, un trabajo ajeno a toda industria. Y ahora acometida una industria, probablemente triun-

fante que no podrá borrar la tristeza, la desolación de la esclavitud pasada como el divorcio, el rompimiento de un largo
amor. La desolación se transparentaba por debajo del riego
sanguíneo —un poco apoplético— que coloreaba la calva y
los mofletes afectos a la sonrisa... Más profunda y más lejos
estaba la tristeza invencible que parecía un foco proyectado
desde muy lejos, algo así como si la luz dedicada a alumbrar
recibiese de lejos un foco de sombras, las sombras se refleja-
sen con lápiz compuesto, negro de humo, terciopelo de aquellos rincones que el facistol abrigaba, impenetrables, donde
sólo destacaba la bella del Donatello... Todo el pasado que
jamás podría pasar iluminaba —ensombrecía no—, iluminaba
con sus sombras la antigua gruta de los barrios viejos.

Cosas preciosas, cosas estupendas tiene usted. Yo quiero
llevarme algo y no estoy ahora en momento de grandes ad-
quisiciones, pero esta sílfide...

Oh, es poco más que un bibelot. La firma tiene algo de
prestigio finisecular; un tal Brunet o Bruguet... no está claro,
pero está fundida en... 1877...

Siempre adoré estos bronces, y ésta, precisamente, me
lleva a...

Las cuatro yendo ya hacia casa. La sílfide —la cuarta—
en el regazo de Tina, que se empeñó en llevársela aunque
midiese más de cincuenta centímetros... Y su historia llenó
la calle del Prado, luego el Paseo del Prado. Su historia se
paseaba por lo más noble, por lo más antiguo; salía del pequeño y nuevo comercio que tenía como lema LO ANTIGUO,
escogida entre cosas seculares. Tina había destacado su cer-
cana antigüedad modernista y la lanzaba —botaba su barco—
al caudaloso presente del amor de los nuevos, de los venide-
ros... Esta sílfide revoloteará por los libros futuros, llegará
a madurar hasta adquirir una densidad que no tuvo en su
embrión...

Esta sílfide evocada por una novela rosa... Las novelas
inglesas que leíamos las niñas educadas en buenos colegios
—que comprábamos postales inglesas—, las novelas en que
una joven ejemplar, bella, pobre, de exquisita educación —ins-
titutriz, por supuesto— conquistaba al noble caballero... Be-

lla, ejemplar y pobre, conservando sólo como única herencia un amuleto —breve obra de un padre artista— en la que ella estaba plasmada con infinito amor paterno... y bautizada... ¡Oh, no!... Esto ya es demasiado... pero, sin embargo, el bautizo, el nombre era el que figuraba en el bronce... El nombre era Lil... porque tenía dos alas, dos eles... LIL DE LOS OJOS COLOR DEL TIEMPO... Oh, no puedo decirlo sin ponerme colorada, pero la adoro. Claro que ésta es... ¿mejor?... quién puede saber. No es mejor que la que yo veía; la literatura era peor... ¿Es peor la literatura cuando nos sugiere algo que es lo mejor de lo mejor?... Pues sí, sin embargo, es peor, pero uno no pierde las ganas de encontrar lo mejor... No pierde la confianza en el destino de esas cosas mejores —las mejores que se pueda imaginar— en bronce, en mármol, en literatura. Es seguro que alguien las adora, recordadas en su efímero esbozo, deleznable tal vez... pero tal vez el trazo deleznable anhelaba plasmar alguna forma superior, sublime, perfecta... y no consiguió más que eso. Bueno, en todo caso, ahora vemos en ella lo mejor de lo mejor que, a lo mejor, no es más que un pequeño gemido de piedad por la otra... Había que salvarla...

Pasaba el torpe Neptuno, el pudibundo Apolo provisto de un manto para quedar presentable y al fin la Cibeles matronil y cómodamente arrastrada por los que parecen tan firmes porque, siendo tan fieros, son tan mansuetos. Piedras que adoramos aunque haya otras mejores. Y luego, en los otros barrios ya no hay piedras, hay casas —esas cosas que se llaman casas— en las que el arquitecto —digamos la arquitectura— se queda en los límites de la precaria necesidad... Aquí un hueco para dormir, otro para comer y consecuentemente otro para todo lo demás. Cada hueco —habitáculo— tiene que tener un agujero para que entre el aire. Claro que esto es exagerar un poco, pero nada más un poco la triste realidad... Va empezando a aparecer maltrecha en su principio, Caballero de Gracia y, en seguida, Fuencarral, entre agolpados simones y tranvías. Casas oscuras —oscuras por fuera, a plena luz—, iguales unas a otras, igualadas por su mediocridad, que es lo que iguala sus diferencias sin estilo hasta la piedra churrigueresca que enmarca —espumosa— la puerta del Hospicio... y San Vicente, más estrecha, más pobre todavía, mantenida por tabernas y *ultramarinos*...

Y el coche se para en el 28, y el trío —esta vez cuarteto— se divide. La casa absorbe como esponja, como materia fofa que alberga en sus celdillas a los minúsculos vivientes que van y vienen, que se escapan con frecuencia, pero que siempre vuelven a pernoctar, a dormir o tratar de dormir... Ahora, sabiendo que hay un barrio más practicable —hay un triángulo que ya no es el Barrio de Salamanca— adonde se fue la sílfide —el barrio de las niñas exquisitamente educadas, que compran tarjetas inglesas—, hay un triángulo que señala en el puro centro puntos venerables; del Prado a San Fernando y de allí a la calle del Prado, ahora, Lo Antiguo, lleno de porvenir.

El asunto de las tablas libre ahora de procedencia tenebrosa. El bendito señor Gut Gut dispuesto a ir como un pretendiente —anillo de oro en el bolsillo— a pedir la mano virtuosa. Virtuosismo, exuberancia de la virtud eficiente que hay que librar de la hipertrofia. El talento, la vocación —obsesión mística, endurecida por el empeño racional—, talento y habilidad reducidos a producto comerciable, útil, sumamente útil para mantener lo otro, lo místico, lo difícil, lo dudoso, lo que exige paciencia para ver pasar los días mientras se añade un trazo más, un intento más al que se suman las contingencias de lo propio y de lo ajeno.

*

Alfredo Martos, veintiocho años. Título obtenido con las notas más altas y matrículas de honor en el Conservatorio Nacional. Licenciado en Literatura (cosa infrecuente, pero evidente), natural de Carmona, provincia de Sevilla... Hay que sacarle a flote. No será difícil porque vale mucho, ha estudiado como una fiera, pero ya sabes que el mérito no es una garantía... Hay que sacarle a flote. Hay que acosar al tribunal por medio de catedráticos famosos, de periodistas, que son los que más temen los músicos. El tribunal, unos carcamales que no se tienen de pie. Hay que darles coba por cualquier procedimiento. Tu padre tiene prestigio. Tiene fama de ser un crítico o criticador implacable... Los ejercicios prácticos son mañana y pasado. Difíciles, muy difíciles y se presentan veinte tipos para la plaza que es una sola... Hay que ir a oírle, aunque no sé si eso le animará o le intimidará. No sé, no me hago idea de su carácter, pero inteligente sí que es. Me enseñó el fárrago de teorías que ha enjaretado para el primer ejercicio, ¡enorme!... Presume un poco de erudito, pero falta saber lo que hace con el violín en la mano... Hay que inspirarle, hay que hipnotizarle, convocar sobre su espíritu a todos los Sarasates que en el mundo han sido —aunque no es vasco, es andaluz, bueno, no se le nota mucho—. Es estimulante ver cómo la gente se mata a trabajar, ver que lo toman como cuestión de vida o muerte... Estás harto de oírme darle cien vueltas a esto de la vocación, de empeñarme en penetrar qué es eso de la vocación, vivir en el mundo de la vocación y tomar todo lo demás como cosas extraterrestres... Porque no es que se vuelvan idiotas los que viven para una vocación, pero la sienten como su universo... Los demás sentimos el universo a conciencia de que es más grande que nosotros, de que nos contiene, nos sostiene, nos oprime... y nos defendemos, calculamos nuestra dimensión, nuestra pequeñez ante él... Miramos, consideramos las categorías que existen en el universo a las que podemos optar —y optamos—, podemos tomar un territorio de acción, adoptarlo, cuidarlo con dedicación, esmero, ternura, etc... pero sabiendo que lo hemos tomado, que somos nosotros los que lo hemos tomado. La verdad, la estricta verdad es que lo hemos tomado *para nosotros*. Eso que hemos tomado lo trabajamos, lo gozamos *nosotros*. Hay una independencia, alteridad, unicidad inexpugnable desde la que vemos eso que gozamos o hacemos... Y lo que *somos* queda más dentro, queda en la zona inextensa donde la cuestión de vida o muerte es sólo equiparable a un sí o un NO... En cambio, los de la vocación, los que fueron llamados, ésos se olvidan de sí mismos, entregan su sí mismo a la cosa que les llama. Claro que hay diferencias, en la vocación artística hay tanto de entrega como de apropiación, de posesión... en fin, de creación. Y con eso de creer que crean algo se quedan tranquilos... No es como lo otro, la vocación a... lo social —digamos—, humano, universal... Claro que ésos también creen que crean, tienen un ideal por el que se matan, de modo que no les importa llegar a su propio fin sin tocarlo como hecho real... El que *toca* el violín lo está *tocando,* paladeando hasta el último goce. Los otros son los que de veras se sienten llamados... En cambio, los que llamamos, los que clamamos con el grito inarticulado del deseo, los que vivimos deseando, no entregaríamos nuestra vida, nuestro yo mismo, porque nuestro yo mismo es nuestro violín... Llegar al convencimiento de que el amor, con todo el crédito, con toda la magnificación que hemos hecho —que hacemos, es decir que aceptamos, que vivimos como indiscutible— del amor es un afincamiento en el que yo mismo, un ansia insaciable de aquello que queremos *tocar* —no hay otro medio de decirlo, para no decirlo se dice *unión* y ¿qué es unión si no es la existencia de *dos* que al unirse se *tocan*? —si no se percatan de que se *tocan* no se unen—, un ansia insaciable de aquello que queremos *tocar* con nuestros instrumentos. Tocarlo como el músico para producir la cosa —que no es cosa— que repercute en el mismo que la *toca*... Esa misma magnificación que hemos hecho de la música, del acto erótico que es crear o interpretar —producir, en todo caso— música y que nadie oculta como acto ilícito aunque vemos —porque sucede a la vista de todos— el acto secreto del músico, del que hace música... Vemos la concentración, la soledad del que está *tocando*..., porque de eso se trata, de *tocar* lo anhelado con el instrumento de nuestro cuerpo —todo nuestro cuerpo— viviendo para *tocar*... Por eso, claro está, los que vivimos absortos en la armonía inalcanzada —conjunción en la que como son acordes, etc— no nos dejamos arrebatar por el amor de los que arriesgan la vida —y el propio instrumento—. Es obvio, históricamente acreditado —máximamente ensalzado—, el amor que se precisa de sobrepasar el propio instrumento, de sobrepasar la vida, y no es hiperbólico si se trata de la vida del amado, pero el amante, sin su instru-

mento —sus sentidos, su amar, su poder amar— ya sabemos
que no ama. El amor no sigue amando como no sigue sonando
la música si nadie la toca, y cuando alguien la toca vemos la
fluente respuesta, el coloquio del músico con su música, vemos
el acto de amor que está siendo allá dentro —dentro del músico—, que tiene el cello entre las piernas y maneja su arco
—con vaivén fálico— y hay entre él y su música una unión...
El músico... pequeño, regordete, con su cello en los brazos,
rugiendo mentalmente en un prolongado y sinuoso espasmo.
Así se ha hecho tan célebre, mostrando su secreto, eviden-
ciando su misterio. Pero no hay por qué hablar de un
músico, aunque si nos parangonamos —en amor— con el músico tiene que ser con el más culminante, paradigmático de
esa instrumentalidad que vemos —que vemos en lo que oímos— y percibimos como misterio del instrumento, el cuerpo,
que lleva en sí mismo su propio paraíso, el Yo... No consigo
ver claro lo de la vocación como llamada... ¿La vocación
artística?... Llamada es sólo la que exige abnegación, la que
no teme romper el instrumento. La vocación artística crea-
dora, genesíaca, copulativa, centrípeta... porque lo centrífugo
que hay en ella es su imagen reflejada en el espejo... y ¿qué,
entonces? ¿qué pasa con el amor?... No es una estúpida esclavitud como parece, es... algo así como un grado, como una
dimensión, que no alcanza a divisar ninguna lente —ni las de
lo grande ni las de lo pequeño— y que, sin embargo, percibimos como existente, no la vemos, no la medimos: la vivimos,
la habitamos, la somos porque no hay línea divisoria, no hay
delimitación posible... Hay que ceder y no abdicar y no escuchar la jerigonza, «Ne durent q'un moment», porque duran,
duran interminablemente. Hay que hacer algo... Hay que sal-
var a Alfredo Martos. Tienes que atormentar a tu padre...
Yo ya le dije algo, pero no quiero insistir porque me preguntó
si era un viejo amigo y tuve que decirle que hace quince días
que le conozco. Si sigo dándole la lata, quién sabe lo que puede
pensar. No puede pensar nada, mi padre no piensa más que
lo que ve... Ya, pues eso es lo que temo, que vea algo. Verá
en seguida que mi ansiedad por el triunfo de Martos es inconfesable. Me harté de decirle lo importante que es que ese

chico salga de España, se vaya a Roma, nada menos. Insistí tanto en la necesidad de que se vaya... Si le demostraste tanto empeño en verle marchar, no sospechará que tengas por él un *faible*... No, yo no presento síntomas, pero en todo caso ¿cómo se puede hablar de algo y callar lo que se está gritando por dentro?... Bueno, cállate de una vez. Le salvaremos o se salvará él por sí mismo. Se irá, se irá, estate tranquilo.

*

Este barrio de la música tiene dos horas culminantes: la nocturna, salida de la ópera —salida, los más afectos, del paraíso: real, evidente conjunción paradisíaca sin previo acuerdo: concurrencia, concordia lograda por las emanaciones alcohólicas de los racimos —acordes— exprimidos por los espasmos, las formatas... toda la teoría o procesión de juegos técnicos que *pasan* y no se *disipan,* se diluyen en un constante deleite que, que aunque alcohólico, no embriaga —no embriaga a todos—, difunde embriagueces muy diversas —somnolencia, beleño, pasmo estupefaciente—, vigilia, contemplación vibrante, regusto del aroma emotivo que dura mientras la noche alcanza su pleamar... También culmina en la hora matutina primaveral... Exámenes, solfeo y todo lo demás... Pamelas de paja de Italia con margaritas y amapolas. Leves vestidos de tira bordada, leves o acongojados llantos de terror ante los jueces que censuran, que suspenden... En una y otra hora cumbre, hordas juveniles se escapan del Conservatorio y vienen hacia el centro, hacia la Puerta del Sol. Vienen por la acera de la derecha en Arenal y cruzan la Calle de la Escalinata. A media tarde nadie viene: algunos van.

Hay que ir a aplaudir, sin parar.

Y ¿si es muy malo?

Hay que aplaudir igualmente. No lo será, Luis dice que es magnífico.

Pero ¿de dónde lo ha sacado? No le conocíamos esa gran amistad.

Pues no sé. Es posible que no se la conociese él tampoco.

¿Un coup de foudre?

No, nada de eso... Es un escollo que le aclare todo el teorema... hasta ahora insoluble.

¿Qué teorema? ¿Qué camelo estáis queriendo hacernos tragar?

En resumidas cuentas, en la más estricta realidad, se trata de ir a oír a un tío que toca el violín. ¿Es cosa tan nefanda?

No, no es demasiado, pero si a Isabel no le da la gana...

Tú eres responsable... Tú tienes que acoquinarla, sea como sea.

¿Y si es un tío antipático?

Le aplaudiremos a rabiar.

Reposo, seguridad... Admitamos entre las palabras más prosaicas, más desacreditadas, *comodidad*... Eso es, comodidad, que significa un abandono en el que no hay que dormir como la liebre, con la oreja alerta. Bueno, en este determinado caso con la oreja —con las dos orejas —alertas y tranquilas, sin embargo... Reposo y seguridad, porque ya se sabe que la Academia no va a defraudarnos saliendo por peteneras con cualquier melopea impotable. Los músicos incipientes van a ser sometidos a los ejercicios clásicos, trozos de los grandes —de los más grandes— consagrados por la Academia y el oyente se limita —se dispone— a juzgar al ejecutante acomodándose en la falta de sorpresas... Ya sabemos lo que vamos a oír, lo que oímos quinientas veces y enfocando —como la liebre sus dos grandes reflectores hacia el lugar del peligro— hacia los desmanes de la impericia, y cuando al fin la cosa esperada —conocida hasta la saciedad— sale como una seda, cuando la perfección alcanza el grado admirativo en que el olvido se traga al ejecutante, le hace sucumbir en la más gloriosa desaparición, con su instrumento y su persona, quedando para más tarde, para el juicio posterior en que se comentan las dotes, etc. ...el juicio que se formula y se mantiene cuando ya el chispazo se borra en la retina —deslumbramiento, ofuscación, éxtasis cuando todo esto ha terminado, se dice, ¡Ha sido un éxito fenomenal!... Este chico irá muy lejos... Irá ¡por todos los dioses del Olimpo!... Irá a Roma...

Y ya ha oscurecido —todavía son cortos, los días—, la luz del final de la tarde es lo suficientemente íntima para hablar de lo que se teme hablar —se teme como seguramente temían los concursantes, los que tocaban ante los jueces, los que esperaban —temían— un suspenso... Salen ya las gentes de los bares, de los comercios, luces que amarillean y se meten inseguras por entre la penumbra del crepúsculo gris —lejos el sol poniente— y van inaugurando la noche, no muy deseable por lo que significa de toque de retirada... Y se llega al punto donde más se anhela llegar, pero donde no hay motivo —confesable— para detenerse... Y surge un motivo venido por el aire... Así como las piezas de música cien veces oídas destellan de pronto como una flor que rompe el capullo —como un pozo recién perforado que lanza al cielo su chorro glorioso—, así de la acera cien veces recorrida surge una imagen insospechada, casi increíble.

Mirad, mirad lo que tiene este viejo en su cuchitril.

¡Ah! Un mochuelito...

Oh ¿de dónde lo habrá sacado?

Fijaos, da media vuelta a la cabecita como si la tuviera a tornillo. ¡Cómo nos mira! Va pasando revista uno por uno.

No creo que nos mire, no creo que nos vea... Mira a su alrededor, ve que la noche —su mundo— va apareciendo y espera que se adentre la oscuridad para lanzarse a penetrar su dulzura. Espera a abrir las alas cuando la potencia de sus ojos le describa el camino al olivar... Cree que cuando la noche le cobije desaparecerá el obstáculo que le tiene prisionero en un mundo incomprensible, en una atmósfera enclaustrada en un tugurio... Objetos, enseres artesanales amontonados y en el otro ángulo, al fondo del dudoso taller, una lamparilla —pálido carburo— a la que él da la espalda, refugiado en el rincón que forman los vidrios hacia la Calle de la Escalinata... Qué inesperada fisonomía... El habitante de este chamizo se siente acompañado por ese prisionero silencioso. Se ha traído en él a *uno* de su pueblo, a un paisano que le acompaña en la vida madrileña —trabajo, monotonía. Aquí, en el mismo centro —tan infrecuente el encanto del lugar—, instaló la caseta —quién sabe si fue él o su abuelo o un quidam cualquiera— con acierto digno de calificarse de caprichoso. Al borde del desmonte en que había abierto la escalera de piedra —entrada a la calle que tal vez fue barranco y que al fondo se compenetra, se confunde con otras calles, se pierde en otro barrio en los desniveles de la ciudad que en sus anfractuosas irregularidades se salva de la mediocridad.

Es rara, es curiosa esta calle... ¿Ves aquella terraza, esa que tiene una especie de torreón, que es más bien una guardilla? Ahí tiene su estudio Alfredo Martos.

Ah, claro, tan cerca del Conservatorio. Es muy bonito sitio.

¿Te gusta?

Sí, mucho. Hay pocas calles tan fuera de lo corriente... Es un hallazgo excepcional.

¿Y ahora lo abandona?

No, no lo abandona... Su viaje durará pocos años. El estudio se lo conservaremos los amigos.

*

Cuanto más vueltas se le da al asunto, más complejo, más diferenciadas se ven sus partes, sus componentes, que nunca se puede dividir en partes, nunca se pueden poner aparte unas de otras. Se rompe uno la cabeza desenredándolas y cuando empieza a ver el hilo entero, el hilo, el hilo mismo salta como un muelle, se retrae apretado en espiral, se amontona, se funde en sí mismo y queda en lo indiferenciable. Se queda en una cosa, en una cosita infinita. Ésta es la cosa. Una ciudad, cuando ya está uno dentro de ella, va poseyéndola, sin haberla deseado. Puede que sea que es ella la que posee a uno. Sí, eso debe de ser: el resultado es el mismo. Se la conoce, y algunos sienten el grillete de los mal casados, pero como no es ése el caso, cuando no se puede sentir esclavitud temporal ni espacial por no tener sitio libre para los grillos —claro que esto sólo lo pensamos los que siempre habíamos querido saber *para qué* la libertad, y al no tener un qué, no sentimos ninguna opresión. Bueno, algo de esto debe de ser lo que pasa, pero sea lo que sea, la ciudad se empieza a conocer poco a poco. Ese conocer en el que se ovilla todo el hilo, porque ¿de qué sirve que uno no pueda amar nada, simplemente, *no pueda amar* pero no pueda dejar de ver que no puede amar y, cuando lo ve, es que ve que podría, que habría podido, que valdría la pena?... Y la ciudad le cuenta a uno sus cuitas. Bueno, no precisamente cuitas, aconteceres, que van aconteciendo y se les siente brotar. Aquí, en este barrio, tan lejos del nuestro, del que la suerte nos adjudicó tan modesto, tan soberanamente modesto. Aquí pasa algo, apunta una *rougeole* que indica la inmadurez, pero también la comezón de algo que le da color... Los álamos, tan puros y tranquilos, ignorando la ciudad, como si no la temiesen: mirándose en el Canalillo. Aunque tan cerca del museo bien sólido. Ladrillo, mucho ladrillo de pertinacia secular. Este museo y este arroyo enjaulado —canalizado— se complementan. El arroyo se deja ver como lo que es —regato de agua, árboles temblones, cielo azul, canalizados—, naturaleza que el museo prolonga, mantiene en imagen; lo que no es canalizable, ¿son imágenes? ¿son máscaras? ¿son momias?... Son los gestos fieros que no fueron copiados por un ojo que los vio en su momento de fiereza: son máscaras, arrancadas con conocimiento racional y conservadas lejos de su momento dramático... No, no son nada de eso: más cerca están de las momias, indudablemente, pero tampoco, porque no conservan la quietud, la seguridad del que ha llegado o pasado. Son gestos fieros, para lucir la implantación dentaria, sí, pero son gestos fieros de tigres y jaguares: de leones, sobre todo, porque éstos ya son formas de una fiereza ajena a toda especie determinada. Son la forma de la fiereza. Así, el toro, padecido por el eros nacional, puesto ahí, enjaulado en vidrios. Un cubo de cristales alrededor de un Miura, detenido, en su estampa, puesto ahí al alcance de la contemplación de los que le adoran por irresistible atracción, de los que han creado el juego que es puro quiebro, puro esguince en el que una forma solicita a otra, la requiebra, poniéndose en posturitas, mostrándole su garbo para que se anime y embista... Sí, así es, ahí está con sus pitones afilados, como si nunca hubieran estado fuera de su estuche. Ahí se puede ver de cerca el brillo de sus ojos, que alguna vez se movieron —nunca mucho— en miradas lentas, porque sus miradas sólo podían ser certeras en la lejanía —torpes, ciegas, fácilmente engañables por las formas próximas—, miradas certeras en los pastos verdes, luego deformadas, degradadas por el encierro, por el conocimiento de la esclavitud —conocimiento vital, experiencia, grabación del contacto hostil, la mano del hombre— en su pura carne, virgen de toda cadena... Ahí está, rehecho por el taxidermista, muerto, primero por el matador amador, muerto por amor, en amor del que le ama hasta matarle —es decir que lo que ama en él es... precisamente esa vida tan pujante, tan brillante, intacta —aquí sus pezuñitas están pulidas como por manicura—, esa vida que sólo se puede poseer en la muerte, como único orgasmo... Ahí está enorme en su jaula de vidrio, reinando en la sala sobre los pequeños vecinos, armiño, tejón, musaraña, y los volanderos, verderón, abubilla, abejaruco, traído aquí con su hábitat de tierra, sus callejones labrados en la arena del talud por donde anda como ratoncillo pardo, sin dejar ver sus colores brillantes más que en el vuelo al sol —en hábil simulación, ramitas saliendo de la tierra oblicuas, en las que algunos inician el despliegue de su abanico verde azul— y también los ínfimos, los que ya no se pueden disecar con cuchillo, los conservados en líquidos asépticos que asemejan a los líquidos placentarios —criaturas del mar placentario—, irisadas medusas, nombres de doncellas... Aurelia Aurita... fonética auroral... ¡Museos!... Éste, ¿de qué musa es morada? Creo que tendrán que compartirlo Clío y Urania porque las dos tienen como acólito —más bien vicario— al Tiempo: las dos trabajan aquí dentro. Lo que el Tiempo da les da a ellas quehacer, las cosas —piedras, plantas, bichos— se historian sólo para el pensamiento, en su cielo mental las clarifica y las mete aquí. El Tiempo, dispensador de cosechas y de tempestades destructoras de cosechas, el Tiempo, retratado aquí en su permanencia —relativa, no inmune a la polilla— de estas cosas mortales, no como los otros museos, consagrados a... ¿a cuál de ellas? ¿Por qué las artes plásticas fueron tratadas como mera artesanía? Las puras formas tardaron mucho en reclamar sus fueros y las musas, dueñas de ámbitos inefables, servidas por aquellos menestrales con los que el espíritu de unos cuantos tipos se exprimía hasta el último jugo, hasta dejarnos las formas acabaditas, sin que sea posible quitarles ni ponerles un pelo. En éste pasa lo contrario, aquí todo es cosa de mejorar, de advertir que hay que poner o quitar algo, que el hombre tiene que defenderse de lo que le ha sido dado... MUSEO DE CIENCIAS NATURALES... Bueno, ciencias de la naturaleza, porque naturales... ¿Qué ciencia es natural al hombre? ¿A qué edad puede uno doctorarse en esa que no siempre llega a serlo, esa que toma sus datos, sus informes sobre el alma, el disco que graba o no graba y, experimentando, no articula EXPERIENCIA, la única que es ciencia, cuando lo es?... Esta colina de los Altos del Hipódromo es la ACRÓPOLIS de lo que está por hacer... Es mucho ladrillo el que se va levantando por aquí, ladrillo rojo, no tanto como esa arcilla buena para botijos, ladrillo que se amalgama, que se apelmaza con los siglos, como si el tiempo fuese un horno fortísimo que cociese las grandes construcciones —secularmente cocidos, se descubren en los trozos de murallas o de templos, entrañas de ladrillos romanos: los griegos, ¿eran pura piedra? ¿Se habría podido construir la REPÚBLICA con ladrillos?... No creo, aunque, ¿quién sabe? En estos tiempos acarrear piedras daría a la obra cierta estabilidad medieval —la estabilidad de la fe—. Con estos ladrillos rosados se podría tal vez esbozar una república platónica... Quién sabe. Ahí en las salas del museo, bajo esa luz... ¿casta? No, no hay nada casto en la naturaleza. Pura, eso sí, con una pureza genesíaca inagotable. Porque la naturaleza engendra sin cansancio y el que la estudia la sirve, contra los que creen que estudiarla es profanarla ¡Qué idiotez es no creer en la infinitud de sus entrañas! Y ahí dentro —si es que ahí dentro están trabajando, como parece—, ahí tienen que consumar los ritos de esta ACRÓPOLIS futurista que va a ser... que va a ser eso está a la vista... Qué inquietante es la paz. Podría uno estar tan tranquilo y nada, no hay medio. La paz zumba, como un motor, no, porque un motor se puede parar: hay una llave que puede echarle a andar y pararle. La paz zumba o borbotea como una corriente subterránea y no se sabe por dónde va la vena: se siente el fluir —promesa o amenaza— y no hay más que esperar que llegue o que pase. El modo de esperar es cosa de cada uno. Lo raro —absurdo— es que el que no espera nada, el que es uno de los que no esperan nada, se ponga a ver qué es lo que pasa, qué es lo que va a pasar. Lo absurdo es que uno no es *uno*... Bueno, no, todo lo contrario. Si uno fuese uno entre varios, podría desentenderse de los otros y quedarse en su *uno*. Lo malo es cuando uno se siente dentro del *uno* en que van los varios —van, porque no es que sean, es que van— y uno mira su *uno* personal y lo tira por la borda y va —hasta sin querer— en el *uno* de los otros. No, no es eso sólo; es que uno se ha dividido, se ha multiplicado —por obedecer a aquello de «creced»... La corriente que va por debajo se abre ella misma sus cauces, y uno va en ella, va lo que uno le entregó ciegamente, mandado, con el supremo placer de la obediencia. ¡Qué grato, qué satisfactorio es obedecer! Y la variedad, o copia del uno propio, va por su camino y uno no puede menos de mirar hasta desojarse, qué pasará, por dónde irá la vena... Mirar cruzados de brazos, estar ahí, papando moscas a ver qué es lo que va a pasar cuando, si mira un poco lo que pasó, deduce con bastante claridad, con un cien por cien de probabilidades de acierto. Me dan muchas ganas a veces de soltar conclusiones definitivas. El morbo... no, más bien la anemia, la atonía, la depauperación está en la mala literatura. Climaterio de los pueblos que se miran al espejo —porque eso es la literatura, la imagen en que los pueblos, las patrias, las matrias más bien, ven que empiezan a dejar de ser bellas. El ser materno, la hembría —¿por qué no, si hay hombría?—, las matrias necesitan mirarse en su propia belleza, cuidarla, peinarse para el futuro. El futuro es macho, y la hembría le espera recordando delicias, placeres, glorias pasadas... Sin buen recuerdo no hay esperanza, es cierto, pero el recuerdo muy lejano se hace borroso... No, se hace incómodo, rígido, y la imagen que devuelve el espejo es la de la inesquivable vejez, infructuosidad... De modo que, si en estos ladrillos no brotase, no se enroscase, no se encaramase pegada a ellos, como la parra virgen, la buena literatura... nada, no habría nada que esperar. Los ladrillos, relleno de las murallas, que ahora vemos renegridos como mantillo o guano al fondo de las grietas donde brota la exquisita ruina de Roma, fueron un tiempo limpia arcilla porosa que el alfarero amasaba, manoseaba en cráteras orgiásticas o urnas mortuorias... Cuando tenían su color vivaz bajo la lluvia, fueron enterrados para servir de alma de los grandes bloques que revestiría el mármol o el granito y ahí han dormido mientras legiones de poetas —que son las legiones que ahora nos interesan—, mezclados a las otras legiones, se entre-mataron sobre ellos y los revistieron de gloria. Bueno, indiscutible, los poetas, legionarios aunque solos —a solas con su nombre—, los revistieron de lo inolvidable... Eso es, de lo que no se ennegrece con los siglos, de lo que conserva su frescura de arcilla porosa, de vasija en la que todavía se puede beber. ¿Qué irá a salir de aquí? ¿Cuántas veces caerán las horas de los chopos... si es que llega a salir algo? La ciudad... ¡qué manía!, qué tozudamente se presenta la imagen de la ciudad, su coherencia personal. Mucho más razonable es verla como lo que es, un plantío... Bueno, si eso es lo que es, uno va por entre los bancales revisando, hoy apuntan más en éste, mañana en el otro, y deduce: en éste se abonó más, en éste menos... No cabe duda de que el cultivo determina el resultado. Si no lo determinase, seríamos muchos... no, seríamos pocos, unos pocos los que no tendríamos derecho a vivir... Y, si no lo tenemos, pero vivimos, nos quedamos así, expectantes —sin que esto redunde en escepticismo, desánimo, descrédito de nuestra misión de cultivadores—, nos quedamos expectantes porque vemos algo que vale la pena de mirarlo, eso de la coherencia de la personalidad. La ciudad tiene sus devaneos caprichosos, sus tendencias... Porque eso de ser o estar expectante no atañe sólo a los que juzgamos —por oficio o por manía—, atañe a *todos ellos,* los muchos que son uno —una, si es la ciudad, y sí, vale más decir una porque estamos queriendo entender sus caprichos; hubo un tío que quería entender los pecados, claro que era *un tío* sin igual—, atañe no a los que se observan, sino a los que se miran, se lanzan miradas unos a otros y quedan enganchados en una red de miradas... Parece estúpido, pero no, por debajo de esa frivolidad visible, demasiado ostensible, exhibición demostrativa... por debajo hay un torneo de fuerzas: el más fuerte gana. Eso es lo seguro, gana porque la fuerza que ahí —aquí, aquí mismo— se impone es la fuerza del Eros... Para qué darle más vueltas, lo que pasa es eso, se lanzan miradas y se fecundan —las miradas conducen a eso; unas miradas arrastran y otras van dóciles como matrices virginales... Bueno, el caso es que nuestro barrio lo tenemos muy olvidado; hay tentaciones, excursiones dentro de Madrid para las que casi hay que sacar pasaporte. Más lejos queda el barrio de Atocha, el café que va cambiando de carácter como si estuviera tan viejo que ya fuese inmune a todas las miradas.

*

Claro que es fácil tener un nido de amor —¿por qué no emplear las calificaciones tópicas?—, pero cuando el amor que se tiene no es fácil no se logra el confort en el nido, no se logra el nido. El lugar, la realidad de la implantación se convierte en una especie de pararrayos que convoca al amor. A todos los amores —no al trivial amor pródigo en riquezas brillantes —placeres— tan exquisito, tan compensador del esfuerzo de vivir —delicioso, digno de ser cantado por los poetas y llorado por los que no cantan—. No, a ése no, porque para ése cualquier lugar es bueno y en el nido de amor su presencia sería profana, pero hay tantos, tantos amores... El amor acude allí donde late la llamada magnética del amor... Bueno, el amor se instala en lugar elegido por amor, con amor, allí queda y su permanencia no es nunca pasiva; allí donde se puso amor afluye el amor, allí se precipita en cualquiera de sus disfraces... No, no son disfraces, son formas o momentos, formas de algunos momentos verdaderamente, esencialmente de amor. Hay suficientes motivos para llamarles disfraces porque a veces tienen aire burlón, irónico y también trágico —disfraces de destrozonas—, que no prometen placer, que más bien amenazan con destrozar, pero que acuden con derecho a entrar —el único derecho, su verdad— y entran... y el ámbito se llena de su poderosa verdad. Su poder es enorme; su acción se mide por sí misma y hay en ella una especie de ritmo vital. Surgen, se imponen o se presentan pujantes y cumplen un ciclo, duran lo que les es dado durar. Luego se retiran como si se apagasen, pero no es más que un apartarse para dejar paso a otros momentos tan lícitos, tan fraternos que, por eso mismo, por ser fraternos, se suceden disputándose el terreno con brutal confianza... Claro que el terreno que se disputan no es el que queda entre cuatro paredes, sino el del alma —¿de qué otro modo podríamos llamarle?— de aquel que se instaló en el nido. De aquel que, con una obsesión irracional, va arrimando briznas de paja —combinaciones, oportunidades, dinero, incluso— hasta lograr el abrigo necesario para el amor... Pero irracional no; se quiere creer que es irracional para concederle solidez, pero nada de eso; los pájaros no se dedican a reunir briznas antes de estar seguros de la conjunción que se va a realizar. Sólo los hombres —y podríamos decir los superhombres— esto es, los archiconscientes, como el pobrecito-millonario de conciencia, que se decía: «Soy como aquel que prepara una casa para conducir a su amada... y no tiene amada». Es una de las cosas que pueden pasar en el alma del hombre. Bueno, es una de las muchas cosas, pero cada una de ellas se manifiesta a su modo, y puede suceder que, teniendo una amada, sin embargo, todo sea difícil, imposible a veces. Lo arduo está en saber si se tiene o no se tiene una amada. ¿Se la tiene, se la posee?... ¿Qué es poseer?... El concepto de mundo —o ser, o cosa u objeto— cabeza abajo se percibe con todos los sentidos, con el sentir, más veraz que toda fórmula. Se siente que la cosa, el ser, el objeto está en nuestras manos, pero está cabeza abajo. ¿Es esto poseer?... Parecería que fuese inadaptación, inadecuación, pero no, no, no. Porque la sensación, más indiscutible que cualquier razonamiento, demuestra la comunicación de la verdad —la verdad del hecho dudoso—, de la transmisión de algo que se ha producido como efecto de una armonía, de una imposibilidad de ocultación o engaño. Sólo habiendo una compenetración, una unanimidad perfecta en el sentir la duda, «el mayor monstruo», unánimemente, se puede dudar de mutuo acuerdo. No, acuerdo no; concordia. Cuando en un amor hay esta total concordia, se concuerda en la vida y se vive; se puede llegar a vivir cabeza abajo.

¿Es posible una generalización de este embrollo? Es posi-

ble, sólo con encontrarle otra metáfora y no hay nada más
fácil, pero, ¿por qué empeñarse en generalizar, como si lo
general corroborase lo único? Lo corrobora, claro que lo corrobora, siempre que sepamos reconocer la generalidad de lo
único —cada único tiene su metáfora. El caso es que cuando
se vive a dos la duda... Parecería que con esto ya dejaba de
ser dudosa; pues no, al contrario, se afirma en su dudosidad
porque toma carácter de cálculo: se duda sobre el juego fatal
de cosas no dudosas y surge la fórmula, la metáfora, que brota
en la mente de uno —el uno racional de la mente— y, de
modo inmediato, se instala en la mente del otro. Se instala
en la armonía porque el cálculo ha dado como resultado la
razón de lo dudoso, contra lo que no hay nada que hacer. Por
lo tanto, esa imagen tópica —con todo lo que se alberga en lo
tópico; lo cursi, lo manido, lo trivial y lo sagrado, lo incontestable—, esa imagen tópica del *nido de amor* se mantiene
como una sugestión de confort integral, de llegada a la costa
ansiada, y no hay nada que pueda borrar su cobijadora realidad. Al *nido de amor* acuden todos los amores: incluso los
que fueron negados, más que combatidos, esquivados. Los amores ajenos que se adoptan, no con el espíritu de la madre
Celestina —también con ese espíritu, eficiencia, hacer que sea
lo que pretende ser— siempre en esos lugares, pequeños templos, íntimas capillas, refugiados —puesto que existe un lugar
libre, ¿cómo negarse a cobijarlo cuando la verdad, la estricta
verdad es que ese amor ajeno no es tan ajeno?... Ese amor
tiene larvas, ninfas, crisálidas —no tan adormiladas, no tan
informes. Más bien tiene topineras, huras en las que se han
transconejado durante años crías minúsculas de las grandes
ideas que los libros incuban en la mente —o alma, o lo que
sea— de los que leen —leemos— sin parar, sin pensar, pero
no sin amar, porque su radiación erótica, genitriz, nos ha
invadido y a veces nos la hemos sacudido —como el residuo
de un sueño pertinaz que enturbia la visión de los amores
entronizados en la vigilia... Muy raro, muy raro... todo lo
que había sido rechazado en la discusión interior, en la violenta disputa que no era más que un egoísmo o un miedo
inconfesable de perder lo subjetivo intangible... Y, sin em-

bargo, el amor indeseable —¿es esto posible? No, no es posible, pero es porque en él no hay coup de foudre, no es como un cuerpo que pasa y queremos detener y desnudar sino que es del conocimiento de su desnudez de donde poco a poco —bueno, Buda lo vio de golpe, pero no es ése el caso—, poco a poco las dos mil o cien mil cabezas sobre los libros llegaron a eso porque hay que repetir, Galeoto fue el libro, etc.... Libros todos encauzados con sabiduría, con claridad —de la que no se discute, al pan, pan; y al vino, vino—. Todos ellos eran buenos, no sólo literariamente —que también lo eran— pero, aparte de todo, su excelencia incluida, encauzada o engarzada en el día toledano y ¿cómo poner en orden las pasiones e intenciones de aquel día? La decisión era concreta: hay que asesinar a este domingo porque su existencia —su transcurso— es insoportable, y se comete el crimen, la eliminación, con un ánimo destructor, estéril... Pero los caballos vuelan sobre el frontón del ministerio y se imponen, se afirman como sólo puede afirmarse la belleza —claro está que para los que no creen en ninguna otra cosa firme— y se sigue la ruta propuesta en busca del tóxico que haga soportable el día... Y luego el río, el Tajo, como un tajo en el impulso; un frenazo que, por el agua, lleva a la sequedad de Castilla. Y luego todo lo demás, y luego, por fin, los libros... Las altas horas de la noche tienen ahora su empleo. Son, en cierto modo, sobras que no regalo a los otros generosamente —traigo a los otros, los convoco en esas horas, que para mí están vedadas, para que... para seguir con ellos aquí, solo no lo resistiría, seguir rebañándolas... ¡Cobardía intolerable! ¿Por qué no tengo el valor de consumir solo esas horas? Es miedo de la soledad racional, escapada de la vital concordia... Hacer sitio al nuevo amor —un nuevo amor, otro tópico— que no es traición —se le puede hacer sitio en el nido porque nunca anidará en él— nunca ¿quién sabe?— y si anida, el sitio no es el mismo porque no es que estén uno al lado del otro, es que están en el mismo sitio y no se estorban como la luz y la música... Eso es, gárrulas discusiones suplantan a las melodías que emigraron. El nido, abandonado por el estudioso triunfante y apropiado por el que instala en él su relativo triunfo, su precaria intimidad. Y no se puede, no se puede olvidar aquel día asesinado por motivo tan patente. Ya no hay motivos de desesperación. Y no se puede decir, como dijo el de Copenhague, que no se tiene una amada porque se la tiene; se la posee con todas las de la ley, según dice el vulgo. Pero ¿qué sabe el vulgo de lo que pasa en *uno*? ¿Qué sabe de lo que pasa en *dos,* cuando ven como *uno* la imposible posesión? Lo grave, lo atroz es que el muro, la muralla de imposibilidad no es traspasable, no se puede concebir un momento en que ya se esté del otro lado; no hay otro lado. ¿Rotas las imposibilidades materiales?... ¿Esperar que el sino las rompa? Es innoble y, además, nunca podría romperlas todas —no se trata de esperar a que pase un domingo y todo vuelva a su estado normal—, la verdad es que no se creía que volviese, afrontar la inmersión en el Pozo Amargo fue decidido a las seis de la mañana... ¿Decidido por quién? ¿Por mí?... Yo no sabía lo que iba a pasar —había un proyecto; no me importaba, pero la cosa empezaba a las seis de la mañana—, la cosa insospechada. ¿Es que aquella cosa tenía algo que ver con las posteriores, con las proyectadas por los otros —que si me hubieran dicho «se trata de esto» les habría mandado al diablo? Pero la cosa brotó, aconteció directa y yo respondí sin poder defenderme —la misma convulsión, la misma de imborrable recuerdo—, el caballo sentado —el golpe le había hecho caer sentado, en esa postura de *chien asis,* las dos patas delanteras rígidas y las tripas colgándole a un lado—, el mismo horror de aquél a los doce años en la plaza, el mismo horror, la misma idea de que el hombre había sido embestido por una bestia enorme que le dejaba sentado —no le tumbaba—, muerto, le dejaba allí tiesecito como *chien asis,* arrastrando los testículos por la tabla... ¿Qué libro, qué teorías racionales podrían darme la convicción —la convulsión— ante el hombre vencido, pisoteado —las seis de la mañana, domingo sin descanso para el que, domingo, a las seis de la mañana tiene que ir—, aunque ahora, desde ahora veo que tal vez volvía porque tal vez trabajaba, pero tal vez no —no era un trabajador pero la embestida de la miseria le había rasgado los fondillos suficientemente—, porque aunque fuese que volvía —no que iba—, que volvía de cualquier noche disipada en... ¿vicios?... tenía muy mala cara, tenía una palidez de hombre gastado, confundido por su vencimiento —turbado tal vez por nuestra juventud, tal vez con voluntaria exhibición... desafío, incitación, miseria en todo caso, por sus vicios «tristísimos», inauguraban el panorama de la conciencia...? ¿Qué duda cabe? para nosotros podía decir, «Io sono il prologo»...

*

La soledad sonora, se decía... Ahora el tumulto es silencio armonioso: dimana de él un misterio que, siendo tan simple el misterio de los juegos infantiles —el zurriago escondido, por ejemplo— es, en el fondo —porque ahí es donde se juega— un juego de niños gigantes, ¡eso es! Imaginemos a las más colosales y prístinas entelequias jugando a cambiarse, esconderse, quitarse y ponerse sus prendas íntimas... ¿prendas?, no, eso sería un juego demasiado fácil: se trata de órganos. ¿A qué lugar de... del templo, digamos, pertenece aquello de, «Tenían las tres un solo ojo, que se intercambiaban»?... Hay que mirarlo desde el punto de vista de uno de esos pilares que nos sostienen... Volviendo a las prístinas entelequias que hoy juegan, eso es lo que hacen, se prestan para jugar, fraternalmente, sus piezas esenciales, que les sientan tan bien, tan ajustadas que nadie sospecharía añadidura ¡eso es!... La Mente y la Vida, como dos hermanas con un solo ojo que se prestan —sin añadido, es patente— sufren algún momento de adaptación. Claro, el ejercicio de abrir y cerrar... en fin, de enfocar. Pero si traemos por los cabellos el parangón, podemos decir que también el oído. ¿También el oído?... Si la leyenda lo incluyó no quedó clavado en la memoria secular como la imagen del ojo cambiable. No, no es tan patético aunque es bien dramático. El oído indefenso, que no puede volver la espalda ante la composición que le ofrecen, que es aporreado por todo estampido y arañado por toda estridencia, también juega, también tiene veleidades negativas. Es sabido, «no hay peor sordo que el que no quiere oír»... Bueno, con eso se suele aludir a la marrullería de cualquiera, pero si se trata de un tiempo, de una época, de un mundo o rincón temporal intelectual, vocacional, profesional, artesanal habría que decir, porque se trata de artefactos mentales y el juego consiste en... Tal vez en poner el ojo en el lugar del oído. Bueno, no exactamente: más bien el juego está en doblar las esquinas, cosa que ninguno de los dos puede... Pero no es porque no puedan, es porque la Mente quiere ir derecho, como las *luminosas de pólvora saetas*... ¿*Que en sonoroso humo se resuelven?* Es cierto, pero eternamente, eternamente suben las *luminosas de pólvora saetas* porque éstas suben en espiral y el ojo se recrea en seguir sus revueltas y no le exige al oído ni siquiera un par de comas. Nada, nada es necesario cuando se ha aprendido a oír... a ver la palabra, la voz que va de derecha a izquierda, izquierda a derecha... La voz, con sus quiebros y giros, destella y marca en cada escorzo una faz que extasía al ojo porque le descubre, con un leve trueque sintáctico, desnuda, la analogía que estaba velada, empolvada por el hábito —hábito sin vocación. Con un breve equilibrio inestable de lo dicho, con un esguince que suena fugitivo, como si quisiera pasar inadvertido para obrar subterráneo... pero su fulgor transparece como una vaga luz lejana, en la que se percibe *que yace en ella la robusta encina, mariposa en cenizas desatada...* y *muda la admiración, habla callando...* y los años se detienen como el sol al mandato del guerrero, se condensan o se subsumen en un tiempo que se puede definir —sin deslindar— como si fuera *del año la estación florida,* la estación en·que llega el forastero que es también el esperado, el prometido y, aunque no invitado huésped, no intruso: lícito asistente que, por sí mismo, se convidó a las bodas fiado en el fulgor de su presencia sabiendo ser *el que ministrar podía la copa a Júpiter mejor que el garzón de Ida* y que, por él —claro que en él todos subsumidos—, bueno, muchos —bueno, algunos— llenaron el altozano que con urbana suavidad, con confortables refugios, mantenía su altura de peñón en el que el forastero —el abruptamente surgido de la tierra, tanto como arribado a la playa de las cumbres— *halló hospitalidad donde halló nido de Júpiter el ave...* y se diseminó pronto la campaña en torno al extranjero, al genuino ascendiente, empleado en su ascenso a la roca que —*menos cansado que confuso*— *escala*... Y la campaña es séquito de nupcias que van a celebrarse: las que la Primavera ordena con decreto infalible, nupcias de la Constancia con lo Venidero. Sin vanas pompas, sin más arras que, alterada, *la paz del conejuelo temeroso* y la fuerza capaz de hacer *que su mano toros dome, y un rubio mar de espigas inunde liberal la tierra dura*... presencia germitante que se lleva consigo las miradas. No se ensalzan las viejas construcciones ni se derriban torres... «Fabio, ay dolor», ya ves que *sus desnudas piedras visten piadosas yedras: que a rüinas y a estragos, sabe el tiempo hacer verdes halagos*... El Tiempo, ahora, ensimismado y endiosado a un tiempo —autoadorándose en su plinto propio— se arroga una sabiduría suficiente, impostada en la voz de algún inasequible *político serrano, de canas grave* y paternal aunque tonante voz. Serrano tan urbano que, por su ensalmo, pastoras que pulsaban instrumentos cambiaron el paisaje de la Villa —político el cabrero, social el mujerío— y las pastoras —alguien las llamó ninfas— pululaton en torno al Canalillo como exquisitas visitantes. Claro que el que sabía *que ministrar podía la copa a Júpiter mejor que el garzón de Ida*, el que sabía —en múltiple saber— lo que pasaba, desde su altura veía desfilar a las serranas. Tantas al fin el arroyuelo, *y tantas montañesas da el prado, que dirías ser menos las que verdes Hamadrías abortaron las plantas*... La leve teoría de canéforas —momentánea visión—, el joven contemplaba como se mira el cambio de las horas, las luces y colores, los rumores, lo que se ve y se escucha cobijado por fuerte ciudadela inexpugnable... *De una encina embebido en lo cóncavo, el joven mantenía la vista de hermosura, y el oído de métrica armonía*... Pronto la populosa compaña de serranos tomó un ritmo viril, que bien parecería optativa mudanza si *no comenzaran ya los montañeses a esconder con el número el camino, y el cielo con el polvo*... La pugna empieza pronto y pronto —lo cual parpadeo deslumbrado— queda marcado el azar de los púgiles... *Vencedores se arrogan los serranos los consignados pre-*

mios otro día y la Victoria, armoniosa reparte a sus polluelos los granos refulgentes. Se diría que ya pasada la mañana, lejos los esponsales en que el yugo —endosado y cantado por el vate— no se divisa ya desde este continente. Han cambiado las tornas, pero no en frívolos torneos: algo se afinca con derechos, con ancestrales fueros. No invaden el terreno las *crestadas aves, cuyo lascivo esposo vigilante doméstico es del Sol nuncio canoro...* leve cloqueo algunas emiten y se esconden o se escabullen dejando la palestra no a montañeses bravos, sino a costeros trashumantes que, del sur —*cuyo famoso estrecho una y otra de Alcides llave cierra*—, vinieron a afrontar la estepa de Castilla... Celebrados los cantos, prodigando el laurel, *tantos luego astronómicos presagios* constelaron la gloria incontestable con luceros lucientes y estrellas de azabache... Pero sigue la fiesta y ¿qué desnudez puede igualar a la del verbo, a la del verso, al extracto que esa capa con pomo descubierto?... *Ardiente muestra hicieron dos robustos luchadores de sus músculos, menos defendidos del blanco lino que del vello obscuro.* En fin, lo que se puede decir en un lenguaje reportero como el de aquel que mira desde la barrera los toros impetuosos, incalificables por su bravura, tan sólo constatables en su ser... en su fueron y serán. Un aura masculina en cauce de academia —*cierzos del llano y austros de la sierra*— como una ruda bonanza fija los huracanes para que no se arrebaten las hojas de los abedules —*del álamo que peina verdes canas*—, dulzura vegetal que, hortelanos al fin, del pensamiento archiadobaron la pujante flora de las letras... La letra insospechada, excavada en lo obtuso de escolar yacimiento, trajeron a la luz espiral de su iris y el ojo fue leyendo su voz opalescente, el dédalo secreto de sus formas sonoras. Pero másculos al fin, si conducidos por una ley de amor incontestable... Oh el intríngulis... ¿dónde la barrera? Llegan al altozano fuentes viriles de... de ningún capitán con gran alcurnia, mesnadas espontáneas de campestres labriegos, de menestrales afanosos que, másculos al fin, fructifican unánimes retoños. ¡Indefinibles, imprecisos! La campaña se ofrece tan prolija en trazos, rasgos, tonos multicolores, que en ella puede divisarse *armado a Pan y semicapro a Marte*... En esa indefinible perspectiva no relumbra *el metal*... *de que Marte se viste* pero el aura viril, como un tifón...

*

Se charla en Lo Antiguo por las tardes, acaparando la atención debida a los clientes. Se habla de trabajos de otros géneros, se muestran dibujos, proyectos de retratos, estudios de objetos de todas clases. Las tablas son compatibles con ello; quedan limitadas al trabajo en el Prado y se van acumulando en el estudio. Era perfectamente factible atender a las dos cosas, juzgar las facultades que sobrepasan el hábil detallismo y orientar, conducir a la pintura hacia proyectos más atrevidos. El maestro —magnánimo— se creía capaz de abarcarlo. Su larga experiencia europea de *connaisseur* —a sí mismo se daba ese título—, de modo que éste era uno de ellos. Se encontraban ante un *connaisseur* y no temían, al contrario, de él dimanaba una confianza, una seguridad sin acritud, sin ironía, que le daba categoría de conductor. Claro que, en efecto, conducía dejando a un lado a los queridos *fósiles,* pero sin negarles una tierna mirada de despedida al mismo tiempo que aceleraba la marcha por nuevas rutas racionalmente trazadas. Claros dominios de progresivo ascenso por los que treparía cualquier cabra... Además —y mejor cuanto antes— había que disipar toda desconfianza materna, justificar el pequeño negocio —una muchacha necesita atender a sus gastos, sus caprichos, etc.... Y la recepción largamente discutida, asistida por la inagotable maestra... A media tarde, cuando el sol ya oblicuo a la tronera deja una luz límpida, intensa y unificada por las paredes blancas, había que bajar —recoger los pelos rebeldes, ajustar la blusa— dejando aparte el delantal —y esperar en casa de la maestra la llegada del señor Gut Gut —el mote que le dan las chicas—. Al fin, de punta en blanco, llega besando manos de las señoras con un breve, muy breve taconazo. Y las señoras... alerta, en Laura, inspección, aplicación de todos los conocimientos fisionómicos poseídos, reflexión sobre todas las proposiciones, cálculos de todas las conveniencias e inconveniencias. En Antonia, estupefacción simplemente. Cierta tranquilidad basada en el gesto amable de la maestra hacia el visitante, a más del desconcierto de aquel tirón de su mano y aquel beso, que le pareció cosa de locura. Pero en fin, el juicio sobre los estudios presentados, más que benigno entusiasta y, seguidamente, apartándolos y centrando la atención en las tablas, asegurando que para ir hacia lo uno hay que pasar por lo otro. Las tablas fueron descritas en la posición que ocupaban en Lo Antiguo, con delicada pátina de ámbar, expuestas en un caballete de copete tallado *art nouveau*, y resaltando sobre un brocado rojo. Tentadoras para damas inglesas que poco a poco iban haciéndolas desaparecer.

Todo se dio tan fácilmente, tan normalmente que no alteró en un punto la marcha habitual de la vida. Lo único nuevo era el resultado económico —modificación económica sólo notable si es negativa: positiva se asimila sin sentir—. Lo único nuevo no alteraba las costumbres. La casa, la escalera, el estudio siguieron en su armonioso silencio. El mundo cabeza abajo estaba en la Calle de la Escalinata.

*

¿A dónde vais?

A ningún sitio. Bueno, a coger el tranvía.

Lo que quiere decir que vais a casa, lo que quiere decir que venís de algún sitio. Entonces, ¿de dónde venís?

Deducción perfecta, digna de su lógica impecable, profesor.

¿De *su*? ¡Elena! ¿Ya no recuerdas que en Barcelona decidimos el tuteo?

Ah, es verdad. Como no hemos vuelto a vernos y Ágata ha desaparecido de la Escuela...

Ágata está ahí mismo... Si queréis verla. Bueno, aunque no queráis verla, venid conmigo... *venid* Isabelita, ¿te incluyo en el tuteo?

Claro, claro, por supuesto.

No, por supuesto no. No se debe dar por supuesta como positiva una cuestión mal formulada, porque si yo pregunto: ¿*Te* incluyo en el tuteo?, antes de la respuesta ya *te* he incluido y eso no es correcto. Tenía que haber empleado la forma anterior a lo cuestionado, ¿quiere usted? o ¿accede usted a...?

Pero, bueno, se caía de su peso...

Eso es lo que nunca se debe hacer: dar por supuesto lo que se cae de su peso, sin tener datos fehacientes.

¡Profesor!... los tenías a montones.

No los tenía, no los tenía y con esto queda demostrado que hubo en aquel momento —Barcelona, Galerías Dalmau— un aparte entre tú y yo, Elena... un aparte, no demasiado aparte, no tanto como yo, por mi parte hubiera... ¿Ves? Ahí se nota la distancia que había entre *tú y yo,* y aparte de Isabel que atendía a vuestra Berth inefable, contemplando sus nubes invadidas por la flora y la fauna...

¡Bueno, bueno!... Ya la despedazaste entonces suficientemente.

Es tu opinión, no la mía... En fin, si queréis ver a Ágata vamos a La Granja, pero no os escapáis sin decirme de dónde veníais.

Pues, ya ves, por Marqués de Cubas, de la Calle del Prado. ¿No has visto la nueva casa de antigüedades?

Sí, claro que la he visto, pero a la inauguración no pude, no tuve ganas... Conozco al judiíto ese hace tiempo...

¡Ah, no! Eso no, que trates de espachurrarnos al señor Waksman no lo toleramos. Es un ángel, es la persona más generosa, más comprensiva, más inteligente... Sí, ¿te dan ganas de preguntar si más que tú, no es eso?

¡Preguntar yo semejante cosa!...

No, claro que no lo preguntas; lo que temes es que lo diga yo, sin preguntármelo.

¡Elena! Tengo más alta idea de tu inteligencia...

¡Profesor! Vas a dejar de tenerla si atacas al bendito señor Waksman.

¡Bendito le llamáis!... Y el caso es que, pensándolo bien, sería cosa de que tú, pintora, te decidieses a llevarle al altar, a que os echasen la bendición, porque debe de haber muchos dólares en sus bolsillos.

¡Martín! Ésta ya no es una salida de profesor; ésta es del género chico. Bueno, déjanos cruzar a la parada del tranvía.

Nada de tranvía. No cruzáis, entráis conmigo en La Granja aunque tenga que noquearos a lo Tom Mix.

Tom Mix no necesitaría noquearnos, le seguiríamos como corderas.

¡Ah! ¿Tom Mix es tu tipo, Elena? Te creí más refinada, aunque es sabido, una mujer intelectual se deja fascinar por el músculo.

Por el músculo y todo lo que le enmarca...

Vamos, id entrando. Fijaos quién está ahí, a la izquierda.

¡Ramón! ¡Qué bárbaro! Y Ágata, que no podíamos explicarnos...

Si os hubierais tomado el trabajo de coger el teléfono estaríais informadas... Yo no lo he estado hasta este mismo momento, hasta que habéis aparecido en la puerta... ¡Es inverosímil!, pero es evidente que no sospechaba que fueseis amigas de mi primo...

¡Ramón es tu primo!... ¿Ramón?...

Carnal no, precisamente, pero espiritual...

Espiritualísimo el parentesco; ahora, en cuanto a la carnalidad... todavía no está comprobada. Bueno, sentaos. Preséntalas tú, profesor.

Os las he traído como presente: me ha costado trabajo, pero ya veis que no son feas. A ellos les enumero uno por uno. Éste, el meridional, es Julio. Parece un huertano, pero es poeta. Éste es Cayo, ensayista. Ésta es Juana, licenciada en Letras, de Logroño, Juana, no las letras... Bueno, ya vendrán más; iréis conociendo a todos...

¿Qué miras, Elena, estás investigando el parecido?

Pues sí, eso es lo que estaba mirando y no lo veo... Pero me parece que es que no lo sacáis a la calle.

¡Genial!... Más que genial, Elena. Digno de la Pitia de Delfos. ¿Te cuento la historia?

¡Cuéntala a toda marcha!

Muy sencillo, nuestras madres eran hermanas. Fabricadas por distintos abuelos, eso es otra cosa... Ellas *eran* hermanas porque lo decidieron un día —no sé si un día o una noche—.

En fin, lo de los abuelos no, no eran tan distintos, la conjunción copulativa había empezado en los bisabuelos... o vaya usted a saber... Hay quien lo sabe al dedillo. Yo no, porque yo soy una oveja blanca y negra —las negras quedan excluidas, pero las pintadas engrosamos el rebaño de Jacob—. ¡Qué triquiñuela! ¿eh? ¡Qué precursor de todos los procesos plásticos! ¡Qué ojo tenía... el tío...!

¡Aterriza! No nos lleves a través de los tatarabuelos hasta los rebaños de Judea...

¿Pero no me habéis dicho que cuente?... El cuento es así: mientras unos pacían por Judea, otras discutían el modo de recogerse la falda, en Lesbos...

¡Ah! ¿Pero eran lesbianas?

¡No, idiota! En Lesbos y sus alrededores había otra cosa que no es la que ha acaparado ese adjetivo. Había la amistad. ¿Sabéis lo que es la amistad? Eso es lo que ha venido rodando por los tatarabuelos hasta crear una cosa que se ha prosaizado —se ha socializado—, un poco en *fraternidad*. ¡Veis! Eso ya no suena tan bien, pero en el fondo estaba la amistad, que buscaba ir cada vez más al fondo, añoraba o aspiraba a ser cosa de la sangre. Eso era ya como lo secreto, lo que sólo pasa entre dos... cuando se hace un nudo...

Cuando se deshacía el nudo, Safo ponía el grito en el cielo.

Claro, claro, profesor; lo ponía cuando lo ponía, pero otras veces no lo ponía y cantaba epitalamios... Ésa es la cosa. La hermandad —no hay medio de encontrar una palabra que no esté domesticada, deformada con pinta de cofradía. La fraternidad voluntaria, libre —sólo gentes que son, que saben lo que es ser libres de por sí, desde un principio, que no han sido nunca sometidas...

Si no hubieran sido sometidas a algo, no habría blancas y negras. ¿Estamos?... ¿No has dicho que las ovejas negras quedan excluidas?... Y que tú misma te consideras pintarrajeada —porque sabes a qué te sometes y a qué no te sometes... Ni a tiros...

¡Oh profesor! Eres inaguantable. Sabes muy bien de qué estoy hablando.

¡Porque lo sé!... y porque lo sabe todo el mundo. Tú te contentas con el prestigio de los bisabuelos, que bastante tuvieron que roer el poste... y que todavía no se ven muy claros los resultados...

¡Se ven claros como el agua! y si no, dime qué es lo que se ve claro...

Se ve claro el lío en que estamos metidos... Y eso ya es algo. Lo grave es que hay muchos que no confiesan, ni comprenden —por obtusidad congénita— que estamos metidos en un lío.

Para aclararlo estáis vosotros, profesor.

Sí, estamos; lo único que podemos decir es que todavía estamos... vivos.

Desencadena tu chaparrón de escepticismo; lo aguantaremos.

Nosotras, Ágata, seguiríamos con mucho gusto aunque arreciase, pero es tarde y estamos muy lejos de casa... No, Ramón, tú no tienes por qué venir. Tú no tienes horario familiar.

Os acompaño, de todos modos.

Claro, claro, primito. Por vuestro barrio hay ovejas negras de otra clase. No conviene que se crucen con ellas.

No digas sandeces. Nuestro barrio está tan mal alumbrado, que no se ve el color de las ovejas.

*

Qué lejos está nuestro barrio: menos mal que el tranvía no se equivoca porque... Hay gentes que no entienden los planos, no saben ir guiándose por un plano a los confines de la ciudad. Otras gentes van, siguiéndole con precisión infalible. Otras van con precisión a cualquier sitio, sin necesidad de plano. Lo arduo —insólito, irritante, increíble, inaceptable— es necesitar, anhelar con indignación, sin confianza, con perplejidad, un plano de la ciudad natal, recorrida desde el primer día de la vida —de la conciencia—, un plano de la ciudad cuya fidelidad era como el reflejo de la propia en el aire —el aire, un espejo que va y viene, que muda de lugar —de tiempo—, que no está fijo, en una palabra—. ¿Cómo se puede creer que se conoce?... No, no se puede creer —la ciudad tiene secretos—, lo dudoso, lo tremendo es que tal vez no los tenía, tal vez no podamos reprocharle, desconfiar, no —sí sospechar, barruntar que los secretos le broten a cada momento por los cuatro costados y que es difícil percibirlos. En ese caso seríamos —los hijos, crías, productos, efectos suyos— los que mereceríamos el reproche, el ajuste de cuentas que la ciudad nos haría por no haber percibido sus preñeces múltiples, por no haber sabido, en todo momento, dónde le duele. Porque la ciudad, si vamos por ella como por un riel —un riel sobre durmientes: esto dice mucho —hay unos tipos que cambian las agujas, para eso están pagados— están siempre en su lugar, vigilando el movimiento para que no haya catástrofes, pero los que la toman, los que la han recibido... No, los que han caído o brotado en ella.—los que la han recibido sin saber cuándo— más bien han sido recibidos por ella como Vía, y sus lujos, tan deseados como las joyas, fueron entonces los bártulos de que venía pertrechado el progreso. Ahí se mostraba el encandilamiento de la pubertad y todas sus gracias quedaron ensalzadas en las canciones, que ahí están, inolvidables. Canciones que la ensalzaban como quien canta a los ojos o a las mejillas de una cara bonita —de una carita, ésa es la cosa, porque sin una cara —sin un rostro humano— no se puede amar, y había que amarla, y se apersonaba cada uno de sus rasgos, con todo lo que tuvieran de belleza, de carácter, de conducta, si llegaba el caso —porque podía llegar, podían no estar contentas... Las pintaban amenazadoras, «Si nos sublevamos calles y plazuelas...» y se veía bien claro lo que haría cada una... «Las de La Cebada y los Mostenses qué batacazos van a pegar...» Se explayaban así para hacerse amar, porque sólo se puede amar lo que se sabe —o se sospecha— lo que *es*. Lo que no se ama es lo que *no es* nada. Y ahora hay que averiguar lo que es la ciudad, lo que está siendo, habiéndose —poco a poco, velozmente— y no hay medio de encontrar un plano —¿lo hay o no lo hay?—. Claro que tiene que haberlo, pero de lo secreto a lo patente... Ir a toda marcha, poco a poco, como van las plantas —de hojita a bosque—. Ahora el plantío, ya urbanizado, se extiende y no podemos sospechar lo que podrá salir de sus calles y plazuelas, y vemos a algunas contonearse sin los clásicos atuendos de damas o de rabaneras... Y los machos, no es probable que hoy vengan a las candilejas Caballeros de Gracia —ahora parece que podría levantarse del mármol el doncel de Sigüenza para concurrir a unos juegos florales... Pero no, ahora no hay concursos: las flores concurren por sí mismas. Todo florece, en una palabra, más en unos sitios que en otros, lo difícil es ir —lo difícil es ingresar —como se ingresa en un coro —como el que llega tarde y entra en el tono y no se había notado su falta, como si nunca hubiera faltado entre los mil —o cien mil— porque entraba en la misma gama, en la misma clase —¡clave! —en los tonos no hay clases—, pero en estas gamas en que la ciudad se entona hay clases, aunque esa palabra resulte tan hostil, tan circunscrita, o perteneciente al léxico de lo social tremebundo, donde señorea emparejada bélicamente... En ese léxico —argot para algunos; los que ven improbable su borrasca, los que viven con la razón metida en un arduo estudio, en un arte, en un ciego goce de la vida, para ésos, el terrible binomio... es, claro está, una realidad indiscutible— es la lucha entre el poder y el no poder... Pero resulta que los que no practican ni entienden el argot perciben la borrasca en vagos presagios, barruntan los cambios atmosféricos —perciben un retemblar en el alumbrado de los barrios donde no se distingue el color de las ovejas, ni el de los pastores— porque hay de todo, hay los que van y vienen, los que traen las luces de otros barrios —las luces son, a veces, una corbata, unas sandalias—, cosas a las que se puede alcanzar desde la oscuridad —y en la oscuridad es donde nace el deseo...

Sois unas señoritinas de Recoletos —que es lo peor que se puede ser—. Íbais con vuestras mamases a ver el carnaval —os lo he oído contar cien veces—, a que os tirasen puñados de confeti y era como si os poseyesen delante de vuestras mamases —me lo contabais para epatarme porque yo venía de provincias y vosotras ya polleabais —así decían— y os habéis que-

241

dado polleando—. No acabáis de emplumaros como es debido. Alardeáis de modernidad y no os enteráis de nada de lo que pasa. Creéis que ser modernas es vestirse a la moda, pero no os dáis cuenta de lo que la moda lleva debajo, no sabéis lo que es la moda en camisa o sin camisa. Eso es, estáis al tanto de todo lo que hay por ahí, pero no tenéis antenas, no tenéis olfato más que para lo que guisan en el piso de al lado, y lo que hace falta es oler lo que no se guisa, lo que hay que guisar, lo que uno, cada uno, tiene —si tiene vergüenza— que hacer que se guise. El típico *guisao,* eso por lo menos, pero no sólo eso, porque todo se come —libros, cuadros—, bueno, de eso sabéis un poco —muy poco, menos de lo que creéis— y de lo otro nada... Ni siquiera por eso de ser tan difícil os interesa. Tal vez tengan —tengamos— la culpa los que bombardeamos a los poderosos con coñas, con guasas —dibujos sarcásticos, coplas condimentadas con agudezas indecentes— indecentitas, módicamente indecentes, para que resulten muy agudas, intelectuales... Y no se da un paso. Sólo lo dan los que se largan: ésos dan el número de pasos necesarios para salir del agujero de la indecisión —lo que hizo Máximo; ése se fue, cuando ése es el que tenía que haberse quedado. Ésos, los convencidos, se van a donde ya todo está hecho o quién sabe si está hecho. —¿Por qué no escribe, por qué no nos demuestra lo bien hecho que está lo que han hecho? No está tan claro, pero lo deshecho que está aquí, lo necesario que es hacer, y lo que cuesta, lo caro que cuesta cada intento... Aunque es evidente que los intentos son continuos, innumerables, de todos los colores... Ése es el lío que dice Martín —un pelmazo que cree que va a fulminar al Estado con cuchufletas—: hay un histrionismo que anda suelto, sacratización del teatro como *vehículo* de cultura. Bueno, en tren, en coche o en carreta lo que importa es la pasajera... ¿Qué cara tiene? ¿Es vieja o es joven? ¿Es fea o es bonita?... Hay que tener cuidado con la bonitura, la falsa seguridad histriónica. Ágata está al cabo de la calle, ¡es listísima!, sabe —como dos y dos son cuatro— que ella es una oveja blanca y negra; ella sabe que no queda a la altura de integridad mantenida por los de su casta. Es difícil, es necesario que los pastos... bueno, eso

de los pastos no está claro, pero se ve, se ve que no les falta...
nada, podríamos decir —por eso han cundido tanto— con
gloria, no se puede negar —pero un poco hieráticos, no cabe
duda—, cosa que no carece de encanto, sólo lo instituido por
la... pero que también es oveja de cincuenta colores... o sin
color, misantropía inconfesada, enclaustramiento casero, vida
de lirón, con la seguridad de que su sueño está guardado fra-
ternamente para que nadie... y luego el café —cuatro o seis
tipos mediocres que le escuchan, sin entenderle una palabra—,
sueño... que nadie le despierte —y, no sé por qué —sí lo
sé, pero da lo mismo, el barrio a donde no llega el ruido...
ningún ruido —y mucho amor y mucha admiración ciega—
como el amor ciego —que no sé por qué— sí lo sé y saberlo
no tiene importancia, porque sabiéndolo o no, uno —no sólo
uno, pero eso es lo grande, que uno, uno mismo— por mucho
que lo entienda, por mucho que lo comprenda todo, uno no
hace nada —se trata de eso del color, si uno se hubiera criado
en los pastos de los primeros años, ¿sería yo una oveja blanca? No estoy seguro —¿lo era mi madre? Probablemente,
pero no quiero incurrir en la idea de que ella era la única
perfección —no quiero creer—, mi coraza racional —necesito
o necesitaría—, porque, después de todo, si no encuentro un
ejemplar puro tengo, por lo menos, una idea clara de lo que
tiene que ser un ejemplar puro —Luis, por ejemplo, es un
ejemplar puro de oveja negra. Ése sabe lo que es desde que
era feto, según dijo, porque nada se le escapa —por eso, porque sabe lo que es, tiene el valor y la fuerza para ser lo otro,
tan otro como lo blanco de lo negro—, con la misma fuerza
en lo negro que en lo blanco, ése sabe de qué se trata, ése lo
ve claro porque se trata del amor ciego —y sin salir de su
rincón, de su rebotica, atracándose de libros desde los catorce
años— y le bajaba por las escaleras a buscar los litines la
Portinari, con diez años, cuando todavía no tenía pechos...
Y días y días y nosotros viendo cómo iban apareciendo —bajo
los percales de las que subían y bajaban— y no se nos ocurría
nada de eso que llaman picardías porque las queríamos mucho
—porque eran tan camaradas, tan diferentes de todas —de
todas las conocidas y las posibles— era y son diferentes y

siguen en ese agujero —con un poco de esnobismo contagiado por la mecenoide que, después de todo, menos es nada—, algunas vueltas dan de cuando en cuando —lo que no sé es si podrán dar acceso a otros lugares más accidentados—, no sé si serán capaces de soltar ese aire de señoritinas de Recoletos —no está claro ahí el negro y el blanco... En la casa dejaron sus huellas hombres liberales —hay que liberarlas...

Tira de la correa; si no se llama con tiempo, no paran hasta la siguiente.

¡Qué locuacidad habéis traído por el camino! ¿Qué maquinábais?

Yo, por mi parte, nada, no maquinaba nada...

Yo, como maquinar... pues tal vez venía pensando en que no maquinamos, en que ahora bajamos del tranvía, como todos los días, delante de la puerta espumosa y que estoy seguro de que no seríais capaces de describir, ce por be, la puerta. Vamos, ¿podríais recordar cada uno de sus recovecos, nubes, volutas? Vamos, ¿a que no?...

Bueno, la verdad, no podría decir en qué consiste, de qué está armada... Hay un santo arriba, bueno, pero todo lo demás es efervescente. Y, sin embargo, me gusta tanto... la quiero tanto...

Entonces estúdiala, analízala hasta que puedas describirla... Porque, figúrate que un día te vas a otro barrio...

No sé por qué me voy a ir a otro barrio...

Puedes irte, puedes tener que irte a otro país, por ejemplo, y tienes que contar «En mi barrio había una puerta...». Y, ¿cómo era la puerta?... «Pues no sé.» ¿Te parece una explicación aceptable?

No, no me parece aceptable... Buscaría alguna comparación, algo que les diese una idea... Les diría... «Se parece a mí»...

¡Atiza!... eso es lo peor...

*

La muerte, no se puede decir que tenga un estilo literario —sería una estupidez— como se ha dicho del amor —que no es franca estupidez pero le anda cerca—. El amor, en su forma externa, en su manifestación, recibe el influjo del estilo literario que impera en la época —es decir, que la temporalidad del amor está supeditada al estilo literario... bueno, puede ser—, la muerte, no —en cierto modo, también la muerte, es decir, la aceptación o consideración de la muerte—, pero la muerte misma, el hecho de su acontecer no es cosa influenciable: acontece y ya está. Sin embargo, hay algo que tampoco se puede llamar sistema —tampoco— pero que es clasificable. Su valoración dimensional atañe a los vivos —a lo vivo que andaba a su alrededor, el mundo que ocupaba el muerto. Tampoco se puede catalogar como valor según el sentimiento, dolor, esperanza o desesperanza de alguno —o algunos—, se clasifica como *importancia* por el punto o grado de finiquitación que remata... Claro que ésta es una consideración inhumana, pero de eso se trata, de considerar la desaparición como fenómeno, desde el punto de vista ajeno... a todo. Así se pueden catalogar *las muertes* —tan lejos del sentimiento que *cada muerte,* en su pequeño mundo, pueda provocar, como de la meditación sobre *la Muerte.* Se puede catalogar —lo que significa agruparlas en categorías de semejanza—, lo que es puro disparate, porque, si hay algo seguro sobre la muerte, es su singularidad, pero se puede —porque hay, también esto es seguro, su importancia como remate —que no es la muerte natural, nada de eso; no se trata de finiquitación fisiológica, puede tratarse también de una dramática agonía. De lo que se trata en el catálogo —inhumano y reflexivo, más que meditativo, catálogo— es de la consideración del hecho como remate de algo que no podía seguir —dolor o indiferencia ante el hecho, corroborados por la evidencia del fin razonable, inevitable... Sucedía el hecho de la muerte en el último cuarto, sobre San Andrés, y desaparecía —casi insensiblemente— la viejecilla que alguna vez fue gobernadora, y quedaba en el cuarto su estela de benjuí. Su herencia, algún castillo tejido con sutileza asiática. Y nada más... Casi al mismo tiempo —diferencia de pocos días— acontecía la muerte del maestro... Acontecía lejos, en una casita, extramuros, a consecuencia de

la temida ruptura de un vaso. La muerte ponía fin a la muerte
sentenciada, años atrás... en el Retiro... Allí había comenzado
lo inhumano, lo definitivo —sentenciado por una definición—;
allí había empezado lo que ahora terminaba. Y se podía
calibrar —únicamente por la cercanía en que habían acontecido las dos muertes; un día por medio—, se podía reflexionar
sobre el hueco que habían dejado —no hueco sentimental, no
lamentación ni imprecación al destino—, comprobación del
rastro grabado en el terreno... en el aire o la luz. Nada, nada
se modificaba en el pasillo, por donde a veces una voz —ligero
soplo, átono— clamaba, ¡cerrad la puerta!... Y nada, la voz
ya no clamaba y en ninguna otra cosa se notaba el cambio...
Tampoco —parece raro porque alguna modificación tenía que
haber; alguna sustitución, pero eso tenía mero carácter oficial—
alguien ocupaba el cargo que quedaba libre —no es de eso de
lo que se trata —se trata del hueco en la clase, donde ya no
había discusiones entre los caballetes o sobre el perfil del
modelo astur o —por la puerta— aparición de la pareja bajo
el gran paraguas o vaticinios sobre la corrupción del arte, la
supeditación al esnobismo. Todo esto faltó de pronto al morir
el maestro —eso es lo que parece o parecería si fuera lógico
o normal—, pero no es eso exactamente porque, siendo eso,
no sucedió de pronto... Todo ello había empezado a morir
con cierta lentitud —ello, sea lo que sea ello, se había defendido, y lo otro —lo otro era lo que vivía, vivificaba o daba
crédito existencial a todo ello—, lo otro era lo que venía ya
constatando el declinar —contribuyendo a él por no sentir la
falta de la voz que clamaba por el pasillo ni las charlas entre
los caballetes, ni los epigramas sobre la guerra... Lo otro era
el paso, más que apresurado, impasible, atropellador, que había
amado profundamente todo —todo aquello— y amándolo había ido muriéndolo —había ido pasando por ello—. Su pasar
su amar, había ido amándolo y pasando, sobrepasándolo... El
caso era que las dos muertes habían acontecido casi simultá-
neas, tan próximas que las connotaciones se producían a cada
paso... Tienes que ir... no puedes ir sin un vestido negro
—no, no es posible que mi nieta no lleve luto por mi hermana—, ya sé que en esa casa no hay rosario ni nada que huela

a Iglesia —aquí tampoco, nadie puede decir que huele—, pero
lo normal, lo estrictamente necesario para no parecer que vivimos como salvajes... Tienes que ir, aquí haces menos falta
que un perro en misa, y serán muy pocos los que vengan
—si es que viene alguien. Tienes que ir —mandé al tinte el
vestido azul, es el que mejor lo toma—, irá la chica a bus-
carlos... Tienes que ir... Y fue... fueron.

*

La casita por la Guindalera... fue fácil encontrarla. No había
perro —la puerta estaba demasiado abierta—, no había re-
zos. Había una especie de actividad como de mudanza o de
viaje; una simple incomodidad, incapacidad de entrar en la
rutina —angustia, al mismo tiempo, de la senectud comprobada, constatada, diría el maestro, por tres o cuatro ancianas,
parientes que asistían a aquel último acto —las dos tuvieron
que besarlas—, también la discípula las besó con rencor —el
silencio era insostenible—, algunos muebles exquisitamente ve-
tustos, alguna cabeza en bronce, conversaban o platicaban desde sus sombras —el único medio de escapar al silencio —pasos en el techo —insinuar una débil súplica... Ver los cuadros, el estudio del maestro... Ah, sí... pueden subir. Arriba
están algunos amigos que tenían mucho empeño...
    Crujiendo la escalera —no más de veinte escalones— re-
nacía el maestro y asumía las dimensiones de la nave altísima
—cristalera apenas oblicua— y su gigantismo amenazaba como
una torre que empezara a derrumbarse —era un renacer que
amagaba o retaba porque podía ser un verdadero, temido,
aborrecido morir —morir en el crédito, en la fe—. En la inmensa nave, que ya en el último escalón se divisaba, iba a
dejarse ver el San Eustaquio —no había más que entrar y
verlo... Pero no fue así, desde el grupo de visitantes, dos
figuras carísimas se adueñaron de la atención: Berth y Tob.
Todo tomó otro rumbo —claro que hubo que entrar. El cuadro del santo estaba allí —había que verlo, enlazando el brazo
de Berth —consultándola, casi sin mirarla, consultando a su
perfume— temiendo el desahucio que ya por el propio juicio
se formulaba, tajante —pero sin querer mirar para no tener

que exponer o confesar lo formulado—, por fin fue lo contrario, fue el brazo de Berth el conductor hacia una risueña Piedad —el santo estaba allí. Era rígido y prosaico —el realismo pretendido fallaba bajo la aparición o transparencia de una realidad más fea —fealdad de la impotencia—, trazo que pretendiendo ser firme titubeaba sin saber... sin lograr el garbo pretendido. Berth sonreía... Comprendo que le quisieras tanto: era un amor el viejecito. Para nosotros un hallazgo... Su arte científico, su ciencia artística... desde su mente se veía nacer el siglo —más bien se veía morir el anterior y, aunque era tan bueno, tan generoso, no moría en él resignado... Él sabía que no tenía fuerzas —no tenía tiempo— para empezar... No tenía serenidad para ver que otros empiezan... Nuestra amistad, a consecuencia de una simple recomendación... Necesitábamos algo del papeleo oficial y nos dijeron que él podía... Vinimos y la entrevista provocó un enamoramiento súbito. ¡No de mí! ¡Pásmate!, de Tom... Honni soit... Fue una pasión antropológica, porque los pintores —según él— son tan ignorantes que no saben ver los rasgos raciales... Los que los ven ahora —decíamos— no son pintores... ¡Ignorancia, ignorancia! Pintan cristos para estampas, rubitos, con ojos azules... Cristo tenía que ser la quintaesencia semítica... Daba vueltas a la cabeza de Tom —esa palidez, esa intensidad de mirada, esa nariz, ¡judaica! claro está, pero con una finura, una discreción que la universaliza, que le permite quedar como representante del hombre, de todo hombre... Su recomendación nos fue muy útil y vinimos a verle muchas veces... Siempre pensando en tener fuerzas —tiempo, decía él— para empezar un estudio de la cabeza de Tom... un verdadero Cristo... Él, por su parte, se consideraba ateo... pero... —Oh, chérie, cómo te complaces en divulgar el descubrimiento de mi belleza... ¡El descubrimiento!, data ya de unos cuantos años. —Sí, sí, datará... pero en tus cuadros, cuando aparece un clochard, un fuorilègge, un pobre tipo famélico, siempre se parece a mí... Pues mi punto de vista es el mismo del maestro, sólo que ahora... Da tu opinión, Isabel, ¿es que mi belleza no entra en los nuevos cánones?... No hay nuevos cánones de belleza.

El plano —para el que sabe guiarse por un plano— surge, trazado con líneas tan seguras como imprecisables —sensibles, eso sí—. El brazo de Berth, el perfume de Berth, los innumerables vestidos viejos, vestidos caros, elegantes, empleados fuera de estación y de ocasión —vestidos de noche, de baile, de soirée, descendidos al mercado por haber quedado como únicos supervivientes—, pero siempre manteniéndose con su elegancia, con su encanto y su perfume... Contacto suave —misterioso, porque un contacto es un contacto, pero su elocuencia, su confidencia, su promesa o magnetismo indicador—, su tono disipador de brumas al horizonte, pródigo de noticias —frescas de todo lo más viejo, más tradicional, que se refresca con las bebidas rejuvenecedoras—, las ideas detractoras, destructoras que, al apuntar a las más viejas, más caducas, las desempolvan, las sustituyen por su imagen nueva —fantasma, pero testimonio indiscutible... de lo que persiste— y no se trata de lo insumergible, del viejo pellejo hinchado de aire, se trata de lo hundido a cien brazas —allí donde nació, a cien mil brazas— y desde su allí, sin resurgir, persiste, ésa es la cosa. Todo eso rebrotaba por la ciudad —eso es lo que decía el plano— y no había más que ir de un sitio a otro —todas las puertas estaban abiertas... Aquel desbarajuste de mudanza, en el plano —en el perfume conductor de Berth— estaba claramente trazado. Cada día un nombre de una nueva calle congregaba a todos —a todos los desconocidos, los recién nacidos a la amistad, a los esquivados, rechazados por no haber recibido sus invitaciones, por tener con ellos un rencor, una rivalidad... Surgía en La Granja —lugar céntrico, junto a la parada del tranvía— a la alusión a Lo Antiguo, tan próximo, pura vecindad —y surgía el nombre de Pozo Amargo... ¡Hostil!, ¿por qué hostil?... Algo así como un canal que desvía el riego... Y al mismo tiempo un deseo, una ambición de ir, de ser o estar entre los frecuentadores del Pozo Amargo... Y también de otras regiones más próximas —¡más lejanas, infinitamente lejanas!—, por constituir un feliz cenáculo, no de libre acceso... en realidad, en estricta verdad, nada, realmente, verdaderamente nada, era de libre acceso... Había que afrontar exámenes... ¿Cómo afrontar el examen que sólo consiste en entrar?... ¿Cómo atreverse a entrar allí donde se decía?... —se decía que allí iban las señoras que se hacían sus propios vestidos —y era verdad que se los hacían... y había que entrar: era el examen... Pero había que llegar hasta el Pozo Amargo... era el viacrucis que había que apurar hasta las heces —allí estaba el *poso amargo*—, lo que se difundía como un sabor estimulante —tantos eran los que se embriagaban con aquello... ¿tantos?... ¿todos?... todos, es lo probable—, había que embriagarse con aquella amargura que agitaba la ciudad —sus calles y plazuelas... Se pueden sublevar y llevar la sublevación hasta las regiones más idílicas... las de difícil acceso —no es que iba a llegar, es que iba a salir —de allí, de lo más idílico iba a salir, porque allí la embriaguez de la amargura se destilaba en... se intensificaba más vitalmente que... en cualquier otro sitio —allí era donde la amargura se transubstanciaba con una risueña inocencia —la firmeza de la inocencia —segura hasta estallar —hasta desbarrancar, precipitar... tal vez la vida... Otras barriadas parecían gozar de una paz, más o menos precaria, por mantenerse en los límites, en los bordes —aleros— de las limitaciones oficiales... por conocer bien las órdenes dictadas —con mecánica indiferencia de copista mercenario, que es dictado... Otras, insospechables —parroquias de alguna capilla gloriosa, en alguna ribera... También parques encerrados en verjas seculares donde se custodia la belleza —la irrupción de Koré, que no hay medio de impedir que se escape, de contener dentro de la verja porque salta y estalla en los castaños... A todas partes, a las más risueñas, podía llegar el amargor —todas, en un momento, podían poner el ceño adusto, la cara del que va diciendo por dentro, «Si nos sublevamos»... Para el que entiende un plano, estos indicios eran suficiente —eran aterradores por la extensión— eran seductores porque fuera de esto ¿qué podía haber respirable?...

IMPOSIBLE ver lo que pasaba en la tribuna: el gentío horroroso. A veces se producía casualmente un pasillo entre las cabezas, que duraba poco pero que servía para ver un momento a la conferenciante —destacada entre los sabios mundialmente admitidos. Menuda, pero no frágil. Todo en ella, la figura, la voz, todo neto, ni grave ni agudo. La cabeza, bajo una luz oblicua, clara, canosa o rubia o las dos cosas y persistentemente erguida. Sólo a veces, en puntillas, se lograba ver la mano y valía la pena. Se podría decir el puño cerrado, pero el índice erecto, señalando —casi apuntando, casi pinchando algo sobre la mesa—, señalando lo que el discurso ponía, el discurso apenas entendido, por la lengua exótica y la ciencia hermética —se mantuvo sobre un silencio impoluto hasta la hora premeditada: hora en que se abrió la compuerta de los aplausos y la gente, con un suspiro de satisfacción —no de liberación porque la opresión había sido satisfactoria y la expansión era deliciosa... Opresión de la sala enorme, llena, felizmente llena porque el ánimo acogedor rinde homenaje al mismo tiempo que succiona, se nutre con avidez de aquello que era señalado con el índice en la mesa. Sí, allí estaba lo difícil, tan difícil que ni aun marcado con la uña, y luego, fuera... Un fuera que ya se había percibido dentro; desde el principio... La sala entera penetrada por el aura de la colina, por el temblor —parpadeo estelar— de los chopos, y el primaveral terciopelo de la parra virgen agarrada a los muros de ladrillo... Allí, ya fuera, otro orden de reuniones —uniones y reuniones en azaroso, externamente azaroso—, cambio o juego o trastrueque. Grupos que se desagrupaban en apariencia, pero que mantenían la relación —secreta, patética, del mutuo espionaje—. Como las impresiones comunicadas en voz baja sobre el abstruso discurso, se habían transmitido los informes de aparición o desaparición... Todo seguía tan estrechamente ligado, encerrado en su prisión connatural porque se trataba de una prisión, de la prisión misma, en cualquiera de sus múltiples... ¿Cómo desenredar los motivos que no son de orden heterogéneo, que no son los motivos motores de la carrocería social, artística, peligrosa, provechosa?... Los motivos —todos a una— todos poderosos, todos insidiosos entre sí y todos llenos del derecho a su fuerza, de su potencia, sencillamente, de su poder ser. ¿Cómo desenredarlos, cuando sus divergencias son aparentes, cuando en todos prevalece el ser *motivos de... lo mismo*? Daba lo mismo decir no sé lo que pasa, que decir no sé lo que me pasa, lo que nos espera, lo que les pasa... A todos les —o nos— pasaba lo mismo y para llegar a ver qué era o dónde estaba eso mismo, había que sacar el reloj, siempre que éste estuviera bien acorde con aquello del meridiano... Lo que pasaba era una sazón climatérica que ponía al orbe en celo, y su acaloramiento —o calentamiento— recibía nombres que lo etiquetaban... La inmensidad de su extensión tomaba distintos caracteres y en unos sectores —seccionarla era torpeza, pero para entenderse— se formulaban epítetos definitorios como *fraternidad* —la mejor conservada de las tres virtudes ochocentistas— y otros como *solidaridad,* tal vez todos más o menos sugestivos, pero ninguno tan contundente como el ultimátum, PROLETARIOS DE TODOS LOS PUEBLOS, UNÍOS... Hay que saber por qué esto era lo más contundente. Que la unión constituye la fuerza es cosa que se cae de su peso, pero esa fórmula al pie de un buen trozo literario, era una fórmula —una forma— que, como toda forma —semilla o figura geométrica— ha germinado en subsuelo genesíaco —de tierra o mente— donde los motivos bullen cuando les llega la hora. Y la hora era ésta llegada. La hora climatérica era contundida por la buena fórmula literaria y sazonada por el mismo clima, la literatura —de ésta, con todas sus letras, lo inefable, supremo, etc.... poesía, y lo inasible, aunque estricto, endiosado —o desdiosado— filosofía —con el poder de la moda irrevocable, ensalzando, magnificando su poder que, para verlo en todo su esplendor, hay que evitar todo deslinde... Porque la moda, si de algo carece es de alineamientos, de modo que es degradarla decir, *la*

moda, como si la moda fuera algo exento. La moda todopo-
derosa se da como un color... La moda, más o menos en
forma de hada madrina, está atenta a todo nacimiento y en el
acto toma tiernamente al neófito con las pulcras manos de su
ahora... Con su *ahora* le bautiza y le da la dosis de duración
que merece... Cuando llega la hora de alumbrar pirámides o
metopas o vaya usted a saber... la dosis es de duración incalculable, pero ahora... ¿qué hará con su *ahora*? Se puede decir,
¿qué importa? y no mirarla, se puede decir, ¡qué importa! y
mirarla hasta la ceguedad del amor. Pero el amor, por muy
ciego que sea, engendra... ¿engendra siempre?... Siempre,
hasta cuando no engendra. Lo que pasa —eso es lo que pasa—
es que sus crías se inscriben en registros fuorilègge... ¡No, no
es eso!... los productos producidos con el rigor que nuestra
lengua —si hablamos del ahora, hablemos del aquí—, con la
limpidez del instrumento que nos es dado por ahí, por donde
se dan la avena y el garbanzo y, no digamos, el vino, el vinillo
de las tierras fronteras al África, separadas apenas por el
famoso... que *una y otra de Alcides llave cierra*... No, esos
productos, quintaesencia de la perfección artesanal, procedentes
—emisarios, mensajeros— del desorden, de la irrefrenable
libertad sirven, también, como testimonios de las más simples
—por simples, sagradas— leyes de la naturaleza... Sirven,
¿cómo demostrar que sirven?... Lo demuestran sirviendo porque todo ello, esto y aquello, se vive y se desvive por llegar
a ser... y llega.

*

¡El horario!... vuestro horario de colegiales es un problema sin solución porque nadie —no penséis que alguien, en el
mundo civilizado— va a supeditar sus costumbres al horario
cavernario de vuestros papás.

Papás, Berth, no hay más que uno, el mío, y sí, vive en
su caverna porque para trepar a estas alturas ya no tiene
agilidad.

¿A qué alturas?

A estas alturas de los tiempos.

Trepría como una ardilla, si creyera que es cosa de trepar, pero cree —el tuyo y todos los papases— que esto es descender, resbalar, chapuzar en el fango.

Y ¿qué es esto, Berth?...

Oh, ¿cómo te atreves a preguntar?... Te contesto con Bécquer, esto, «eres tú»... porque lo que, en resumidas cuentas, preguntas es...

¡Sí, de acuerdo!, yo no preguntaba nada cuando creía que esto era poesía... No me atrevía a preguntar qué es eso... porque yo, a mí misma, me contestaba con Bécquer... pero ya no... Dime, Berth, tú que sí lo eres, yo, en mi salsa o al natural, que es como me presento, ¿pertenezco a lo que llamábamos poesía?...

Perteneces más que nadie... Elena, mon ange, te estás volviendo idiota... Yo no creía que tú perdieses el control por asomarte al torbellino de las pasiones... Yo te creía toda sumergida en lo racional o razonable, al modo de tu amigo el profesor...

¡No lo nombres!... yo no estoy sumergida en nada, ni en lo razonable ni en lo irracional —si te refieres al torbellino... No, Berth, no estoy en lo pasional ni estaré, en los días de mi vida...

¡Qué afirmación!... Lo que tanto reprochabas a la pequeña, a la que ha sido capaz de lanzarse a lo más arriesgado...

No confundas, no confundas el caso. A mí me sobran agallas para lanzarme al abismo, pero no es cosa de agallas... es comprobación de mis facultades, es haber tomado la medida del salto y saber, hay quien salta a donde no salto yo.

¡Pero si nunca pretendiste saltar!...

¿Te das cuenta, te cabe en la cabeza?... ¡Y os atrevéis a encasillarme —a casarme— con el profesor!... Piénsalo bien... yo le detesto. Sí, sin embargo, es muy amigo mío, pero le detesto tanto como le admiro y, créelo, Berth, hasta de él me creo indigna... bueno, sin indignidad, quiero decir sin méritos... sin encantos... Me pasma que él, el profe que todo lo mide y lo pesa, me coloque como dama de sus pensamientos... ¿Te das cuenta de lo ridículo del caso?... ¿Te imaginas cómo serán sus pensamientos?... Yo no tengo que imaginármelos, me los expone a troche y moche... y aunque no me los expusiera, yo sé, tan claramente como son los míos, lo que son sus pensamientos...

Pero, Elena, hijita mía, sus pensamientos no son lo peor...

Sus pensamientos son lo que él cree que son lo mejor, lo mejor posible y que ellos solos pueden ocultar lo peor... Aunque no sé, tal vez él tenga una conciencia clara de lo que es lo peor... ¿Ves? eso es una cosa más que nos une... Tengo que aceptar ese matrimonio místico, en el que también puede haber pasión... ¿No te imaginas lo que puede ser una pasión de odio, afincada en la realidad de la semejanza aborrecida?...

¡Elena, Elenita! esto no puede seguir así, ¡basta!... ¡Taxi! ¡taxi!... Basta, Elena, métete ahí y vamos a casa de... cualquiera, porque es estúpido seguir en esta especie de ociosidad, aquí en medio de Recoletos... Vamos a casa de los paraguayos, taxista, al Paseo del Prado... ¿recuerdas el número?... No sé, el treintaitantos...

Pero no olvidemos la hora. Isabel no la olvidará, llegará puntualmente a las nueve menos cuarto...

Es increíble esta espagnolade... Ninguna chica en Berlín o en Viena... Bueno, vámonos al Paraguay, allí, amparadas por la impunidad diplomática, veremos y oiremos algo digno de oír...

La música es algo tan invasor o perforador, tan de dentro a fuera que puede inspirar quejas amorosas tales como, por ejemplo, «El agua bebida a morro es como quita la sed»... porque ¿quién no está harto del epistolario en que la recibimos?... ¡Atentado a las situaciones y a las proporciones!... Tangos, boleros, gemidos nocturnos a las ocho de la mañana o Pasión según San Mateo, orquesta de Berlín, toda ella metida en un taxi... Esto, en el tráfago urbano, callejero, luego, en el mejor de los casos, en lo que ya es, ante todo, noticia, puesta el arpa paraguaya en un saloncito altamente europeo... No sólo el arpa, también alguna voz masculina que canta o suspira, «Asunción»... El nombre parece ser el de una chica, una linda criolla, pero es el de una ciudad, la ciudad del cantante

255

y de los anfitriones, a la que se canta describiéndola como tan bella... Reiterar su nombre es algo así como exponerla, «Asunción»... las endechas reúnen todos los tiernos epítetos y cada estrofa arranca con la suficiencia del nombre, pero el cantor acumula ternezas, las consabidas al ser amado, nada nuevo, pero ésas, tan comunes, teñidas de una lengua sólo comparable a los mantos primarios que se ven en los museos, mantos reales hechos con plumas de colibrí... Palabras guaraníes entremezcladas a las castellanas... ¡Misterio!... Cópula secular sobre la que se vertió y se engendró tanta sangre... El engendro no hay quien lo pare: sigue y canta, y sus misivas, puestas en el correo, cantan de este lado del océano y del otro... Siguen describiendo, sugiriendo aquello que está lejos y que sería delicioso conocer ...Se siente su lejanía, como el que está al borde del malecón con la carta en la mano... Pero de pronto suena un piano... Y ahí está la copla incontestable, «el agua... bebida a morro»... Leves notas del piano —leves porque sí, sin pretender más gravedad— suenan a borboteo próximo, a manantial o laguna o playa del mare nostrum —del de cada uno— y la bebemos o la chapuzamos, el caso es que su proximidad tiene una apertura cobijadora, tiene un misterio... ¡El misterio!... el que por mucho que se pueda avanzar por sus andurriales, siempre seguirá siendo el misterio... su claridad deslumbra y en cada estancia una luz nueva... Calla discretamente el piano —sin pedir aplausos, su callar es pausa— y la música —faena singular de las musas— se transforma, deja sólo persistente el ritmo, que es poseído, es tomado como vehículo de lo inasible, de lo que no quiere ser asido sino embebido por la esponja que absorbe, en ansia incontenible las... todos los y todas las sugestiones, visiones del antiguo acervo, latidos de la preñez —bastante bárbara, imprevisible— de todo lo que esperamos, anhelamos y tememos... Todo se prodiga o desparrama llenando la pantalla con visiones imperiosas, cautivantes, destructoras o anuladoras —como la luz de la sombra— de las viejas visiones, que sucumben ante su esplendor... Brota la poesía, torrencial —no como catarata, como charla torrencial de los poetas—, y los poetas van y vienen, aparecen, aparecen o pasan con más o menos insistencia; su presencia siempre integrante de su poesía por ser ésta tan fatal, inevitable, consustancial con la presencia misma. Allí pasan como en un palco escénico —no faltan los saludos, presentaciones, besos en manos— y las personas dramáticas ocupan sus puestos... Hay jerarquías aunque ningún rango social —poder o dinero— mandaba en lo que sólo estaba movido por «un sistema de amor»... así lo clasificaron los eruditos... y, sin ostentar la clasificación —sin ostentación de ningún género— las jerarquías iban aumentando sus galones y estrellas, en la grata y fácil —facilidad de... en el más antiguo sistema de amor, se decía de «las almas bien nacidas»... ahora eso no se dice, pero—, facilidad del libre certamen, gratuito, silvestre se podría decir por ser brotado allí donde «salta la liebre», donde menos se piensa. Y la poesía, volátil como el alcohol, suscitaba copas o amplios vasos fríos, con alcoholes alegres. La seriedad —densidad— de los vinos españoles alternaba con la exótica ginebra —tan antigua, tan genuina del soldado— y la vodka que pide balalaikas, que incita al baile de los cosacos de invencibles piernas fáunicas... Todo ello mezclado al rasgueo de la guitarra y los quiebros o esguinces cañíes... Todo ello inagotable, interminable, porque quedaba fuera de lo razonable de cualquier hora. Tenía tanto de primavera auroral como de nocturno abandono, disipación...

¡Es hora *ma petite*!, tengo que decirte que es hora de salir corriendo porque estamos lejos de tu casa.

Sí, ya estaba pensándolo, pero me era difícil arrancar.

Esperabas, me parece a mí, que aumentase el número de los contertulios, pero no es éste el lugar frecuentado por ciertas personas... Hay otros cenáculos más *à la page* donde, ya puedes figurarte, la hora de retirada no es el anochecer.

La hora, una superstición detestable, pero comprensible... La prohibición de lo más locamente deseado... o el insensato deseo de lo prohibido... Bueno...

¡Malo!... Eso es lo que tiene la culpa de todo, ese decir

bueno... Tenéis un miedo invencible a vuestros tiranos... A lo mejor no es miedo...

Pues ¿quién sabe?... Di no es *sólo* miedo... es que nos cuesta trabajo ·combatirlos con armas ajenas... Vosotros, bueno, unos y otros, entre vosotros os entendéis, porque tenéis abuelos. Yo tuve uno, pero se esfumó en el olvido... —mi madre es *la santa madre,* esclava del destino, mi padre es un tirano porque no se le ocurre otra cosa, porque si no es un tirano cae en la cuenta de que es un huérfano...

Qué manía, qué obcecación... vivís pensando en los abuelos, en vez de pensar en los nietos...

Eso convence a cualquiera, pero ponerlo en práctica... Yo podría, yo podría reñir con mi padre: hacerle cambiar no, pero sí hacerle soportar —no tolerar— mi visión de la vida, de la nueva vida... Sí, yo me siento culpable a veces porque yo soy de los que pueden reñir con su padre —un padre maniático pero inteligente, sus más graves manías sustentadas por su inteligencia—, yo soy de los que pueden reñir con su padre, pero Isabel, ya lo sabes, no tiene con quién reñir. ¿Parece que eso es más fácil?... Pues no, es todo lo contrario...

Sí, comprendo. Dime, ¿tú tienes una idea clara de quién fue el *salaud* que fabricó a esta niña?...

Una idea muy vaga. Temerosas confidencias de Antonia... Le llamaban, creo, el marquesito...

Marquesito, ¿de qué?...

No sé, creo recordar un nombre que una vez dejó escapar... Yo, para retenerlo, lo sometí a mi mnemotecnia, lo asocié con una canción estúpida, «Yo nací en un sotillo de Sierra Morena»... Nombre pintiparado para un señorito andaluz.

¿Sotillo?... Ah, sí, Sotillo... *je vais le dénicher*...

*

El propósito, tan inocente, que provocó una discusión dramática, casi un acceso de celos o de temor —la sagrada fórmula CONFIANZA, tambaleándose—, el propósito pueril de hacer un diario había sido totalmente olvidado, voluntariamente relegado por... algo así como por engorroso: un quehacer más, una dedicación de tiempo —con su consabido lugar,

sitio, espacio en fin, donde esconderlo —porque el secreto era
forzoso. ¿Qué sería lo que entonces pretendía yo tener secreto?... mi inconfesable ambición de tenerlo. Un diario, es
decir, un secreto entonces, habría sido un recuento o más bien
un esquema o proyecto de mis ambiciones, de mis pasajeros
—nunca frívolos— deseos: pasiones, es lo justo. Ahí está la
banalidad o inutilidad de un diario. ¿Secreto, realmente tan
secreto como para que nunca sea leído por nadie?... En ese
caso la precisión, la concreción de los hechos o personas señaladas es una falsedad, es un relato ajeno, una denominación
de lo innombrable porque uno, a sí mismo, no se cuenta lo
que le pasa... Lo que a uno le pasa se le pone delante en
silencio —la cosa está delante y uno la increpa o la constata
con un alarido, en silencio, sin llamarla por su nombre, porque la cosa —lo patético de la cosa— es lo innominable, lo
que sólo se puede aludir —como flecha en el blanco— con
el silencio... Sin llegar a tanto, el recuento o *compte rendu*
de los cotidianos secretos —jugadas del azar en el tablero en
que nos movemos— pasan o suceden en silencio y, por lejos que estemos —porque ésta es la novedad, ahora solemos
encontrarnos lejos, a cien kilómetros representados por veinte
o treinta comensales o contertulios—, por lejos que estemos,
nos miramos y basta; veo en sus ojos lo que ella está viendo...
Igual que el día en que yo veía la inquisitiva mirada magistral —maternal o, mejor, paternal— revisando su cara y yo
repitiéndome, No, no enrojece, Isabel no enrojece... Ahora
es ella la que espía mis cambios de color y yo siento una
angustia indecible por no poder preguntarle —preguntárselo
luego, ya es otra cosa, es en los momentos de las miradas
furtivas cuando necesitaría preguntar... como cuando ella quería que yo le contase lo que a ella le había pasado... Sí, la
cosa es así, así es lo secreto. Y lo público, ¿qué objeto tendría reseñarlo?... Verdaderamente, no tiene objeto, pero si un
día me decido a hacerlo, me encontraré con la dificultad de
desenredar lo relatable de lo silenciable... Es inútil, no tiene
objeto escribir un diario, la vaguedad certera —económica-
mente justa, esto es lo serio, lo que se escoge, lo que se guarda,
y lo que se tira—, la vaguedad patética del soliloquio, el

diálogo selectivo, torneo —suprimamos los términos medie-
valoides, ¿conviene aceptar los deportivos? bueno, a ratos—,
en el diálogo mental sobrenadan o emergen las heridas, los
puntos en que el florete —bueno, suprimamos también el florete, pero el *touché* queda—, los puntos en que se recibió o
se admitió la nueva fórmula y, con rápida adaptación, sin
pruebas ante el espejo, la cosa queda para uso diario. Y ¿por
qué esta ironía?... La ironía va en la nueva fórmula, pero yo
no sé usarla con la soltura de los que la incluyen en la cos-
mética: cuando a mí me sale, algo picudo hay por detrás.
No dejo de verla clara en la piqueta destructora de Martín,
desde un principio, desde nuestro primer encuentro le acep-
té —tuve que aceptarle— y le sigo —a rastras, pero le
sigo—, porque si no le siguiera no sé dónde tendría que quedarme sentada... Le sigo ahora por el campo de las letras
—la Escuela con la vecindad académica de sus claustros solem-
nes, sus mármoles, sus sótanos con el olor de la arcilla y las
mañanas invernales, los tranvías... todo abandonado como si
la muerte del maestro hubiera sido, como él dijo ante uno de
sus síntomas, «el principio del fin»... pero el fin había empezado antes, en el palacio del Retiro, ante la lumbrera deslumbrante... Ahora, desaparece todo el attrezzo que no era
bambalina, que era un íntimo y caluroso escenario por el que
deambulábamos y siempre estaban en el mismo sitio —no,
en todos los sitios, en todas partes—, estaban las tazas de las
fuentes, los torsos blancos, desnudos entre el follaje, pensa-
tivos... «Del tosco mármol la arrugada frente»... y toda la
melancólica verdura de parques o de lejanías... todo se borra
ante una presencia que grita —con grito escolar o militar
¡presente!— y, sin gritar, pasando simplemente, ante los ojos
y quedando, repitiéndose o, más bien, repitiendo la suerte
como diez —o cien— gimnastas el mismo ejercicio, todos
diferentes... Cada uno sacando —con la inocencia de los niños
que sacan los números—, sacando su dilecta forma poética,
su hallazgo, que puede ser tan nimio como un billete del
tranvía ¡y puede ser!... puede ser también lo de antes, pero
de otro modo... Es la vida actual, con sus cambios heliotró-
picos, dice, y yo le digo, ¿Desde dónde alumbra el sol?, y

me larga, profesoral, «Un relámpago más, la nueva vida»...
Sí, tengo que decirle, una y cien veces tengo que contestarle
afirmativamente; nuestras charlas provocan ciertos cuchicheos,
como si los oyentes oyesen algo más que lo audible y son
cuchicheos que toman un acento corroborador, asesor, encubridor —¡tan inútil!—, pero, en todo caso, mantenedor de la
situación que se prolonga sin medida, pero no sin conducción:
dirigida con habilidad, con suavidad, como si se siguiera hablando de lo mismo, dejando a lo personal, a la censura admitida, podría decir compartida, en la que la alusión a lo que
puede ser un punto de vista estético, pero también puede ser
una actitud *person to person* que va tomando cariz de pugilato... ¿Cariz?... desde fuera ¿podrá parecer que la lucha
vaya a llegar a la proximidad de los que se enzarzan en el
ring?... Desde lejos, los ojos de Isabel no se engañan. La
sonrisita, ligeramente irónica, con cierto apetito de curiosidad... A la que no puedo menos de responder con la promesa
del rapport riguroso... Después de tanta teoría, a esto vinimos a parar...

No te defiendas porque pierdes el tiempo. Puedes escon-
derte como una anguila entre el lodo y el limo del silencio...
¿no te parece bonito?... Ésa es la región donde te escabulles,
pero bien sabes que no es el hábitat verdadero. Tú, por tu
naturaleza, perteneces a la razón seca. ¿Estamos? Y ahí no
te me escapas, ahí me sobran medios para inmovilizarte...

Lo peor es que está en lo cierto. Con sus medios naturales
—naturales a él y a mí— me saca a la orilla y me oprime —me
exprime— para endurecerme, para lijarme en la estricta razón,
y yo me quedo como si me deshidratase. ¡Qué atroz!, qué
indecible horror es sentir la dureza de mi andamiaje, y más
atroz todavía sentir la correspondencia, la concordancia de
nuestras facultades, de nuestras directrices... sentirme inmo-
vilizada por la fuerza homogénea que, sin embargo, actúa
como hostil, sin conseguir la simpatía natural en lo semejante... Al contrario, una especie de rencor como reproche
al fraterno poderoso que no me ofreciese ayuda, que trata
de imponérseme, de acapararme, de vencerme por los medios
comunes, afirmando la evidente semejanza. Inútil volver a

refugiarme en el ya gastado silencio: lo soporta un rato en actitud de sala de espera y vuelve a atacar desarrollando lo meditado como solución incontestable...

¿De qué me sirve decir, yo vi en un determinado momento tu cara, tu mirada —o la ocultación de tu mirada—, tu cambio de color, que no fue precisamente palidez mortal... no, en absoluto. Fue un apagón, un acabóse... Eso es, eso es lo que vi. Pero ¿de qué me sirve decirlo si tú puedes afirmar que no esquivaste la mirada, que no cambiaste de color ni de actitud?... ¿de qué sirve si no hay ningún comprobante que invalide tus afirmaciones?... Pero mis afirmaciones y las tuyas están en pie, unas frente a otras y, porque son lo que son...

¡Qué horrible!, qué horrible es tener que ver la verdad o la imposibilidad de mentir y no poder pedir —si no ayuda porque ayuda no era pertinente— compañía en la forzosa concordancia. No poder pedir nada por sentir que la presión, el secuestro de mi fuerza por la suya es una petición solapada. Pretende, alardea de intentar la violación de mi voluntad inexpugnable, pretende vencerme disimulando su violencia, esperando que nuestros dos caracteres, o personas, o empeños se miren, se aproximen, se confundan... Eso es lo que es todo su certero manejo del bisturí, la implacable disección de la verdad. La verdad del caso, que no es su caso... Su caso se debate en la contenida violencia, confiando sólo en su verdad —en nuestras verdades— y, en fin de cuentas, todo ello con su pulquérrima crueldad queda, simplemente, en una declaración de amor... Ahora, a solas con mi verdad, sabiendo que la suya me mira —me ve— desde lejos —por lejos que esté—, tengo que decirme, es tal vez lo que me merezco... Un resto de piedad o más bien de honor o de nobleza, en fin, una imborrable fidelidad a la amistad me impulsa a decirle, «Te aderezas o adobas con lo que más detesto. No pongas delante el odioso retrato en que tanto nos parecemos porque me obligas a volcar sobre ti la andanada de mi rencor»... Si un día nos encontrásemos solos en el mundo... algo así como después de un terremoto, todo desaparecido y los dos solos... ¿qué es lo que prevalecería, nuestra semejanza o nuestra oposición?... Nuestra oposición por nuestra semejanza...

No es un parangón, es la constatación de que tanto uno como otro albergamos —bueno, como un parásito— el rencor o, llamándolo por su nombre, la inconformidad... ¿De qué, de nuestros defectos?... no, de nuestra perfección... ¿De nuestra perfección ineficiente? Has sido tú el que me ha hecho comprenderlo —verlo—, tu perfección, que nadie capta o entiende mejor que yo, que nadie rechaza o deja resbalar, que nadie sabe ignorar mejor que yo... porque no es ignorancia de tus virtudes o facultades o atributos, sino de tu existencia... Eso es, la cosa es algo fantasmal, es como si tu realidad, bueno, en realidad, alargases la mano —una mano que apunta, continuamente e infaliblemente apunta, pero no toca... Ahí está, la mano de fantasma que apunta pero no toca... Ahí está, una vida, hablando en plata, dos vidas apuntando, siempre apuntando y sin tocar...

*

Puedo dar la vuelta al reloj para que caiga otra vez la arena... ¿Cuántos minutos o segundos tardé en darle la vuelta?... Unos minutos que él —el reloj secularmente concebido y establecido como mítico rostro del tiempo— no contó. Unos minutos que no sabremos nunca cuántos fueron porque tan en silencio pasaban... pero pasaban. No me sirve... Es bonito, tiene una fisonomía prestigiosa, a lo Durero, pero no me sirve: prefiero el tic-tic mecánico que palpita sin interrupción hasta que se calla, cuando se le acaba la cuerda. Volver a dársela es también una faena en la que se van los minutos, pero es un acto vulgar, no tan pretencioso como la ampolla hermética que simula encerrar el tiempo. El caso es que, con uno o con otro, la economía, la administración justa lo cosifica. Sólo cuando su rendimiento —cuerpo o libro o bistec— se nos rinde, se entrega, se nos hace sensible, creemos no haberlo perdido. Podemos decir, ¡absurdo!, y también, ¡incontestable!... Pensar en él, abismarse en la meditación de su... ser, consistencia o algo así, le pone en su real categoría, pero no, no tiene uno bastante generosidad para dedicarse a él como un anacoreta. No, no, no, lo acosador, lo que espanta al sueño es lo que nos posee, no lo que poseemos. El cálculo de lo

que mañana haremos y de lo que pasará a consecuencia de
lo que hoy y ayer hicimos... dificilísima operación bancaria,
porque ¿cómo operar con cantidades hipotéticas?... Sabemos
lo que ayer y antes de ayer hicimos, y estamos con el arco
tendido para seguir haciendo, pero algún temblor o titubeo
nos atolondra. Claro que hay quienes viven la acción sin titubeo, sin medir las posibles consecuencias: esto parece más
eficiente, pero no lo es cuando lo que se quiere —la cosa
querida, tal como es y no modificada por las consecuencias—,
cuando se quiere la acción impoluta y los temores —todo
género de temores— cohíben, apremian con su insospechable
acoso... ¡Estúpida alarma o aprensión!... Terror del vil comadreo social, que cualquier espíritu o carácter viril desprecia
—ser o no ser viril el carácter es cosa discutible—, terror
de la contrariedad —ésta es mi bestia negra, la CONTRARIEDAD,
no suficientemente realzada en su nihilismo—, terror de descubrir el revés de la trama, los hilos que perfilan netos la
candidez de la Licorne, desvaídos en manchas turbias, torpes.
¿Este terror es una falla del carácter viril?... Vaya usted a
saber... pero me parece que no, porque el carácter que ago-
niza ante la contrariedad es el que va como una bala a donde
el ojo la manda y ante la muralla de corcho no doblega su
impulso: se entierra, en ella sucumbe, en resumen. Bueno,
por mucho que me devane los sesos no logro deducir, con
probable acierto, lo que estará pasando ni imaginar lo que
podrá pasar... ¿Que no soy capaz de romper el nudo gordiano? No, no lo rompo porque no sabría qué hacer con los
cabos sueltos. ¿Llegaré a temer que se rompa por sí mismo?... Tal vez, y no depondré mi virilidad ante tal temor.
¿La virilidad de la mente?... la única piedra de toque es la
verdad. Mirar —con el microscopio del invencible empeño
—el nudo gordiano, mirarle en todo su espesor, llegar a entender cómo está hecho, cuántas y cuáles son sus revueltas,
entenderlo, en fin, y vivir mirándolo, no sé qué resultado
dará pero sí sé que pocos hombres pueden hacerlo. Claro que
toda envoltura o cáscara de huevo alberga un nudo inextricable, que no hay por qué querer desenredar... Es cuando
el hilo —el transcurso de la vida— tiene grumos insolubles

que atascan el fluir, grumos conflictivos que ya desde el útero, desde el primer latido laten conflictivamente ...Hay que refrenar, o más bien decantar, espumar la nata de las mezclas turbias... En eso estamos —los que están, yo fluctúo—, porque nos traen ya todo tan bien sistematizado como un régimen dietético que —la verdad es que lo necesitamos— nos va a fortificar... Lo dudo, la demostración de que ya ha sido fortificante en otras latitudes es lo que más me lleva a dudarlo, porque su acción curativa dimana del humus profundísimo... ¿De qué sirve que nos aleccionen, que nos pongan ante la realidad de los hechos —de todo lo deshecho por nuestro pasado inmediato—, si no hay aquí —aquí, allí y más allá— una soterrada convicción irracional que nutre las más pintiparadas razones?... ¿De qué sirve que estudien las lecciones pertinentes, si no saben leer?... porque eso es lo que les pasa a muchos, a casi todos. Sólo algunos saben que no saben y tratan de enseñar, pero... El maestro Lago cargándonos de libros fundamentales, ordenados, clasificados por su valor e importancia y, al mismo tiempo, disimulando subrepticiamente alguna novela amena —no frívola, no, selecto ejemplar de buena literatura— como un adobo mineral para fructificar a los gérmenes que están abajo, debajo de la tierra... Los miramos ahora —recién salidos de la adolescencia, consumando y consumiendo la tercera década del siglo— y vemos que son eso, literatura amena, pero son noticias de lo que queda debajo de lo ostensible. Divulgarlo sería tan inoportuno como esconderlo... tan inútil... porque es evidente y porque es insano... Es, en resumidas cuentas, infame... Porque es infame, ha tenido que formularse en un nombre, es decir, en un hombre que aborrece su nombre, Sacha Yegulev, el alma más tenebrosa o borrascosa... Ahora, puesto a la luz, se ve claramente que las frías y sensatas razones cabalgaban —como los famosos jinetes— sobre estas bestias briosas, galopantes desde el oscuro pasado... El hecho es éste, desde el oscuro pasado galoparon y galopan las razones, la razón —si no pura, simple—, y va ganando terreno... ¿Es deplorable no contar con esos agentes subterráneos?... ¿Quién se atrevería a afirmarlo?... Son bastantes hoy día los que leen literatura selecta,

los que se aventuran por el paisaje fascinador del alma eslava
y está ya bien patente la ambigua reacción que afirma, «tales
pasiones tenían que encauzarse en la razón imperante», y también, «aquellos polvos traen estos lodos». ¿Cómo entenderlo?... Bueno, entenderlo sí, no es tan difícil; lo imposible,
vitalmente impracticable, es asumirlo... Aceptarlo, acoger la
nueva verdad impuesta, como el recurso o remedio de urgencia, claro está que lo aceptamos los más acérrimos solitarios,
individualistas, personalistas, racionalistas por encima de todo.
Por racionalistas padecemos la reacción más ambigua, claro
está que aquellos polvos... tenían que acabar enfangándonos.
¿Está claro?, parece que sí, pero no, la otra cara de la reacción es la que considera el oscuro motor, contempla los rastros o posos donde estaban los gérmenes, el rechazo del padre,
la aversión enconada que trata de expiar, adoptando la infamia
como confesión, desnudándose de la propia infamia como de
un parásito —es lo que creen—, creen que retirados a una
indeterminada pureza —imaginada con fe y no creyéndola
imaginaria— emplean el crimen para fumigar... El fuego en
el rastrojo no deja cizaña ni alimaña. El fuego, el holocausto
es elevación sobre los viles instrumentos de muerte. El hecho
es, en fin, que no tenemos esa literatura amena, apta para
calentar el horno: nos falta esa llamarada que restalla y hace
arder el quebracho... No, no, con una cerilla no arde... Pero
¿quién sabe?... Algo va a pasar... algo está pasando. Lo mismo que no sé lo que puede pasar en lo que me es más
próximo, más conocido en su esencia, lo mismo no sé —es
fundamental saber hasta qué punto no se sabe—, lo mismo
no sé cuál será el derrotero de esa otra cosa que va a pasar
—o está pasando— y que lo que en el fondo no sé es si es
otra cosa o si es la misma cosa...

*

Introductor de embajadores... No es, como dicen, un pelmazo.
No, no, la verdad es que ocupa un alto cargo y, claro que sí,
diplomático. Algo así debe de ser el que lleva las credenciales
—sabiéndolo, sabiéndolo a ciencia cierta—, que el personaje
introducible es el que va a romper la concordia, a largar el

ultimátum. Diplomático consumado porque, ¡a estas horas!, después de haber hecho sobre él todo género de cábalas y definiciones, me salen —bueno, Isabel que nunca se calló lo que piensa— me salen con que Martín tiene contra mí —lo de contra se lo pongo yo—, tiene por mí un *faible* muy fuerte. Puede ser, más bien es evidente. Y ahí está su diplomacia consumada. ¿Podemos decir, en conciencia, que no lo habíamos notado?... No, no podemos decirlo: tenemos que decir que lo sentíamos, que lo sabíamos, pero que decirlo no hemos podido hasta hoy. Y después de todo, ¿por qué no podíamos?... ¿Qué importancia tiene lo que, fuerte o *faible,* pueda tener Martín por mí?... Es tan cierto que no lo sentía o lo sabía como igualmente tácita era mi contra respondiéndole... Él puede decir también que sabía perfectamente que machacaba en hierro frío y que, tácitamente, él seguirá machacando y yo no ablandaré... Hoy ha ocurrido algo, eso es lo que está claro y no es que haya habido una insinuación patente: él no es insinuante, él —eso es lo que tiene de bueno, aborrece eufemismos —eso es lo que a veces nos ha aproximado —no tiene sentido negar que hay cosas que nos aproximan—, aborrece los eufemismos porque su gran diplomacia no los necesita y cree que mi derechura de al pan, pan y al vino, vino, podría llegar a establecer entre nosotros connivencias —probablemente él cree que eso que la gente llama amor es simple connivencia. Esto es, probablemente cree que las parejas son —o pueden ser— uniones, asociaciones contra... A lo mejor está en lo cierto, pero la connivencia requiere un ajuste que unos la exigen principalmente ajustada en ciertos ángulos... cabos y golfos de las cosas... y otros en otros. En fin, el caso es que un largo proceso silenciado —silencioso porque en su silencio se entendía— de pronto, en la brillante presentación de credenciales, hizo explosión. Pero ¿por qué decir que hizo explosión, si no hubo ruido?... Hizo explosión en nuestro secreto, que es igualmente silencioso, que va a seguir sin rechistar porque la verdad es que no pasó nada... Bueno, ¿es ésa la verdad?... claro que no pasó nada a la vista del... mundo, digamos, pero allí se respiraba —allí estaba todo lo que no estaba allí—, se respiraba un clima... ¿repelente?... *hélas!* muy al contrario. Atrayente o más bien absorbente con un cierto olor a fatalidad... ¿Puedo yo incurrir en la idea de tirarme al suelo y dejarme arrastrar gritando ¡No quiero, no quiero ir!?... No llega a tanto mi cobardía. ¿Qué es lo que podría ser mi cobardía?... Porque ser cobarde ante una pistola que apunta es lo normal... Mi cobardía la percibo porque no está claro que nada —o nadie— apunte. El clima de fatalidad tenía esa condición inherente al hado, que no se ve claro su fin ni su principio... ¿puede haber algo más medroso?... Sí, puede haberlo: más aterrador que esperar un tiro o una puñalada es sospechar —tener el súbito presentimiento o postsentimiento— de llevar el tiro... Ya se ha dicho mil veces lo del tiro en el ala, pero no, no es así, porque lo del ala es cosa clarísima, con el tiro en el ala no se vuela... Lo medroso es pensar que es ésa la cuestión, pero no es ésa. No es, si quiero entenderlo, comparable con ninguna de esas cosas sangrientas, dolorosas —bueno, el dolor de un esfuerzo mental si se tiene en cuenta el sujeto— ante mi cobardía o mi dolor: el sujeto soy yo y, para entenderlo, tengo que llevarlo al terreno del esfuerzo mental —del esfuerzo hasta el dolor, hasta la angustia... Una palabra perdida en la memoria —al hablar, al estudiar, al escribir— pasa por la mente... pasa su sonido, su color, está ya cerca de desvelarse y, en su penumbra, brilla como si fuera a dar con su presencia —patencia— una luz inigualable... Ronda más cerca o más lejos, siempre transparentándose como única, como la que puede iluminar o conducir o imponerse... Y no sale a la luz ni después —a veces— de una noche de insomnio, hasta que al fin aparece, porque cualquiera —eso es lo garrafal— cualquiera, el más ignorante, la suelta cuando estamos diciendo vaguedades, circunloquios... y uno cualquiera dice la palabra buscada y la reconocemos, pero no nos deslumbra, nos deja tambaleando en la perplejidad... y la repetimos, nos apoderamos de ella, tanteándola; era una de ésas de todos los días y, por eso mismo, el fulgor que queríamos encontrarle la ocultaba, no permitía ver su... creo que lo mejor es decir su perfección cotidiana... Bueno, sí, algo de eso es lo que pasa y va a seguir pasando porque hay que entrar por el aro. Ya está ahí la controversia esencial. Hay que pasar por el aro, no deja de tener su acento lamentable... Y sucede que hay que pasar, cuando tendríamos que decir: Al fin podemos pasar... Porque ese pasar sin término es lo que más anhelábamos o más bien: Sin pasar, nuestra vida no tendría sentido... de modo que vamos a pasar... Entramos allí sabiendo que era una puerta —que era la puerta— y estábamos seguras de que era una entrada triunfal la nuestra. Al poco tiempo cambió la luz para... absurdo sería decir para nosotras, pero el caso es que yo vi que Isabel notaba el cambio de la luz. No, no es eso: yo vi que ella notaba en mí el cambio de la luz. Yo vi que ella se disponía a ser fuerte... Lo que quiere decir que temía que yo no lo fuese... Y no había razón manifiesta para tal temor... Yo creo que fue el temor suyo contenido lo que me... ¿precipitó?... no, no puedo decir que me precipitase: me alarmó no, creo que es más exacto que me confundió, porque en eso es en lo que sigo, en una incalificable confusión.

*

No he tenido una indisposición física, ni muchos quehaceres, ni complicaciones familiares... No señor, no he tenido ninguna de esas cosas que disculpan cualquier ausencia. Yo no he tenido nada de eso, yo, simplemente, no he tenido ganas de venir. Eso es lo que voy a decirles, con todas sus letras. Y, si me apuran mucho, acabaré diciéndoles por qué... Aunque no sé, porque para explicar ese por qué —además de tener que estar allí un buen rato— tendré que hacer exactamente lo que no quiero hacer... No voy —llevo ya muchos días sin ir al café porque no aguanto sus temas actuales, su politiqueo, que no es más que un mero derecho al pataleo, obsesionados con la cosa pública, en verdad incalificable. Pero ¡su modo de no entenderla!... y su deleite... La política es como ciertos juegos: el dominó, por ejemplo, y otros más infantiles, las pitas, las tabas, que tienen un color y hacen un ruidito... despiertan una sensualidad primaria más capciosa que el tema o asunto o sentido de lo que la cosa trata —esto es lo que tienen o lo que les pasa—. En realidad es como si lo tuvieran en las manos, y lo cambian de lugar y hacen combinaciones, y creen que ganan o pierden... No, sencillamente, no los aguanto —voy allí y ¿qué es lo que acabo haciendo?... poner sobre la mesa las fichas, ruidosamente, lo más ruidosamente posible, que es todo lo que, tanto ellos como yo, somos capaces de hacer. Todavía hay una razón más para privarles de mi presencia porque, cara a cara, incurro en la puerilidad de demostrarles que yo sé más, que yo entiendo más el intríngulis de lo que a ellos se les escapa. Es inevitable entrar en el juego y no, no entro. Algo ha cambiado, algo que cambia todos los años, la estación, pero ahora ha cambiado el cambio... Era, bueno, eran infinitas cosas... Era delicioso, conmovedor, intrigante, o simplemente sorprendente. Era como decir ¡Vaya, ya ha llegado la sorpresa esperada!... La estación hacia el frío o hacia el calor... Lo bonito era ver el cambio como gesto o mohín de la fisonomía de todas las cosas y ahora el cambio consiste en buscar una fisonomía desconocida —no hay que incurrir en lo de presentida, no hay que darse tanta importancia—, hay que buscar una nueva postura porque las sábanas tienen un repugnante, húmedo calor de fiebre... Cambiar de itinerario. Dentro de lo que se llama el casco de la ciudad, las distancias son insignificantes, unos cuantos kilómetros renuevan las ideas —las ideas requieren su *mise en scène,* que puede ser buscada por las ideas mismas o suscitada por... Si las propias ideas aparecen trayendo consigo a toda su familia, con todas sus conexiones —remotas pero íntimas, de intimidad consanguínea—, nos llevan derecho a sus lugares de origen, lugares entrañables —podríamos decir, placentarios—, parajes cuya visión sólo es comparable en pureza a la ceguedad prenatal... Unos cuantos kilómetros dejan —digamos— el mundo habitado. Acometer la Castellana como una carretera, olvidar las casas señoriales —que de un momento a otro... y llegar al altozano del Museo de Ciencias... Desertar del café e ingresar en el aguaducho, cambiar la noche por el anochecer. El crepúsculo aquí —silla de hierro, habrá quien diga incómoda; yo digo leve, concordante con la cerveza—, el crepúsculo, los chopos del Canalillo, el silencio, ¡al fin huidas las nurses con sus chùrumbeles!, silencio crepuscular, cerveza fría... refrescante, con apenas una alusión al alcohol y precisamente ese poco de alcohol inofensivo, estimulante, es lo que mantiene la quietud mientras dura una, otra y tal vez otra botella —y la tarde desaparece sobre los chopos y el lugar destella cada vez más luz... antigua, mítica luz... Entre los chopos brota el plátano inmortal. Pero no, bajo el plátano la luz no era de crepúsculo, lo que pasa es que estamos pegados, ligados, atados a aquella luz... La conjuramos a cualquier hora, a medianoche, en invierno, bajo la nieve, de pie —en un pie, temblando de frío— nos sentimos junto al plátano y resbalamos al ditirambo —ya me ocurrió lo mismo otra vez, por estos andurriales—, porque se huele, se sabe que lo que se huele es una ráfaga —*un visto y no visto,* como el viaje de Mahoma— y precisamente porque lo vemos poco a poco —todo entero, poco a poco—, lo que se ve y lo que no se ve, lo que hay y lo que no hay, pero habrá (sin profecías, sin pretensiones de adivinación o intuición), simplemente viendo lo que hay, que es una cosa que no se puede quedar en lo que hay... Y lo que hay tiene bastante, ¿entidad?, sí, entidad, lo que hay es lo que es ¡tan patente!, que vaya usted a saber lo que llegará a ser... Seguirá siendo, por los siglos de los siglos y los que lo vemos desde la barrera —no hay barreras para la memoria—, lo vemos y nos echamos al ruedo aunque no tengamos facultades para la lidia —¿qué facultad nos falta?... La última, que es la primera y principal—, si no la hubiéramos perdido —¿la tuvimos?—. A ese ruedo, a ese circo, a esa arena nos hace saltar la memoria y allí nos vemos púgiles potentes, afrontando toda lucha con los puños de nuestras almas. ¡Ahí le duele!... Ahí nos duele a todos, porque lo del alma —¡estábamos tan seguros de que nos henchía!—, la seguridad suficiente para beber tranquilos el brebaje mortífero. Lo malo —por ser lo buenísimo, lo mejor, lo exquisito, lo vivífero que bebíamos, la vida y punto—, lo malo fue que el alma era la sede del amor —del amor que rugía por el cuerpo—, no por la cosa cuerpo, no, por toda la entelequia que se mueve y brujulea con su ánima y su ánimo, y que el sumidero se traga como una píldora... se la traga, pataleando, con su vida y su alma… Y nos quedamos viendo —y nos quedamos con el amor, sin saber dónde ponerlo porque no hay sitio —no, no hay sitio, así que sería mejor quitarlo… «Como se arranca el hierro de una herida»… Blasfemar contra el amor es el juramento de amor más fehaciente, es la demostración de que no se le puede aguantar, es una puñalada —cosa fea, arma blanca de la chusma— que se le asesta en defensa propia, en el agobio de la insoportable proximidad —y ahí sale a relucir la pequeñez, la cobardía y hasta la vileza del que se defiende, porque el amor usa las armas más nobles, desde lejos, en un chispazo, y el que queda atravesado por la flecha, cae a sus pies como una bola inerte, como una bola traspasada, privada de fuerzas para escapar, todas las plumas de su libertad reducidas a eso, a bola inmóvil, traspasada —tanto si es águila real como si es pajarraco común: el amor las devora a todas, sin escatimar sus armas de lujo con la plebe, para él, «ave que vuela, a la cazuela», sin cazuela. Llamemos cazuela a su inmenso buche, en el que se cuecen hombres y pueblos. (¡Feliz cocción… Felix culpa…!) Y los que patalean buscan justificaciones —que han creído encontrar en el ámbito del otro… infinito, supremo productor de amor— y echan la culpa a los ejecutivos de la inquisición urbanizada, y no, no son ésos los peores —lo malo—, lo peor es que en ese ámbito, como en el otro, lo que falta es el lugar de instalación… Y se nos ocurre, a los que dimos al huésped todo el local, calcular las dimensiones que hoy —a la altura de estos tiempos— habría de tener para albergarle a él y su… las dimensiones son las mismas porque no se nota que sean dos… como los Dioscuros, que se pueden confundir, pero son dos —idénticos, pero dos—, y todos y cada uno sabe —sabemos— a cuál de los dos ha albergado en su casa. Y no sirve de nada —absolutamente de nada— decirle a un prójimo: «Yo amé mucho, tú debes amar». Estamos hartos de oír esa cantinela, que tiene fama de ser eficaz porque alguien la cantó y dio gran resultado… pero, ¿con qué voz, con qué boca la cantó? Hay que calibrar bien la diferencia de peso que hay entre una cantinela y una… presencia, existencia, voz que sale de una boca y —diga lo que diga— su verdad es la vida… Bueno, el amor sembró su polen a todos los vientos y en todas partes encontraba albergue para él y su ecuación —femenina—. Fe... fe, ya se sabe que oculta un anhelo táctil, «Ver y creer», tocar con los dedos la herida... Pero lo seguro es tocar sin mirar, como se toca a sí misma el alma —cuando se toca—, como se toca el cuerpo, sin tocarse porque se sabe: todo el cuerpo sabe su dedo meñique. Y ésa es la cuestión, cuando uno sentía su alma llena de los enseres necesarios para ser habitáculo del amor —enseres que considerábamos reducidos a tres, pero muy bien, con eso podía arreglarse—, estábamos tan seguros de poseerlos que, para explayarse el alma en la demostración —como una rica hacendada que enseña su casa—, se detiene, primero, a comentar detalles del peristilo —¡en aquella inigualable ocasión!— antes de entrar en la mansión del alma, antes de reverenciar su señoría, derrocha unos minutos en la revisión del cuerpo... de las columnas ligeramente dañadas, la rozadura —en el mármol el hierro deja su huella— a la vista está... «Qué cosa extraña, amigos míos, eso que llamamos el placer, y qué relación natural y tan singular tiene con lo que pasa por ser su contrario, el dolor»... y allí se demostraba tocando y frotando con la mano... y allí mismo se aseguraba que aquella rozadura en la columna no tenía importancia —evidentemente, una rozadura en una columna no tiene importancia, pero... el alma, endiosada, no admitía que aquellas dos noticias, el placer y el dolor, se engarzasen en la sabiduría como... como el rubí que sirve de eje en los relojes... No, el alma, con una soberbia de la que ya se ha hablado bastante... pero no, no se ha hablado del crédito que se propuso tener y que tuvo —es lo que me he hartado de decirles y me argumentan que... Es idiota, ¡estoy hablando con ellos! ¿De qué sirve quedarme aquí, en este clima adecuado a la pulcritud de las ideas, si estoy pensando en lo que —seguramente— se está debatiendo allá, sobre la mesa de mármol, entre ceniceros?... ¿De qué serviría que les explicase —o lo intentara— que lo que les obsesiona, la cosa pública —en su forma actualísima, de incalculable duración, perro de guarda que atiende por DICTADURA..., de qué serviría, en el caso de que me dejasen perorar durante diez horas, diez días, diez años, que les pusiera al tanto de que todo ese rigor, que les parece burdo, fue bosquejado en la utópica ciudad que venerábamos y que entre aquélla y ésta que padecemos, la única diferencia es cosa de las almas? La explicación sería demasiado ardua —si explico una diferencia, doy por sentado que las dos cosas diferentes existen, cuando en este caso la decisiva diferencia está en creer o no creer que exista lo que intentamos diferenciar —a ellos, modestos intelectuales, inmodestos, pero módicos, no les preocupa gran cosa que se crea o no se crea, y sí les angustia la dificultad en que viven —les sobran motivos, pero éste es otro tema— y les indigna que yo me disipe en la meditación, en la reconstrucción de un pergamino borroso, que me empeñe en demostrarles la inanidad de todo esfuerzo que no intente rehacer —rehacer en el entendimiento—, que no les lleve a percatarse de que sólo lo que atañe al... a lo... a la tendencia o «cuestión única» vale la pena de pensar, de obrar, de esperar... ¡No lo entienden! Les indigna que yo no participe de sus planes, asambleas, conciliábulos. Sostienen que desde mi torre de marfil —la sandez surge a cada paso— no me entero de lo que es importante, de lo que es vital para todos nosotros, para el país, para el pueblo, etc... ¡Es curioso!... ¡Es fantástico!... Me veo, de pronto, en la misma situación... ¡Qué orgullo!, qué reconocimiento de clima patrio me inspira incurrir en ese error. Porque error fue —en la ocasión inigualable— y yo lo señalé como error, pero ¡con qué gregaria dulzura de cabritillo me uní al rebaño!... Porque, ¡todo, menos dejar de seguir sus pasos! Todo, menos dejar de pacer sus errores. Ahora ya hemos trepado a tal altura de los tiempos que, una vez que tragamos las ásperas ortigas —la cizaña la digerimos perfectamente—, nos damos cuenta de que son dañinas para el sentido común. Mis contrincantes —fatales, inevitables, incallables— son capitalistas y me hacen ver —ellos, los que serían incapaces de percibir el error en la ocasión gloriosa, ellos, que ingurgitarían el error porque está admitido, consagrado—, ellos me hacen ver que no sé aprovechar, interpretar, entender derecho lo que es vital, lo que el cuerpo puede enseñar al alma... Emperrado, en esta perra vida de la increencia, desecho, desoigo las noticias con

que el placer y el dolor podrían enriquecer mi sabiduría...
Podrían si yo... ¡Basta! Ya he discutido bastante con ellos.
El soliloquio diálogo interior... es un ejercicio, una gimnasia
dialéctica que proyecta en la mente sus secuencias eslabona-
das, sus teoremas que ni preguntan ni responden: se muestran, no pierden el tiempo en las breves afirmaciones, «Sí,
por Zeus»... «Nadie podría dudarlo»... Claro que en algunas
secuencias, un titubeo, una penumbra alrededor... Pero de
la penumbra emerge con frecuencia alguna forma que no carece de bulto, que se asoma y llama la atención y logra imponerse, consigue mostrarse —¿en silencio? No exactamente—
revestida de pulquérrimas palabras —su luz— que la ciñen
matemáticamente ajustadas a su cuerpo y ahí está, no hay más
que verla (la penumbra, el cielo crepuscular —van apareciendo
las estrellas. Una estaba, hace rato, en la punta del chopo
más alto. Ha subido mucho). Es cosa de echar a andar, cinco
o seis kilómetros. He bebido una cantidad de cerveza brutal.
Es un poco somnífera, pero no creo que me tambalee... Sería
como la irrupción... ¡Caricaturesco!... He ido pasando revista
—se ha ido pasando por mi mente, memoria acumulada, de-
sorganizada, desenfrenada— a todo lo que nos tiene atados,
esclavizados, secularmente esclavizados, traspasados por su
flecha —me ocurre continuamente— y han ido pasando unos
y otros temas, todos los aprendidos en la escuela —la memoria siempre quiere seguir en la escuela, su fuente de juventud— y no había repasado la papeleta más brillante, más
escabrosa, más turbadora para la juventud. Y no es que la
hubiese olvidado —¿cómo se puede olvidar algo?... ¡La economía! qué cosa difícil y admirable es la economía, cuando
es perfecta, la única en que nada se pierde—. La papeleta
—no reseñada— se había insinuado al principio con un cierto
propósito de contención, de amurallamiento contra incidencias
vulgares, era cosa de «mandar a paseo a la tocadora de flauta»
y seguir los diversos homenajes a... al dios del que somos
fieles. Y fueron pasando por la pantalla —vagamente, apresuradamente, fácilmente porque, al no haber contendientes de
hecho, la facilidad es impoluta contemplación— no sin empe-
ñosa meditación, pero transcurriendo en crepúsculo hasta el

momento de echar a andar y es el ligero tambaleo —ligerísi-
mo, pero lo suficiente para evocar al que entra ebrio... ¡Caricaturesco!... ¡Antitético! Algo así como esa extraña relación
que existe entre el placer y su contrario, el dolor. Relaciones que se encuentran en el fondo —en el último fondo— y
su oposición las une como los cables que echan chispas, corrientes, descentellando en cualquier parte... Y la pretensión
de creer que todo esto puede seguir, que por la sencilla razón
de que yo y unos cuantos —¿cuántos? Muy pocos... ¿es posible que haya algún otro que pueda sentir y no olvidar, como
yo?... Y todavía más, ¿es posible reconocer que vivimos atados, ligados a todo lo que amamos desde que el mundo es
mundo, y vemos con toda claridad que hay muchos... ¿cuántos?, muchísimos que no tienen ganas ni facultades, ni motivo
real para amar, para recordar lo que nosotros —Yo— no
podemos olvidar... Y que a lo mejor ellos tienen amores,
recuerdos —por jóvenes que sean, aunque todavía estén andando a gatas tienen recuerdos— que nosotros —¿quiénes?—
los Yo, esclavos —enamorados— de la escuela antigua, no
entendemos... o entendemos mal...

*

Martín tendrá, por supuesto, su hora de hablar sin nombrar:
él tendrá sus reflexiones silenciosas —es decir directas, sin
designación, sin más que presencias— en las horas que incubará sus discursos, sus arengas disociadoras, delatoras, furiosamente analíticas —con furor más ensañado cuanto más próximos o certeros los temas—, harán del análisis la linterna o
foco que ilumina lo aberroide, lo radicalmente adverso... Por
esto mismo, por la sustancial oposición se le escapa el discurso
—banal, trivial, vulgar catilinaria— en flechas indicadoras. La
flecha, cosa volátil, rauda, sólo semejante al pensamiento, «Lugar común, seas loado por tu límpida prosapia», como el pensamiento, pasa... Pero cuando las flechas, la sucesión de flechas está fija en la pared, ellas están fijas y el que pasa es
el que va derecho —como la flecha de su pensamiento— hacia
lo indicado. Y los firmes, reiterados discursos, fijos en cada
esquina —en cada lugar u ocasión contingente— delatan lo

que, por odiado ¡tan proverbial, tan sacrosantamente conocido
el temblor de la voz al pronunciar el nombre amado... y no
menos el nombre aborrecido!... lo que no sólo se presenta, se
evidencia, sino que al descubrirse parece revestido por la
pasión rutilante que, queriendo hundirlo, lo hace emerger de
la concha que lo guardaba —la madreperla afrodítica del silencio... Pero ¿cómo callar cuando en el callar no hay delectación, no hay saboreo de lo callado, sino por el contrario,
hay un continuo resquemor, desértico como el insomnio, un
prurito que se anhela borrar y, por borrarlo, se expone —espejismo del odio que ansía ser contagiable, como el amor, que
cree que la amargura y la aspereza sufridas invadirán al oyente con un aura estéril— y entonces se presentan los nombres
—porque se busca una claridad acusadora y los nombres van
sustentados, razonados por los sustantivos tan detallados y
explícitos como los que adjudica el mercader a sus productos... Ahí aparecen los nombres y los hechos, las situaciones
con su fecha determinada... anoche... antes de ayer... al
entrar... al hablar de... Y los hechos que quedan patentes, el
cambio de color, la torpeza mental al formular la más simple ocurrencia, se van constatando en concreciones de la conducta... Teníais con Ágata una franca camaradería, ahora le
habéis —le has— retirado el crédito... No lo niegues porque
está a la vista el hecho y su causa... su causa, el parentesco
mirabolante, con la elegancia de Lesbos y la... prudencia —en
el más alto sentido— de las tazas de té, las cortinas blancas,
las mimosas al trasluz y las caléndulas en potes de barro...
Todo lo admirado, respetado, venerado porque no venerarlo
es imposible, porque todo ello es lo que acatamos, lo que
somos... Pero aparecen nombres, relacionados porque los
nombres se relacionan —la relación de los nombres que, de
su pluralidad se hacen unión... la unión que se querría efectuar con otros nombres y la demostración patente hace perder
el color... No lo niegues porque es inútil... Yo sabía desde
siempre vuestra relación tan familiar —pero de otro género
de familia, simplemente casera— y no pensé que, por esa
proximidad, tuviera alcances... No, yo no creí que tú, tú que
eres una cosa en la que tanto... —tal vez porque siempre

he pensado que eras una cosa, y lo bien que yo sé cómo es—
y lo que es —cada cosa... Pero tú, aunque estás compuesta
con todas las de la ley —la ley de las cosas—, tú eres intolerable porque te distraes... Tu atención —teniendo bien en
cuenta que tu atención manteniendo sus raíces comunes, mu-
jeriles—, tu atención tan ejercitada en la cosa racional tiene
una red nerviosa superficial —superficie de la cosa mujeril,
profundidad absoluta, totalidad pensante de la superficie—, tu
atención responde a llamadas genesíacas, de esas que emplean
campanas, vocinas poderosas que propagan timbres... No es
lo más grave lo que se oye, lo decisivo es lo que se ve, porque lo que se ve tiene el poder ciego —ceguedad de la contemplación—, el poder de lo que llamamos —queramos o no—
belleza... Ésa es la cosa absoluta en la que salta a veces la
cosa mujeril por encima de todo lo que hay debajo; sobre-
pasando lo más hondo de la cosa mujeril —la misma cosa
por la que relincha cualquier yegua— puede efectuarse el
conato de orden divino —conato de unión—, el deseo, y todo
se va al diablo... Todo se hace oscuro, no hay nada que
hacer... Es evidente que no hay nada que hacer, tan evidente
como que te vas a estrellar... Esa cosa tan simple, tan familiar, de escaleras abajo, o arriba, a la que estabas tan acos-
tumbrada —y por eso no te dabas cuenta, porque ¿quién va
a interesarse por lo que se ve todos los días?... Pero la cosa
profunda arraiga y no se hace sensible hasta que alguien trata
de arrancarla. Entonces, en este caso —lo que quisiera hacer
el árbol cuando el aire no le trae el polen distante ¡qué estupidez!— idealizamos —magnificamos— el enredo que llevamos en el alma... o lo que sea. Sublimizamos los rugidos de
la bestia que somos —que soy y que eres, ¡esto es lo grave!,
porque lo eres de una vez, con la bestialidad —bêtise llaman a la estupidez—, que se infiltra y se difunde, titánica,
por la mente... por la inteligencia, cuanto más poderosa, gloriosa, aguda inclusive... Cuanto más... es indiscutible, te vas
a estrellar, no te diste cuenta... ¿De qué habría servido que
te la dieses?... de que el sujeto, objeto del conato subterráneo
tenía concomitancias distantes —distantes para ti, pero para
él sustancialmente próximas —y el árbol que quiere echar

a andar pretende arrancarse toda la pelambre de sus raíces...
No te diste cuenta, y, si te la hubieras dado, para ti la catástrofe sería igual, pero por no haberte dado cuenta, mantenías
una virginidad —disponibilidad, se dice, pero yo le doy una
categoría esencial—, mantenías eso que parece libertad y que,
por parecerlo, por teñirse del esplendor de esa palabra, tiene
algo de oferta, de incitación, hasta de invitación. Si tú no te
hubieras mantenido en la ignorancia, tú igualmente te estre-
llarías... aunque ¿quién sabe?... Pero al menos no habría
habido un imbécil —¡suprema imbecilidad de mi inteligencia!— que te siguiera los pasos, sabiendo que vas a estre-
llarte y, consecuentemente, yendo contigo hacia el despeñadero
—sin llegar a desbarrancar, manteniendo el ten con ten...
Suprema burrada... ¿con qué sustituir el término pasión, ¡tan
osado!, tan engreído, como si naciese o germinase o fulgurase
con derecho a mostrar su desnudez?... ¿Con qué designarlo
sin exhibirlo, cómo hundirlo en su torpeza, en su ebullición...
en sus burbujas de lava o de cualquier sopa de ajo o aleación
de metales?... ¿Cómo evitar que la revisión de su historia
—¡constatar que tiene una historia!—, cómo impedir que
pase el film retrospectivo y, al pasar, se muestre adorable?...
¡Qué rencor hacia todo lo adorable!... ¿Es que se puede
adorarle por encima o por debajo del rencor?... Una confianza
¡estúpida! en la acción corrosiva del adjetivo... Revisar y san-
cionar o pulir con el adjetivo, sutilmente, tiernamente, prestigiosa y originalmente calificativa, con esa arma demoledora,
ir abrillantando las postales... las postales baratas para las
chicas modestas y los chicos... incalificables en su modestia
temible... en su sabe Dios... El sistema, ya con bastante historia, lento, confiado en la fatal aproximación profesional, en
el evidente éxito del primer encuentro... Y, por esto, ninguna
prisa, ningún miedo al mentar, al revisar el alcance... Empezando por la diva —la cabra, el pájaro, mágicas visiones— y
la acompañante, no menos diva —«cisnes unánimes»— con-
sagrada al arte... Así como suena, con una candidez analfa-
beta, desasnadas —tal vez no hubo nunca en ellas candidez
asnal—, desfloradas sus mentes por un folklore o tradición
señorial que las depositó, a su debido tiempo, en el Colegio

de Señoritas... Vieja lechuza que ve tanto al sol como a la sombra... Y las escaleras de la casa mísera en la calle misérrima y los jovencitos, los estudiantes —buenos estudiantes— despreocupados, engreídos estudiantes... interesados —ése es el término justo—, interesados por la cosa pública... Los jovenzuelos, arrastrando también sabiduría familiar, doctoral, filosofal... no de cátedra, sino de misteriosa y subrepticia alquimia de rebotica... Depósito incalculable de libros vendimiados en las tapias del Botánico... Ésos son los jovenzuelos ¡excelentes!, nada menos temible. Pero «el mundo da muchas vueltas: ayer se cayó una torre»... ¿Es que esa pequeñez, miseria sistematizada, arraigada como una calidad...? Es idiota querer entenderlo, porque si con entenderlo no se puede derrotarlo, pulirlo... ¿de qué sirven los sutiles adjetivos?... Creíamos —los que creíamos— que era cosa de no dar crédito a aquello de «calumnia, que algo queda»... y creíamos —los que pensábamos que entender era saber—, creíamos que si no calumniar, delatar, señalar, apuntar con el dedo era fulminar, tener dado el paso más certero hacia la...

*

Qué curioso, qué original puede parecer lo imprevisto: demuestra, a veces, la superioridad de lo real sobre lo imaginario. Lo real... lo real podemos decir que es tan sencillo como una postura cómoda, en la que se cae por un simple movimiento, sin previa determinación. Lo que pasa es que, cuando se vive ante el espejo —alguien, dicen, se suicidó ante el espejo: vivir es más difícil—, cuando uno vive ante su propio espejo, constata la originalidad o extravagancia de algunos de sus gestos... ¿Es a un gesto a lo que aludo?... Solamente por lo espontáneo. Si no de excéntrico, se puede calificar de insólito esto de estar esperando —con una dulce esperanza— el momento de confiar a la amada la noticia de una nueva infidelidad. Claro que infidelidad, en un régimen de poligamia... No, no es éste el asunto. El régimen natural a todo animal onmívoro consiste en saborear con delectación cada nuevo regusto y en el caso del pájaro —ave, más bien, porque es el gallo el que convoca a su harén al picoteo—, en el caso del animal emparejado todo se reduce a compartir el nido de amor —el dulce hogar—. Todo esto, más que extravagante es idiota, pero sea lo que sea es tan sencillo como un movimiento natural que, sin embargo, no es común a ninguno de los pájaros conocidos... Pero así se dan las cosas y es cierto que hay quienes rompen nudos gordianos. ¿Es que hay nudos irrompibles? no, no los hay... Todo se puede tirar por la borda, pero en el espejo queda la imagen... ¿de lo que se tiró?... No, eso no sería grave: queda la imagen propia —la del que lo tira— modificada. ¿Mejorada?... ¿liberada?... ¿Puede alguien encontrar mejor su propia imagen modificada?... Yo, por ejemplo, no. Qué inútil esfuerzo es esmerarme en puntuar bien las cosas, en exponer todo con precisión y claridad como si temiese dar la lata al auditorio, cuando no hay auditorio, por el momento. Luego, a la hora de la confidencia, la hora que llega puntualmente después de agotar la urgente actividad —¿acción?—, acto, se dice; sin darlo por agotado, sin jamás caer en la manida *tristitia* ni ninguna de esas vulgaridades, derivando suavemente a otra urgencia —que ha estado esperando, paciente, a que llegara su aurora —su hora, en fin... Y cuando llega la confidencia traduce el texto taquigráfico —rasgos sintéticos— como rindiendo cuentas, componiendo las fulgurantes horas del día —mañana o tarde logradas en la dificultad del secreto—, equilibrio inestable, mantenido con habilidad, tal vez por mera casualidad... Y a las horas brillantes suceden, no concisos relatos, sino sugestiones, sugerencias que se muestran con su cola de pavo real —esto ya se ha dicho mil veces, pero nunca bastante—, la noche, siempre estrellada incluso dentro del estudio cerrado al curioseo vecinal... Siempre estrellada la noche, la única belleza que es posible comparar a la belleza que se adora, «Je t'adore à l'égal de la volute nocturne...», se dijo a una belleza harto sombría, y ese parangón establecido —sugerido— provoca o levanta un céfiro de celos sin rencor. Permanece como una presencia con la que es posible el turno amigable. Así son las cosas, el amor furtivo de la noche convertido en empresa o misión... Convocados aquí los que propagan esos amores magnánimos, los que —con el mismo calor del placer prometido— caldean el ánimo por conductos —o medios, o contactos— que ponen en pie —en erección— el juego sensorial de la mente. Bueno, es posible que esto no le pase a nadie más que a mí, sujeto de sensualidad totalitaria, es posible... El caso es que esto se llena, se convierte en refugio o taller de lo que tanto rechacé... Es Ramón el que los trae aquí, con una impresionante tranquilidad, como el domesticador de culebras que mete la mano en el cesto lleno y no teme que a él le muerdan. Su famosa coraza le defiende —le define—. La definición no sirve cuando es buscada: las buenas son las que le echan a uno encima... y a veces el primer golpe de vista... Es inútil que les preste la atención más calurosa respecto a su incipiente marxismo —atención libresca por mi parte, levemente cabalística por parte de Ramón o, más bien, teñida de la poesía con que se envuelve la alquimia y personificada en el recuerdo de Montero—, es inútil que yo ponga a su disposición el refugio libre de asechanzas policiales, tanto como de censuras familiares; confían en mí, eso por supuesto, pero me miran tal como ellos me ven, tal como me definen en su fuero interno... Pase lo que pase —se espere lo que se espere, porque todavía están en esa fase—, siguen viéndome como el primer día, siempre sale a relucir la advertencia de que yo no soy de Letras y por tanto no he meditado sobre los mismos libros y surge el recuerdo del Pozo Amargo y Joaquín expone la definición del profesor Lago, «Y tú, que compones las triacas»... Sí, es una buena definición. Tengo el conocimiento suficiente de la naturaleza química de los potingues que me es dado mezclar y el delicado peso —que pesa un pelo— para dosificar lo que es debido: ellos, en cambio... «La palabra es el peligro de los peligros porque ella precisamente comienza por crear la posibilidad del peligro»... dicen que ha dicho un sabio, hace poco... Mi definición —bueno, la que me define— me hace más temeroso, más consciente que los de las Letras y sus mejunjes, que enturbian la pureza de las letras, revuelven la impureza asentada en el fondo... La pureza ¿es recobrable?...

«La venerable grandeza de la gramática latina, la dignidad divina de la regla le descubrieron una nueva pasión.» Conclusiones alcanzadas en sus breves reposos, al llegar a ciertos altozanos. Momentos reconfortantes como amplias aspiraciones de oxígeno, en la afanosa, titubeante marcha de Johannes Climacus. Tono de firmeza alcanzada que el más estricto diapasón acordaría con la verdad... Y la firmeza —piedra al fin, tal vez turmalina o berilo, cuando lo que se buscaba era circón— se acepta, se goza del reposo ofrecido, anhelando —al sesgo— lo buscado anteriormente. «Lo que me hace falta, en el fondo, es ver claro dentro de mí, saber qué es lo que debo hacer, y no conocer, salvo en la medida en que el saber preceda a la acción. Se trata de comprender mi destino, de saber qué es lo que Dios —sigue Johannes— quiere, en el fondo, que yo haga, se trata de encontrar una verdad que sea *una verdad para mí,* de encontrar la idea por la cual yo quiera vivir y morir»... Es una larga ascensión para encontrar algunas esporádicas iluminaciones que yo acojo porque mi búsqueda sigue igualmente sin resultado notable. No encuentro la idea y sin embargo sé que hay algo por lo que quisiera vivir y morir. ¿Es *eso* una idea? No, pero tampoco puedo decir que una persona es, más bien, una vida, pero una vida, en lo que una vida tiene de persona, tiene también dimensiones de idea. ¿Por qué no se podrá decir claro lo que se piensa transparente?... porque no se piensa bastante transparente... Pero el tono está ahí, zumba o vibra nítida y pertinazmente y, convicto y confeso de no tener una idea, pero seguro de poder reposar en la dignidad divina de la regla, me voy a un rincón... me subo a un árbol... Ésa es la situación reconfortante. Subido o encaramado en la rama más alta les miro y les oigo a ellos en su prosaica sucesión, en su afanosa alternancia... Primero, *éste dice...* y luego, *dice el otro...* ¿Será que por este procedimiento llegue a comprender sus ideas mejor que las mías?... Seguro... bueno, por lo menos podré captar su seguridad... No todos la tienen muy completa, pero la exponen abiertamente con franco, ejemplar sentido del deber. Hay en todos ellos —de esto no puedo excluirme, no, no puedo aquí a solas conmigo mismo, sentirme tan tranquilo «sur un arbre penché», porque la comezón que a todos les agita, a mí me atormenta igual —no, igual no, ¡peor!, porque yo tomo deliberadamente la posición reposante y ellos cumplen con su deber... Todos ellos padecen una aprensión, un peso de conciencia por sus vidas pacíficas, cómodas —relativamente cómodas—, y quieren pagar a las otras vidas menos cómodas con una aportación o más bien una clarificación de sus posiciones, como si ellas fueran consecuentes o participantes o miembros integrantes de lo que es de uno y otro modo porque no pudo ser más que de este que son... Y uno dice, por ejemplo...

—Si no coordinamos los resultados de las horas que nos pasamos con la nariz metida en los libros...

—Yo, voy a pasarlas igual —dice Octavio—, por mucho que las coordinemos.

—Tus libros —dice Claudio—, ¿son coordinables?

—Todos —dice Octavio—, todos lo son... O no, no todos; sólo los buenos.

—¿Con qué coordinas tú a tu Mallarmé? —insiste Claudio.

—Con todo, con todo lo que existe —dice Octavio—, y principalmente con aquello de que puesto que lo coordino, existo...

—Ya —dice Joaquín—, ése es otro de los tuyos, pero nos habíamos propuesto hablar de lo que incumbe a los otros... A los que están en juego perentoriamente.

—Llevan ya un buen rato estando en juego —dice Octavio— y no creo que debamos suprimir los platos fuertes del régimen necesario para *el desarrollo intelectual de la clase obrera, desarrollo que debe forzosamente nacer de la síntesis de la acción y la discusión.*

—Engels, prefacio del *Manifiesto,* segunda página... —dice Joaquín—, ya sabemos que tu memoria no queda solamente ocupada por el lujo.

—Un lujo que no tiene pizca de gracia —dice Ramón— es criticarnos nuestras manías personales en las que, por lo demás, diferimos muy poco.

—No tan poco, no tan poco —dice Claudio—, si nos disipamos en Mallarmé o nos afincamos en Góngora, que ahora se respira, las disidencias son mínimas, pero hay otros temas, y ando más allá del prefacio, que a mí no van nunca a hacerme pasar por el aro...

—Los temas, ciertos temas, esos temas son fenómenos que tienen forma de aro... ¡ése es el quid! Un aro universal por el que uno, si está vivo, pasa.

—¿Ves?... ésa es la diferencia —dice Claudio—, hay quienes no pasan, aunque tengan que dejar de estar vivos...

—Ah —dice Ramón—, más de medio siglo llevaba... Nuestros viejos del 98 ya se lo habían tragado.

—Atragantado —interrumpe Joaquín.

—De acuerdo, atragantado —dice Ramón—, tanto como estamos nosotros.

—Pretendéis —dice Juan— que discutir lleva forzosamente a ponerse de acuerdo, y estáis en un error... Yo, por mi parte, estoy casi casi de acuerdo con Claudio, pero nada más que casi casi. Y con vosotros, es decir contigo, Joaquín, que eres el mejor informado, pues contigo casi... apenas casi casi.

—A esto teníamos que llegar —dice Ramón—, a ponernos en dos grupitos, uno frente a otro, que es el mejor medio de perder el tiempo... Sería idiota, es la verdad, pretender como sistema eficiente ponernos de acuerdo por medio de la discusión, pero es evidente que por ese medio llegaremos a saber por qué nos ponemos y por qué no nos ponemos.

—A eso no hay nada que objetar —dice Claudio—, aunque eso de saber...

—Depende —dice Ramón— de la honestidad, franqueza, brutalidad, si es preciso, con que nos pongamos en cueros vivos...

—Admitamos —dice Joaquín— lo de la honestidad... Admitámoslo, aunque ¿con qué piedra de toque?...

—Con la más elemental honestidad me conformo —dice Ramón—, pero con honestidad o sin ella nos conocemos, sabemos lo que cada uno es, lo que cada uno puede ser...

—«Eres tú quien lo dice»... ¿Os espantáis —dice Joaquín—, os morís de risa al oírme largar semejante cita?... No encontré nada más adecuado para corroborar las conclusiones, porque son la fetén...

—La FETÉN, con mayúsculas... Y ¿creéis que por saber lo que uno es —dice Claudio—, por saberlo, vamos a entenderlo?...

—Admito que no —dice Ramón—, pero si entender es imposible, conformémonos con saber elementalmente... lo suficiente para la reglamentación del tráfico...

—Ya salió —dice Joaquín—, estás a punto de pedir que no pisen el césped...

—Pero si aquí no hay césped —dice Juan— y ni siquiera sacáis a relucir algo que sirva para pisar o pisotear cosas defendibles...

—Perfectamente —dice Andrés— podemos sacar varios puntos discutibles, defendibles, execrables o adorables, que ya están consignados en un todo (en un texto) que pugna abiertamente con lo que hasta hoy pensamos... o nos enseñaron a pensar... ¿Quieres que señalemos cosas pisoteables?... pues ahí va, *Las formas de conciencia que no se disolverán enteramente más que con la total desaparición del antagonismo de las clases.*

—De acuerdo —dice Ramón—; eso hace ya mucho tiempo que lo hemos admitido, pero por sus pasos contados, ¿vamos a seguirlo?...

—No, no, Ramón, estás en lo cierto —dice Claudio—, yo ya he dicho que ni yo ni otros muchos comulgaremos con ruedas de molino...

—Yo creo —dice Joaquín— que los que comulgáis estáis acostumbrados al formato más intragable...

—Los que comulgamos no damos importancia al formato, sino a lo nutritivo, de la harina que se transubstancia... y no tragamos las materias indigestas —dice Claudio y provoca una ráfaga de hostilidad que rompe Ramón.

—¡Qué tanda de cretinos! ¡Vamos, es que no damos un paso!... Que estamos de acuerdo en algo se cae por su peso, porque si no, ¿qué estamos haciendo aquí?... Todos somos, o por lo menos son nuestros padres, burgueses... Si nos proponemos arrimar el hombro a lo que incumbe a los otros, a los de abajo... ¿es una expresión burguesa?... digamos, entonces, a los proletarios... A mí, la verdad, me gusta menos, es decir, me resulta más distanciador, porque lo de arriba y abajo ¡no me dice nada!, yo no me sentí nunca arriba... En cambio, proletarios me pone ante los ojos una cosa que efectivamente no soy.

—Si te das cuenta de que no lo eres —dice Joaquín— ¿por qué te interesas por ellos?

—Pues porque... —dice Ramón— no necesito, como tú, fabricarme una identificación.

—La identificación se produce, no se fabrica —dice Joaquín—. Fabricación, penosa fabricación es el interés objetivo de los que *sabéis que no lo sois.*

—Muchos blancos —dice Ramón—, sabiendo que no eran negros, se mataron por sacarles de la esclavitud.

—La pasión que hace falta —dice Joaquín— para un acto así, ¿crees que fue fabricada?

—Ninguna pasión es fabricada —dice Ramón— y menos la del interés objetivo, que se alimenta de sí misma, sin posible decepción.

—Os estáis engolfando —dice Juan— en el camelo puro. La pasión objetiva no se cansa de ejercer su función, pero si se aplica a un objeto... el objeto, objetivamente considerado, puede decepcionar, puede, de pronto, hartar, puede desmoronarse al oponerse a otros objetos...

—Ahí le duele —dice Claudio—, al oponerse a objetos inobjetivables.

—Estás a punto de decir sagrados —dice Joaquín.

—Ahora soy yo el que tiene que citar, con pleno derecho, «Tú eres quien lo ha dicho». Y para que te quedes tranquilo —dice Claudio— lo subrayo, *sagrados.*

—Pero hay que ser incauto —dice Joaquín— para creer que las cosas que fueron sagradas algún día van a seguir siéndolo por *in æternum*...

—Van a seguir, no le des vueltas —dice Claudio.

—Serían eternamente sagradas —dice Juan— si lo fueran para todos, como la vida y la muerte, y daos cuenta de cómo se las ha tratado... Si nos decidimos a ir al grano, tenemos que aceptar o no aceptar las conclusiones terminantes sobre las cosas sagradas, como...

—¿Cómo qué?... Vamos, suéltala —dice Joaquín.

—Como la sagrada idea de patria —dice Juan—, página 43, supongo que lo tenéis en la cabeza, «Acusan a los comunistas de querer abolir la patria y la nacionalidad. Los obreros no tienen patria. ¿Cómo se les podría quitar lo que no tienen?».

—¿Se puede decir que lo que tienen es tener? —dice Joaquín.

—Se puede decir y cada día más claro —dice Claudio—, cada día se conoce o se pone más a la luz lo que es la voz del pueblo...

—¡Se canta!, dirás —dice Joaquín—, lo cantan los poetas, los artistas y hasta las damas, ¿No te parece bonito?... Le dan un refinamiento que me recuerda a un dicho... ¡éste sí que es del pueblo!... un dicho sobre eso que se llama subir de categoría... «Piojos puestos en limpio»... Se lo he oído a algunas abuelas...

—Me parece precioso, tanto como los cantos de los poetas y demás... porque es el acento de la raza, del pueblo y su prole antes de proletarizarlo...

—De acuerdo, de acuerdo... ¡Bellezas que pueden levantar grandes pasiones! —dice Joaquín—. ¡Dios nos libre!... ¿Os extraña mi imprecación?... pues «me sale del alma», estoy por cantar un mejicano... Si esas pasiones fructifican, nos hemos caído...

—La amenaza es pavorosa —dice Ramón—, pero yo, a pesar de mi proverbial pesimismo, quiero desecharla... Objetivamente considerada ¿es factible?... De serlo, tendría que producirse en un orbe... algo así como la mandrágora... por su origen, por su causa original...

—Has dado en el clavo, Ramón —dice Juan—, la *pendaison* es general hace un buen rato.

—Vaticinios de astrólogos o quiromantes —dice Claudio— que no nos impresionan a los que no nos sentimos ni siquiera ligeramente ahorcados...

—En una palabra —dice Joaquín—, a los que vais bien en el machito...

—A los que queremos ir mejor —dice Claudio— y no

en macho ni en burro, sino a pie, poniendo el pie en nuestra tierra...

—La tierra de vuestros papases —dice Joaquín—, que son otra de las cosas que sucumbirán agarradicas a ella... ¡No os asustéis! no propugno matanzas familiares. Es la familia, Ramón, objetivamente considerada, la que tiene que sucumbir...

—¿La familia?... ¿La costumbre de engendrar hijos por el sistema conocido? —dice Claudio—. No tengo bastante imaginación para idear otro sistema...

—No se trata de engendrarlos —dice Joaquín—, Celestina te dice, «Es lo que hacen los burros en el prado»... se trata de educarlos, formarlos en el molde de la familia y ésta en el de la sociedad... ¿No está la familia determinada por la sociedad, *determinada por las condiciones sociales en que educáis a vuestros hijos, por la inmixtión, directa o no, de la sociedad por la escuela, etc.?*...

—Eso es lo más falso, lo más inmundo, lo que jamás... —dijo Claudio y terminó la sesión... no como el rosario de la aurora, pero más o menos...

Terminó antes de la aurora, en la hora magníficamente desolada del alba, en la que un ligero sueño frío, apresurado, borra y al mismo tiempo afirma los puntos esenciales... Disolución, discusión, confrontación de ideas, determinación de lo más impenetrable, de lo más pertinente en estos días nuestros... que quisiéramos hacer nuestros y somos tan... ¿cobardes o idiotas?... ¡Vaya usté a saber!... No sabemos ni sabremos nada porque cada uno no sabe más que aquello que sabe sin pensar, en aquello que sabe en su ser... siéndolo desde un principio, con una aceptación germinal...

*

No, Martín, no me asustas con vaticinios pavorosos. Lo que no quiere decir que desautorice tus vaticinios. No me asustas porque no estoy, como ves —lo ves hasta cuando no estás presente: ahora no estás presente y hablo contigo—, como ves, no estoy asustada, sino instalada, acomodada en el pavor. Sé que lo ves porque sé que a cualquier hora y en cualquier lugar estás pensando en mí, estás amonestándome, como yo a cualquier hora y en cualquier lugar estoy combatiéndote, lo que significa aceptarte, es decir, reconocerte imprescindible, como mi imprescindible negación. No voy a decirte que, en mi instalación actual, me resultes consolador —sabes que detesto el consuelo, lo detesto como un escamoteo del sufrimiento—, consuelo que no anula la causa del dolor, desvía el cauce del caudal que quiere desbarrancarse... Ya sabes que hay momentos en que pienso en superlativos, estoy cargando las tintas... pavoroso, doloroso, torrencioso... Lo que prima, en resumen, es que estoy instalada. Todas esas cosas tremebundas, si las miramos como tú y yo podemos mirarlas, conservan sus dimensiones sirviéndonos, sin embargo, de refugio, de dulce hogar... Nuestras divagaciones van por las topineras de un mundo astral sin encontrarse nunca, pero comunicándose, con el acierto de la incomunicación que mantienen las querellas maritales: las escogidas, afiladas, conturbadoras, dudosas —ésas son las más mortíferas— pullas (creo que se dice, pero no es de mi léxico), insinuaciones o noticias, sugestiones de lo que se sabe ignorado y se quisiera hacer saber... Las insinuaciones son siempre acusadoras —acusaciones de hechos, no de actos en las que no hay visible culpa, pero, ¿quién no las conoce entre colegiales, entre hermanos pequeños, entre comadres del suburbio, «Tú eres... No, yo no... Tú eres quien...». Esas querellas, con términos más civilizados, son las que —por los siglos— mantienen los que no pueden acusarse más que de ser quienes y como son. Además, en la incomunicación práctica, rebulle el deseo de comunicar lo más punzante, lo más mortificante. Eso se suele incluir en la teoría de los celos, pero en ciertos casos excepcionales —la excepcionalidad de nuestras topineras es iniguable—, más que celos —o además de celos— la querella está muy cerca de discusión académica: incansable empeño en la demostración de un postulado paradójico. Por ejemplo, tú me diagnosticas, «Te vas a estrellar», y yo te argumento, «Todo lo que ves —no sé cómo conseguir que lo veas— parece demostrar lo contrario, sin embargo, yo sé que me voy a estrellar»... Todo el furor

de la discusión, toda la minucia demostrativa la empleo para
que veas, eso es lo que quiero, que lo veas: quiero que veas
que las apariencias no me engañan, no ofuscan mi mente como
para creer que tú no estás en lo cierto... No, no soy tan cándi-
da —he sido y soy con frecuencia idiota— pero ahora estoy
a la altura de tu clarividencia... Me voy a estrellar, es indiscutible, pero yo creo que si no lo supiera no sería tan intenso
el placer —más bien no sería tan extenso porque, desde mi
saber, lo miro con sus perspectivas de pasado y futuro. Eso
es, si no supiera —si no aceptase— mi seguro desastre no
podría gozar —ya, ahora, desde un aparente, apenas probable
principio— la futura nostalgia del desastre que llegará a ser
pasado... ¿Te das cuenta de lo repugnante que es todo esto?...
Es tan repugnante como tú, y tú, con toda tu sabiduría, no
me encuentras a mí tan repugnante: ahí falla tu inteligencia.
Bueno, bueno, a lo mejor la que falla es la mía, porque a lo
mejor tú no eres tan repugnante, tan mecánicamente repugnante. Tú puedes ofuscarte y encontrarme adorable, en consecuencia, creerte a ti mismo digno de una lícita adoración...
Inútil, inútil, este devaneo —querella o debate— no conduce
a nada, pero mi mente no puede cortar el hilo ni desviarlo
hacia otra vertiente. Si pienso en todo esto —lo único en que
puedo pensar— tiene que ser dialogando contigo —tus respuestas, incisos, apostillas, brotan en mi cabeza en el más
alto grado de acción corrosiva, de modo que el diálogo es
efectivo mientras se trate de juicio. Yo, como juicio, sólo
admito el tuyo y tú —lo confieses o no— sólo tienes cabida
en el mío. Lo que pasa es que ¿se conturbaría tu juicio si
percibieras —presenciaras— lo que aparenta negar tu diagnóstico, lo que sólo yo sobre la tierra soy capaz de ver que no
lo niega?... Por esto mismo, por saber que ninguna otra criatura humana se defendería del fascinador engaño, suspendo el
juicio, lo reservo para el tiempo de la probable nostalgia y
me dilato —horas que suenan en campanadas, en timbres opa-
cos o agudos hasta que aparece la luz en la rendija—, me
disipo o me detengo en lo que no se discute... Lo que no se
discute, se describe, pero ¿cómo describir lo que no se ha
mirado, lo que se ha —sufrido o gozado no sirven: padecido

más bien porque ello era patético? Lo que se ha padecido —vuelvo a la idea de instalación— en su cómodo patetismo es, además de repugnante, indecente: tengo entendido que es censurable la pasividad. Bueno, la censura no es pasiva y yo lo que quisiera es describir, no con rigor expositivo sino confidencial, eficiencia que es, en una palabra, comunicación. La diferencia entre las dos exposiciones, positiva y negativa, es enorme, el milagro confidencial —¿no es milagro la comunicación?— patentiza la paradoja, «he aquí lo que es, demostrando que no es»... No te empeñes en atar la mosca por el rabo, limítate a verla volar, a seguirla en sus giros y no perderla de vista cuando se posa... Cuando se posa, se hunde o esfuma en la pasividad activa y entonces hay que medir el área de sombra donde ingresa... Olvidando que esa área tiene un nombre —tiene más de uno porque unos días es uno y otros otro el palco escénico—, en fin, conoces sus nombres novedosos que han brotado, orientales o balcánicos o... conoces su —sería desafinación decir *confort*—, su atopadizo (se dice en Asturias) rincón entre cojines, en el ángulo del diván, la media luz de farolitos moriscos o la tenue música de balalaikas... No te escandalices por el lugar común, no te niegues a constatar su fuerza, su seducción... si no consigo meterte en el clima no hay confidencia y no hay diálogo, el diálogo en el que tanto tienes que callar —mi confidencia es más cruel conmigo que contigo, y contigo, en efecto, es cruel—, pero si no logro comunicarte aquel ambiente... en el que todo podía pasar... en el que la hora tenía, a cualquier hora, una perenne nocturnidad, una negación de toda hora, de toda medida —afirmación de eternidad—. Todo podía pasar, todo podía caber en dos metros cuadrados en un rincón de los dos metros en el que se espesaba, se condensaba, se cernía la flor de la penumbra, como esas plantas que huelen en la oscuridad... Un olor, siempre es olor de algo, es constatación de una proximidad y la proximidad puede llegar a ser —no opresión porque opresión puede tener sentido incluso moral, incluso ambiental—, puede llegar a ser presión, simplemente, porque en un determinado espacio no cabe más que un determinado número de cuerpos, y los cuerpos se oprimen desatentadamente, estando donde no pueden estar... El calor del ambiente no era lo que antes llamé ambiente: el ambiente era lo insólito, presión, contacto, una realidad material, conocida desde que existe el mundo y, de pronto —no bruscamente sino progresiva e inconteniblemente—, experimentada en forma inverosímil, era la realidad de su hombro cayendo —no por su peso sino por mantenido empuje— sobre el mío... El empuje, tal como te digo, la presión era una especie de reconocimiento insólito de la morada cotidiana, es decir, una anulación de lo cotidiano y una fruición de lo insólito... ¿No es perfecta la descripción?... Sí, es perfecta, tanto que parece que no queda nada por añadir, pero queda lo que no es descriptible porque ello mismo se describía, ello mismo era descripción, *compte rendu,* proyecto... No, proyecto no: espectro de posibilidad —posibilidad espectral— con la terrorífica fisonomía del espectro al que se pregunta... Y claro que las preguntas se formularon, avergonzadas de existir, las preguntas que no necesitan respuestas, que se escapan, sobresalen apenas del cúmulo de certezas archisabidas... Y las respuestas, sin embargo, saliendo innecesarias, como alusiones a lo lejano, a lo que queda fuera de aquel calor, de aquella presión, afirman o desmienten la sospecha de otro —desde lo uno ¿es concebible lo otro?—, otro calor, otro contacto... y las respuestas no lo niegan, lo desvirtúan, lo ponen o justiprecian en su pasado inmediato como algo que apenas se divisa, que aun siendo perceptible, tiene una graduación atmosférica que el viento se lleva más allá de Navacerrada... Otro color, en fin, otro calor en nada comparable con el amontonamiento de cuerpos, con la presión que se mantiene desenfadada porque no hay más sitio... y es maravilloso que no haya más sitio, que no exista el peligro de que se aclare el cúmulo de humanidad, de juventud revolcándose en el pequeño espacio sin que la forzosidad aparente de disculpa, sino que se explaye en su apretura, celebrándola, recibiéndola como un maná en su desierto... Bueno, no meteré uno más. Había un silencio afirmativo, que no era seguridad, satisfacción, conveniencia ni nada parecido. Era la afirmación de lo insuperable, por ser la medida exacta de lo deseado... ¿Cómo evitar los que tienen ya el marchamo de lugares comunes?... a poco que empleemos las formas habituales, caemos en las formas comunes, lugares urbanizados. No pretendo —mi mente, en su particular ajetreo, no trabaja con materiales exquisitos, sino con piezas exactas—. Bien lo sabes, esta aclaración me la hago a mí misma. Las formas comunes no son lo suficiente ajustadas y puede aparecer que también sirven para movimientos más laxos. Puede parecer que esa adecuación del hecho al deseo causará el efecto de un remate feliz, pero no, no es ése el resultado: el producto, digamos, es la embriaguez de la plenitud que, si se siente insuperable y, por tanto, completa, vibra o tiembla por la posesión de lo que más que la vida se llegaría a defender... Sí, las palabras delatoras siempre dicen más de lo que dicen. He querido ponerte ante una de las mías, de las dilectas, plenitud, y la he precedido por embriaguez: es casi una pueril redundancia. Date cuenta de mi desmesura: he querido poner un copete al *más,* un signo más crucificando al *máximo,* y me ha salido embriaguez... Bueno, no es una exuberancia rococó, es el propósito de elevar a su categoría a un término que tiene mala fama. No el término, no, lo que pasa es que en general se le emplea con énfasis para distinguirlo entre sus vulgares e incluso túrpidos sinónimos... Sin énfasis, empleándolo en su elemental sentido, en el que señala al padre Noé despatarrado, y así nos lo muestran para enseñarnos a tapar vergüenzas, pero no nos dicen nada de su virginal —ya que él fue el primer borracho— abandono feliz, fulgurante iluminación del alcohol, que hace del duro terruño —tanto como de las losas o asfaltos urbanos— una nube paradisíaca... Aquí necesitaría un lugar común, es decir, una sanción secular que me sirviera para... no sé para qué. Si la imagen —¿se puede llamar imagen a la presencia de un transporte persistente?—, si la imagen de todo lo afectado por el preludio de embriaguez —cojín de felpa bajo el codo, luz en vidrios coloreados como vitrales eclesiásticos, rasgueo de cuerdas— muy otro del cañí habitual... Estás harto de saberlo, sé que has entrado muchas veces en esos antros... Te veo en la barra, mediosentado en el sillín, fumando un aperitivo —breve y fugaz aperitivo—, tú me lo has contado, y siempre, cuando me lo contabas, yo veía tu invitación o promesa, yo veía que me veías tú en el sillín frontero, que me encendías el cigarrillo, con una perfecta seguridad de promesa o amenaza. Por esto mismo, porque sé que las imágenes de todo lo que no llegó a ser están en tu cabeza, no puedo menos de incluirte en mis devaneos nocturnos... Sería más cruel de lo permitido por una elemental decencia, si pudiera poner a tu expectante y desesperado interés una realidad triunfal... ¡Eso yo no lo haría jamás!, pero la desolación contenida en lo real paradójico, tengo que dedicártela porque tú y sólo tú puedes medir los grados... La embriaguez, en su preludio, en su suave plano inclinado al abandono, lleno de lucidez, revisando, recolectando todo lo que se quiere llevar... sintiendo que se parte, que se está viviendo la partida y que permanecer en ese partir es una gloriosa estancia que ni un punto, ni un destello, ni un sonido hay que desperdiciar, hay que —para decir lo que hay que hacer recurro a la común hipérbole, como las aguas del mar lamen las rocas... Porque muchas veces, ante las golosinas de los pequeños placeres, he envidiado la lengua del perro, su flexible adaptación que deja limpio el plato, pero respecto a esos placeres —era uno solo, un escabroso acantilado— el deseo en su asediante marea lo recubría con posesivo saboreo, piedra por piedra... las rocas, en el fondo del vaso el hielo y el líquido de cualquier color y las burbujas de la soda... y el contacto del vaso frío que se desprende del calor de la mano... Con un esfuerzo sobrehumano —por humano disimulado, astuto—, con un esfuerzo pretendidamente hipnótico, tratar de retener el calor, el contacto... Y el contacto se disipa y la ola vuelve a lamer las rocas... Está amaneciendo...

*

El viejísimo, universal canturreo, «Hacen así, así los carpinteros, así, así, así. Así me gusta a mí». Y también los zapateros hacen así, etc.... El caso es que toda la ciudad está haciendo así, así, así. En cada oficio, en cada empresa, en cada palabra, hay que hacer. En ese hacer así, el sedimento de la materia agitada es lo que se sublima en canción: hace de la monotonía opaca una delicia rítmica, que se afirma y se remata con «Así me gusta a mí»... Porque la verdad es que no hay nada que nos guste más que hacer así, así, así. Hay dos cosas —tal vez no sea más que una —que consisten una en hacer el oficio artesanal o intelectual —o artesanal-intelectual— que es hacer así hasta estar seguro de que así es como hay que hacerlo. Hay otra que es mero repetir —concretamente, latir— de la vida... Es el corazón el que hace... bueno, su canción es monosilábica. El corazón no dice así, así, así, sino Sí, Sí, o tal vez No, No... En todo hacer se impone el ritmo, obviamente en la fricción de la cópula. La demostración —que vería un ciego y los videntes raras veces ven—, la demostración la dan los niños chiquititos de pocos meses, porque el ritmo es su primer conocimiento y en cuanto crecen un poco eso de así, así, así, los deleita como lo de «Aserrín, aserrán, los maderos de San Juan», y se empeñan en seguir serrándolos interminablemente, porque los niños, en la plena posesión de sus sentidos, adoran ese ritmo que es un anticipo del deleite supremo —de todo hacer, principalmente hacer niños—. Algo de esto pasa en los momentos en que se llega a una especie de pleamar en la acción, en la que rebosa el vivir cotidiano, el latido de la propia sangre, libre del acoso de la incertidumbre. Ahora estamos en la alta mar. Ahora estamos bien en esta alta mar que hemos hecho con nuestro propio esfuerzo. ¿Tengo yo derecho —derecho, en el único código válido, la razón— a estar en la alta mar, en una alta mar que yo no hice o, a lo mejor, la hice... vaya usted a saber?... La veo con cierta ternura, como si algo hubiera hecho en ella —La Acrópolis, dije un día con tal endiosamiento como si dijera ¡Hágase la luz!—, es evidente que yo no hice más: han sido otros los que la han hecho, otros los que llevaron los ladrillos, otros los que plantaron la parra virgen que ahora los recubre. Pero fui yo quien dije —a mí mismo me dije— aquí huele a Acrópolis... Yo la construí con el olor del césped cortado... Los otros son los que urbanizan el altozano en torno al museo y lo llenan de construcciones, de residencias donde incubará el ave Fénix, que nos atortolará con su canto... ¿Se le ha ocurrido a alguien averiguar —bueno, meditar— cómo será el canto del ave Fénix?... Deberá ser un canto más límpido y vibrante que el de la oropéndola; el más límpido y vibrante que existe entre los pájaros de la tierra. No es tan tonto querer saber —imaginar— el canto del ave Fénix... En él no puede haber aleluya puesto que no hay esperanza, sino seguridad natural. ¿Hay naturaleza en el ave Fénix?... ¿Su —¿idea?— señala alguna forma natural o sólo la informa, omniforme palingenesia?... Respecto al canto, ni el dulce ruiseñor ni la brillante oropéndola cantan aleluya, en primer lugar porque no cantan... «Los alegres pajarillos»... «Libres como los pájaros»... Los pájaros ni cantan ni son libres, están sujetos a buscarse el pan con el sudor de su frente... No creo que suden, pero se afanan sin un minuto de reposo: y gritan o claman o rugen —arrullan—, porque lo que necesitan con furia no siempre está a su alcance y tiene que venir hacia ellos fascinada por el canto y además adoptar la posición —hay imperfecciones técnicas en la naturaleza—, quedar, por medio de la fascinación melódica o vibrátil o adormecedora en la actitud que permita al contendiente —sin manos ni garras para agarrar—, ¡lamentable ejercicio!, efectuar el cometido necesario... No, el ave Fénix no señala nada en la naturaleza si no es el eterno retorno, cosa que no satisface a ningún ibérico... El ave Fénix señala la antinatural supervivencia de lo que el tiempo desvanece, y que en cualquier himalaya de tiempo rebrota en cualquier Acrópolis plantada en cualquier altozano. En ésta —recién brotada— me parece oír el canto de las que, durante siglos, sobre hogueras de guerra y crímenes ancestrales siguen cantando. El canto que se sabe seguro, natural, y se deja caer en la hoguera, despreciando al tiempo... No, ¡qué disparate!, adorándolo, valorándolo como el humus que la hoguera no achicharrará, que irá hacia abajo, hacia profundidades insospechables, de donde rebrotarán sus cenizas cantoras. ¡Qué prurito, qué comezón profética inspira la alta mar! Ve uno, mira uno la serenidad de la extensión y en seguida se hace apremiante la demanda, ¡más!... Queremos ir más allá —bueno, ése es un impulso inocente—, queremos imaginar lo que sería y cómo sería un ¡más!... No hay medio de estar tranquilo en la alta mar... La monotonía de un oficio... sí, puede ser una extensión poseída, pero andan sueltas pasiones, ansias, propósitos... Cruzan por los teléfonos componendas maquiavélicas de cosas que no tienen composición posible. En fin, lo que causa una especie de sangría de la atención es la profusión —la intensidad, sobre todo— de los dramas... isleños, habría que decir. De la alta mar multitudinaria emergen islotes de carácter volcánico ¡Ésa es la cosa!... lava y humareda espectaculares que hay que tener en cuenta porque vienen de abajo... cosa que estamos hartos de saber. No son los nuevos hechos lo que nos apabulla con noticias sorprendentes. Desde nuestros viejos puestos de observación profundizábamos bastante en las profundidades. Ahora andamos sin rumbo, y nuestros pasos nos llevan automáticamente al redil.

Qué agradable tertulia: ni un alma. Sería cosa de pensar que están en su quehacer, pero seguramente de sus quehaceres también han desertado. Ahora el quehacer de la gente está en la calle, aunque no sea más que —en la mayor parte de los casos— hacer acto de presencia. Las multitudes —ya lo hemos dicho— han llegado a su altamar y, con ejemplar discreción —sin notable resaca—, han ido aplacándose. Hay que ser optimistas, cosa sumamente difícil, pero hay que serlo por aversión a los pesimistas que no ven más allá de sus narices; sostienen que se ha venido abajo un castillo de naipes y que pronto se armará otro igualmente deleznable... Que se armará es seguro, lo que es falso es que se tratase de naipes, en el caído y en el levantado —o levantable. Se trata de *cimientos* o de *raíces*, dos términos que ya se han desustanciado por la explotación periodística, pero la verdad es que de eso es de lo que se trata. Se trata de cosas lentas y pesadas, sólidas y sustanciosas; cosas que por su solidez y pesadez han movido montañas. Ahora —no sé por qué sucede esto ahora... bueno, sí lo sé: por la agitación de nuestra vida mecanizada, por la desaparición de las distancias que nos eximen del lento caminar hacia cualquier punto anhelado. Y con esta conclusión parece que los conflictos —el conflicto de la vida actual— requieren soluciones rápidas, ligeras. Rápidas sí, pero no leves. Harto está a la vista que, en todo el orbe, se recurre a soluciones bélicas: no hay nada más grave y, sin embargo, es lo más ligero, digamos rápido. Una guerra entre dos pueblos

—o secciones de pueblos— es como una lucha entre dos hombres: primero luchan de palabra y, en vista de que no se entienden, acaban matándose: es el único medio de acabar pronto... Me dirán —me dirían mis contertulios, si estuvieran— que las guerras duran mucho: sí, es verdad, pero si las miramos como movimientos, como estallidos, sobresale de su visión el motivo que es siempre disputa. Disputar es trabajoso: el contrario no se aviene y los que rodean la cancha no saben a qué carta quedarse... Lo más expeditivo es matarse, es decir, matar al adversario. Es tan fácil matar a un hombre —a un pueblo o a ciento—, que no es necesario tener paciencia. Claro que si lo vemos así olvidamos a los que no entran en la disputa, a los que van llevados. En efecto, ésos no participan del impulso promotor, ésos aguantan lo indecible, pero ese aguantar no es cosa de paciencia, es, simplemente, de aguante. Los impulsivos son los que no tienen paciencia para vivir la paz... Eso es, la paz exige mucha paciencia. Exige que los hombres no la soporten como los llevados a la guerra, que la vivan con impulso como los luchadores... Pero ¿en qué quedamos, impulso o paciencia?... Las dos cosas, una al servicio de la otra —a un servicio que sirva, no una cohorte de fámulos ineptos—, servir una cosa a la otra requiere paciencia y eso es lo que falta. Me dirán —me dirían— que lo que pasa es, en gran parte, en realidad, de verdad, que a muchos —a tantos que no se pueden contar... a todos se les ha acabado la paciencia... No, no es eso, se les ha acabado el aguante y, cuando la paz consiste en aguante, muchos prefieren la guerra. Pero en fin, ahora ¿ahora se trata de castillos de naipes?... Eso sería cosa de habilidad y no, no es. La paciencia nos incumbe a nosotros, a los de los cimientos... y no es que no la tengamos: la tendríamos si no se nos hubiera atravesado en el camino esto de la urgencia... Ante la urgencia ¿qué hace uno con la paciencia?... Mea culpa, mea culpa... y ¿qué?... Por el momento lo único que tenemos que hacer es no estorbar, porque la urgencia es cosa muy seria. Ahora —un ahora de más de un siglo— es urgente que vivan los que no podían vivir... Siempre, en todo tiempo y lugar, este brote de fiebre se reprodujo y siempre con el mismo resultado: Matar a unos cuantos para que vivan otros tantos. La diferencia en las proporciones es lo que cambia. La diferencia proviene de los cimientos y lo grave del caso es que a los que vivimos en adoración de los cimientos ancestrales, a los que hacemos de la Memoria nuestro templo y nuestra madriguera, los rápidos *remue-ménage* de época nos encocoran... Tenemos que hacer un gran acopio de paciencia para entenderlos y una infinita serenidad para llegar a la conclusión de que allí —en lo sagrado— tuvieron su nido, pusieron sus huevos... Cuánta paciencia hay que tener para llegar a ver las cambiantes, tortuosas, arrasadoras hordas —hordas ideales, digo— condensadas, esencialmente encerradas en algo tan hermético como un huevo —una idea—. Sí, pero ¿es desolador o es corroborador ver que todas salieron de los miríficos huevos de la nidada ancestral y que nosotros, los del templo, los cuidamos con desvelo?... Bueno, y ¿qué?... Opto por decir que es corroborador, aunque tan caro nos haya costado a algunos... ¿Cómo evitar la intrusión de los intereses —sentimientos, pasiones— personales? Hay que agrupar, catalogar los núcleos más visiblemente afectados. Tiene o tienen carácter profesional lo —o los— que para mí tienen significado de incubadoras. Porque no cabe duda de que son muchos los que han puesto en ello lo que estrictamente se llama calor vital. No cabe duda, yo los respeto, yo les aplaudo con un respeto caluroso. Me quedo a un lado, en postura que puede parecer egoísta, pero es, simplemente, atenta... Quisiera ayudar, echarles una mano, pero mis manos no sirven más que para hacer montoncitos clasificadores... En la primera fila de la urgencia están los... —dije profesionales, pero me parece frío, y dije incubadores y a ellos les parecerá burlesco, a mí esto me parece más tierno y más verdadero, de modo que en incubadores —¿por qué no decir *nourrisseurs*?— lo dejo. Tras ellos van las capas estudiantiles y obreriles en montón, como brigadas de choque en la calle. En reductos más cómodos están los cuerpos menos ágiles, el Ejército, la Iglesia, la Banca, la Política —hay que nombrarlos sin enrojecer—, ésos son los que andan en el ajo y luego quedan los que no andan, los que siguen en su hormiguero entrando y saliendo... Es cierto que lo que pasa hoy día es de una extensión incalculable, pero mirado en la parcela que está a nuestro alcance vemos la ley —subterránea aunque parezca externa, en todo caso inexorable— que les da su color —muy conveniente para la clasificación, como el teñido de un corte histológico. Hay un gris perlado, de matices incalculables, que se extiende por toda la ciudad —por nuestra ciudad—. Nuestra la sentimos los castellanos, viendo en ella la suavidad del gris en medio de nuestro pardo —los castellanos, pardillos desde Tierra de Campos hasta la Mancha— y por eso vemos en su gris nuestra urbanidad o urbanismo, pero tal vez no seamos sólo los pardillos los que la vemos difuminada en el gris. Nosotros percibimos su irisación de madreperla, pero desde fuera —desde muy fuera, desde donde no se distinga más que su tonalidad media, ni sombría ni brillante—, su urbanidad —lo que para nosotros es aspiración o decantación—, el gris, término medio, la sitúe en el conjunto mundial como ciudad de clase media. Si a los madrileños no les gusta esta definición, es que no la comprenden, no la conocen, no entienden su quintaesencia, su exceptibilidad... A veces la fotografía nos descubre un gesto o rictus íntimamente delator del rostro que nos es familiar, y eso es lo que pasa con los innumerables retratos de nuestra ciudad... Me he hartado de decirlo, la literatura en cada ciudad —en cada gran ciudad, reina entre sus paisanos— es el famoso espejo, «Espejito, espejito, ¿no es cierto que ninguna mujer es más hermosa que yo?»... y ahí les toca —a cada una— demostrarlo. Nuestra ciudad ochocentista prodigó sus espejos y es verdad que todos se esforzaron en reflejarla fielmente, pero su belleza quedó envuelta en el gris... No en el gris madreperla, que sólo Goya, pero es que Goya no tenía nada que ver con la fotografía, fueron los realistas los que dispararon y nos dejaron sus tristes retratos... Nos gusten o no nos gusten, la verdad es que son fieles y ¿qué es lo que prima en ellos?... El gris, el gris clase media. Los susceptibles —y más los que creen que con magnificar lo supuesto ello se hace carne— dirán que la vilipendiamos: todo lo contrario. Sin espejo en su climaterio, conserva el gris clase media porque su *clase media,* es decir, su

extracto, o sea, la esencia de su clase, es su excepcionalidad,
su decantada urbanidad —urbanización—, aspiración de nuestros —o nosotros— pardillos... ¿Qué pasará, llegará esa agitación que zumba en todas partes hasta nuestro barrio?... ¿Lo
invadirá como una riada o se precipitará sobre él como un
alud —alud de fuego o de luz que creí ver empezar a incen-
diarse en la colina del Museo de Ciencias, en las márgenes del
Canalillo?... ¿Quién sabe?... No creo que quede a salvo
ni un palmo de tierra. En el fondo del gris, en la masa homogénea ¿puede haber una masa homogénea allí donde fluctúa el gris de nuestro gris?... ¿Quién puede saber?...

*

Qué aparición fantasmal, qué difícil creer en la presencia de
lo que creímos ausente —por naturaleza ausente— durante
tantos años. ¡A qué distancia, Isabel!, ¿recuerdas? Qué oposición vivimos: oponiéndonos sin saber a qué, sintiendo que
el distanciamiento era la marcha natural y que nuestra marcha iría por vericuetos que no coincidirían nunca con la suya.
No sabíamos por qué, y ahora que lo sabemos vemos que
aquello que nos separaba ha venido, por sus pasos contados,
a reunirnos. Imposible imaginar la curva que habrá descrito
mientras... bueno, cuando creíamos que no describiría curva
alguna, sino que permanecería estable en su modo de estar.
Y en el proceso lento, paciente, aunque alejándonos, no le
perdíamos de vista porque lo más seguro, lo más conductor
—el arcángel Rafael que nos daba la facultad de la vista—,
la que conduciendo nuestra marcha, marchaba igualmente ligera: nuestra Tina, que producía su propia juventud siguiendo
a nuestro paso, por encima —cien metros, mil metros sobre
la realidad de su indeclinable vida—, nuestra Tina, que parecía no tener más pensamientos que los suscitados por la
imagen, por toda imagen del presente risueño, nos daba de
cuando en cuando, alguna noticia de él... ¡Qué ciego, Isabel,
aquel egoísmo de nuestra infancia! Si digo *aquél,* queda lejos
y no, no queda: tengo que decir este egoísmo de esta nuestra
ignorancia, que se mantiene igualmente ciego. Y durante la
larga caminata al lado de la conductora —divina pastora—,

que marchaba con incomparable levedad, nunca notamos —no es seguro que no lo notásemos— en las breves noticias de la criatura ausente —la criatura, en su masculina madurez, en su independencia social, profesional, sentimental inclusive— un descontento susurrado en sordina, de causa bien grave y, por la gravedad de la causa escondida en penumbra bajo la frivolidad más vistosa... La causa grave siempre acompañada por otra pueril: es decir que se mostraban las dos y se cargaban las tintas de las lamentaciones sobre la más ligera. Se la exponía como una tozudez rebelde que Tino ostentaba, como afirmación de su mayoría de edad. Y ahí se explayaban los lamentos maternos por ser, sin más, comportamiento díscolo aquello de no querer seguir llamándose Tino, por deshacerse del símil que le clasificaba como hijito de mamá. Ahí era fácil confesar una dolorosa, aunque juguetona, irritación. Cuando las... los hechos afrontaban el camino de la causa grave, entonces las lamentaciones la admitían como motivo, más bien la repartían entre los motivos que, en su pluralidad, tocaban a menos culpa. Los motivos ¡todos tan risueños!, la isla, la vecindad de Formentor harto frecuentado, y la misma pequeña casa junto a la cala. La casa propia, en cualquier época del año descanso necesario para romper la monotonía de la industria, y en su clima, la continua reposición de turistas, de americanas desvestidas, decoración tropicaloide, relajante y en fin, el whisky... Todo eso, toda esa permanente pesadumbre quedaba oculta bajo la juventud elaborada por nuestra incansable Tina. Todo eso se transparentaba apenas en las ráfagas que tomaban carácter de noticias, de inseguras noticias como las que hablan de algo que tal vez... que no se puede saber cuánto durará... que se espera que un día cambie si el panorama ambiente... ¡Esto es lo enorme, cambió! ¿Ha sido saludable el cambio?, es lo que nos preguntamos. Y Martín diciendo, ¿El cambio? ¿qué cambio? ¿Crees que hay cambio en la mudanza de ropas de un esnob?... ¡El viejo improperio lanzado contra nuestro mundo cordial, íntimo, contra nuestra zona de confidencia o complicidad femenina. Acoso a la feminidad —no ataque, cosa lícita—, acoso por medios accesorios, nunca jamás los comunes intentos por creer que un sistema de desvalorización, de descrédito intelectual, puede minar el terreno al enemigo, dejarle disminuido y vulnerable, atolondrado por dicterios degradantes... Sistema astuto que sólo emplea el que no cuenta con medios más rudos... En fin, el caso es, Martín, tú, siempre en guardia, has sabido atrapar a este incauto y nos lo has traído para que veamos lo que es, porque este nuevo aspecto es, para ti, una demostración. Ahí lo tenéis, ya estáis viendo lo que ahora parece ser; pues bien, es lo mismo, es lo que siempre fue y siempre será... amamantado por el esnobismo de su eterna *jeune mère*... No sé cómo en este río revuelto le has pescado, le has traído al grupo más accesible y le has presentado con sus dos nombres. Lo curioso, lo pasmoso, lo sorprendente y paradójicamente misterioso es que el juego de sus nombres delata —más bien plantea— el enigma de su metamorfosis... He aquí a Martín presentando a un ciudadano —bueno, no, lo grande es que presentabas a un camarada. ¡Ahí está!, le presentas con el traje nuevo, el más flamante de su amplio vestuario y le presentabas como Alberto Smith, el nombre del afamado industrial... El nombre odiado que anduvo escondiendo en el alcohol, anulando por él su juventud... Y en seguida añades —tú siempre añades el copete—: Bueno, para los camaradas Tino, aunque es talludito. Y Tino... ¡Qué zambullida en la prístina memoria! La ocultación mohína, el disimulo que en un principio era simplemente antipatía y luego el entorpecimiento del alcohol... Tiempos en que todavía Tino era Tino por la misma razón que Albertina era Tina, y naturalmente, al ir creciendo, el pueril rechazo al nombre que le teñía de mimo familiar, en esa rabieta díscola le habíamos perdido de vista, creyéndole detenido en lo más lamentable. Siempre quedaba la esperanza materna... Algún día cambiará... Cuando sea más hombre... Cuando deje el eterno veraneo y empiece el trabajo... El trabajo, eso ha sido, Martín. Repito, imito, adopto tus sentencias. Ha sido la aparición del trabajo como un tema novedoso, como una playa en la que se excluye el traje oficial de las fuerzas vivas, de los ejecutivos que compran terrenos o maquinarias. El trabajo es un reposo para el que quiere liberarse de la representación de un nombre. Endosar el trabajo, vestido con el trabajo se puede llevar en el breve nombre, ser Tino, eludir el apellido y todo lo que puede ser herencia, imposición por ley... Acepto, Martín, tu veredicto, su transformación ¿es un cambio de traje? Bueno, es lo que tú quieras, es una de las posibles mudanzas en su repertorio esnob... De tus innumerables sentencias, ésa es la más malvada, es la que esgrimiste a mandobles contra Tina hace ¿cuántos años?... cuando andábamos a gatas por los campos del Arte —del Arte, decíamos—, los campos por donde corría la cabra, picoteaba el pájaro y descollaba en nuestra fauna la hembra de pavo real... ¿Por qué?... Yo no tengo autoridad para saber si Darwin estaba o no en lo cierto, pero siento dentro de mí —y de vosotros, y de los otros porque yo siento dentro de todos, con preferencias, claro—, siento miríadas de siglos en las que una... intención debe de ser, está revolviéndose y pasando por diferentes formas, vistiéndose con lo que tiene a mano... La intención está en ese echar mano... Si se tiene patas de cangrejo como si se tiene garras de buitre. Y ahora, en nuestro caso —nuestro si nos lo apropiamos como si nos lo imponen—, las miríadas se divisan bien, tenemos fotos como todo el mundo, pero, además, tenemos algunos la impronta... no, no, el empuje del conato... de cuando éramos tan informes, tan transparentes como los bichitos que se descubren en el agua... Yo no sé, pero sí sé que en este momento o en cualquier otro estás pensando en lo mismo porque nos ha llegado la hora... Divisamos ahora —allá en las remotas miríadas— el latido, cabeceo o tanto de las intenciones. De las nuestras, que se distinguen por su pataleo —o culebreo— especial, bueno, el garbo de su especie, con el que... «Dios los cría y ellos se juntan»... En eso de juntarse están las facultades técnicas. Cangrejo va hacia cangrejo, es obvio, pero entre los famosos bípedos mal provistos... Por eso de saberse sin armas naturales... Yo sé que en este momento —o en otro— estás pensando en lo mismo. Por ese andar mal de armas, se juntan sin conflicto las especies: en ésta tan particular, tuya y mía, marcada por secretas extravagancias, la semejanza puede encerrarnos en reductos de la propia hostilidad:

dentro de ellos ni siquiera obedecemos a las leyes comunes.
Tú luchas, a tu manera sinuosa, porque la semejanza prevalezca, yo, viéndola imborrable, la rechazo y tiendo —tan sin
armas como tú— a asaltar a la diferencia patente. Este desa-
juste no es clasificable, menos mal que nunca dará híbridos...
¿o sí?... Tal vez haya más de los imaginables... los obstina-
dos como mulas... Hay un terreno en el que no quiero cola-
borar contigo. Acepto tus malas artes cuando van —o vienen— contra mí y los míos, pero no quiero hacerlas exten-
sivas a las ráfagas que arrastran hoy a medio mundo. Sería,
además de estúpido, infame, reírnos de los que han puesto
su vida en eso que llaman la lucha de clases, pero si pensamos en ello como en lo de los cangrejos o de los infusorios,
con su intención unicelular pataleándoles dentro durante miríadas de siglos... Si pensamos en eso podemos sonreírnos...
¿Sarcásticamente, te parece?... La lucha de esas clases —de
nuestras clases— se llama incruenta porque sólo la sangre,
por esta medida se sabe lo que puede durar. La otra pérdida,
la de la lucha inútil, radicalmente inútil en la que se desangra
el tiempo: bueno, ésta sí que es cosa de risa porque nadie
confiesa que va en ninguno de los bandos. Nadie confiesa,
ni siquiera tú, con tu osado escepticismo. Tú y yo somos
—eso al menos— dos ejemplares significativos, pero nuestra
lucha, ¿qué importancia tiene? ¿Qué pasa si tú y yo nos ma-
tamos? Nadie se entera, como tampoco se entera nadie si dos
se unen en amor y compaña... Cuando llegan a ser notables
ciertos grupos o, digamos, contingentes, en seguida los clasi-
fican por el lugar que ocupan —social, económico, cultural
y toda la pesca que es fácil valorar, medir y pesar. Pero lo
que en esos grupos constituye o significa una clase —la que
se distingue por un signo interno entre los signos infinitos—,
es más imperceptible que las aventuras de dos. Generalmente
—por no decir infaliblemente— es cosa de *uno.* A veces hay
varios *unos,* independientes, pero armónicos, y eso, su armonía, es lo que parece multitud acorde... Estamos hartos de
saberlo: se agrupan —nos agrupamos— por una concordia
que nos aísla y las varias islas flotantes... porque son flotantes y no se están quietas, no se quedan tranquilas en su

lugar. Parece que están a grandes distancias, pero pasan unas
ante otras... «Y los siete mancebos a las siete doncellas lanzan vivas miradas de amor. Las tentaciones... Las princesas
prosiguen, adorables visones, en su blancura de palomas y de
estrellas»... Bueno, no siempre prosiguen... Tú, Martín, tú
que no te asustas del más cruel análisis, átame esta mosca
por el rabo: deslíndame estas dos palabras, *celos* y *envidias*...
Emplean la primera a troche y moche los que no se atreven
a emplear la segunda. Envidia es cosa fea —celos es cosa
trágica, tan fea o tan bonita como el amor, ya lo dijo la
Juana— y claro que no se confiesa la envidia, aunque pueda
haber en su fondo su desesperado amor... Pero no, no es
esto lo que quiero hacerte comprender: no es esa rabia ambi-
ciosa del que se afana contra la caja fuerte para lograr un
amor, sino el del que envidia un amor —un amor que
está ahí delante como un... no objeto, no: como un
bicho de plumaje raro, del que no pretende ser amado, sino tener su plumaje. Eso es francamente la envidia, químicamente pura... No tan pura, no hay deseo de
usurpación, sino de chapuzón... El deseo, no de ser amado
sino de ser el amante, aquel amante que nos deslumbra con
su irradiación de amor. El enigma de la envidia es éste sus-
citado entre las islas flotantes. Los celos, por muy enigmá-
ticos que sean, son cosa de entre dos —olvidemos o suspen-
damos los asuntos personales entre isleños; el amor que irra-
dia una isla —por evitar la dura palabra clase— es como la
emanación de lo que se fabrica allí dentro... Yendo al grano,
podría emplear el consabido proverbio, «el árbol según sus
frutos», pero de los frutos lo que hay que decir es que son
los unos los que pusieron las semillas... ¿Y qué pasa ahora:
proximidad, aglomeración o encrucijada de islas?... Pase lo
que pase, prevalecerá el clima de altura —se dice altura por
sugerir pureza—, el clima de la colina, un clima de amor sis-
temático... Pase lo que pase, tú y yo nos debatiremos enzar-
zados en el nudo inextricable de la envidia y los celos.

Y yo, mientras tanto, pensando en otra cosa. Temo que se me notase, temo que creyeran que no prestaba atención totalmente a la catástrofe, que estaba sumida en meditaciones vagas. Y sí, estaba. Más vagas y más inadecuadas de lo que nadie podría imaginar; nadie, ni yo misma, menos que nadie. ¡Es extraño! Me viene de pronto a la cabeza una idea extemporánea y no la desecho, no la espanto: me disipo en considerarla como un acertijo sin solución. La extravagancia de la idea no era más que aparente; su coherencia se afincaba, se me imponía como flecha indicadora que marcaba una súbita desviación de camino hacia lo más patético del drama... Yo, por supuesto, no me daba cuenta de que iba avanzando —al contrario, sentía una cierta vergüenza de mi frivolidad literaria. En medio de un desbarajuste desolador, en el que toda cooperación —por leve y estrictamente moral que fuese— era necesaria, cooperación que, por mi parte, sólo podía consistir en estar al lado de las criaturas afectadas y estaba, estaba intensamente, de hecho, pero en mi cabeza daba vueltas una historia, que ni siquiera era leída en un texto de estudio... Tal vez por eso, por habérseme sido contada con cierto fuego de enamoramiento póstumo... Aquí todo el mundo llorando —unos llorando, otros buscando soluciones, precarias, pero soluciones al fin y al cabo; mi poderosa concuñada imponiendo la suya, arrebatando a Isabel para que no pase una noche sola en el cuarto con su madre muerta; Elena estrellándose contra las paredes como acorralada, y yo... pensando en aquella emperatriz de Austria —no recuerdo el nombre— que tenía una cabellera prodigiosa —lo de la cabellera no contaba, era, para mí, la sustitución del nombre—, pero el caso, lo que a mí me obsesionaba mientras los demás se hundían en la desgracia que había convulsionado a la casa entera, el caso era su muerte... tan elegante. La veía ir paseando con una de sus damas, por una gran avenida y, de pronto, pasaba a su lado un hombre— un obrero, trajeado clásicamente de obrero— y le daba un golpe rápido en el pecho. Ella no caía muerta —he escuchado el relato más de diez veces, con ligeros matices según el ánimo del relator —exquisito escritor— y la cinta ha ido pasándose en mi memoria —memoria de lo que no se ha visto, pero se ha aceptado como vivencia confidencial. Ella no caía, pero estaba muerta, un estilete le había atravesado el corazón y etcétera, etcétera —pero no un etcétera de continuación, sino de retrospectivo. En nuevos —inagotables— relatos surgía la ambición, en ella presentimiento —algo así como emplazamiento— de una muerte leve, en la que la vida se escapase por una herida sutil... Y pasaba el recuerdo —pasaba la charla literaria, musical—, todo ello en torno a Mozart —y yo no lo espantaba de mi mente, mientras los menesteres comunes a toda muerte se sucedían y también los relatos... El relato como residuo —rebañadura, ansiosa sustitución de la supervivencia—, el relato de las minucias prácticas del hecho... También éstas matizadas, modificadas según el talante del momento, de la persona relatora... «Caída en el umbral de la iglesia, al entrar, derrumbada allí y nada más»... «Llevada por un hombre cualquiera, en un coche, a la Casa de Socorro»... y el médico, simplemente, «¡Paro cardíaco!». Y lo que nunca puede faltar, comentarios de los que lo presenciaron, más o menos... Uno que dijo: «No cayó al entrar, alguien la detuvo en la puerta y habló con ella un rato»... Y nada más. Luego, lo habitual —mezclada la puesta en práctica de lo inevitable con el dolor indescriptible, el desconcierto, el no querer comprender ni admitir que hubiese pasado lo que nadie esperaba, ni comprendía, ni toleraba—. Y yo pensando en la emperatriz de Austria... Claro que me quedaba una pizca de sentido común, más bien de sentido práctico... ¿la persona que había dicho...? Todo había quedado confuso por la hora —el anochecer— que en la casa había producido una cierta desbandada —seguramente fue eso lo que la llevó a la iglesia, que no frecuentaba— y cuando la trajeron —tocándome a mí recibirla, atolondrada, sin saber qué hacer—, en ese momento no pensaba nada, fue luego, al empezar a oír comentarios, el de aquel —o aquella— que dijo, «No cayó al entrar», eso fue lo que me llevó a la emperatriz... Quién fue el —o la— que dio esa noticia, tardé en saberlo. Cuando pude volver a la realidad, eso fue lo que se me presentó como gestión urgente. Y resultaba que las chicas —Elena sobre todo— habían deducido fácilmente de quién se trataba, por la vecindad tan próxima: la chica de la cestería, frente a la iglesia. Yo no esperaba que el interrogatorio fuese tan breve y suficiente. Si la chica hubiese visto que alguien le daba una puñalada, no habría dudado en delatarlo —bueno, infinitas cosas se pueden sentir en ese caso—, cierta duda de si se vio o no se vio, cierta repugnancia de la delación —al mismo tiempo que cierto impulso de justicia vengadora punitiva y qué sé yo qué más—, pero la chica, que no tenía ninguno de esos escrúpulos, había venido, entre toda la gente que venía a comentar, a presenciar la estela del drama y yo no le había hecho ningún caso —olvidada enteramente desde cuando la enseñé a leer— y anduvo entre todo el mundo y no se le ocurrió decir delante de mí lo de «no cayó» —se lo había dicho al médico, y, como el médico, había dado el caso por zanjado—. Ella sabía, sabía perfectamente... ¿será que sabía demasiado? No es probable —también podría decir, es seguro—. Claro que si ella hubiera sospechado lo de la puñalada —¿cómo podría sospecharlo? No lo sospechaba porque no conocía lo de la emperatriz, es decir, no sabía que eso podía ser, podía suceder —y no tuvo el menor escrúpulo en delatar —¿estaría yo transmitiéndole mi *sed de venganza*? Así, como suena —mi sed de investigación tenía esa magnitud que yo no había querido reconocer en los grandes detectives —tema literario que me aburría y ahora lo veo en todo su alcance poético, es decir, en su relación verdadera con el misterio —con el Misterio, que no se percibe si se queda la cosa en el chismorreo o ajetreo de poner y quitar cosas, unas encima de otras hasta descubrir la que estaba debajo—, no, el misterio es el que queda cuando todo está descubierto, como ahora cuando la delación fue tajante como detalle del hecho —el placer de relatar, de detallar se desborda a la menor pregunta—, «No cayó al entrar, alguien», etc.... Y yo, «¿quién, tú viste claro quién era?». La señora salía de la iglesia, como todas las tardes, se la encontró de frente en la puerta y se le puso delante. Charlaron cinco minutos, bueno, no sé si cinco o seis, y la señora se fue. Cuando se quedó sola, se apoyó en la puerta —Joaquina no paraba de hablar, a cada rato añadía un detalle más—, no se cayó al suelo como si se desmayase, se dejó ir cayendo hasta quedar sentada. Por eso no acudió nadie, si yo la hubiera visto caer... Fue un hombre que salía de la iglesia el que se dio cuenta de que estaba sin sentido... No había medio de hacerla callar, porque yo me empeñaba en que repitiese la historia, con ese propósito de los jueces que esperan ver si en la declaración se desdice el testigo, y no, no se desdecía —«La señora, bueno, doña Teresa, la de la farmacia...» No sé si los detectives, cuando echan el guante al criminal, se sentirán descansados como para decir, ahora, a otra cosa, yo experimenté un verdadero terror por encontrarme ante lo insoluble, con la certeza de que había descubierto el crimen —la faena, quitar y poner unas cosas encima de otras, hasta descubrir la que estaba debajo, eso es, eso es, y encontrarse con que la que estaba debajo era el misterio inexpugnable.

¡El arma! No había la menor duda posible respecto al criminal porque sólo, ¡solamente eso!, sabía el punto exacto donde el golpe atravesaría el corazón —el golpe no necesitó ser muy rápido, tardó cinco o seis minutos en entrar el estilete—, tuvo..., imposible saber o recordar todos los recursos que me acosaban en mi ansia de investigación. Claro que a conciencia de su inutilidad, de su pretensión extravagante, pero a punto de realizarlos —tan a punto como sólo en medio de la noche se tiene ya el pie fuera de la cama para saltar y acometer la empresa—, ir, y como un juez —no, como uno de esos esbirros que tanto frecuentamos en el cine, esos que agarran al culpable y le golpean, le pisotean, le obligan a confesar, con el último aliento, la extremada infamia que cometieron—, cien veces, encendiéndose la conciencia del absurdo que me acosaba y poco a poco apagándose y derivando otra vez al propósito de intentar... No había perdido enteramente la razón —no sé si estarán calibrados los grados de demencia momentánea que irrumpen en el insomnio—, vivencias del imposible, tan duras como las de haber clavado clavos con un martillo, irrumpían continuamente y se realizaban en mis nervios, cómo respondía mi tacto a los golpes que le asestaba, que la pisoteaban, que la sacudían —«Responde, ¡arpía!, ¿qué le dijiste?...»; sólo una cosa era importante, porque ya, después del hecho consumado, qué importaba —importaba, me importaba a mí saber si le había dicho lo que la mataría antes de morir... Eso es lo que yo necesitaba saber, si le habría deshecho, maculado a Isabel... La arpía, tan inmunda, le habría destruido la pureza de Isabel —la arpía tenía una idea bien clara del culto maternal de su víctima por la criatura que creía inmaculada —la arpía sabía muy bien lo real, sustancial, incontestable que era en la muerte de Antonia la idea de pureza, tan pura, la idea, como jamás había pasado por la suya, tortuosa, porque en la mente de la mujer maltratada no era una idea, era un ideal —perdido en su vida y alcanzado por su sangre. Alcanzado, ¡víbora!, de eso soy yo testigo —más que testigo, soy —he sido— inspector técnico de su pureza, yo la he revisado en todos sus rincones y no me habría impresionado que me dieras la noticia —bueno, es posible que me hubiera impresionado, aunque la noticia... me llegaba por todos los hechos—, ¿será posible que yo, yo misma, temiese la pérdida trivial, tópicamente localizada... será posible? —es cierto que lo he temido algunas veces, pero con un temor, con una sensatez vulgar que me daba la seguridad de verla —en tal caso— entregada al mundo de las víboras. No porque yo viese amenazada la pureza de su carácter, mente, alma y todo lo demás, si hay más, sino porque esto que ha pasado —esto tiene tantos modos de pasar, el sino ha elegido el peor. Claro que falta algo peor todavía. Si yo hubiera saltado a medianoche, si hubiera irrumpido en su cuarto y la hubiera sacado de la cama ¡por los pelos!... ¿Qué es lo que pasará si Luis se entera? No puede enterarse porque no sabe lo de la emperatriz. ¿Se enterará de quién fue la persona que detuvo a Antonia en la puerta de la iglesia? En el caso de que se enterase, ¿podría ver el estilete?... ¡Seguro! Seguro que lo vería —las vería a las dos revolcándose en una lucha. ¿Hubo algún instante en que Antonia se defendiese, se negase a admitir...? No, no, murió al primer golpe —desde la primera palabra ya estaba muerta—, el estilete iba entrando en una muerta. —¿Qué haría Luis si las viese enzarzadas, trataría de arrancarla de las garras...? Para él ese espectáculo sería el colofón de las mil páginas de su infancia—. No sé que haría, no lo puedo saber aunque también su pureza —de eso se trata— me es conocida. No le enseñé a leer, ya leía —más de lo corriente— cuando su padre le arrancó de los frailes y debió presenciar a diario el pugilato... ¿De dónde procede su pureza —de algún modo hay que llamarlo—, de primeras semillas, primeros cultivos... o posterior decantación, refinamiento o primor que ha ido poniendo, centímetro a centímetro, hasta su altura? No sé nada, no sé nada, pero sé que todavía falta lo peor. ¿Cómo puedo borrar el rastro de mi investigación? Después de haber obligado a la chica a decir el nombre, acosándola, «¿Tú viste, estás segura de que no te equivocas, tú viste quién era la persona...?, y la chica juró que lo había visto —y Elena y Ariadna, si la oyen, que sí la oyeron—, asegura que la paró en seco, que fue ella quien le dirigió la palabra —con eso es bastante para saber qué palabras pudieron salir de la víbora. ¿Puedo ponerme a decir ¡no lo digáis, que nadie se entere!..., eso sería subrayar la delación?... Luis tendrá que decidir, sepa o no sepa. Y en estos días en que andaba tan perdido con el politiqueo famoso... ¿A dónde irán a parar con el ruido que meten?...

*

Hay que dejarle un poco de espacio a la prosa de la vida, hasta en el caso —escandaloso— de que se manifieste con derecho propio en torno a la muerte. ¡Nada más arbitrario! El único hecho intangible, absolutamente puro en sí y por sí, del cual es estúpido —por inútil— hablar con pretendida sensatez, la muerte, y la prosa se impone, se prodiga en eso de dar que hablar porque el silencio pertenece, en exclusiva, a la muerte y a los que la viven tan de cerca que se incluyen en él. Los demás —todos los demás—, en todos los casos, cada vez que ese silencio, la muerte, se produce, tienen que atender a la prosa que se propaga como un efecto de la vida, como su cáscara o corteza más bien, de inevitable conservación, si queremos custodiar la savia, la médula. En fin, la prosa ocupa su espacio, que abarca todo lo que se puede llamar práctico —las ideas o propósitos, las comunicaciones—, intercambios de ideas prácticas, y puesta en práctica de los propósitos convenientes, inevitables, obvios, penosos, difíciles, y sin embargo, vanos. Todo el ajetreo que produce la muerte, primero entregar el cuerpo muerto a la tierra y luego... establecer un orden de conservación de lo que queda en relación directa con lo que falta. Y los conciliábulos pululan, en sus diferentes jerarquías. Los espectadores, del todo ajenos, opinando, por opinar, los afectos —en diferentes grados de afectividad— interviniendo con... unos con provisor interés, otros con pasional, ciego, demente arrebato, otros —otra, esta vez, porque de ésta se trata— con infinito desconsuelo, con angustiosa incertidumbre, con el cansancio, con la dejadez del náufrago que pide a la última ola nada más que descanso. La prosa se instala en los sitios donde concurren los ejecutivos, los que tratan de poner en práctica lo que va a seguir. Lo que debe seguir —todos de acuerdo en eso de que debe seguir. Se reúnen en torno a la que se ha convertido en objeto o sujeto de extrema atención, de riguroso cálculo... Practicismo ante todo: se hacen consultas, se toman decisiones, se intenta poner en la balanza un ligero peso, quitar otro mayor o menor: se intenta conocer la preferencia del sujeto, se intenta influir en ellas abiertamente o angustiosa o subrepticiamente. Hay cuchicheos, informaciones para saber qué hacer... La prosa de la vida tiene matices, obra o se conduce en sistemas —sin sistema establecido, infinitamente cambiante—, imita a veces los movimientos naturales —naturales de la naturaleza—, aunque no, en verdad no los imita, es que ésa es su naturaleza y le son naturales. ¿Hay algo irreal en la naturaleza?... ¿Hay algo natural en lo irreal?... La prosa de la vida no es nada real, es algo de naturaleza ideal, cambiante, tanto como las ideas —las de cada tiempo, las de cada pueblo, las de cada hombre. Cada hombre es el intríngulis de la variedad porque en los pueblos y en los tiempos hay una cierta semejanza con la naturaleza, con los sistemas conocidos en el agro —sitios y tiempos en que se reúnen las grullas para emigrar. En los pueblos, las grandes riadas o mareas arrastran todo

con violenta decisión, pero hay una parte dubitativa, la parte
que sobrenada —escoria o decantación—, la parte que juega
con canicas o con torres y alfiles —la parte que se llama
sociedad—, aunque todo sea sociedad: se trata de la parte que
se llama... Ahí llegan ondas dudosas temerosas y seguras, sin
embargo, de sus antenas y se producen ciertos bandos, dispuestos a cubrir el ala según se vaya nadando las cosas...
Esas decisiones prácticas, semejantes a las que ocurren en
torno a la muerte de un individuo, ocurren también si se
trata de la muerte de *algo*... Algo va a morir, hay cierta
diferencia... Cuando *alguien* muere, el desbarajuste de cosas
prácticas está a la vista, las precauciones cuando *algo* va a
morir son subrepticias porque ¿y si no muere?... Y, en el
caso de que muera ¿conviene ir al entierro?... Lo práctico, el
sistema a adoptar para poner todo en orden —lo propio y lo
ajeno, lo público y lo privado—, los lugares de reunión no
son los altozanos que miran a las tierras calientes, son más
bien guaridas, abrigadas por la inmunidad diplomática, salones, por lo tanto, luminosamente encubridores y también cer-
nedores, clasificadores de méritos, gracias, valores contrasta-
bles y en ellos se puede encontrar todo lo que se busque, se
puede *dénicher* lo más transparentemente oculto... En el río
revuelto puede pescar quien posea algunas de las gracias ad-
mitidas: sutileza para jugar cualquier juego... pero el río está
todavía más revuelto fuera de los salones: se podría decir
que la calle —el área de Madrid, a esto nos atenemos— ha
tomado o contraído cierto aspecto de salón, cierta calidad o
consistencia matizada. Priman las gracias de la inteligencia,
como si lo que es esencialmente intelectual —su cumbre, digamos, poética—, lo más elevado, casi inalcanzable se derrocha
o desborda, se derrama sin descender —derrama su altura...
Todo queda recubierto y descubierto por una luz que inves-
tiga tanto como halaga, estimula, realza lo que andaba por
el suelo y por el suelo lo deja andar —como anda la hierba,
el trébol, la vincapervinca salpicando azul—, todo se eleva,
se idealiza en la práctica... La práctica, que puede ser arrolladora, arrolla sonriente y parece ir a cosecharse lo empeño-
samente sembrado. Algo va a pasar, de dimensiones tan colo-

315

sales que es inútil echarse a un lado... Más vale ir en la corriente...

*

No está Luis, doña Laura. Ya lo sé, le dije y le eché a un lado, lo suficiente para pasar el mostrador. Creí que iba a gritar ¡socorro!... Yo le había puesto la mano en el brazo para empujarla, la subí al hombro, la bajé a la espalda y le dije, Anda, hijo mío, di a la señora que quiero verla. El chico —tambaleándose— echó a andar y yo detrás, despacio, pero avanzando y, como no volvió con negativa, llegué a la puerta del cuarto y entré, simplemente, entré. Aquí es donde ya no puedo reconstruir la escena, si tuviera que relatarla ante un tribunal... No puedo reconstruirla porque ¿cómo podría oír por dos teléfonos a un tiempo?, lo grave era que el más próximo, la línea de mi propio pensamiento, era la que se imponía más potente, pero no era la que hacía falta oír, sino la otra, mi discurso, lúcido y tonante, era el que había mantenido conmigo misma a medianoche, ¡Dime, arpía, qué le dijiste!..., y al discurso se unía la representación de la escena ensoñada —que no era onírica: era una fría creación de lo imposible, y se proyectaba, se presentaba, una escena distinta ¡tan pertinente! Yo debía estar diciendo algo admisible —¿me dio la mano? no recuerdo, pero sí que no me senté—, yo debía de estar diciendo algo, porque lo que no puedo olvidar es que su continuo cabeceo de asentimiento era ofensivo —a cada una de mis palabras, a cada sílaba—, me daba con la puerta en las narices, asintiendo... «puedes seguir, puedes seguir, todo eso no tiene ninguna novedad...», y yo seguía, casi sin aliento, pero seguía... Tuve hasta la vergonzosa cobardía de largarle un preámbulo sobre mi amor a los chicos, a su hijo, incluso, le dije, y asintió —asintió cínicamente, con el cinismo que se pone ante la proverbial tercería o algo así—, no sé cómo llegué —o pasé— a hablarle de la chica —no dije Isabel, dije varias veces esta niña o esta criatura... Y al fin dije, Al menos, ahora tiene un nombre... Ahí se acabó el asentimiento. En ese momento se dio cuenta de que yo, un ser humano, una mujer, estaba delante de ella —una mujer, sobre todo, lógicamente, humanamente... no, específicamente habló con naturalidad —como los gatos se mueven naturalmente entre los gatos y las ratas entre las ratas—, me gritó, con el aplomo del que da una noticia, «¡Sotillo! ¿ése es un nombre? ¿Usted sabe lo que quiere decir ese nombre? ¡Escándalo!, simplemente, escándalo... La firmeza de su posición se había corroborado al tener ese dato, tanto que casi hacía concesiones —minimizaba los cargos anteriores, «después de todo, ser hija de una cualquiera...», ahora resultaba que era hija del íncubo que había deshecho numerosos hogares, que había atropellado a muchas jóvenes de grandes familias... ¿qué significaba en su historia haberle hecho un hijo a una sirvienta?... su nombre —por supuesto, un nombre de alcurnia— arrastrado entre compañías dudosas de todos géneros, de todos los estratos sociales... y no sólo por el fango, sino por eso que llaman los pináculos de la intelectualidad, de la impiedad —las lumbreras... No había medio de hacerle callar —no puedo convencerme de que ya —después de tres días— tiene que haber callado—, no, no ha callado, no callará nunca. Me da una vergüenza atroz haberle endilgado el preámbulo de mi amor por los chicos —lo real, lo verdadero era mi discurso nocturno—, ¿por qué no salté a medianoche, por qué no la saqué de la cama por los pelos y la pisoteé como a una víbora? —lo que hice no fue menos irregular, no dejó de ser un asalto, una violación de un mundo sagrado —puesto que para mí hay algo sagrado y yo pateaba, a conciencia, su sagrado—. ¿Cómo puede ser eso, esa pasión que se siente por lo que se cree sagrado y que no haya medio de transformarlo en un espacio, racional, donde quepan las pasiones de los otros? —no, es imposible, sencillamente, imposible —no hay más que esperar, pero no hay paciencia para ver cómo se devoran unos a otros —no hay paciencia porque lo horrible es lo que tardan —lo que dura el sufrimiento, el dolor, que es la medida del tiempo.

*

Levantar una casa, se dice y se piensa en seguida en lo cómodo que sería meterle un tablón debajo y con el consabido punto de apoyo, apalancar. Es mera cuestión de fuerza, claro que eso no se puede hacer, pero si se pudiese, no consistiría en nada más. Ahora, levantar una casa, es un modo de decir, metafórico, pero qué fuerza hace falta. Y, sobre todo, cada punto de apoyo que se encuentra —y se encuentran incalculables—, cada punto, en vez de ser cooperador, contribuyente a la fuerza, es rémora o vampiro, es sangría, vena abierta por donde se escapa el recuerdo —por donde se disipa, se diluye, se difumina todo proyecto, se deshace en fin, se pierde en el vacío y asalta en seguida la precaución. Deserta la larguesa del pensamiento, porque, ¿para qué?... Hay que levantar la casa. Y se llama casa al mínimo refugio, habitáculo o, simplemente, cuarto de cuatro paredes blanqueadas y un cielo raso, en el que irrumpe el hueco de la tronera que da al tejado como *chien assis* —nos falta ese terminejo tan tierno, que mire en los tejados viejos a los perritos sentados, guardianes de la luz y de la noche, ¡aquel culto de los tejados nocturnos! —las troneras—, mi estudio contiguo al cuarto, mi jardín, la primera palabra que le dije, la frase de invitación, «Mira mi jardín»... el jaramago con su color de agosto, el *trait d'union,* el pacto de amistad... y tantas otras cosas —hay que recoger cosa por cosa—, el rincón que sirvió de... de todo lo que simula una casa, pero no como bambalina pintada, sino como realidad práctica de dos vidas que vivieron, comieron, durmieron durante años —el grifo instalado, el pie de hierro con el infiernillo donde se frieron cebollas, sardinas, los alimentos que compensan de su miseria con olores fuertes, satisfactorios, persistentes, sus humos fugándose por la tronera y todo ventilado, todo higienizado por los líquidos limpiadores, raedores de toda grasa, administrados por la fuerte autoridad que los tiene a raya —y el palanganero con el jabón que huele a rosas—, todo lo que tiene el encanto... El valor hoy que nunca tuvo, el que hoy los desnuda, nos muestra su belleza que no es más que algo así como un cuerpo, el cuerpo del desamparo... Y ¿qué puedo hacer con todo esto? No cabe en mi cuarto, en mi estudio tan compartido, tan lleno de esbozos, proyectos de una obra que va por sus pasos contados, que no desfallecerá jamás, que va dere-

cha... y yo me echo a un lado para verla ir —verla ir. Ver
su marcha me ha distraído. Yo extasiada ante la forma —la
forma es mi culto, al que jamás podré faltar— y el viejito
Gut Gut diciendo «el Donatello, el drama del Donatello es
lo que primará en el porvenir...» Y bueno, bueno, yo prefiero
la forma sin drama, la forma por la forma. No se lleva, bueno,
yo me echo a un lado y que ella pase con su drama. Lo que
me angustia es que no logre pasar, que no sepa defenderse
de sus dramas propios. Tengo que recoger todo lo que ha
dejado aquí y siendo que lo recojo para ella, pero no sé si
ella piensa, recuerda que lo dejó, no sé si lo necesita o va
ligera como flecha... Siento que algo se desgarra, ¿por qué
esta visión pasional de nuestra infancia? ¿Por qué esta especie
de celos, de terror ante la infidelidad a una cosa —no cosa,
a un algo— que ya pasó?... Es un sentimiento de dimensión
desproporcionada con la causa —si me pongo a equilibrar la
proporción, resulta que es la causa la que tengo que ampliar
hasta lo descomunal—, la causa, los celos, el terror a la
infidelidad no cabe dentro de mí. Tengo que echarme a un
lado y ver pasar el desgarramiento. No cabe dentro de mí lo
que es demasiado grande, lo que pertenece a otro. Es un
terror a la traición, como si la traición fuera un mal de disgregación, de disolución que puede deshacerla, que, si deshace
su pasado, ¿en qué queda? ¿Qué puede ser ella sobre sus
escombros —no sobre, fuera, saliendo, sacando los pies de sus
briznas y siguiendo?... No puede ser, no puede ser, mi angustia es demasiado grande, no cabe dentro de mí —sólo viéndola en esa dimensión que me sobrepasa la puedo aceptar
—porque tengo que aceptarla, no puedo negarla ni aplacarla,
tengo que... levantarla, tomarla con todo el resto, con todo
el montón de cachivaches —como un cachivache más, porque
de todos ellos está compuesta. Tengo que levantar la casa,
tomarla en peso y cultivar, fortificar, ajustar o pulir cada
pieza de la máquina, porque no puedo dejarla parada en una
hora que pasó. Tengo que echarla a andar para que salten
sobre ella las horas que arrastran a las que no pueden pasar.
No quiero consolarme, no quiero enorgullecerme de esa magnitud compartida —claro que la comparto, pero no acepto

de ella más que ese torvo sentimiento parecido a los celos—, no quiero, ni puedo disiparme en arenas movedizas, ¡sospechas!... Tengo que levantar la casa y están a la vista cosas en perchas y armario, está la máquina Singer y el cesto de la costura, predominando el percal azul. Está en la pared el estante de la manzanilla —con la manzanilla y con otras muchas cosas, pero el estante es *de la manzanilla*—, hay una carpeta pequeña con apuntes rápidos —los grandes ya están en el estudio y Gut Gut querrá verlos, sí, debe verlos—, está en la pared con cuatro chinches, la Escuela de Atenas —empeño el nuestro en llamarle Escuela de Platón que nos costó tanto modificar —que no habríamos jamás modificado si no nos hubiera modificado la visión don Manuel, apropiándose él de la visión —le consultábamos, le mostrábamos temerosamente la reproducción creyendo que vería nuestro entusiasmo con benevolencia y se lanzó sobre ella, echó a volar su fantasía —su fantasía repleta de sabiduría—, fue un desahogo, algo así como si su caudal didáctico contenido por miedo a ser aburrido, pesado, profesoral, de pronto se sintiese invitado a participar en los juegos de los chicos —invitado y contento, más que contento, aprovechando la ocasión de enseñar, detallar y fantasear sobre el tema —harto de conocerlo de toda su vida, pero trayéndolo a la actualidad —a una actualidad embrionaria que él ve desde su soledad —misantropía dice a veces, pero no sé —o no sé lo que es misantropía o la suya es una misantropía apasionada—. La verdad es que no nos instó mucho a corregir el título, nos dio permiso a llamarlo como quisiéramos, incluso justificaba un poco nuestra modificación exponiendo —confesando por encontrar semejanza con la nuestra en su puerilidad—, confesando que para él (*el cuadro, el fresco,* nuestra discusión con Martín le hacía mucha gracia), para él estaba prendido, sin chinches, sostenido mágicamente en los Altos del Hipódromo —confesaba como confesaría un chico obstinado que estaba allí y seguirá estando. Alma tan apasionada la suya como la de su hermana, ahora hundida en una preocupación misteriosa. Eso es lo que responde a toda pregunta, «Es algo tan misterioso que pierdo el tiempo pensando en ello porque es, simplemente, el misterio...», y no hay quien la saque de ahí —es la misma historia, o no sé lo que es el misterio —o no sé lo que quiere decir misterio —o sé que se trata de la puerta inviolable de su voluntad. Ella no quiere decir de qué se trata y sólo puede ser que está detenida ante otra puerta... ¿qué puerta? Me dijo una cosa rara —ahora recuerdo—, una cosa igual a la que yo acabo de decir respecto a mí misma hace dos minutos —dijo algo así como que su preocupación —su tristeza, dijo exactamente— era demasiado grande para ella, sentía que su tristeza tenía un área... y no quiso seguir. Parece encastillada en su misterio, parece que ninguna otra cosa puede interesarle, pero no es así, piensa en nosotras continuamente y, ¡cosa nueva!, tiene una actitud de cordialidad, de interés, un modo de tomar en serio —que antes no tenía— a su concuñada, a nuestra Tina, cuyo afecto y adhesión siempre trató de minimizar. Ahora cuenta con ella, la considera puerta de escape por donde los chicos pueden huir de la casa embrujada. Y así es... Desde su teléfono —no tengo valor para bajar a la farmacia y es cobardía indigna, pero no puedo— le expliqué a Tina la cantidad de cosas que quedaron aquí... Lo único que necesita Isabel es la enorme carpeta con los dibujos... ¿Tendrá valor para ver los esbozos de su madre, ya tan avanzados? Los tres o cuatro de Luis, muy rápidos, pero ¡tan certeros!... El de don Manuel, parecido a Carlos V —cosa que le encocora—, el de Ágata, caricaturesco... No sé cuándo me llegará a mí la vez... Dice que lo hará de memoria.

*

Tengo que recoger todo, el coche de Tina estará ahí dentro de un par de minutos, esta vez sin Solita —esta vez nadie me privará del silencio.

No tiene ningún sentido haber venido cargando con todo esto si no es para llevárselo en seguida a Waksman, ¿no crees, Tina?

Se lo he dicho cien veces —comprendo que le cueste trabajo, pero hay que llevarlo. Esto tiene que estar depositado allí. Tienes que oír la opinión de ese señor, Isabel... Tienes que seguir sus consejos porque es un gran conocedor... Tienes que empezar a trabajar... Tienes que salir de ese mutismo, que no habría quien lo entendiese —un mutismo que no rompes ni cuando hablas—, te he estado escuchando cuando hablabas con Luis —no es la dificultad del teléfono, es la negación, la disolución... La verdad es que yo nunca entendí qué género de relación es la que tienes con él. ¡Con todo el aspecto de una historia pasional! Nunca pude entenderlo —nunca pude tener una idea de si le quieres o no le quieres... Yo creo que ni tú misma lo sabes, ¿no es eso?

¿Tengo que contestar?

No estaría de más, me parece.

No os serviría de nada. Si os digo que no, diréis «no hay nada que hacer», pero ¿lo creeríais? Si os digo que sí, creeréis que digo la verdad, pero entonces es cuando estaréis seguras de no entender... Ni siquiera tú, Elena, ni siquiera tú te diste cuenta de que yo vivía mintiendo... ¿Te acuerdas del famoso sueño terrible? Yo sabía perfectamente quién era... ¿Recuerdas cuando te esperaba en la escalera, cuando te hacía bajar por los litines para no bajar yo? Ya entonces —a los diez o los once— ya le quería —no sé desde cuándo, mucho antes. A los diez, a los once, a los doce es cuando fui viendo a dónde conducía aquello... No, no, no, en esa edad es cuando tú empezaste a sermonearme con lo de que eso del pecado es una tontería y yo no te lo negaba para que no me creyeses idiota, pero por dentro yo me decía, a mí no me hace falta porque nunca incurriré, nunca me expondré a nada de eso...

¿Y?...

Acabo de deciros que con esta explicación os quedaríais a oscuras... ¿Es que no os percatáis? No vayáis a decir ¡qué precocidad!, porque no es precocidad, es la cosa más natural del mundo. Por eso, cuando me decías que no creyese en el pecado, yo pensaba ¡cómo se le puede ocurrir a nadie que eso sea pecado! Eso que ocurría dentro de mí y que me parecía que había ocurrido siempre, desde que nací —y a lo mejor había ocurrido—. Luego, a los doce es cuando recapacité... Me dijo un día que por qué no salíamos de paseo una tarde; él subiría a pedir permiso a mi padre... Y le dije, ¡Que no se te ocurra, que no se te ocurra! ¡Te tiro por las escaleras!... Se metió adentro de la rebotica y se echó a llorar. Yo no me arrepentí de haberle hecho tanto daño porque me decía a mí misma, «con esta energía que tengo estoy segura de no dejarme convencer jamás por otro, estoy segura de no querer jamás a otro, de borrar la idea de todo eso a mi alrededor». Con eso me bastaba para estar más defendida que con la idea del pecado. ¿Me viste alguna vez flaquear, Elena?

No, por cierto. Estaba segura de que eras un monstruo.

A mí lo que me asombra es que una chica que no tiene la cabeza abarrotada de literatura tenga un *alma eslava* de cien kilates...

¿Eslava, por qué eslava? Yo creo que si le contase esta historia a una mujeruca de pueblo la entendería. Es la cosa más sencilla para cualquier mujer sencilla. ¿Por qué iba yo a consentir que se pusiera delante de mi madre, si jamás podría yo poner a mi madre delante de la suya? ¿No está claro? Ahora puede haber quien crea que la situación se ha aclarado... ¡Jamás se aclarará!

*

No, querida, usted no puede seguir en la inacción. Cuando se está en el caso de no poder hacer lo que uno quiere y hasta en el caso de no querer nada, de no poder ni siquiera querer, lo único es hacer, hacer cerrando los ojos. Hacer tanto que resulte casi agresivo, explosivo, una especie de dinamita, metida dentro del no querer. Yo, ¿sabe usted?, yo nunca fui dinamitero, pero reconozco las ventajas, conozco las desventajas de no haberlo sido. Sólo que yo tenía mis razones, usted es otra cosa... Fíjese, fíjese en esto, ¿qué le parece? Cincuenta por sesenta, la misma proporción del Durero que tanto le gusta. ¿No es verdad que le gusta en extremo? Se comprende, pero recordará que una vez eligió un modelo no tan bonito. ¿Ya no se acuerda?... pues yo sí, yo el modelo. ¿Ya no le parezco tan encantador como aquel día? —¡Oh, señor Waksman!

Nada de oh, señor... En aquel tiempo —que no es mucho— usted habría dicho, Oh, señor Gut Gut... y eso era lo encantador. Ahora soy señor Waksman y no quiero serlo, no quiero tener ese pasaporte. Yo quiero ser el señor Gut Gut, con mi batín de terciopelo granate. No me niegue la gloria de haberle inspirado un retrato célebre. Un retrato célebre que estará algún día en un museo, pero que ahora, ya, desde hace tiempo, existe en la mente de una pintora, angélica como aquel Fra... porque, en verdad, tiene algo de Fra... o de Sor... Algo angélico entró con usted en mi gruta. Una aureola le resplandeció en la cabecita en forma de inspiración. Porque, ¡vamos!, imaginar un retrato célebre. «El anticuario»... un viejo judío, gordito, coloradito, arrellanado en su butaca, con un vaso de opalina sobre la mesa. No me va usted a negar que ese retrato existe, que está ahí, en su cabeza y que pinta en él todos los días. Si no hubiera pasado lo que ha pasado, si viviéramos en paz y no temblando por lo que va a pasar de un momento a otro, si no hubiera que preocuparse por el tiempo, yo no le metería prisa. Yo le diría, siga con él, siga trabajándolo, detallándolo cada vez más, así es como se hace lo bueno. Así es como se hace el pájaro dentro del huevo. Pero ya es hora de que rompa el cascarón. ¿No le dice nada este liencecito? Fíjese, este rincón tiene una luz inmejorable para sugerir algo de aquello. Algo que sólo puede consistir en la luz, pero es suficiente para que el cuadro que usted tiene en la cabeza, el célebre «Retrato del anticuario», conocido en todo el mundo —yo, el señor Gut Gut, célebre por haber posado en mi rincón, con mi batín granate—. Ahí tiene usted el vaso, hay que ponerlo en un punto en que quede bien enfocado su azul, destacando en la sombra —el vaso tiene que ser célebre— el azul, ¿recuerda usted esos cuadros en los que se descubre el autorretrato del pintor entre el séquito de algún príncipe? ¡Ahí está el vaso azul! Ahí estará porque el cuadro existe y usted no puede sofocarlo, sería infanticidio... Usted no puede privarme de esa gloria, ¿sabe usted lo que es una promesa? Usted lo pintó en el aire y me lo enseñó, ¿no vio cómo yo lo agarraba? ¿Se puede mostrar un juguete a un niño y no dárselo? —mucho menos a un viejo, porque al niño se le puede decir ¡otra vez será!... En cambio, al viejo le queda tan poco tiempo para jugar...

No, usted no puede faltar a su promesa. Llevo dos o tres años sabiendo que mi retrato está en un museo —no sé en cuál, no me importa—; pienso, cuando entro en un sitio frecuentado por gentes de letras o de artes, «Me miran porque me reconocen». Veo revistas o libros de pintura, con cientos de reproducciones y busco —se lo confieso—, busco con ansiedad, esperando encontrarlo y no lo encuentro —¡no lo encuentro! ¿sabe usted lo que es eso? ¿Sabe usted lo que es buscar pensando «lo encontraré»?... Por la mañana —su hora de trabajo es la mañana, ¿no?—, a primera hora de la mañana, Madame Smith, la preciosa Tina —me hace llamarla Tina—, me la mandará en su coche facturada como un tibor. Está usted necesitando un ejercicio, hay que cansar sus nervios, llenar su mente de imágenes, de problemas artesanales, tiene que oír lo que dice la gente —eso le gustará o le disgustará, pero le ocupará la cabeza con discusiones... sin fin, sin sentido, sin provecho. Bueno, en este caso no, será un provecho curativo el que encontrará en las disputas con unos y otros. Usted es discutidora —no la he oído nunca discutir, pero lo es, estoy seguro y es muy bueno, a veces le hace a uno salir de sí mismo y comerse vivo al otro, es magnífico, es un sistema de nutrición muy saludable; luego, los tontos dicen que no son comprendidos y lo que pasa es que no son apetitosos, nadie les pega un bocado para ver cómo saben y entonces vienen las discusiones con ametralladoras y tanques y todas esas porquerías. Con lo agradable que es desmenuzar cuidadosamente a un contrincante, empezar por quitarle —como a una gamba— el dermatoesqueleto, sin romperle las patitas, sacando todo el bicho blando que había allí dentro, defendido por su coraza —ya verá usted cuántos hay ¡durísimos! Tiene usted que comer bien —ya sé que madame Tina se encarga de eso— pero es necesario que no le falten las fuerzas... para afrontar muchas cosas. Sus bártulos de trabajo, sus apuntes y los estudios grandes, de última hora —todo lo que tenía proyectado, empezado casi... Sí, tiene que afrontarlo, eso no se puede perder. Elena cuida de ello, ya lo sé, pero no basta —lleva ya muchos días hundida, pensando en lo mismo —bueno, no sé, verdaderamente, en qué piensa; no es una sola cosa —si fuera una cosa sola, no diríamos que piensa —en eso no se piensa—, pero es que no es una cosa sola, ¡son tantas!... Tiene usted que afrontarlas —tiene que salir de lo que no se piensa—, ya sabemos que lo que se siente hasta no poder vivir no deja pensar, pero no hay que temer que si se piensa se deje de sentir, ¡al contrario! —lo que se siente ya no está, lo que se piensa es un modo de hacer vivir —revivir—. No, no, no, esto es falso. No hay nada que haga revivir lo que no vive, pero pensando se ve más claro, se ilumina lo que se siente... De modo que usted tiene que afrontar esos esbozos que tenía de... ¿Recuerda usted que, comentándolos, habíamos dicho, todos los pintores inmortalizaron a sus madres, ¡inmortalizaron! —un modo de decir—. Pero, repito lo que acabo de decirle, con la lucidez del pensamiento y más si se pinta, se pone ante el pensamiento una imagen... ¿Recuerda usted nuestras charlas en el Prado? Yo, presentándome, León Waksman, mal pintor... y usted se reía, con tanta piedad... Yo no la engañaba, ahí tiene la demostración; nunca conseguí inmortalizarla. Mis intentos eran torpes —la enfermedad la había deformado—, pero no era nada de eso, era que no podía pintar aquel esplendor... ¿Por mal pintor? No, porque tenía que haberla pintado a los cinco años... ¡Oh, no! Perdóneme, no debo hablarle de estas cosas, pero usted querida, querida Isabelita, me parece mi mejor cuadro, mi único gran cuadro, que llegará a los museos de Europa. Tiene usted también otros estudios que no sé, no sé por dónde andarán, digo el tema, el modelo. Bueno, éste es otro asunto, pero muy digno de tenerse en cuenta. Hay que estudiarlo.

*

Después de lo que hemos luchado —bueno, meditado— analizado, después de haber llegado a adoptar los puntos extremos y ver que todo responde, que todo se realiza con una perfección y una actitud que superan lo imaginado... Después de todo esto, te desinteresas, te inhibes... ¿Cuándo vas a llegar a la mayoría de edad?...

No sé, cada vez me encuentro más lejos del noveno mes de mi existencia... Haré por no llegar a él...

¡Ante una cosa así!...

Pues eso es, si quieres entenderlo tienes que ponerte ante *una cosa así*. Pero no hay medio, nadie puede saber lo que es *ser una cosa así*. Cuando se está en —*guerra sin cuartel,* es expresión que pertenece a las guerras con cuarteles—, cuando se está en esa guerra que ocurre entre las especies que, por naturaleza, están en guerra —que no es estar en guerra consigo mismo—, porque en las especies animales se trata de nutrición, no es riña de gallos, para cacarear sobre el vencido, se trata de devorar aquello que es el alimento adecuado, un material que se asimila por afinidad... No es posible, Ramón, que no entiendas del todo, sabes todos los pormenores —de mi antiguo interés, de mi actual apatía—, pero es difícil seguir hablando porque no se logra esa comprensión informulada que se efectúa en los sueños; esbozar una sola palabra y quedar dicha toda la historia —la ya conocida, la contada, la relegada, modificada y nuevamente corregida y ampliada. ¡Ante una cosa así!... quiere decir, no sigamos, pero también podría decir lo contrario: ante una cosa así, quedémonos en contemplación, meditación, recapitulación... Tú sabías que yo me quedaba y cortaste porque mi salida te pareció metáfora o circunloquio. Te indignó que yo no dijese algo claro. Si te hubiera dicho, «piensa que yo, a los siete meses era cura»... eso ya te habría dado ganas de seguir y yo habría seguido contándote cómo mi aceptación, mi asentimiento correspondían a las olas de la fiebre, a la arritmia del corazón que daba saltos sin compás... Ése era yo a los siete meses. Por *ser así* quería salir sietemesino, para ver lo que estaba pasando, porque me sentía con todas mis facultades. Años después —después, sin corte ni —se crea o no se crea— sin sucesión: un después que no es más que la cosa ampliada, gigantesca, como vista con una lupa descomunal que amplía la imagen hasta alcanzar dimensiones que abarcan el mundo, el tiempo —nada queda fuera de sus contornos. Dentro de la imagen quedan la lupa y la mano que la sostiene y el ojo que mira, pero lo que mira conserva el tamaño del punto —un punto no tiene tamaño y de eso es de lo que se trata, de ver el punto sin tamaño como lo esencial, que esencial permanece. Si hubiera seguido contemplándolo, podría haber seguido hablando, Ramón, pero tuviste miedo de perder el tiempo y es cierto que lo habríamos perdido, pero así, ¿qué hacemos con él?...

Mirar el punto inalterable sin pensar como ahora —sin deformarlo con nada que no entre en su molde. Saltar desde allí —sietemesino— en las varias formas en que habría sido posible saltar, con las varias, incalculables consecuencias que hoy veo o deduzco —veo, veo que allí estaban en potencia —¿calladas, dormidas?—, la potencia no duerme nunca, vive latiendo en todos sus radios —todos están *siendo*. Desde aquí, digo, ¡si hubiera sido! —está claro como el agua porque la guerra estaba ya —desde el primer momento, antes de meses y de semanas— entre las dos potencias enfrentadas que concordaban —que asentían o respondían—, no como se responden las rimas, por su propio timbre, sino por la correspondencia desigual —satisfactoria como todo lo perfecto —del mando y la obediencia—, todo estaba allí, el «¡si hubiera sido;», y el «si pudiera ser» y el «¡no será!»... Podría haber sido mi irrupción en el mundo —visible— con brutal violencia —con impaciencia, antes de aplacarse las olas de la fiebre, aprovechando la ventaja. Ante eso del provecho había cierta repugnancia —ella, el mando, sucumbía y a mí me quedaba la libertad —la potencia recogía su tentáculo, se negaba a establecer ese comercio y la obediencia se dilataba en una especie de bostezo, más bien de desperezo, afrontando el despertar en un clima ya fresco. Las cosas duras del mundo, que hacen gritar y patalear, estaban bien proporcionadas a mis fuerzas y pronto —monstruosamente, increíblemente pronto— las cosas del mundo cada vez menos duras, más adecuadas a mis miembros fueron despertando —cada día nacía a mi alrededor alguna cosa que era como un recuerdo —los regalos, las sorpresas, así les llamaban, eran como reencuentros o ajustes —hormas de mi zapato— o zapatos que yo calzaba con la seguridad de poder caminar, de dar la vuelta al mundo. Todo lo transmitido —el Morse tiene, después de todo, una clave que cualquiera puede entender... no es eso—, la transmisión integral modifica las manos del feto, encauza o polariza en ellas la habilidad, las afina, las potencia dándoles una destreza como una especie de lenguaje, un apetito de contacto, capaz de elevar el sabor, como el incienso el olor. El juego seguía acorde entre los jugadores —las interrupciones hacían trastrabillar a una de las dos partes, hacían ver, percibir en una forma que sólo podría llamar ¡alarma!, timbrazo estridente. La voz del mando que manda otra cosa, que suena de otro modo —ya no se oía como se oía cuando no se tenía orejas —cuando se las tenía llenas de agua, dichosamente anegadas—, ahora se oía y se reflexionaba —antes, oír era sentir lo oído, ahora oír era calcular la reflexión, ponerse como espejo a reflejar bien —el tute arrastrado suscitaba dificultades y, al mismo tiempo, potenciaba facultades. Crecía, con la estatura —apuntada en la pared año por año— una especie de desconocimiento, un ansia de conocimiento del terreno más próximo —el que iba ganando en las marcas de la pared—, y todo era victorias y avances, pero el punto sin tamaño no se borraba —no se puede borrar ni confundir. Ahora se le puede mirar con la lupa descomunal de las proporciones alcanzadas, denominadas vulgarmente, Inteligencia, Virilidad... ¿Qué son ante el punto inextenso? No tiene la menor importancia lo que sean desde su vulgar denominación, lo único es trasladar la reflexión racional al ámbito de la pureza del ser... Es desde allí, bajo las ondas de la fiebre, desde donde hay que meditar bien el trato comercial —no, trato no, no puedo tratarlo con nadie—, meditar bien el balance, simplemente... Hay que realizar todas las posibilidades que hubo en el clima libérrimo que no tocaba la realidad y que, sin embargo, alcanzaba una rigurosa ecuación con lo que puede —o no puede— ser, con lo que sería... Hay que realizar lo que sería irrumpir violentamente, desgarrando las resistencias minadas por la enfermedad y quedar desnudo delante de lo ajeno... Sí, fue —y es— una posibilidad, con algo de ganga o ventaja deshonesta... Precipitar la irrupción, sin medir la madurez de las propias fuerzas y sucumbir en la empresa —ahí el saldo no es ventajoso— parecería que para ninguno de los dos, pero hay algo más —algo que me hace repudiarlo por verlo, en cierto modo, glorioso para ella. No, no, esa posibilidad —efectiva— la pondría —la elevaría— a la situación de *Mater dolorosa* y no, no merece tanto. A eso sólo tiene derecho la que le sigue hasta el Calvario y ella no, cien veces no. La única posibilidad eficiente es la otra —el escrúpulo de usura queda descartado porque las ventajas, no hay más que suprimir toda posible ventaja, aunando la voluntad destructiva de las dos posibilidades... Sí, esto está claro, es un razonamiento perfecto, no se puede llegar a más en un examen lógico, racional —sangrientamente racional. Ramón, debías haberlo entendido así, si no fuera porque estás, estáis, tú y todos los otros encauzados en la corriente del movimiento social —muy lícito, vitalmente necesario ¿no lo he aceptado yo con el mismo empeño, convicción, decisión?... Sí, pero con más reflexión —ellos como constructores, yo como arqueólogo, porque sé que ellos no saben lo que hay bajo la tierra— y lo que hay está vivo, no se puede emparedarlo —viven deslumbrados por las cosas que se hicieron *allá*... Esa idea de *allá* tiene un prestigio que parece factible ir —venir— siguiendo —hasta *acá*—, claro que está pavimentado el camino, pero lo que ardía, lo que hacía cocer la olla —cuando la olla tenía fiebre y dentro..., eso es lo que se han pasado por alto, lo que bullía dentro... Años debatiéndonos en esta empresa, que encontramos ya emprendida por viejos constructores —nosotros, en el distrito, barrio, parroquia de la ignorancia que no sé por qué —o sí lo sé— no va incorporado al movimiento social... Llegar a comprender lo que es el movimiento de lo que vemos mover, avanzar —comprender lo que paso a paso va poniendo sillares bastantes sólidos de un templo —nada de templo, oficina —laboratorio en el mejor de los casos— de la Justicia, sí, muy digna de templo y éste bastante bien proyectado —bastante, cada día va quedando mejor, pero ¿el movimiento? —si le llamamos movimiento al hecho de que la cosa se mueve, bien está, pero el movimiento, el brote del movimiento en su principio, en su decisión intrauterina... Yo no me abalancé —el día del Tajo, inolvidable grito de alerta— sobre los libros de teorías —ellos se han atiborrado—, yo me sumergí en una novela amena, literatura selecta —la olla borbolleando a cien grados estaba allí —literatura selecta ¿ejemplar?, eficiente como... No como la dinamita, que acaba en seguida con todo, no, eficiente para la arqueología —más bien para la embriología, pero de hermanos que luchan ya en el vientre se viene hablando desde el Génesis... No, la posterior es la rebelión, la reflexión del solitario: repulsión del semen que le depositó allí... allí donde estaba sin saber ni querer y fue cuando supo... ¿lo supo desde aquí dentro? Si lo supo es porque su ser no estaba..., no obedecía al allí dentro. Cuando se ha asentido a aquello, lo otro parece natural, incluso benéfico, con algo de convalecencia aplacadora, que parece ir a borrar el recuerdo de la fiebre, pero no lo borra: se queda en una especie de remanso que se enturbia pronto porque la corriente trae la esencial turbiedad... Los de la rebelión, fue en la reflexión donde rechazaron al padre, el que les había depositado y el que luego —el luego externo— les impondría un nombre, que es la ley. Y la rebelión les llevó a cambiar de nombre —a cambiar de ley— que no es como cambiar de camisa, y claro que es mucho asignarse a sí mismo un nombre, pero es mucho más vivir un ser sin nombrarlo, vivir lo innominable en su totalidad... Literatura selecta, ¿ejemplar?, ejemplo viviente de transformación, de superposición: la arqueología tiene que calibrarlo, patentizar su poder bajo tierra —bajo siglos —¿qué es más importante, lo de los siglos o lo de la tierra? No sé, los productos de la tierra los tomamos como frutos, así los vemos, con su color y su sabor genuinos: resultan tentadores, parece que la semilla dará en cualquier suelo y sí, claro que da, pero no con la solidez, no con las sustancias que se daba en su clima... No voy a atribuir mi desánimo —mi anonadamiento— a la pésima impresión que me inspiran los dirigentes activos y más los jóvenes esnobs —no tan jóvenes— ya maduros, ya respetables por su posición —su posición que es todo lo que tienen y no quieren tener... No quieren llamarse Smith, por ejemplo —notable ejemplo, dramático, raro tanto como significativo—, no quieren llamarse Smith y resulta que Smith no tiene raíces en esta tierra, es un nombre forastero, así que si el Tino Smith no quiere llamarse Smith, bueno, pues que no se llame. Si él quiere echar de sus tierras —o del mundo— a su padre, que le eche: él, con cualquier nombre será uno que se ha puesto un nombre porque no quiere llevar el nombre del Smith adinerado, terrateniente... Tanto si le va bien como si le va mal habrá quien le llore: eso es lo triste... y tal vez no lleguemos nunca a saber si su nuevo nombre concuerda... ¿con qué?... con lo que de verdad sea —ahí está la concordancia o la discordia... El valor universal de las ideas —semillas— cuando no se quiere o no se puede cambiar de nombre... porque el drama está en lo que se es y no se quiere —ni se puede— dejar de serlo... Entonces se ve la inutilidad de la rebelión y se anhela —con el convencimiento de la virtud eficiente—, se adopta la infamia como solución positiva, el holocausto, «Los hermanos del bosque»... Fraternidad en el crimen, en la insania emboscada... ¿Quién podría emboscarse en la Mancha?...

*

En una película, una mujer corre perseguida por un león. Cuando el león la alcanza y la derriba de un zarpazo dispuesto a comérsela, la mujer grita, ¡No! ¡No!... Esto es, más o menos, lo que pasa. Las dimensiones de la fiera y su incapacidad de darse a razones demuestran lo vanas que son nuestras protestas... No sé, no sé si el ejemplo es válido, no sé si es justa la proporción... ¿Una mujer que corre despavorida? Bueno, no porque sea yo quien me haga esta reflexión, sino porque lo que corre desalentado y perseguido es... ¿Cómo le llamaría?... la vida, me parece lo más justo. Y ¿si digo la carne —en estilo bíblico—, toda carne?... Sí, eso es, la carne, todo lo vulnerable, lo comestible... porque la fiera es carnívora y necesita alimentarse... Sin embargo, no sirve el apólogo, porque si la mujer —la vida o lo que sea— más exactamente, la persona, en vez de decir No, No, dice Sí, Sí... la fiera la devora cordialmente, es decir se la incorpora... Somos los que decimos No, No... los que seremos devorados. Y habrá quien diga, Bien hecho se lo merecen... Pero en casos tan extremos se dice lo que se puede y no se puede decir más que la verdad, tratándose de la carne —como se me ocurrió decir— es cosa clara, es mera cuestión de vida o muerte. Pero ¿tratándose de la persona?... La fiera que hoy nos persigue es un engendro, un cachorro de la persona, es tan persona como la perseguida... Lo único que está claro es que no podemos vivir —los que decimos, No, No... Otra cosa atroz es no saber qué dicen los más próximos, los que siempre dijeron lo más inteligible, lo más acorde, armonioso y hasta melodioso. Bueno, lo melódico es ya una especie de aceptación... algo así como, «Por ser Vos quien sois»... pero si se conoce el terreno, el material intelectual, es fácil suponer —por lo menos, si pienso en Martín— lo que puede decir y, concretamente, saber que puede decir las dos cosas. ¿Por indiferencia, por duda metódica? No, por expectativa —que parecería oportunismo, pero que no lo es, no, en absoluto, no lo es: es más bien un tanteo, a ver si la moneda se queda en pie sobre el canto—, curiosidad analítica o algo así. Ahora, si pienso en el *innominable,* sé lo que dice porque se lo he oído cien veces y tengo que reconocer que siempre me extrañó —ahí me fallaba la armonía, y no digamos la melodía. Había una discordia latente, atenuada o más bien *camouflée* con el recuerdo de Montero... Luego, los otros, los de todos los días, en cualquier sitio, los que al primer golpe de vista ya sabemos por dónde van a salir y les vemos o les oímos con total indiferencia hasta que alguno se hace sensible —y lamentable, por concomitancias bien directas con seres muy queridos... Fantástico el insospechable Tino... Tan deplorado por su madre homónima, tan irritado él por el homónimo que le infantiliza, que no ha querido aceptar como puerilidad familiar —aversión a lo familiar, que efectivamente, le sienta como un tiro. Mote, más que diminutivo: nadie le llamaría Albertito a un hombre de su talla y de sus años... Sin embargo, las cavilaciones maternas, achacando la catástrofe a la influencia de la isla, de las heterogéneas compañías turísticas... al largo veraneo, al whisky sobre todo... Era, para ella, como una enfermedad infantil, «cosas de Tino... incorregible... empeñado en parecer un hombre serio y no pasando de un bebé... de noventa kilos... Y el whisky como una escarlatina o una coqueluche...» Ahora lo mira con más

terror, algo así como la alarma «¿Podrá acabar en cáncer?»...
Puede acabar, aunque parece más bien una curación. Lo parece y, en cierto modo, lo es. Ha salido del embrutecimiento
del alcohol —su naturaleza, rozagante— y se ha alistado en
el movimiento que, si la curda permanente le sentaba mal,
como niño mimado que era, el papel de responsable, dirigen-
te, etc., resulta mucho menos adaptable a su tipo de «burgués
implacable y cruel» como dicen ellos o de burguesote flamante, reluciente, huertano fornido, civilizado por Hollywood.
Y, sin embargo, ahí está acaudillando a los del puño en alto.
Qué asombro hay en los ojos de Tina... No es lo que se
conoce como «el dolor de una madre», cosa estereotipada
—con matices muy particulares, claro está, que yo comparé
un día con el canto... Ese dolor estereotipado, en los momentos, en las situaciones clásicas —hay un dolor clásico que es
el que mejor —perfección, intensidad, veracidad— registran las
criaturas —las criaturas maternas excepcionales —el estereotipado es el que corresponde a las madres puramente —natural o fisiológicamente— madres y no actuantes, eficientes, dominantes y hasta inaguantables... No, no es éste el caso de
nuestra Tina, tan tierna, tan generosa como cariñosa con sus
hijos y al mismo tiempo tan viajera, tan novelera... Su alarma, su terror en este momento aparece en sus ojos como
asombro: no hay duda o sospecha: hay una certeza pasmosa.
Está, cara a cara, ante el hecho y el hecho de comprenderlo
hasta el fondo es lo que se lo hace más incomprensible, más
intolerable... No, no, yo creo que lo que le pasma es no poder
tolerarlo alegremente, no poder decir, «es el verano en la
isla, es el bar de bambúes... las americanas poco vestidas...
se le pasará en el invierno»... Ahora sabe que no se le va a
pasar y que según el giro que lleguen a tomar las cosas puede
encontrarse en una situación conflictiva con su padre... Ahora
no será... no servirá de nada su intervención, su minimización
o escamoteo de los desmanes... Ahora puede llegar a ocurrir
algo horrible. Y a pesar de todo tiene fuerzas para ocuparse
de Isabel, sin Tina yo no sé qué habríamos hecho, dónde la
habríamos metido... Yo, por mi parte, le habría dado todo
lo que tengo, pero lo que tengo es tan poco. Por suerte, ade-

más de Tina, el bendito Gut Gut se ocupará de ella y más, todavía más eficientemente Berth... ¿eficiente o mágica?... el tiempo lo dirá. Luis no dirá nada: su silencio es aterrador. Parecía más que interesado, como vulgarmente se dice, ¿absorbido o entregado? al movimiento... eso es lo que no se podría decir. Arrebatado por la... grandeza, poder, fatalidad, razón fehaciente... vaya usted a saber... o sumergido en el vaho fascinador de lo que se llama revolución, renovación... Sí, eso es lo que más parecía: eso es, un viento que le arrebataba y él se dejaba despeinar a lo Byron, conservando la línea de sus secretos pensamientos. Ahora no es eso, no hay en él una postura ni de arrebato ni de entrega: hay sólo un silencio... El cambio, el trastrueque producido por la tragedia que ha modificado el plan de su vida... y más sus internos planes le inmoviliza como si ninguna posibilidad de lucha le ofreciese interés, como si sólo un punto... el punto donde se encuentran las paralelas... Sí, algo así de imposible y de verdadero... Son dos paralelas que, sin encontrarse, se perciben. La tragedia, sólo conocida o investigada por la maestra sibilina ¿habrá podido rezumar su misterio, hacerle extensivo a su acompañante?... Porque lo de que van paralelos es lo que salta a la vista... Tal vez no se pueda decir que van, sino que están fijos, detenidos en aquello... Y no, no puede ser que la... sacrosanta, Laura, como dice Tina, dejase traslucir sus averiguaciones, no, no es posible: es, por el contrario, seguro que paralelamente la inteligencia, la mente, el pensamiento de Luis imantado por la misma fuerza, ha llegado al mismo sitio... Sí, eso es su silencio, es el silencio del que está en un sitio donde no se puede estar.

*

Elena, ¿estás sola?

Sí, enteramente, di lo que quieras.

Se dice en dos palabras: le atrapé... No es muy fiero. No es un genio pero no es un idiota, como temía. Es lo suficiente inteligente para soportar un interrogatorio de hora y media... Irá a ver los dibujos...

Bueno, pero ¿como amateur?

No sólo como amateur: comido de impaciencia, de una curiosidad que trata de disimular pero que le inquieta, *lui déménage la conscience*. En cuanto Waksman le vea se percata, porque salta a la vista.

La hazaña parece mágica, pero ¿y la protagonista?... ¿Tú te atreves a exponerle?...

Sí, me atreveré, aunque me salte al cuello como un gato. La llevaré a la evidencia... Es algo que vale la pena, por difícil que sea, de presenciarlo. Yo la pondré en ese trance... Son varias las circunstancias favorables: el caballero —caballero de una vez, mundano, peligroso, baqueteado y amansado por su derrochada mundanidad— tiene que levantar el campo. No está implicado en nada político, creo que se trata del campo especialmente, en fin, de su campo —que debe de ser considerable—, y aunque él no se ocupa de la política, parece ser que la política puede ocuparse de él... Bueno, tiende hacia Francia, por antepasados, en parte... No sé, pero el caso es que tiende hacia París... Date cuenta...

Y ¿qué vas a hacer?

No sé, pero de un momento a otro voy a hacer algo.

Presiento que vas a hacer algo atroz.

¿Por qué atroz?... Es lo único que se puede hacer, aunque sea atroz para ti.

Lo más atroz no será para mí.

Ah, ya... ese misterioso amante es el único español a quien no entiendo. ¡Demasiado español!

*

No corre mucha prisa, Elenita, pero no hay que abandonarlo porque no vamos a hacer una exposición con todas las de la ley. Los dibujos, en primer lugar, son pocos, no hay para llenar una sala, por pequeña que sea; en segundo, porque algunos requieren más estudio y no es ésta la ocasión... Pero hay que hacer algo que pueda convertirse en cualquier momento en una exposición improvisada. La carpeta puede quedar ahí, en mi despacho, donde sólo entran las personas muy particulares y, a la menor indicación, se sacan, se ponen sobre esa mesa, apoyados en la estantería, se iluminan con esta lámpara, a la altura que sea necesario y pueden ir conociéndolos algunas personas entendidas, que van propagando su opinión por la sociedad, por los grupos de amateurs, que son los árbitros de las cotizaciones... Oh, no se apresuren a darme las gracias, la idea no fue mía. Apareció por aquí un día —criatura encantadora, hablando sin parar y nunca frívola, siempre sugestiva, vivaz, aguda, un poco maquiavélica me parece a ratos—, en fin, ella armó en un momento toda esa combinación, entre otros muchos proyectos, y yo me quedé asombrado de su eficiencia, de su sentido... es una criatura tan... tiene algo de luchadora, esta adorable Berth. Capaz la creo de luchar hasta con nuestra Isabelita. ¿No es cierto? ¿O será que tiene poderes mágicos?... A usted ¿qué le parece?...

Mágicos, precisamente, no. Confía en la fuerza de su voluntad que es enorme. Tiene la ambición de arreglar el mundo. Mis dibujos son muy inmaduros, muy defectuosos. Yo no sé, no creo que puedan hacer buena impresión...

Usted tiene que reservarse su opinión, a los demás no nos hace falta, a usted sí. Usted tiene que ponerse ante ellos con su juicio crítico... con una intención perra, estudiándolos, descubriendo todos los defectos y superándolos, acto seguido. Pero aquí, en este rincón, los van a ver las gentes que tienen criterio propio —algo pesará en su criterio el hecho de estar puestos ahí... Hay gente que me conoce lo suficiente para saber que mi opinión... ¡No me interrumpa, no proteste!... Es que mi opinión tiene mucha importancia, no para poner los dibujos ahí, contra la estantería, sino para que usted los mire, los estudie y los continúe. Ya sé que eso es lo difícil, pero eso es lo que hace falta... Sí, ya lo sé, esta hoja de papel Canson es un retrato de su madre —difícil, casi imposible soportarla, tan absorbente, tan abrumadora, es que no se puede pensar en otra cosa... Pero usted es un artista plástico —¿es o no es?— y la hoja es un dibujo de un cierto postcezannismo muy actual, muy puesto aquí —aquí, tenga en cuenta— para salir airosamente de... Zuloaga, por ejemplo —¿estamos?—. Y usted tiene que salir por ahí, por ese sendero, que ya van empezando a abrir. ¡Qué le puedo decir de estos otros!... Estoy informado, las malas —y las buenas— lenguas me han puesto al corriente... La tragedia aquí —¡por suerte!— no toca lo único definitivo, así que, con un cierto esfuerzo hay que mirarlos... Confieso que yo, por mi parte, los miro con cierta envidia —me satisfacen enteramente estos otros, los que serán —algún día— mi retrato ¡tan deseado!, tan puesto por mi imaginación en los más grandes museos... Éste también lo será —los dos esbozos son ligeros, pero el retrato está más que concebido... Hay algo que puede parecer idealización, pero es síntesis... No creo que nadie lo encuentre muy Greco, porque no es macilento —no enteramente— y, sin embargo, el San Mauricio... Lo que sí puedo decirle es que este retrato será emblemático, tropológico... por eso me da envidia, porque el mío, yo me había dicho: de él dirán, es el «retrato del anticuario». Lo mismo va a pasar con éste cuando esté por ahí fuera, por cualquier galería de París, no dirán es el retrato de un chico español, dirán es el «retrato del español». Ese Mauricio —santo aunque romano— siempre me pareció la quintaesencia de la españolidad —refinada, vitalizada y patética—, siempre me pareció... y este muchacho lo recuerda extraordinariamente, si coincide con él en la santidad andará sin empleo...

Oh, señor Waksman, ya sólo con verlos aquí, en esta luz, ya me parecen mejores.

No me extraña, ya hemos hablado de la luz, que está esperándola todas las mañanas. Por el momento, teniendo en cuenta su estado de ánimo, evitando que cualquier alteración emocional pese sobre su trabajo —y sobre su salud, hay que pensar en eso—, lo mejor es empezar por lo que por su tema —objeto y sujeto— queda fuera de la *semana trágica*. Me execrarían, me anatematizarían algunos por dar ese calificativo a la semana triunfal que hemos atravesado, pero así son las cosas y no, ¡no, por todos los dioses!, yo no soy de esos que se esfuerzan en convencernos de que todos —todos, que es lo grave— son malos y buenos al mismo tiempo. No, el Dios de los ejércitos dosifica cuidadosamente lo diferenciado... Yo quería decirle que, mientras la semana transcurría triunfal por las calles céntricas —el triunfo ha sido cosa céntrica—, por el barrio de Maravillas pasaba algo desolador y conviene que usted reanude su trabajo con materiales —espirituales, anímicos, intelectuales— que le sirvan de distracción, que le sugieran ideas, momentos inocentes como aquellos del Prado, cuando usted copiaba primitivos —cuando no había nada en su mente —¿o lo había?— para mí era celestial ir a verla. Yo, en mi gruta, entregado a la —¿voluptuosidad?— de mi renunciación, me decía: es la hora, voy a ver cómo andan aquellos ojitos azules... y me parecía que no andaban, que estaban copiando —¡qué absurdo!—, no me cabía en la cabeza que hubiese algo detrás impenetrable. Yo... una de mis renunciaciones había sido el corazón femenino —me aterraba como el Maelström— y nunca, nunca pude imaginar... ¿Ve usted? Vive uno con orejeras, por mucho que se crea libre de prejuicios, los juicios brotan allí donde pone uno los ojos, uno se los frota porque no ve bien, pero antes de ver —porque la vista, la visión— es la vibración de la luz que da en el ojo, pero la mirada... el juicio es como el chorro de una manga de luz que enfoca sobre la cosa...

*

Elena, Elena, *ça y est*. Yo querría llevarte una demostración, un análisis de sangre o algo así, pero la cosa se demostró por sí misma con el puro *careo,* como dicen en los tribunales. Lo difícil fue el transporte —ya te habrán contado—, arrastrar cien toneladas con mis propias fuerzas. No sé cómo, pero el caso es que las arrastré. Preparada, cuidadosamente preparada con un largo trabajo porque ante la noticia de mi descubrimiento había reaccionado como un tigre. En primer lugar, lo negaba, aseguraba que su madre no habría dado jamás datos concretos. También le indignaba que tú, si eras depositaria de sus confidencias, hubieras dado una pista como para un policía... En fin, tardé más de una semana en aplacarla, hasta que la arrastré, pero yo iba temblando. Me decía, va, al fin va, pero ¿va armada?... ¿va dispuesta a dar un escándalo irreparable?... Nada, pasó como una seda... Todo estaba preparado por el inefable señor Waksman. Los dibujos sabiamente, magistralmente, iluminados, sometidos al juicio de unas cuantas personas de calidad que andaban por allí: entre ellas el caballero en cuestión —ya el haberse presentado con extraña puntualidad era un buen signo— que los miraba con la actitud, con el movimiento de cabeza del que mira de verdad, más todavía, del que sabe mirar: esto me tranquilizó del todo y avanzamos. Bueno, acabo de describirte lo que yo avizoré desde la puerta. Me tranquilicé antes de dar el primer paso, que no era fácil porque tenía que ir empujando a la víctima, a la cordera del sacrificio... Waksman vino en seguida a ayudarme, avanzamos hasta quedar —hasta ponerles— frente a frente. De más está decir que fue Waksman el que hizo la presentación de *la joven pintora*, etc., y yo inicié una conversación que tuviera el carácter de cosa interrumpida. Yo le decía —sin decirlo— se trata de lo que ya hemos hablado... Respondió perfectamente: el diálogo silencioso se mantuvo un rato, estableciendo el acuerdo... «Ah, de modo que era de esto de lo que usted me hablaba... Esto era, a la vista está... La verdad, así parece, pero ¿quién puede asegurar?... Sólo puede asegurarlo quien lo sienta, quien lo perciba... Oh, ¿quién puede fiarse de las apariencias?... Cuando en las apariencias hay correspondencias...» Este forcejeo duró cinco minutos mientras se exponían las cosas acostumbradamente notificables. «Esta chica tiene una vocación admirable y unas dotes infrecuentes.» La información se agotó pronto y se produjo un silencio, que no era un silencio total: fue más bien que el murmullo de la charla —leve y comedida charla— de las otras personas detenidas ante los dibujos se apagó o alejó —la mía entre ellas— para dejar o crear una intimidad entre los que ya no miraban los dibujos, entre los que ya no miraban nada porque aunque parecería que tenían que estar confrontando la semejanza singular, miraban y confrontaban la respuesta interior. Me dilato en pormenores que no tienen fin porque todo, todo lo que pasaba y todo lo que había en el clima de LO ANTIGUO contribuía, ordenaba, apadrinaba la unión. Sí, eso es, el entendimiento tenía una armonía. Aquí, el gran Waksman puso los puntos sobre las íes: se fue llevando a la gente hasta que los dejó solos —yo, por mi parte, ídem— y hasta me parece —me parece ahora

porque es la *mise en scène* que creo recordar—, me parece
que los dejó en una perfecta media luz: colaborábamos él y
yo en un sublime —o sagrado— celestineo y mi tranquilidad
fue creciendo hasta darlo todo por *réussi*. Me dije, bueno,
esto es un hecho, hemos triunfado, pero lo veía con cierta
tranquilidad, en la que no dejaba de haber una cierta sospecha... A lo mejor... ¿quién sabe lo que puede pasar?... Yo
necesitaba una confirmación, un detalle indubitable, y esperé
hasta el último momento. Qué peso de conciencia no ·haber
podido compartir contigo lo más brillante. Por mucho que te
cuente no voy a darte una idea exacta de lo que no duró más
que un instante... Fíjate bien. Llegó la hora de la despedida,
el momento de decir adiós y surgió claramente, manifiestamente, el «Hasta pronto» —«hasta muy pronto», creo—, yo
seguía expectante hasta que se pronunció la palabra adiós...
Le dijo un cordial adiós y le dio el consabido besito en la
mejilla. Esto, Elena, esto es lo que yo quisiera transmitirte...
Si te digo que le dio un besito en la mejilla, bien sabes que
esto hoy lo hace todo el mundo. Sí, todos los caballeros le
dan un besito en la mejilla a una muchacha, pero no como se
da un beso a una criaturita de pocos años... de pocos meses.
Ésta es la cosa, Elena, esto es lo que quiero que imagines: la
besó como sólo un padre besa la mejilla de su bebé... Y ahí
estalló mi triunfo: yo era la *sage-femme* que la ponía en sus
manos... Creo que todo queda dicho.

*

La penetrabilidad de los tiempos es desconcertante, porque
les tratamos como si fueran cuerpos, les damos formas, los
recortamos y los colocamos en anaqueles. Cuando se pone
uno a buscar cosas no acaba nunca de sacar de cada depar-
tamento cosas que estaban bien adaptadas unas a otras y que
todas creían —ésa era su forma, lo que cada una creía— que
tenían *su tiempo,* que aquel en que estaban era *su tiempo*
y todo lo demás música de fondo. Así fue, es y será. Si nos
fijamos un poco en *este tiempo,* el de uso diario, el que llevamos para andar por casa, aparece en seguida el juego de
espejos —una cosa parece una cosa y otra nada más su re-

flejo. ¿Según el color del cristal? No, *nuestro tiempo* busca
—cuando la busca— la verdad incolora: evita el color —cap-
cioso o repelente— y no estoy seguro de la excelencia de esa
búsqueda, pero sí de que cualquier otra es peor. Como, además, hablamos del tiempo cuando comentamos las veleidades
atmosféricas, consideramos las cosas que pasan en *un cierto
tiempo,* todas *al mismo tiempo...* Diluvia: hasta ayer hemos
estado achicharrándonos, hoy *el tiempo ha cambiado.* Con
este tiempo versátil hay que meterse en algún sitio y la casa
está inhabitable, conmocionada y como perpleja. Maquinalmente derivo hacia el café, que iba abandonando... Vamos
a ver qué es lo que pasa por allí, vamos a ver cómo ven ellos
lo que pasa, reflejado en su espejo. La verdad es que están
pasando cosas a toda marcha. En fin, sacando la punta más
afilada a esto de *los tiempos,* reconoceré que acato la generosa orientación que ellos me brindaban, que yo asimilé por
mi buen natural y que ahora se patentiza por sí misma. Voy
dispuesto a aguantar cuchufletas y a demostrarles el interés,
el asentimiento que otras veces les negué por tomar a broma
la virulencia de las pequeñas erupciones —unas al norte,
otras al este. Está claro que se ha agitado la circulación y la
respiración de todo lo que está vivo —un cambio de tiempo,
un cambio de vida. Yo voy a decirles que estoy con ellos
porque es verdad que estoy. Ganas me dan de decir que estoy
con todos porque es verdad es que sólo con lo que atañe a
todos se puede estar. Uno disiente de algunos y lo grave es
que esos algunos pretenden imponerse a todos... y a veces
lo logran. Es el esplendor y la miseria de la persona, que no
se aviene a estar con todos... Mi hermana, una mente excepcional, ajena a todo lo que pasa fuera de *su dentro...* No, no
es eso exactamente: sólo está con lo que cada uno tiene,
guarda o rechaza desde *su dentro.* Limita su mundo a lo de
dentro, como si en su topinera hubiese encontrado la veta
de un carbúnculo esencial y ya no pudiera pensar en otra
cosa. Se ha retraído a un recinto donde se respira un aura
de terror. Debe de ser que a mí me inspira terror lo que es
perplejidad. Sí, eso es, la perplejidad me produce terror, a
ella no. Ella no se aterra fácilmente y tampoco se deja tran-

quilizar con puntos de vista razonables. Vive obsesionada
—con la obsesión de un investigador o un policía—, con-
tristada en su conciencia como si le angustiase haber perdido
muchos años de vida sin investigar bastante... Una mente
excepcional, de un racionalismo acérrimo, fascinada por un
hecho que escapa a toda razón, minimizando —despreciando—
todo lo que conmueve al mundo —nuestro mundo ambiente—, completamente impermeable a las noticias —no incré-
dula—, dice que sí con la cabeza, alza los hombros lo manda
todo al diablo. No admite que se enturbie o distraiga su fija-
ción racional achacándola a movimientos emocionales. Con sus
conclusiones, que no llegan a improperios, sino que quedan
en censuras breves, tachaduras en ejercicios reprobables, murmura, «tonterías, todo tonterías»... La cosa —la obsesión—
es demasiado densa para quedar en *su obsesión,* parecería que
necesitase imponerla, pero lo que necesita es acreditarla, some-
terla al contraste de pesas y medidas. En su balanza, que no
registra más que esencias, no hay nada que caiga con algún
peso, todo queda como globito desinflado y sólo el hecho
patético —la querella mortal de dos mujeres— cae en la balanza como elemento grave por excelencia, sólo eso tiene una
densidad de sentido real, la contienda de dos mujeres —de
dos madres— a la puerta de la iglesia. El periódico habrá
dado la noticia como drama que aconteció en un barrio, parroquia de Maravillas, dejando —dejándonos— al barrio y sus
moradores en la categoría de suburbio. Pero suburbio ¿de qué
comarca urbana, de qué urbanización histórica?... bueno, sí,
Dos de Mayo... no hay que olvidarlo, pero recordarlo no es
fácil... ¿Por qué será que el tiempo —a estas alturas— no
elige para celebrar las nupcias de las conjunciones esenciales
—que podríamos calificar de todo menos de arbitrarias— extensiones que tanto alardearon de extensas?... ¡Amplia aspiración de oxígeno, «Ancha es Castilla»... ¿Por qué tenemos el
temor de que todo lo que pasa... pase? No quiero —no debo—
ir al café soltando abracadabras: la verdad es que yo nunca
negué sus razones, lo que siempre encontré detestable es la
ejecución de los grandes proyectos... Que lo que pasa ahora,
en *nuestro tiempo* tiene unas dimensiones incalculables es ob-

vio, pero entenderlo… sólo en teoría. Es cuando llega la práctica, cuando lo adaptan a determinadas regiones que le dan su color es cuando uno se pregunta, ¿por dónde van a salir?… y le responden… varias cosas amorfas. Claro que estamos de acuerdo con el hecho de que eso tenía que ser. Pero volvemos a preguntar lo más arriesgado, ¿Quién?… ¿Quiénes?… Confiemos en la teoría, en su esencial paradoja, porque la teoría que funciona es la interpretación económica del mundo. La supremacía de lo económico, no podemos negarla, pero considerándola, nos deslumbra la visión de magno, el laborioso pensamiento. La magnitud sobrehumana del engendro humano que llamamos dinero. Le llamamos dinero los que no le llamamos vil metal o cualquier otra estupidez porque lo vemos como creación titánica, fórmula sintética del poder… Bueno, no, de esto no voy a hablarles porque me parece —no estoy seguro— que les he hablado de ello hasta la saciedad, les he abrumado con mis apólogos sobre las ideales conjunciones en que el dinero se desposase con una —¿doncella? no, ni el primer día de su vida —aunque siempre no manteniendo su doncellez como las huríes, sino recobrándola como las ninfas —el dinero, en su desposorio *inter pares,* en uno de esos gloriosos en los que monta tanto él como ella porque los dos son gemelos —pichones de una misma nidada. Ella, es verdad, un poco más vieja —cosa que no suele dar resultado —no hay en ella vejez posible, no hay decadencia. Ella nace preñada y preñada seguirá por los siglos. Antes de ser adulta, en plumón ya gestaba… ¿Se autofecundaba como una almeja? No, no, en ella estaba «el sagrado semen» que infundía en su criatura —jugo materno que los igualaba, los hermanaba, poniéndoles al mismo nivel… La proporción es de suma importancia porque cuando el que monta es él, el Dinero y no ella, la Inteligencia…, la cópula puede dar productos subnormales y extranormales, apocalípticos. Utopías de este género se devanan en *nuestro tiempo,* aquí, en nuestra península —¿por qué no llamarle ínsula si la cadena pirenaica es un estrecho tan ancho que deja pasar buques? —hay quienes creen posible el equilibrio de la feliz pareja, anhelan la armonía de su realidad existencial y su fundamental consecuencia, el Poder… La pusilanimidad mengua, vileza de las mentes medianamente poderosas, degrada ese concepto —llamemos concepto a una entidad real— y oculta o disfraza su esencia verbal. ¿Qué se puede hacer para realzar —sin magnificarlo porque ya es, de por sí, magnífico— el infinito infinitivo PODER?... Concibiéndolo así, supremo como acto, nunca establecido como título o grado, se alcanza a divisarlo entre los fenómenos de la naturaleza. Claro que estos fenómenos pueden pasar inadvertidos, incluso —o principalmente— para los dedicados a vigilar las alteraciones barométricas, no se lo discuto... Iré a ver cómo está la capucha del fraile, dispuesto a aceptar su indicación: no voy a subirla o bajarla a mi antojo porque con el tiempo no se hace trampas y no voy a lanzar truenos jupiterinos sobre sus cabezas ni a abrumarles con mis extravagancias pictóricas. No —¿por qué no?—, porque también en su mundo de humo y espejos —tan cobijador en otros tiempos como confesonario—, en su mundo empieza a oler a mantillo, a tierra arada donde tal vez el verbo —el inefable, el imponderable verbo— acaba apuntando... No seré yo quien lo estorbe. Reconozco mi incapacidad para cooperar en cosas a las que doy acceso por informaciones —muy sensatas, muy fidedignas, pero informaciones al fin, no inmensiones— digamos —penetraciones, apropiaciones eróticas —digamos— que son las únicas que considero válidas o —al menos— las únicas que entiendo. Vivo —lo poco que vivo— para pensar o pensando: es mi única actividad, mi única intimidad... Vivo empeñado en pensar, en entender y de pronto no entiendo o entiendo de un modo ininteligible: lo he demostrado hasta la saciedad y no quiero repetir la suerte. Tengo que abstenerme de hablar del verbo que, por supuesto, es el Verbo... Jamás entenderán mi mirífica esencialización verbal. Tengo que abstenerme de hablar, es el único medio de no decir lo que no debo, porque ellos están acostumbrados a oír a los técnicos, moralistas, economistas y demás. Éstos, como es lógico, lo ven claramente: lo ven... Yo —si no tengo el suficiente dominio de mis fuerzas para no hablar— seré capaz de hablarles de los que lo contemplan —contemplación, culmen de la meditación— y se ponen a vivir su verdad... ¿Quiénes y cuáles?... si no soy capaz de callarme acabaré diciéndoles que los poetas. Dos poetas, dos *poderosos* poetas que lo contemplaron como sólo desde la omnipotencia poética se puede contemplar la *impotencia,* es decir, la muerte, el *no poder* vivir... ¿Qué hago, voy o no voy?... Si voy y hablo... No, no hablaré, escucharé... Voy.

*

Sí, Berth, Tina está en Valencia. Se fue ayer y llegará esta noche —cosas familiares, figúrate—.

Oh, ya me figuro. Pero tu partida ¿no es mañana?...

Creo que sí... No puedo creerlo...

Bueno, yo iré a verte, porque yo sí lo creo. Te irás con tu raptor... Quitemos toda seriedad al hecho... Te llamo por eso precisamente, porque mañana habrá ahí un montón de gente y no podré contarte tantas, tantas cosas que no caben en cabeza humana... Verás, ten paciencia porque no se trata de contar hechos extraordinarios, que se cuentan en dos palabras, se trata —en fin, a mí se me antoja— que te lleves un *rapport* completo de cosas que sólo viéndolas...

Si tú me las cuentas, es como si las viese.

De algunas te mandaré fotos. Bueno, de una especialmente, una que necesito exhibir... No sé, la descripción te bastará por el momento. Ha vuelto Tob... pero ¡cómo ha vuelto!... De curación inmejorable. El Espinar es mucho mejor que un sanatorio. Ha hecho una vida salvaje, que en un sanatorio no se habría permitido. Está maravilloso. Qué pena que no pueda verle el viejo maestro... se ha dejado unas barbas cristianas —supercristianas, crísticas... Ya lo verás, le he hecho un montón de fotos. Pintarle no, no se deja, dice que mi pintura librepensadora no va a captar su... Yo le digo, ¿histrionismo?... y se pone furioso: No, no, dice, asentimiento, identificación con la idea del maestro... Y le arguyo. Pero el maestro era ateo... bueno, y ¿qué?... la imagen que él tenía *in mente* no lo era... una imagen es una dínamo... ¿tú crees que sin esa imagen habrían echado a andar los cuatro evangelios?... y así por el estilo... en dos meses ha hecho una serie de grabados magníficos, todos llenos de autorretratos... ¿Te estás imaginando que sufre una conversión?... no, no te asustes o asústate, ya veremos: el caso es que a propósito de las cosas públicas, del mare mágnum en que estamos metidos, las ideas, la necesidad de hablar, de pensar en lo que pasa —en lo que se ve y en lo que no se ve— nos tiene en una especie de... efervescencia, unas ganas de intervenir... y lo único que somos capaces de hacer es hablar. Hablar unos con otros y cuando es uno con otro —nosotros, entre nosotros dos— la cosa es clara —relativamente clara—, pero cuando es entre muchos... ¿Tú te imaginas por la tarde o por la noche en La Granja... ¿Me oyes, porque no dices nada?...

Te oigo perfectamente, es que no quiero interrumpirte...

Bueno... Ya no sé por dónde iba... ah, sí, las cosas que Tob y yo hablamos son las más arriesgadas, en la tertulia sobresale lo del día, lo que sabe todo el mundo y sin embargo hay una frívola necesidad de comentar... Yo no me dejo arrastrar por comentarios ni por opiniones ni presagios. Yo, mientras hablan de la cosa pública, observo y también hago vaticinios... Ah, esto es lo que más ganas tengo de contarte. Pero no sé, no sé si es posible y tampoco sé si es conveniente, porque no es ésta la ocasión de venirte con chismes... No quiero que te lleves una preocupación y al mismo tiempo necesito que te vayas con una idea más o menos clara de las cosas que tal vez Elena no pueda contarte... Te digo que no creo que pueda y a lo mejor me equivoco, a lo mejor ella se ha percatado bien de lo peor... Verás, fue una conversación frívola de esas que se mantienen como quien no quiere la cosa entre las conversaciones serias. Se hablaba —no te caigas de risa— del amor. No sé quién comentó lo hartamente comentado: lo popular en la poesía, etc... Se insistía y se machacaba sobre lo que ya tiene su ejecutoria y luego se pasaba a lo actual, a lo popular urbano y cupletero, y hubo opiniones sobre si se puede o no se puede... Alguno puso sobre la mesa el hecho de que un poeta —de los grandes— ha incorporado... digamos, usado, como si se tratase de un chaleco, la frase cantada por todas las maritornes... «La vida sin amor no se comprende»... Hubo quien complicó la cosa, asegurando que la frase es del poeta y que es el cupleterismo de varietés el que se la ha apropiado. Bueno, no acabaría nunca, pero, ¿te enteras o te duermes?... Si te aburres me lo dices, pero la cosa es tan sutil que si no te describo a los contertulios no te das cuenta del alcance... Te los describo, aunque basta con nombrar a las personas dramáticas, por orden de aparición... El primero fue el profesoral... él tomó posesión de la mesa y seguidamente —más temprano que lo habitual— yo había tomado —por mi horario caprichoso— una localidad distante que me permitía apreciar el conjunto... Te decía que luego llegó en seguida el orondo Tino Smith, acompañado por quien menos puedas figurarte —a lo mejor te lo figuras, a lo mejor ya lo sabes—, acompañado de Elena... ¿Puedes creerlo?... Lo creas o no, llegaron juntos y... ¡Oh, es demasiado! No sé cómo abarcarlo, porque ahí empiezan ya mis interpretaciones y no puedo menos, pero dime, dime con toda claridad qué piensas de mi olfato... Llegó Elena con el Tino Smith, ¿traída por él o más bien apoyada en él?... ¿Fue el Tino quien la llevaba o fue ella quien se llevó al Tino porque sola no se atrevía a ir?... ¿Qué piensas? Bueno, ya sé que piensas lo mismo que yo. El caso es que llegaron y al poco tiempo apareció Ágata con sus secuaces, esos chicos esquiadores, serranos... Luego llegó el cuerpo del delito —es el papel que representa ahora, llegando por su cuenta, un poco a escondidas—. Imagínate que un ciudadano cualquiera, desde otra mesa le viese llegar... no te quepa duda, le vería llegar a escondidas —un movimiento de cabeza en absoluto temeroso, todo lo contrario: con una altivez desafiante—, el caso es que llegó. Hubo miradas de ambas partes. Por alguna parte disimuladas, por otra desenfadadas, ostentosas. Y, bueno, lo de las miradas no pasó de ahí, se reanudó el tema interrumpido, se volvió a hablar del amor y, naturalmente, con la mayor frivolidad posible. Fue al citar al poeta, al magistral poeta, a quien todos tenían ganas de dar un pellizco, cuando la amiga del profesor —al llegar se sentó a su lado para comunicarle cosas agradables —así que quedaron en el rincón Ágata con Martín a su izquierda y Juan, el adolescente Juan, a su derecha... Cuando llegó el interesado interesante se sentó enfrente y cuando empezó el tiroteo sobre el versito dudoso, Ágata dijo, En la canción el verso anterior es el más importante... y lo cantó en voz alta, «Juega el amor

y nos traiciona y vende»... ¡Conjuro mágico!... el genio de
Aladino brotando del suelo... Fíjate bien, entra por la puerta
un personaje —desconocido y del todo insignificante —un ven-
dedor de chirimbolos callejeros. El chirimbolo que enarbolaba
era ese muñeco abominable que habrás visto mil veces, al cupi-
dito repugnante, hecho de no sé qué pasta sonrosada, forma
de pera y calidad de feto... El hombre se acercó a la mesa
y puso al alcance de todos su mercancía. Sólo unas manos se
abalanzaron a ella. Ágata cogió uno, lo contempló, lo mostró
como representación inigualable y le cantó, como canción de
cuna, el verso, estribillo de un largo canturreo, «Juega el
amor, etc.»... Lo miraba con, bueno, ternura... con la seguridad de que a todos hacía mucha gracia. Su amigo, arrebatado,
la abrazaba como a una campeona y ella exhibía el chirimbolo
asqueroso, relatando sus hazañas... «Juega el amor...», ¿no
veis que es pequeñito?... —la voz, el pliegue de los labios
como besito infantil—. Él juega, ¿qué puede hacer sino jugar,
hay quién se atreva a acusarle?... Que son peligrosos los juegos de Cupido, ya lo sabemos, pero él es Cupido, es Cupido...
y «la vida sin amor no se comprende»... El profesor sacó de
su bolsillo un montón de monedas y se las dio al tipo, que le
agradeció mucho porque, seguramente, eran más de lo debido.
La *vedette* también agradeció a su caballero y se quedó con
el monstruo. Le acunó en su seno, con una coquetería, con una
feminidad que... sólo se puede decir obscena: una inocencia
de víctima que señala al culpable, al que puede traicionar y
vender a cualquiera y que, sin embargo, es Cupido. No creo
que yo logre decirte lo que ponía en esa palabra: la mandaba
al frente, a donde quería mandar su mirada, pero no la mandaba, la desviaba con una delicada y pudorosa gracia... ¿Qué
te parece, no es alarmante?... A mí lo que me horrorizaba era
su cinismo tan... civilizado, diría. Era un alarde de fatalidad
irreparable, deliciosamente irreparable. Yo la habría matado
—sin derecho, claro está, pero con terribles, con furiosas ganas
—y no me atreví a mirar a Elena. Llegó Tob, por suerte, y nos
fuimos a casa, comentándolo. Tob aprobó mi impresión, es
decir, la lamentó aunque él no está tan al tanto de los últimos

acontecimientos. Y yo te abrumo con mis deducciones, pero es que te vas mañana y no quiero que te vayas sola, tienes que llevarte algo de todo esto en tu cabecita... ¡Si supieras qué miedo me da la idea de nuestra separación!... Ah, Isabel, ma petite Isabel, separarme de vosotras es —sería— como un nuevo destierro. Yo me arriesgué a venir a España porque confiaba en Tina. Nada más conocerla en París comprendí que ella me conduciría a... no sé a qué ni a dónde: a un mundo próximo, un mundo donde no me sintiese extranjera y así ha sido. Ha pasado el tiempo sin sentir y me he metido por todas partes, como siempre, como en cualquier otra ciudad, pero no, no, como en ninguna. Con vosotras —el trío absurdo que formáis— me siento en mi patria... Pero no, no hay nada aquí que me recuerde la tierra en que he nacido —Rusia del sur, donde el frío no llega a ser infernal—, me siento en mi patria, una patria posible, ¡absurdo!, legendariamente, esta tierra es, para nosotros, imposible, pero todos —todos los huidos, expulsados, arrojados, todos la ven —la vemos— como patria ideal... Es estúpido querer decir algo claro. No hay nada claro en lo que pienso, pero es seguro, no sólo para mí. Es estúpido querer decirlo claro y sin recurrir a los tópicos ya desgastados, la universalidad, la catolicidad, etc... Si sigo por ahí acabo hablándote del Quijote y no, no, no. Ha sido, verás, llegar a vuestros rincones, porque la casa de Tina es una casa como las que he visto a cientos fuera de aquí, pero en ella os he encontrado a vosotras y vosotras me habéis llevado a vuestra casa... Bueno, estás harta de saber que nunca fui a vuestra casa: nunca me atreví a deciros que quería ir a verla por miedo a que creyeseis que era curiosidad —curiosidad periodística, información, ¡vade retro!, vuestra casa sois vosotras... vosotras sois una casa, una patria... ¿virtual, se puede decir?... Yo lo digo —bueno, no lo digo nunca: lo pienso —yo estoy en vuestra casa— en vuestra patria hace mucho tiempo y querría seguir: siempre estoy temblando que algo me haga saltar... sería como saltar al vacío. Por eso ya ves que no ando entre los militantes de las diversas milicias. A muchos les parece cobardía, a mí me parece que el valor se mide con el terror... Ah, no, no querida, no debo hablarte de estas cosas ahora que vas a emprender la vida que te corresponde... pero no puedo menos. ¿Ves qué disparate?... No hay nadie que tenga una mayor alegría, nadie que haya contribuido más... y sin embargo, tu partida, tu desarraigamiento de *tu casa,* de esa casa que acabo de decirte que sin verla me parece mi patria, me inspira terror. Estoy segura de que a ti también, pero vete, vete ma petite, no puedes impedir nada y, la verdad, yo no sé qué es lo que habría que impedir. Si lo miro desde otros ángulos —porque desde todos se ve o, mejor, desde todos, todos los más distantes están viendo o, más bien, mirando, mirando desaforadamente lo mismo—, desde los ángulos más empingorotados se mira con un ansia ciega, pero ver: sólo se ve desde vuestra casa adonde no llegan las noticias... ¿Ves qué idea tan idiota?... a vuestra casa llegan las noticias callejeras como a cualquier otro sitio, lo que yo siento... bueno, percibo, más bien imagino o necesito imaginar, es que no llegaron nunca. Eso es, vuestra patria es un lugar adonde nunca, nunca llegaron las noticias... Mañana te irás y no darán la noticia en el periódico, pero jamás olvidaremos esta fecha... Hoy... me despido de ti con cuarenta minutos de teléfono. Mañana iré a darte un beso... pero jamás olvidaremos esta fecha. Hoy.

No, no quiero dejarme entristecer por tu marcha. Es maravilloso haber podido liberarte, tú acometes ahora tu nueva vida y nosotros nos quedamos viendo lo que pase aquí, que, por lo visto, no creo que esté mal, no, no, tiene que estar muy bien. Bueno, si me zambullo en esto acabo sentimental... no, algo más raro todavía, acabo supersticiosa. Me queda por dentro una aprensión como si me dijera a mí misma ¿podrá pasar algo bueno, salir bien las cosas después de esta especie de... algo así como fuga?... ¿será posible que no repercuta en... qué sé yo, en algún volcán subterráneo que nos explote debajo de los pies?... Esto es sentimentalismo, lo confieso, es —te repito— una aprensión que convierte las cosas del corazoncito en fantasmas tan gigantescos que llenan el campo visual, se extienden, se difunden y se imponen sobre todas las cosas... Hay que cortar, apretar el botoncito del conmutador y a otra cosa, a ser personas razonables... ¡Basta! Con cuarenta minutos de teléfono me despido de ti. Mañana iré a darte un beso.

*

Una reflexión, una detención ante la verdad, una mínima esperanza en ella y fracaso, fracaso absoluto cuando la verdad es sentencia irrevocable. Entonces una reflexión sobre la geometría —siempre creyendo que son los otros los que no entienden... Una osadía, una petulancia inútil, falta de sentido práctico porque sólo con sentido geométrico se sabe poner en práctica las cosas y no, no es práctico creer que se sabe leer mejor que cualquier otro mortal —y sí que se sabe —sí que sé— pero en cambio no sé hasta dónde se puede llegar. Hasta dónde *se puede* o *se debe* es cosa que hay que tantear con la geometría, con la medida, pero cuando se quiere llegar a donde ya no hay medida —sin desechar la medida, saltando o más bien trepando por encima de todas las medidas, acumulándolas en un montón de escombros y subiendo por encima de ellas hasta que ya no quede una donde poner el pie... Llegar al fin, actualizando el principio. Eso es, la medida es lo que va del uno al otro y a eso se le llama la vida. Se le llama así porque eso es lo que es y ¿tan banal, tan imperceptible es la simple vida que sólo la fiebre la avalora? Sólo cuando una nueva fiebre se le pone enfrente —sin incompatibilidad lógica alguna—, se le pone enfrente y queda entre ellas el espacio mensurable que he llamado vida y en el que —entre esos dos polos o grados— no se puede vivir... No, no se trata de no poder aguantar, no se trata de grados de fiebre —lo que significaría aguantar o morir—, se trata de equiparar las fuerzas y constatar —fuera de toda lógica— su oposición legítima. Nada más contrario a la resignación, a cualquier género de pasividad. Petulancia y osadía —me repito— considerar, dando a esto —esto de considerar— no el mero sentido de reflexión mental, sino de *consideración,* estima o magnificación con la que algo —sujeto u objeto— se eleva o ensalza. Petulancia es considerar el ámbito exiguo en que brujulean dos o tres —tres es más exacto— vidas humanas: considerarlo del mismo calibre que el inmenso, incalculable, poderoso, arrasador gentío

—porque gentes o mesnadas son— que conmueve al mundo. ¿Petulancia? Bueno, sería petulante tratar de alcanzar desde lo minúsculo lo magnificente, pero no lo es ahondar, excavar en lo colosal hasta encontrar lo que en ello, en el fondo de su inmensidad arrolladora fue la fiebre que movió —y mueve— montañas. Después de todo ¿qué importa que esto resulte petulante si no va a salir de aquí un tratado ni una guía de caminantes? En todo esto no hay más que una condensación de lo que sería vano exponer, una aglomeración de materiales que una pieza imantada convoca y apiña sobre sí, que comprime, por su violenta, apasionada respuesta, al reclamo del núcleo... El núcleo... el núcleo tiene su fuerza magnética como una especie de prisa —prisa se le llama al núcleo que es tiempo—, una especie de ansiedad que logra la condensación transparente, es decir, penetrable, ajena a toda noción de lugar, sin obstrucción ni estorbo porque todo ello... porque ningún ello intenta negar al otro ello el derecho al lugar que todos ocupan unánimes... el lugar del último minuto. Potencia y transparencia de ese minuto... Cualquier reloj mide un minuto, pero el instante magnético en su ultimidad, no es mensurable. Es un paradójico anhelo de medir, desde su punto inextenso, las extensiones que acuden a dejarse ver, contemplar, considerar... De esto se ha hablado ya hartamente. ¿Por qué pretende ahora?... Ello pretende, ello se impone, y no conduce a nada tratar de espantarlo porque no quedará el espacio vacío: quedará sólo la pugna agónica, irrespirable como el polvo levantado en la escena por los pies de los personajes. ¿Quién podrá comprender que una larga meditación no resulte liberadora, superadora? ¿Cómo podrá nadie entender... cómo puedo entenderlo yo? La verdad es que no lo entiendo, pero lo comprendo. Todo esto es *lo que pasa* y *lo que no pasa*. Acontece tanto lo uno como lo otro y parece que son dos fenómenos históricos, pero sólo uno de ellos ostenta ese título: el otro vive ignorado. Pero vive, y hasta diría que él es la vida o que rebulle en el ámbito de la vida del que hoy va triunfal, en toda la extensión de la palabra —de la palabra *extensión,* que es la medida del triunfo... El que no triunfa ve, desde la inercia que le retiene, el triunfo del otro que va en la inercia de su agitación, sin poder parar, avanzando sin mirar atrás por miedo a la petrificación, el coco que han puesto en todos los caminos para que nadie se vuelva a mirar, para que no distingan al fondo la fiebre que los impulsó y es el espectáculo de su tranquilidad lo que suscita la petulancia porque es indiscutible, es evidente que no saben o no quieren leer y en eso se quedan... Sólo la maestra sibilina, ésa sí, ésa está abrumada por saber tanto. ¿Por qué lo sabrá? Me da miedo mirarla, hablarla... Lo que me da miedo es que ella me mire a mí porque sabe leer demasiado. Dejarla leer sería un apoyo, una corroboración. Sería una cosa de esas piedras en el camino, que no son un banco pero sirven para un descanso breve... Sólo que no, no puedo descansar en ella porque sabe demasiado. No me importa que sepa, la admiro por ello, porque creo que sabe lo que ha pasado, pero no quiero que sepa lo que va a pasar. Más vale que no lo sepa, aunque sé que lo comprendería. Lo grande no es que lo sospecharía, sino que lo comprendería tanto como yo mismo. Claro que, sin embargo, lo impediría —ni ella ni nadie podrá impedirlo—, lo único que me serviría de descanso sería un poyo que avanzase conmigo, sin detenerse. Pero ella se quedará lamentando no haber podido... Se quedará liberada por el hecho de no haber podido impedir, por la gravedad de la circunstancia que le impidió —a ella que tanto sabe— verse en el caso de tener que negar o conceder... Yo sé que con el inmenso dolor de su alma, ella concedería... Sus sentencias se propagan por la casa: el cotilleo mensajero las difunde y destaca el poco de escándalo que sazona las breves sentencias, «Tonterías, nada más que tonterías»... y con esto deja, de golpe, zanjada la actualidad. Tan profundamente piadosa y tan capaz de desprecio... Ella pasa por entre el desprecio como por entre estorbos contingentes, porque sabe que la cosa no empezó ahí. *La cosa,* que ella sabe inamovible, es la que empezó en la consagración. Lo sabe todo, de tal modo que no podría impedir nada aunque llorase por su sentencia... Llorando o no, la asumirá porque sabe que obstaculizar un acto insensato sería frustrar el remate fatal, consecuente. Yo creo que ella sabe que intento saldar una cuenta y que nadie que sea fuerte en números —razón, lógica— puede dar su visto bueno. Sólo yo, en la soledad absoluta, podré aquilatar el debe y el haber. Ahora, desde fuera, se impone ejecutar un acto, pero un acto que, desde fuera, alcance a lo último, es decir, a lo primero que quedó sin zanjar. Porque si hubiera optado —ejecutado— la irrupción violenta, si la lucha, la franca oposición hubiera estallado allá, en la soledad compartida, bajo la corriente de lava de la fiebre, se habrían desgarrado los lazos... Eso es lo que debía haber sido, la mutua destrucción sin ventajas, sin testigos... Bueno, testigo habría habido, y el olvidarlo, el pasar por su recuerdo —o ausencia de recuerdo... ¡Esto es lo atroz, recordar su olvido! Esto es lo que me califica de deudor, de culpable. Hubo un testigo actuante, archiconsciente: tal vez iluso, confiante en su conciencia. Él me trasladó al mundo exterior, en fin, al mundo. ¿Es que el mundo me era ajeno?... No, jamás, pero ¿sería yo ajeno al mundo?... Tal vez, yo por entre las cosas del mundo —la luz del mundo— deambulé con mis sombras a cuestas, entonces sería cosa de pensar que era fiel a las sombras y no, no... Muy pronto dejé de serle fiel. ¡Esto es aún más atroz!, de la sombra nunca hubo olvido: hubo ante ella una franca, despreocupada, incluso ostentosa traición y, sin embargo, con mi traición confesada, pretendo ajustar cuentas con un ajuste en el que no cuente, ni de lejos, la justicia, sino la verdad. La verdad esencial, libre de los hechos... ¿Por qué ahora pide un hecho?... Imposible ordenar este cúmulo de ideas, ¿son ideas todas las cosas ideadas? El cúmulo de imágenes, representaciones que nunca fueron aventajadas ni anuladas por intelección posterior, sólo es posible entenderlo desde el punto en que la fiebre era una idea clara. Sólo a una idea se puede responder o no responder, y yo respondí. ¿Recuerdo... conservo el recuerdo de mi respuesta? Recuerdo indubitablemente que sobre ella nunca hubo olvido. Y cuando se ha respondido —breve, elemental por pura respuesta—, dejar de responder es usurpar, porque el que es respondido lee en toda respuesta promesa. Y, si el que responde no promete, sabiendo que la pureza de la respuesta tiene el largo vuelo prometedor... Las cuentas tienen que ser ajustadas porque las preguntas y respuestas hervían en la caldera de la fiebre, no como un guiso, sino como la aleación de un férreo porvenir que bullía antes de tener forma y que una vez tomada, su impenetrabilidad, que ningún líquido —ni lágrimas ni sangre— ablanda ni atibia ni empapa, nos determinó en inmutables contornos que sellarían nuestra conducta. Cuerpos sólidos que uno ante otro concordaríamos en la oposición. Pero ella —ella, la caldera fraguada en ella misma, ensimismada— no sólo me respondía a mí —para responderme a mí, ensayaba su dureza con todo viviente, en todo lugar... El lugar fue fortuito: el espacio del tráfago humano era ilimitado, pero luciferinamente se fue acortando hasta ser tan exiguo entre los dos cuerpos, que uno de ellos tenía que sucumbir: el más frágil, el más débil —la materia procede así. La forma más dura, supremamente dura, quedó en su dureza y en ella queda. No hay líquido para corroerla, no hay presión suficiente para aplastarla... ¿Qué hay?... sólo el fuego, el holocausto que es una nueva respuesta... Dije un día, «No la abandono, nunca la abandonaré»... El holocausto es la suprema proximidad. En el fuego no hay rechazo, hay, por el contrario, la máxima entrega, la máxima demostración. No la abandono, nunca la abandonaré, la mostraré, le haré entender lo que ella forjó, el temple de mi fidelidad que se atreve a todo porque mi fe es más fuerte que la suya... Yo atento a lo eterno porque creo que lo eterno es eterno... Ella temblará ante el atentado, no comprenderá que en él acepto la consagración, demuestro que fue ella quien atentó a la vida que le había sido dada como depósito para lanzarla a la vida —a su vida—, cuya fluidez ella había obstruido, atascado con hitos insalvables... Ésta es la decisiva conclusión... Vas a verlo tan eficiente como una faena del agro, como al consumarse una estación —el fuego en el rastrojo no deja cizaña ni alimaña—, vas a verlo y te quedarán muchos años para considerarlo... Te creerás con derecho a lamentarlo, pero no podrás decir que fuiste abandonada. El holocausto es un acto de suprema proximidad, todo lo contrario del alejamiento al escapar de la olla... Anhelo de escapar, alejamiento, disipación... El holocausto es una cercanía axial... disgregación, desintegración es el vulgar morir... La entrega es la afirmación del desnacer, es zambullirse en lo que se es, borrando todo lo que se pueda borrar... Todo, menos el recuerdo imborrable.

*

Al fin se disipó el humo. La mancha negra ofendía al cielo azul y el cielo —tan celeste— de Madrid no se deja enturbiar mucho tiempo: las brisas del Guadarrama arrastran pronto el humo. También el ruido, también el griterío ofendía al conjunto o acorde que conocemos como voz de la ciudad y que se recobra cuando el estrépito de la multitud se apaga. Las dos alteraciones ofensivas fueron el timbrazo que hizo salir a escena a la era de probable superación, de elevación probable —lo que quiere decir que no se sabe a ciencia cierta... Lo que sí se sabe es que los heraldos trompetearon desaforadamente porque *no era eso*. La era que se esperaba —¿se espera?— no puede consistir en desmanes inarmónicos. El ruido tal vez sea inevitable en todo movimiento, porque sólo se mueve uno sin hacer ruido cuando teme despertar a alguien, y ahora era oportuno que todos despertasen, de modo que el ruido quedaba como mal menor. El humo era muy otra cosa: la más reprobable, por supuesto, pero la más singular, secreta, fatídica. En todo caso no apropiada para servir de anuncio a la nueva era, de la que sólo se puede asegurar que *no era eso*. Entonces se llega a la conclusión —después de haber visto y oído, de haber desechado lo oído y haber tratado —con enorme esfuerzo— de borrar lo visto—, se llega a formular la cuestión ¿qué es lo que hemos visto?... ¿Es algo que ha estallado, tendiendo a disiparse, con el único fin de perderse en el aire para dejar la tierra a lo que llegue con pinta de traer principios?... Bueno, algo así, más o menos. En vista de esto, olvidemos lo de la finiquitación y atendamos a los principios, que se muestran sin embozo. Suprimamos o dejemos para andar por casa lo de *probable*: siempre es bueno mantener cierta escama respecto a lo propio, y demos por aceptada la seguridad en aquellas cosas de las que todo el mundo está seguro. Todo el mundo, no reducido al poco de mundo que encierran nuestras fronteras, sino a todo el mundo o, al menos, a los que viven pendientes de lo que pasa en todo el mundo, por tanto, en España, en la época actual. Por encima de las riquezas materiales y espirituales, hartamente conocidas, ahora descuella aquí la esplendente libertad, virtud —si virtud es potencia— omnipotente en probabilidades. Virtud que, además de su poder genuino, tiene categoría de extensión y de extensión desértica. Ése es el encanto con que atrae a los legionarios turísticos, que se lanzan a esa *terra incognita* en que la libertad convierte a toda tierra —país de olvido para cualquier corazón, mundo de silencio para cualquier nombre —eso es lo que les lleva a engancharse en la brigada donde se puede ingresar sin más méritos que el valor y sin previos ejercicios. La legión turística invade, avanza con su estandarte de paz y deja sus fructíferas huellas, no sólo en metálico sino en las muy valiosas noticias que trae y lleva. Noticias... la juventud de hoy día ansía las noticias como los niños desvelados piden que les cuenten cuentos. Los turistas legionarios, tantas como traen se llevan, porque niños desvelados los hay en todas partes, y es delicioso ver de vuelta, impresas en sus periódicos, las noticias que se llevaron. Nombres que para nosotros son puntos geográficos de nuestra tierra y que del otro lado designan nuevas regiones de las artes: escuelas o grupos formados sin cánones ni dogmas, reunidos bajo alguna enseña telúrica. ¡Pero!... ¿es que voy a ponerme otra vez a pontificar sobre pintura? Temo acabar en eso, porque así como les dije hace mil años, hablando de nuestra famosa gripe, que no habíamos llegado a presenciar esos cuadros en que los apestados posaban tirados en las calles, tampoco se ha visto ahora cuadros —cuadros se dice no sólo de los pintados— de la epidemia revolucionaria. Los únicos cuadros que ha habido han sido los del humo —decimos humo, por no decir fuego, pero de fuego era el cuadro— y ésos no creo que nadie llegue a inmortalizarlos. Aunque... ¿quién sabe? ¿quién puede saber de qué fuego se trataba, de qué auto de fe, de qué fe suicida, destructora o inmortalizadora de su furia en el holocausto... Ahora se pinta en la mente de todos el paso de la Historia: cada uno se la pinta a su manera,

pero no se concibe que la Historia lleve trajes de diario. Si
los lleva tienen que ser como el anillo Gyges porque con ellos
no se la ve nunca. Si de pronto se la ve un día por la calle,
se la ve con todo su esplendor. Pasa grandiosa, con su corona
de laureles, de la que se escapa la larga cabellera —fatal dis-
tintivo de lo ilimitado— que, arraigada en su testa, crece
sin contención y se da a todos los vientos. Parece su estela,
pero no se borra por mucho que ella avance: siempre podemos ver sus hebras tendidas por los siglos. Verla callejear es
raro, pero cuando aparece —cuando se deja ver— recorre
hasta los suburbios, por eso la han pintado a veces en cró-
nicas sombrías, miserables, sangrientas: contratando con las
otras efigies conocidas, en traje de gala, con diademas rutilantes. Ahora es raro verla, es sorprendente, pero ahí está:
podemos decir, ¡ahí va!... Va ingrave, esbelta, lleva el gran
mamotreto inconcluso —que no le pesa— y la pluma —de
águila— en la mano derecha. Va escribiendo, no le pasan inad-
vertidas las veleidades de la moda: a ella obedecen los sutiles
rasgos de su vestimenta siempre clásica, reflejando con com-
placencia el tono de... la vida podríamos decir. Podríamos
decir incalculables banalidades, que no tendrían más sentido
que el de señalar lo inusitado, escogido como una dádiva que
nos otorga— de las que entran pocas en libra —y que, sin
embargo, ella viene a prodigarnos con una largueza casi milagrosa. El caso es que la Historia ha pasado por aquí tomando
apuntes. Quién sabe en qué quedarán después de cernidos
—tachando algunos nombres, sustituyendo unos por otros, y
su paso primaveral —abrileño— no ha desencadenado más
que leves borrascas. Las transformaciones, ¿metamorfosis?, se
han efectuado en esferas de magnitud imponderable. Todo lo
importante —importancia social, moral, económica—, todo
lo más afincado en pilares fortísimos se ha trastocado, pero
no se ha llegado a sentir el desolador aire de terremoto. Ha
vibrado, es cierto, una alegría triunfal y la alegría no atro-
pella, arrastra a los que se entregan... Los que acorralados
por intereses vitales perentorios se hunden en su amor o trabajo, no oyen el ruido de la calle, no ven el paso de la Historia. Saben —y temen— no llegar a ser ni una vírgula en

sus renglones. Me dirán, algunos... No, no me dirán nada porque ya fueron dilapidadas tantas horas en decir unas y otras cosas... Aquí y allá sabemos que se matan los hombres con diferentes armas: querría saber si alguno de ellos, alguno de los que barrían con ametralladoras o de los que traspasaban con bayonetas se siente abrumado por la culpa más que uno de nosotros. Nosotros —yo, en particular— los que hablábamos, los que nacimos hablando y no callamos ni callaremos jamás. ¿Qué es lo que hacemos los que vivimos debajo de la culpa?... Hablar, si estamos solos, si profesamos en la soledad, ¿qué es lo que hacemos sino hablar y hablar con ellos, con todos?... Podemos rechazar su presencia, ostentar su presencia, ostentar la más inabordable misantropía, pero en las íntimas tinieblas de nuestra mente hablamos, claro está, con los que hablan y con los que hablaron... El hablar es —y será, por los siglos— una continua disputa, un continuo machacar clavos, remendar suelas, apuntalar paredes o poner piedras bonitamente labradas, en copete. Esto es lo que hacemos hablando, desde nuestra mazmorra, unos con otros y el parloteo no logra «el seguro camino»... Bueno, algunos sí, los que van por el camino que les corresponde, no así los que nos quedamos perplejos en cada encrucijada. ¡Aquel cuitado amante de Copenhague, que quería reunir en una sublime academia a todos los sabios que en el mundo han sido, esperaba obtener esa armonía en la que «El alma se serena y viste de hermosura y luz no usada»! Le parecía difícil ambición, apólogo celestial ilusorio, y resulta que, bien mirado, al tiempo, nuestro tiempo, no le ha faltado de todo lo necesario para el confort de la academia inefable... Nuestro tiempo, en el que no hay medio de ignorar... Ésa es la diferencia de nuestros sabios con los de otros tiempos, en los que sabemos que tantos en el mundo han sido. Aquellos, tan sabios, y no sabían nada de lo que pasaba a la vuelta de la esquina. Ahora, el último tonto sabe tanto que se vuelve loco porque no lo puede abarcar. Y la sabiduría —el saber, digamos— va en aumento... Sería estúpido, sería indigno desconfiar, como los amedrentados que ante la magnitud del conocimiento se escabullen como chicos sorprendidos en la despensa y achacan el dolor de sus míseras barrigas a los excesos ingurgitados... Todo, menos desconfiar. La sublime academia se mantiene en actividad insuperable y el tiempo no ha de fallarle. Hay entre ella y el tiempo una archicompleja relación. Él —galante, diría Quevedo— le ofrece su influencia —su fortuna— para abrevar su inagotab e sed... Muy bien, muy bonito, y ella ¿cómo le responde? Ella —¿asamblea o matriz?... asamblea, sala con estrado para el reposo de la senectud, si matriz, guarida caldeada por la vibrante energía, ella, en todo caso, ya que mi ingénito simbolismo no me permite ver más que símbolos —y ahí viene lo de la extraña relación—, ella, la academia, responde al tiempo con una inhibición del triunfo, más bien de firmeza o dominación... Ella, la academia, de nuestro tiempo. No, en nuestro tiempo porque si fuera de él, sería su propiedad, novedad limitada. Ella, tan grandiosa como la concebimos —los que la concebimos— tiene la alcurnia secular de la remota, eterna, infinita Sofía... ¿Invencible?... no se puede asegurar, pero en fin, eso es lo que pretende y hasta ahora algo ha conseguido mediante el trato complejo con su partener, porque aquel Saturno —guadaña de Durero o merienda sangrienta de Goya— no deja de ejercitarse: siega y devora, pero también aporta la repetición paciente, la suma que cada día menos puede mellar su substracción. Cada día ¿quién sabe a dónde llegará?... La sublime ambición es insaciable y aspira —¿delira?— llegar a detenerle. Bueno, no, detenerlo sería algo así como relegarle, jubilarle o decretar su ausencia. Nada de eso, la ambición —las deliberaciones de la academia, la esencia —pomo aromático de Sofía— aspira a enfrentar la permanencia con la fluencia, con el caudal nunca inerte, siempre delineante de figuras o figuraciones exquisitas, medrosas, imprevisibles. Señor ¿por qué no habré dedicado mi tiempo a delinear figuras, a pintar, simplemente, en vez de hablar de pintura que, por lo visto, es de lo único que sé hablar?... Es la inconformidad con mis discursos —vocales o mentales— lo que me hunde en el sentimiento de culpa y no quiero atenuarlo, pero sí ponerlo en su lugar. ¿Cuál es el anaquel donde lo instala la academia, netamente expuesto en veinte siglos de legajos?... Lugar muy destacado y honorable que nadie ignora... Si lo parangoné con él —posible supuesto, lógicamente forzoso —que pueda abrumar a los actuales matadores —quitémosle el garbo que este término tiene en nuestra lengua— disciplinados a sangre y fuego: si lo acerqué a su actualidad fue por colocarlo en el elevado rango del espectador, el rango que nos corresponde a los habladores, discurseadores, conductores al fin de las mentes que escuchan. Y ahí está, el parangón es relativo, muy relativo, porque los matadores sienten —cuando lo sienten— el peso de su culpa tal como les enseñaron, antes que el manejo del fusil, y eso les basta, no así a los que desde nuestro punto de vista, con nuestros instrumentos —telescopio o microscopio— la divisamos como germen minúsculo o como planeta amenazante... No, no, no: no se trata de dimensiones, sino de índole, calidad, género... bueno, razón de ser. En fin, vamos a ver: estamos aquí con nuestra culpa —lo único que dejamos sentado es que estamos con ella o bajo ella. No admitimos que se ponga en duda su existencia —su peso, su potencia— y sí admitimos o exigimos o contribuimos a su análisis... No, otra vez, más veces no nuestra contribución tiene que limitarse a dejarla en el laboratorio. ¿Tan mínima es nuestra contribución?... No, no tanto. Si los que están —o deben estar— de guardia no se toman el trabajo de atacarla, los que conocemos su peso la ponemos ahí y ahí está puesta. Y vienen los ejecutantes del desmenuzamiento y dicen que no, que no está *puesta* en ningún sitio ni hace maldita falta que esté... Entonces decimos, incapaces de analizarla, la niegan. En realidad, en absoluta verdad, niegan su ser, no captan la eternidad de todo ser, de todo *sido*... La maldición de Job al día en que fue engendrado, «Pereciera el día en que yo había de nacer, y la noche que dijo "Un varón ha sido concebido". Fuera tinieblas aquel día y no se cuidara Eloah de él desde lo alto ni brillara sobre él la luz»... La maldición es activa, actuante. ¿Supervivencia?... No exactamente: eternidad del día —o momento— en que fue. Permanencia del *sido* en el *siendo*... Bueno, todas estas triquiñuelas son las que debemos dejar en el laboratorio y que allá se entiendan con ellas los técnicos. Lo que nosotros ponemos —sólo se puede poner lo

que se tiene— es el *peso* de la culpa. Y bueno, la fuerza
—¿inerte?— de la energía hidráulica... Una imagen más. Si
a una deidad le añado una turbina, me parece que es cosa de
recoger velas. Pero no, todo es aprovechable porque todo,
todo se engancha con todo y cada algo mueve a algún algo.
El peso de nuestra culpa nos abruma porque hoy vemos la
energía que ese peso movimentaba, perderse en el fango —*per-*
derse en el fango no quiere decir, con ritmo de tango, *rodar*
en el cieno, sino borrarse en lo blando, informe hoy vemos
que, liberados de la culpa secular, más bien se aburren, se
mustian... ¿Aburrirse? no, nunca se divirtieron tanto y sería,
en nosotros, repugnante que nos quejásemos de lo que se di-
vierten. No, lo que pasa es que en cuanto la libertad desafina,
nos asalta la frase lapidaria, *No era eso, no era eso.* Y entonces, ¿qué es lo que era o más bien lo que esperábamos que
fuese, lo que si no es, si no llegara a ser, a *tener un ser,* no
podemos ni maldecirlo?... No añoro las maldiciones, sino precisamente las bendiciones. Lo que falta y por qué falta, es
lo que nuestra impotencia culpable dejó extinguir. Esto es
más idiota de lo que se puede aguantar, es tan idiota como el
que se queja de no ser amado y le parece injusto, cuando
lo que le pasa es sencillamente que no es amado... Nuestra
culpa es no haber podido mantener, nutrir, alimentar el amor...
¿Puede ser que en esas nupcias —matrimonio místico o yegua-
da fecunda—, nupcias de largos esponsales, se llegue a un
hastío marital, a una saturación del deseo, a un transcurso
de la vida desarmada?... El peso de la culpa no puede ser
escamoteado con añoranzas: el peso quiere pesar, es decir,
caer sobre los cangilones de la noria y correr por los atanores,
o espantar a las aspas y moler, mascar, masticar cuanto grano
le echen... El peso de la culpa se revuelve en desesperado
chaumage, por haber dejado apagar... Hay que saber por qué
se apagó. Volviendo al apólogo matrimonial, la novia —sílfide ideal— se convierte en esposa *vache*... ¿Es eso lo que
pasa, el drama incruento pero mortífero, obedece al derrumbe
de la ilusión, de la promesa?... Desafío al que se atreva a
sostener que eso es lo que pasa... ¿De modo que se han extin-
guido los ardores por decepción?... Aquellos transportes del

deseo ante el ideal, idénticos —esto es lo que tienen que meterse en la cabeza—, idénticos al celo que hace rugir a hombres y bestias ante el ideal coronado —entonces— de azahares, ¿qué cuerpo —realidad— ofrecía?... Ofrecía elementos tan corpóreos, tan corpóreos, que no les faltaba ninguno de los atributos de los cuerpos. Tenían, ante todo, el más corpóreo, el de no ser ideados ni idearios, sino reales, palpables al tacto —sentido de los sentidos— y por eso eran adorados... Esto es lo que tienen que meterse en la cabeza, que eso que germinaba en la almáciga —extensión o punto— del conocimiento —criatura mental— pugnaba o latía sin más —intención o dirección— que llegar a nuestras manos... ¿Nuestras, suyas?, imponderables manos... Llegar a las manos es todo anhelo, todo conato vital del pensamiento y el ideal que se quería —que ellos, todos ellos—, querían agarrar, era ostensiblemente bifronte: dos faces de un mismo cráneo, Ciencia, Libertad... Y ahora que las tienen, no las acarician con pasión... Esto de acariciar resulta cursi, ornamental, cosmético, pero si digo palpar, sobar, resulta burdo... Resulta, si lo digo, pero si lo pienso resulta de una exactitud insuperable. Se trata de palpar o sobar con minucioso deleite todo lo que va siendo... Claro que hay cosas ásperas —también viscosas— que se decantarán algún día. Se decantarán por su natural superación, si siguen siendo engendradas con ¿amor?... con el ardor del deseo —lujo sobre necesidad— que fue impulso huracanado en las postrimerías del siglo, en el que las dos faces, Ciencia y Libertad, se ponían a una altura que toda alma viril trepaba por besarlas... ¿Que siguen trepando?... Lo que está a la vista es que siguen trabajando como negros... El antiguo ardor se reduce ahora a ejecución eficiente. La más lograda, la de la magnánima Libertad, se enseñorea de todo terreno, pero ya no se esculpe en arcos de triunfo. La Ciencia —y su ejecutiva, la técnica— no se graban en planchas a lo De Neuville, como en aquellas páginas mágicas de Verne, en las que caballeros enchisterados estudiaban sus planes —ya se ha hablado de esto acaloradamente, pero nunca bastante—, y el silencio —también se puede grabar el silencio—, la atención unánime, suscitaba entre ellos —entre y ante ellos— el cuerpo de la amada supremamente deseada, que todos, en una integral comunión, aspiraban a besar, palpar, sobar hasta darle la perfección y la pulcritud de los cantos rodados. Lo cierto es que a la maestría artesanal que hoy se domina poco hemos contribuido. A la menos carnal —aunque tan vital— Libertad, faz sacrosanta, sí, a ésa llevamos nuestro grano de arena —playas, dunas—, siempre tendiendo a lo impreciso, difuso... Tendiendo ¿quiénes, nosotros?... Nosotros no, bueno, algunos de nosotros. Algunos de los habladores llegaron a delinear la sagrada faz hasta hacerla patente —palpable, esto es, deseable— y, si quiero llegar a la verdad estricta, algunos de nosotros, yo, por ejemplo, ante su real gigantismo la temimos o simplemente no la entendimos. En cuanto al rostro cándido, mantenido en su perfil impúber desde que brotó en el seno —mente— de Euclides, ése es el que nunca se dibujó muy bien en nuestros lares, el que incluso fue execrado y casi expatriado... A ése le dedicamos ditirambos y con eso nos quedamos tranquilos. Si nos quedamos tranquilos ¿dónde está, entonces, el peso de la culpa?... Pregunta que exige dos respuestas. Primera, está donde quedaron huellas profundas de los pasos huyentes del Juez, porque los jueces huyen —dijo un sabio que acostumbran huir —nunca ser expulsados— y dejan la sala del tribunal desierta. Así que sólo las huellas, pero las huellas son incontrovertibles testimonios y los que las constatamos consideramos la arcilla recipiente... Fidelidad, si fidelidad es marca pasiva, endurecida, inmodificable, no hay por qué hablar de ella, pero si es, ante todo, la angustia vital de lo que no llegó a ser o a suceder... Bueno, el cuento insuperable... «Juana, en la bodega, llorando ante el hacha colgada, que pudo caer a ¡su hermanito!»... ¡Fascinación de estos legados que recibimos y que nos ponen en el umbral de lo infinito! Éste me asalta ahora por su inmensidad, pero *no es eso, no es eso* lo que busco. La magnitud de lo fatídico no nos abruma, exculpados por ella la veneramos. El peso de la culpa tiene las dimensiones justas de nuestros poderes, de lo que pudimos hacer y no hicimos. El peso de la culpa esboza existencias fallidas y descubre lugares desérticos en torno a las logradas, como si ya fuera suficiente, más bien demasiado, que hayan llegado a existir. Los habladores, algunos trabajan sin tregua y ésos no se dejan nada por hacer. Los que —no sin motivo— llaman placer a su trabajo, ésos son los culpables porque no comunican, producen, imponen el placer de existir. ¿Es que existir es en verdad motivo de placer?... Es cosa que no importó nunca a los que alguna vez lo impusieron, ni a los que lo negaron o relegaron... Los culpables son, ¿cómo definirlos, qué cargo encomendarles?... Hay dos empleos que podrían —y deberían— ocupar, uno, por ejemplo, en fin... hace falta que tengan ganas y que tengan con qué... el cargo de fecundadores —padrillos, término ganadero—, otro es el de intercesores. Ése es el cargo con que cargan, los que creen en la otra vida, a los fuertes extintos —a los fuertes, cuya fuerza no creen extinguible— y les encomiendan la mensajería celestial, acosándoles continuamente con encargos. Ese empleo existe —siempre existió— en la tierra descreída: es el que ocupan los que traen y llevan la correspondencia, exactamente la correspondencia amorosa. Haya o no haya placer en el mero existir, épocas negadoras dejaron cartas de amor encendidas. Lo desolador es que no haya cartas, que circulen los partes, que se comuniquen las comunicaciones, que no lleguen noticias de lo que se llamó «El dolor de la ausencia»... Que se entronice la ausencia, que se viva en la estancia deshabitada... Tengo que repetirme y machacar sin descanso, porque nos llega la confidencia del que se queja de no ser amado y ¿con qué podemos aplacarle, si lo único que le pasa es que no es amado?... Creo que es hora de callar: la multitud de comunicaciones enreda la madeja de los cables y el malentendido se acepta fríamente, resignada, escépticamente... ¿Escépticamente?... ni es moral —digamos decente— ni es práctico, o sea posible, porque lo más imposible es desenredar... Es imposible conversar, dialogar, ni siquiera disputar, porque para negar o afirmar una cosa hay que saber —o creer saber— lo que es la cosa. Allá donde empecemos a abrir la boca, todo lo que nos respondan acabaremos por soltar la frase lapidaria. No es eso, no es eso... Y con tanto como se discutió sobre las mesas de mármol lo que es o deja de ser, lo que se dilapidó entre la niebla, en los espejos, parece imposible que habiendo discutido tanto no se haya llegado a una conclusión, y no, no hemos llegado... Este calmo presente parece ser algo, pero ¿quién sabe lo que pasará, lo que llegará a pasar?... Ésa es la incógnita, pasará o no pasará algo, y las suposiciones son incalculables. Si no pasa nada, ya sabemos lo que pasa, porque lo que pasa ya ha sido calificado despiadada pero no frívolamente por la sibila casera con su sentencia, «Tonterías, nada más que tonterías»... Y, si pasa algo, ¿podríamos calificarlo, constatar su calidad como ajena, heterogénea, desconocida?... No, jamás, esa calificación —que puede parecer impía— recubre el secreto esencial de la calidad inmutable. Pase lo que pase, lo que pase no será más que lo que ahora es, lo que está siendo, porque ello, en total, no es más —nunca será más— que *la reyerta de dos madres a la puerta de la Iglesia*...

A dónde llegarán los hechos, nadie lo sabe, pero *llegar* —a más altura de tragedia, a más hondura de sentido—, no creo que lleguen... Es cosa de pensar ¿qué es lo que nos falta, qué página nos saltamos?... Ninguna, todo fue por sus pasos contados, desde que empezamos a tenernos de pie bajo el Olimpo de Zeus o el cielo de Jehová... Eras de inseguridad en las que mandaba el Padre. Luego, veinte siglos mandando el Hijo. ¿Será posible que al fin, ahora que nos ven —quien nos vea— en medio de nuestro desamparo, se haga cargo de nosotros el Espíritu?...

Impreso en el mes de febrero de 1984
Talleres Gráficos DUPLEX, S. A.
Ciudad de la Asunción, 26
Barcelona-30